CHARLES MAURICE

Les tueurs du Brabant démasqués

Rayem

© 2019 par Charles Maurice

Tous les droits sont réservés. La reproduction, même partielle, de ce livre est interdite sauf avec la permission écrite du détenteur du droit d'auteur.

« Publié aux éditions Rayem »

ISBN: 978-1-9994519-4-3
eBook ISBN: 978-1-9994519-5-0

www.charlesmaurice.net

PREMIÈRE ÉDITION

À Bruno, qui nous a quittés bien trop tôt…

Sommaire

PERSONNAGES PRINCIPAUX..1

INTRODUCTION 7

Partie I: Première vague (1982-1983) 15

   1. Vol à l'étalage, vol de voitures et cambriolage
      (mars - mai 1982) 17
   2. Épicerie à Maubeuge (14 août 1982) 23
   3. Armurerie Dekaise (30 septembre 1982)..........................27
   4. Restaurant l'Auberge du Chevalier (23 décembre 1982).............40
   5. Course en taxi d'Ixelles à Mons (9 janvier 1983) 44
   6. Supermarché Delhaize de Genval (11 février 1983) 50
   7. Supermarché Delhaize d'Uccle (25 février 1983) 56
   8. Supermarché Colruyt d'Hal (3 mars 1983) 60
   9. Concessionnaire de Braine-l'Alleud (8 juin 1983) 85
  10. Usine à Tamise (10 septembre 1983)..92
  11. Supermarché Colruyt de Nivelles (17 septembre 1983) 97
  12. Restaurant Aux Trois Canards (2 octobre 1983)......................110
  13. Supermarché Delhaize de Beersel (7 octobre 1983)..................116
  14. Bijouterie à Anderlues (1er décembre 1983).............................132

Partie II: La pause (1984) 143

  15. Le projet d'extorsion de la bande de Bouhouche 145
  16. La mort de Paul Latinus...151

17. Des difficultés pour la bande de Bouhouche 159
18. Les nouvelles bandes d'Haemers et De Staercke 164
19. Parc d'attractions de Walibi...168

Partie III: Deuxième vague (1985)...**179**
20. Vol d'une Golf à Erps-Kwerps (22 septembre 1985) 181
21. Supermarchés Delhaize de Braine et d'Overijse
    (27 septembre 1985)..182
22. Supermarché Delhaize à Alost (9 novembre 1985)....................201

Partie IV: La disparition (1986) **229**
23. Assassinat de Juan Mendez..231
24. Découverte à Ronquières (novembre 1986) 243
25. Terrorisme et Gladio 259
26. La Gendarmerie..283
27. Mise en place d'un procès..292
28. La preuve 304
29. Avec armes, avec violence et avec haine 309
30. À la recherche des véritables tueurs..327

Cartes..**339**

Crédits photos **345**

Notes..**347**

Index..**363**

Bibliographie...**368**

Le vent qui tour à tour se soulève ou retombe
Passera seul immensément par les grands bois
Pour tirer de chaque arbre une plainte profonde

— Émile Verhaeren (1855-1916)

Personnages principaux

LISTE DES GROUPES SUSPECTS :

Les groupes sont indiqués par ordre alphabétique.

Ces groupes ne constituent pas notre propre liste de suspects ; ce sont des groupes soupçonnés à un moment donné d'être impliqués dans les crimes des tueurs fous du Brabant. Les personnes répertoriées sont présumées innocentes et nous espérons que ce livre contribuera à confirmer l'innocence de certains suspects. Même si les éléments de preuve confirment qu'un groupe mentionné dans la liste ci-dessous a été impliqué dans ces crimes, cela ne signifie pas que chaque membre du groupe était complice.

GROUPE DE SUSPECTS #1 : BANDE DE BAASRODE

Cette bande s'est spécialisée dans le cambriolage de bureaux de poste en Flandre.

Johnny De Staercke – Accusé dans l'affaire des tueries du Brabant, puis relâché.

Dominique S. – Voleur de cigarettes et de voitures.

Leopold Van Esbroeck – Revendeur de chèques volés.

Stéréo P. – Meilleur ami de Johnny.

GROUPE DE SUSPECTS #2 : LES BORAINS

Il s'agit de la seule bande à avoir déjà été accusée de certains crimes des tueurs fous, mais leur affaire a été classée.

Michel Cocu – Ancien policier de village ; chef présumé de la bande.

Adriano Vittorio – Citoyen français ; exploitait un restaurant qui a fait faillite.

Jean-Claude Estiévenart – Journalier.

Michel Baudet – Chômeur.

Kaci Bouaroudj – Gérant de bar.

GROUPE DE SUSPECTS #3 : LA BANDE DE BOUHOUCHE[1]

Une bande criminelle qui entretient de bonnes relations dans la gendarmerie.

Madani « Dani » Bouhouche – Ancien gendarme et chef de la bande de Bouhouche.

Bandit A

Bandit B

Bandit C

---

[1] Nous avons décidé de ne pas nommer les membres de la bande de Bouhouche parce qu'ils n'ont pas tous été accusés de crimes violents comme les membres clés des autres bandes. Ils sont présumés innocents. Bouhouche a des relations avec une équipe hétéroclite de policiers, de criminels et de meurtriers. La plupart de ses connaissances ignorent qu'il était le chef d'une bande.

GROUPE DE SUSPECTS #4 : LA BANDE DE VINCENT L.

Cette bande est reliée au gendarme Martial Lekeu.

Vincent L. – Toxicomane.

Francis V. (Pierrot le fou) – Voleur à main armée et témoin de la Gendarmerie.

Vicky V. – Voleur à main armée.

GROUPE DE SUSPECTS #5 : LA BANDE D'HAEMERS

Il s'agit d'une bande spécialisée dans les braquages de fourgons de la Poste et qui a acquis une notoriété après avoir enlevé un ancien Premier ministre et réclamé une rançon.

Patrick Haemers – À l'époque, le criminel le plus célèbre de Belgique.

Thierry S. – Conducteur.

Philippe L. – Le cerveau de la bande.

GROUPE DE SUSPECTS #6 : WESTLAND NEW POST

Une organisation clandestine d'extrême droite.

Paul Latinus (alias « Orf ») – Général et informateur rémunéré de la Sûreté.

Michel Libert (alias « Wagner ») – Capitaine et informateur rémunéré de la Sûreté.

Marcel Barbier (alias « Von Salza ») – Capitaine, accusé d'un double meurtre.

Éric Lammers (alias « la Bête ») – Soldat, accusé d'un double meurtre.

AUTRES PERSONNAGES IMPORTANTS

GENDARMERIE

La gendarmerie est la force de police spéciale chargée des crimes les plus graves. Elle fait officiellement partie de l'armée.

Christian Amory – Gendarme de la ville de Mons.

Robert Beijer – Gendarme dans la division des stupéfiants puis détective privé pour ARI.

Gérard Bihay – Détective de la gendarmerie de Wavre relié à un rapport controversé en août 1985.

Claude Dery – Expert en balistique (officiellement au service du renseignement de l'armée).

Guy Goffinon – Commandant de la gendarmerie, à la tête de la division judiciaire.

Martial Lekeu – Gendarme posté dans les Ardennes.

Herman Vernaillen – Commandant de la gendarmerie, notamment responsable de la discipline.

SÛRETÉ

Service de renseignement interne du gouvernement belge, chargé d'espionner les organisations extrémistes.

Albert Raes – Directeur.

(Alias « le Canard ») – Commissaire.

(Alias « le Lapin ») – Commissaire.

(Alias « le Chien ») – Agent.

AUTRES

Mohamed Asmaoui – Informateur clé de la gendarmerie contre les Borains.

Jean Bultot – Directeur adjoint de prison, jadis considéré comme un suspect.

Juan Mendez – Représentant des ventes pour le fabricant d'armes FN pour l'Amérique du Sud et l'Espagne.

Willy Pourtois – Courtier international en armes à feu, informateur rémunéré de la Sûreté.

Introduction

Les tueurs du Brabant ont ravagé la Belgique entre 1982 et 1985. Ils ont acquis une renommée internationale en raison de leurs trois massacres dans les supermarchés Delhaize en 1985, le tout pour un butin ridiculement minime. Au total, ils sont responsables de 28 morts et de 40 blessés. Ils ont principalement attaqué l'ancienne province du Brabant, une riche banlieue qui entoure Bruxelles, où le crime est presque inexistant.

Comme Jack l'Éventreur, qui a assassiné et mutilé des prostituées, et le tueur du Zodiaque, qui a tué des adolescents et des jeunes adultes et envoyé des messages codés aux autorités, les tueurs du Brabant ont développé leur propre « image de marque » de tueurs en série. Ils attaquaient des supermarchés Delhaize le soir avant l'heure de fermeture, en arrivant dans une Volkswagen Golf GTI volée de couleur sombre. Ils opéraient toujours en groupe de trois auteurs dont l'un était si grand de taille que les témoins l'appelaient le « Géant ». Ils portaient des imperméables sombres, des chapeaux foncés et des masques de carnaval. Ils ne se dépêchaient jamais, ne couraient jamais, et semblaient toujours être maîtres de la situation alors qu'ils vidaient les caisses et le coffre-fort des bureaux à l'arrière. Ils étaient armés de riot-guns (fusils à pompe à canon court) ainsi que diverses armes autour du corps. Ils tiraient sans distinction sur les employés et sur les clients à l'intérieur et à l'extérieur des magasins. Ils réutilisaient toujours les mêmes armes, il était donc facile de relier toutes leurs attaques par expertise balistique. Ils s'emparaient d'un otage et tabassaient aveuglément les personnes à leur portée. Les trois tueurs entraient toujours dans les supermarchés ensemble. Ils ne laissaient jamais de conducteur dans la voiture de fuite. Ils revenaient lentement à leur voiture, souvent garée loin des portes d'entrée, et disparaissaient.

Le public était terrorisé par la violence aveugle de ces attentats et par l'impuissance des autorités. Tous les supermarchés du pays ont pris des mesures pour se préparer aux attaques ; ils étaient surveillés par les forces de l'ordre et des tireurs d'élite portant des lunettes de vision nocturne à infrarouge postés sur les toits. Néanmoins, les tueurs du Brabant trouvaient quand même le moyen d'attaquer un supermarché Delhaize. Ils ne faisaient pas de distinction entre les hommes, les femmes et les enfants. Ils tuaient, assénaient des coups de pied, passaient à tabac, tiraient les cheveux de leurs victimes et les forçaient à marcher à genoux. Les témoins horrifiés ont vu des têtes voler en éclat et des fragments de cerveau se loger dans le plafond des supermarchés.

Des décennies plus tard, le mystère des tueurs du Brabant n'a toujours pas été résolu.

En raison de la gravité de ces meurtres, le gouvernement a prolongé plus d'une fois le délai de prescription dans ce cas particulier. Assembler un dossier de cette complexité prend du temps et les délais sont critiques. L'affaire sera prescrite en 2025.

Mobile

Le mobile des tueries du Brabant demeure toujours inconnu. S'agit-il de simples vols qualifiés ou bien d'attaques terroristes ?

Plusieurs soupçonnent que les attaques ont été commanditées par une agence de renseignement occidentale. D'autres y voient plutôt une bande de voyous qui tentent de s'enrichir en commettant des vols. Le but ultime des tueurs du Brabant serait de s'emparer de l'argent dans les caisses enregistreuses et dans le coffre-fort, rien de plus. Leur particularité est tout simplement qu'ils sont plus violents et qu'ils ont fait de nombreuses victimes.

Bien que les tueurs du Brabant aient volé de l'argent, leurs faibles butins et leur extrême violence suggèrent un autre mobile. Le mobile terroriste a été sérieusement pris en compte dans les années 1990, lorsque l'on a appris que l'OTAN, la CIA, le MI6 et d'autres services de renseignement occidentaux avaient mis sur pied et développé des armées secrètes dans tous les pays européens.[1] Ces soldats secrets étaient armés et disposaient de moyens de communication à la fine pointe de la technologie. Officiellement, ils devaient attendre une invasion de l'Union Soviétique, puis organiser la résistance, le cas échéant. Mais les Soviétiques n'ont jamais envahi l'Europe de l'Ouest.

Qu'est-ce que ces soldats secrets armés ont fait durant ces années ? Est-ce qu'ils ont décidé de commettre des crimes pour leur propre compte ? Ont-ils été détournés de leur mission initiale pour commettre des actes terroristes. Les tueries du Brabant pourraient-elles être imputables à ces armées secrètes ?

Dans les années 1980, une série d'attaques terroristes a été commise en Europe. Les attaques n'étaient pas revendiquées. Il s'agit notamment de l'attentat à la bombe perpétré durant l'Oktoberfest de Munich en 1980 en Allemagne de l'Ouest, qui a causé 26 morts et plus de deux cents blessés, ainsi que l'attentat à la bombe contre la gare de Bologne en Italie, qui a tué 85 personnes et causé plus de deux cents blessés en 1981. Des boucs émissaires ont parfois été poursuivis en justice ; plusieurs points d'interrogation sur les attaques demeurent. Un an plus tard, les tueurs du Brabant ont commencé leurs attaques. L'attentat de Bologne avait causé plus de pertes en vies humaines, mais le fait que leur règne de terreur ait duré trois ans a peut-être plus semé de terreur chez la population.

Deux commissions d'enquête parlementaires ont été menées sur les tueries du Brabant en 1988 et 1997. Une autre commission d'enquête au sujet des armées secrètes de l'OTAN en 1991 avait indirectement porté sur l'implication des tueurs du Brabant. L'absence de progrès dans l'affaire a entraîné une désillusion chez le public.

Preuve

Malgré les nombreux lieux de crimes, aucune preuve ADN n'a été liée à un suspect. Des éléments de preuve clés comportant des empreintes digitales ou des traces d'ADN ont disparu pendant les enquêtes. D'autres articles testés par les autorités comportent des traces d'ADN, mais ne sont pas nécessairement reliés aux tueurs du Brabant.

Néanmoins, une percée décisive dans l'affaire reste toujours possible. Une étude portant sur la résolution tardive d'enquêtes portant sur des meurtres (« cold cases », ou affaires classées) a révélé que les correspondances d'ADN n'ont contribué qu'à 5 % des résolutions des dossiers. Les autres enquêtes sont résolues de différentes manières, généralement en trouvant un témoin clé, en recueillant des preuves d'un ancien témoin qui ont été négligées, ou en élaborant une nouvelle théorie de la cause…[2]

Deux caractéristiques augmenteraient substantiellement la probabilité de résolution des tueries du Brabant : connaître le mobile et déterminer les principaux suspects. Évidemment, il n'est pas nécessaire de découvrir un mobile pour entamer un procès. Le mobile incertain démontre l'absence d'unanimité sur plusieurs points fondamentaux autour de l'affaire. Plusieurs actes spécifiques au cours de chacun de leurs crimes sont interprétés de manière différente et les enquêteurs ne s'accordent pas sur leurs traits de comportement distinctifs. Ce qui mène à des conclusions divergentes quant au mobile.

Leur ultra-violence avaient-t-elle un but ? Y avait-il une raison qui les faisait sélectionner les victimes ? Leurs comportements étaient-ils « nécessaires pour commettre le crime » ou se sont-ils sentis « poussés à suivre un rituel »[3] ? Des chapeaux, des manteaux ou d'autres objets ont-ils été délibérément placés sur les lieux des crimes ?

Certains lieux de crime ont-ils été mis en scène ? Certains objets volés, comme l'huile de cuisson d'un supermarché et les horloges d'une bijouterie, constituaient des articles inhabituels pour des vols aussi violents. Les tueurs fous n'avaient pas prêté attention à d'autres objets plus petits et plus facilement transportables, mais surtout ayant une plus grande valeur. Pourquoi ?

En outre, les avis sont partagés sur leur « image de marque » de tueurs en série. Pourquoi les tueurs du Brabant ont-ils toujours attaqué les supermarchés et non des cibles plus profitables, comme des banques ou des fourgons blindés ? Pourquoi se sont-ils concentrés sur la chaîne de supermarchés Delhaize ? Pourquoi ont-ils apporté au moins sept armes à feu pour un cambriolage d'un supermarché la nuit ? Le gain matériel était-il leur seul mobile ? Leur principal mobile est-il le meurtre ou le butin ? Avec autant de problèmes non résolus, la véritable histoire des tueurs du Brabant n'a pas encore été écrite à ce jour.

L'objectif de ce livre est de déterminer quelles sont les meilleures preuves dans l'affaire. Nous avons interrogé des témoins et épluché les informations publiques du dossier, y compris des centaines de procès-verbaux, des documents juridiques et les rapports des deux enquêtes publiques sur l'affaire. Nous nous sommes concentrés à donner une description aussi précise que possible des faits, des principaux suspects[2], et l'identification des meilleures preuves.

Notre première intention était d'identifier les pièces de ce casse-tête, tout en laissant aux lecteurs le soin de résoudre le mystère. Notre intention initiale n'était pas de donner notre avis sur le sujet. Cependant, durant l'écriture de cet ouvrage, nous sommes allés plus loin que nous pensions à l'origine.

Ce livre ne se soucie pas de l'enquête elle-même. Des ouvrages ont été écrits sur les défaillances de l'enquête et deux commissions d'enquête parlementaires se sont penchées sur la question. Nous avons décidé de ne pas spéculer sur les éléments de preuve auxquels l'enquête aurait pu avoir accès si les recherches avaient été faites différemment. Nous avons uniquement pris en compte les éléments de preuve qui ont été découverts durant les enquêtes.

---

[2] Nous vous suggérons de retourner à la table des matières et à la liste des suspects du début quand le besoin s'en fera sentir.

Notre but n'est pas de décrire la situation politique de l'époque et expliquer son influence sur les tueries du Brabant : nous préférons une analyse factuelle fondée uniquement sur les preuves disponibles. Nous n'examinerons pas les décisions politiques ou celles liées à l'investigation.

Des ouvrages sur la dissimulation et les théories du complot ont été publiés autour de cette affaire. Nous analyserons les complots ou les dissimulations, uniquement si nous estimons qu'ils émanent des tueurs du Brabant eux-mêmes et qu'il est nécessaire de les comprendre pour résoudre l'énigme.

Pour faciliter la compréhension, nous avons présenté les faits selon une approche chronologique classique. D'autres livres ont préféré séparer les chapitres par sujet. Nous commençons au début de leur carrière criminelle, lorsque les crimes semblaient plutôt modestes. Ils sont toutefois essentiels pour comprendre les facettes de l'affaire. Nous invitons les lecteurs à prendre note de ces questions : Que trouvez-vous d'anormal dans chaque crime ? Y a-t-il des particularités revenant d'un crime à l'autre ? Pourquoi ont-ils utilisé un mode opératoire particulier et non un autre ? Est-ce que les auteurs « signent » leurs crimes de manière symbolique ?[4] Le lecteur doit chercher quelque chose, n'importe quoi, pour essayer de comprendre la situation dans son ensemble. Lorsque nous décidons d'inclure un détail sur un crime modeste, ledit détail pourra peut-être se révéler utile quelques chapitres plus loin.

L'histoire des tueurs du Brabant est divisée en deux périodes distinctes, appelées « vagues ». La première vague s'est déroulée de 1982 à 1983.[3] Il s'agit d'un mélange de crimes plus ou moins graves allant des vols de voitures aux meurtres. Pourquoi ont-ils commis ces crimes ? Y a-t-il une logique à leur folie ? Trois de leurs fusillades avec la police ont eu lieu pendant cette période. Pourquoi confrontaient-ils la police ? Comment se fait-il qu'ils aient toujours le dessus, indemnes, alors que des agents se faisaient tuer ou blesser ?

---

3   Une carte géographique des deux vagues se trouve à la fin du livre.

Après la première « vague », ils ont disparu sans laisser de traces pendant près de deux ans. Ils sont réapparus en 1985 pour leur deuxième « vague », causant des bains de sang dans les supermarchés. Puis ils ont disparu de nouveau. Et cette fois-ci, ne sont jamais revenus.

Partie I:
Première vague (1982-1983)

Château de Beersel,
Brabant flamand

Chapitre 1

Vol à l'étalage, vol de voitures et cambriolage (mars - mai 1982)

Tout comme chaque terrible enfer commence par une petite étincelle, les tueurs du Brabant ont commencé leur règne de terreur avec un crime de petite envergure. Pour comprendre comment les tueurs fous ont terrorisé la Belgique, nous devons emprunter le même chemin qu'ils ont pris, à partir de leur propre point de départ. Nous allons explorer les crimes qu'ils ont commis les uns après les autres, à partir du premier. Il a fallu du temps avant que les autorités ne se rendent compte des similarités de chaque crime et encore plus de temps pour mener une expertise balistique pour prouver qu'ils étaient connectés.

Nous allons revoir les preuves, les différentes pistes et les suspects, en suivant la chronologie. Cela peut paraître confus et déroutant au premier abord, mais il s'agissait de l'intention des tueurs fous. Il faut filtrer les informations et donner du sens à ce qui a dérouté les enquêteurs et le public pendant des décennies.

Dans l'après-midi du samedi 13 mars 1982, deux hommes marchent rapidement le long de la route principale de Dinant. Le premier est un grand type d'âge moyen avec des cheveux châtains. Le second, plus petit et avec des cheveux grisonnants, semble avoir la quarantaine ou la cinquantaine.[5] Ils sont sur le point de commettre le premier crime du palmarès des tueurs du Brabant, prélude de violences ultérieures.

Les deux hommes ralentissent le pas alors qu'ils se rapprochent de l'armurerie Bayard, spécialisée dans le matériel de chasse et pêche. Les deux visiteurs jettent un coup d'œil d'un côté puis de l'autre avant d'ouvrir la porte d'entrée. La cloche de la porte d'entrée retentit ; les deux hommes se cachent en hâte dans un coin de la salle d'exposition.[6]

Le propriétaire travaille dans une autre pièce. Il se dépêche d'aller dans la salle d'exposition. Il jette un coup d'œil autour de lui mais ne remarque pas les deux intrus cachés dans le coin, se retourne et se remet à sa tâche.

Les deux hommes saisissent alors cette occasion pour sortir de leur cachette. Ils foncent vers la vitrine pour s'emparer d'une longue canardière à double canon et sortent du magasin. Lorsque la sonnette retentit de nouveau, le propriétaire revient dans la salle d'exposition, toujours vide. Intrigué, il sort du magasin et marque un arrêt sur le pas de la porte pour regarder dehors, lorsqu'un passant lui montre deux hommes s'enfuyant avec la canardière. Malheureusement, ils sont déjà loin et le propriétaire n'a pas le temps de réagir.

Ce premier délit, commis par les criminels qui seront plus tard désignés comme les « tueurs du Brabant », avait pour cible l'armurerie Bayard, en raison de la facilité d'y commettre un vol à l'étalage. Les criminels avaient misé sur le temps que le propriétaire prendrait pour se rendre d'un bout à l'autre du magasin, afin de s'enfuir avec la canardière.

La canardière

Ce crime a été commis bien loin de la zone qui sera le terrain de prédilection des célèbres criminels. En effet, l'armurerie est située à des kilomètres au sud de Bruxelles et du Brabant Wallon. Autre élément remarquable, le vol à l'étalage de ce fusil de chasse, qui a été le premier délit connu des tueurs du Brabant, sera aussi le seul de leurs méfaits dans la région.

Aucun indice ne suggère qu'ils étaient armés lorsqu'ils ont dérobé la canardière à l'armurerie Bayard. Il s'agira d'ailleurs l'une des rares fois où leur voiture n'avait pas été aperçue à proximité de leur cible et où ils n'étaient que deux. Dans la plupart de leurs crimes, ils seront trois.

Ils ont volé une canardière de calibre 10, l'un des dix-sept fusils de chasse de type Faul fabriqués par la firme Centaure. Les seize autres ont été retrouvés lors de l'enquête. Par conséquent, en plus d'être facilement identifiable, ce fusil de chasse aurait suscité peu d'intérêt sur le marché noir, vu sa faible puissance de feu, de son recul puissant et du fait qu'il est aussi extrêmement volumineux.[7]

Il existe des hypothèses qui expliquent pourquoi ils ont jeté leur dévolu sur le Faul. La plus répandue de ces hypothèses suggère qu'ils se sont emparés de la première arme venue ; ils étaient peu renseignés en matière d'armes à feu. Ils auraient pu s'emparer d'un autre fusil de chasse à côté du Faul valant au moins cinq fois plus.[8]

Une autre hypothèse serait qu'ils l'ont volée parce qu'il s'agissait d'une arme à l'apparence impressionnante et intimidante, semblable à celles utilisées dans les films de la série Mad Max - encore plus après le sciage du canon et de la crosse. L'arme comportait un double canon, chaque canon ayant un diamètre de presque deux centimètres. Une fois sciée, elle est plus maniable, en plus d'être dissimulable sous un manteau ou une veste. De plus, la crosse du Faul peut être utilisée pour battre les victimes, pensée qui aurait pu effleurer les criminels.

Le vol au Dial-Budget est-il une préparation pour ce qui suivra ?[9]

Quelques semaines plus tard, le jeudi 6 mai, deux hommes armés franchissent à 18 h 50 le seuil d'entrée d'une petite épicerie de la chaîne Dial-Budget à Anderlecht. Les bandits demandent l'argent de la caisse et obligent trois clients à s'allonger à plat ventre. Ils se rendent ensuite dans les bureaux à l'arrière de l'épicerie, où ils forcent deux employés à ouvrir le coffre-fort. Aucun coup de feu n'est tiré et personne n'est blessé. Les voleurs partent avec un butin de cent mille francs belges (environ 2 500 euros) et fuient à pied. Aucune voiture n'est aperçue.

La filiale Dial-Budget faisait partie de la chaîne de supermarchés Delhaize. Il s'agissait de la première fois qu'une épicerie de cette chaîne était cambriolée en Belgique - bien que plus petite, l'épicerie partageait des similitudes avec la disposition intérieure d'autres supermarchés de la firme Delhaize.

Le vol n'est toujours pas inclus dans le palmarès officiel des tueurs du Brabant ; toutefois, le modus operandi ressemble à celui qu'ils utiliseront lors de leurs attaques ultérieures. Le vol a eu lieu tôt en soirée, les voleurs se sont rendus aux caisses enregistreuses, où ils ont obligé les clients à se mettre à terre. Ils se sont dirigés ensuite vers les bureaux à l'arrière et ont forcé les employés à vider le contenu du coffre-fort dans leur sac.

Des différences avec leurs autres crimes sont remarquables : aucun coup de feu n'a été tiré durant le braquage et les auteurs n'ont pas fait de blessé. De plus, comme lors du vol de la canardière à Dinant, les témoignages n'ont signalé la présence que de deux auteurs, ils se seraient enfuis à pied et aucune voiture n'aurait été aperçue. Autre différence, le vol du Dial-Budget a eu lieu à Anderlecht, à l'extérieur de la zone privilégiée de leurs attaques ultérieures.

Étant donné qu'aucun coup de feu n'a été tiré, aucune expertise balistique ne prouve que la même arme a été utilisée pour commettre un autre crime, permettant ainsi de le lier aux autres attaques des tueurs du Brabant. Cependant, les similitudes sont telles qu'elles pourraient suggérer qu'ils étaient impliqués dans des braquages d'épicerie beaucoup plus tôt que ce que l'on pense. Cela démontrerait aussi que certains crimes étaient motivés par le profit et non uniquement par la violence.

IXELLES

Le lundi 10 mai à 22 h 20, dans la commune bruxelloise d'Ixelles, deux tueurs fous s'approchent d'un homme qui est en train de garer sa voiture sur le parking de son immeuble. Ils sont armés. L'un d'eux a les cheveux noirs, une moustache et une casquette de marin. Le second porte une moustache et a les cheveux grisonnants.[10] Les deux semblent avoir la quarantaine, et bien que ni l'un ni l'autre ne porte de masque, ils utilisent sûrement du maquillage et des perruques pour dissimuler leur identité.

Les deux auteurs portent ce qui semble être des révolvers avec un long canon. Une des armes pourrait être le fusil de chasse volé à Dinant, dont le canon a été scié, ou bien une arme différente munie d'un silencieux.

L'un des voleurs ordonne au propriétaire de la voiture de lui remettre les clés de son Austin Allegro gris métallisé, un véhicule en piteux état. L'homme est également obligé de remettre son portefeuille et de s'allonger à plat ventre.[11] La technique de forcer les victimes de s'allonger à plat ventre est utilisée par les tueurs du Brabant dans chacun de leurs braquages.

Les voleurs quittent alors le lieu du crime avec la voiture désuète dont le réservoir d'essence est presque vide.[12]

LEMBEEK

Les deux voleurs d'âge moyen conduisent l'Austin Allegro volée environ vingt-cinq kilomètres plus loin, la garant près d'un concessionnaire Volkswagen à Lembeek. Une fois arrivés chez le concessionnaire, ils forcent la serrure du bas d'une porte vitrée de la salle d'exposition. Ils volent une Volkswagen Santana bleu foncé 1982 dont les clés avaient été laissées sur le tableau de bord par le concessionnaire.[13] Ils abandonnent ensuite l'Austin Allegro volée où ils l'ont garée en arrivant.

Le mobile du vol des voitures

Tous les vols de véhicules avaient pour mobiles de fournir les tueurs du Brabant en moyens de locomotion lors de leurs crimes ; ils ne volaient jamais une voiture pour la revendre. Selon le journaliste Gilbert Dupont, ils avaient déjà pénétré par effraction dans une autre voiture dans la rue sans la voler, avant de prendre pour cible le propriétaire de l'Austin Allegro. Ils auraient abandonné lorsqu'ils ont réalisé qu'ils ne pouvaient pas trafiquer les fils du véhicule pour le démarrer.[14] Il s'agira du seul incident connu lors duquel ils auraient tenté de voler une voiture sans les clés. Dans les années quatre-vingt, les criminels trafiquaient les fils d'une voiture avec facilité, de telle sorte que les braquages de voiture arrivaient extrêmement rarement.

Pour certains, les deux voleurs se seraient rendu compte du mauvais état de l'Austin et du peu d'essence que contenait son réservoir en quittant Ixelles ; ils auraient alors décidé de voler un autre véhicule. Peut-être sont-ils allés chez le concessionnaire de Lembeek pour voler une voiture neuve qui ne leur poserait pas de difficultés.

Une autre hypothèse propose que les deux voleurs aient prévu d'utiliser l'Austin Allegro uniquement comme moyen pour se rendre jusqu'au concessionnaire. S'ils avaient déjà planifié le coup du concessionnaire, ils avaient ciblé l'Austin Allegro simplement par commodité, et n'importe quelle voiture pouvant faire le trajet leur aurait convenu.

Volkswagen Santana

Trois cent cinquante-huit Volkswagen Santana en Belgique sont dénombrées à l'époque, toutes de couleur bleu foncé ou métallisée.[15] La Santana possédait un coffre avec une plus grande capacité de rangement qu'une voiture ordinaire.

La Santana sera vue plusieurs fois à Ixelles dans les mois suivants, munie de fausses plaques avec le numéro d'une autre Santana du coin. Cela faisait partie du modus operandi des tueurs du Brabant qui fixaient de fausses plaques sur leurs voitures. Le numéro était alors toujours copié de la plaque d'une voiture de même couleur et de même marque que la voiture volée.

CHAPITRE 2

ÉPICERIE À MAUBEUGE
(14 AOÛT 1982)

Durant la nuit du vendredi 13 août, les tueurs du Brabant se rendent dans la ville française de Maubeuge avec leur Volkswagen Santana de couleur sombre, volée et munie de plaques belges. Ils arrivent à 3 h 30 dans la ville située à environ huit kilomètres de la frontière.[16] Ils conduisent les phares éteints, le long d'une petite place entourée de magasins et d'un immeuble résidentiel ; ils y garent la Santana devant un magasin de vêtements de sport.[17]

Deux hommes armés sortent alors du véhicule et se dirigent vers la petite épicerie Piot située près du magasin de vêtements de sport. Un troisième homme, également armé, reste près de la Santana. Les deux premiers tentent, en vain, d'ouvrir la porte sur le côté de l'épicerie, les obligeant à y pénétrer en fracassant la vitre de la porte d'entrée.[18] Après avoir arraché les câbles téléphoniques du bâtiment, ils remplissent le coffre de la Santana à pleine capacité avec des centaines de bouteilles de vin et de champagne.[19] Ils emportent également du thé et du foie gras.

Vingt minutes plus tard, le commissariat de gendarmerie reçoit un appel téléphonique anonyme.[20] La personne au bout du fil dit à l'agent qui répond qu'il se passe quelque chose à l'épicerie Piot. Trois agents de police sont dépêchés pour y jeter un coup d'œil ; comme l'épicerie se situe à environ cent mètres du poste de police, ils s'y rendent à pied.[21]

L'agent Christian Delacourt quitte le premier le poste de police et deux autres agents suivent quelques instants plus tard. Ils prennent chacun une rue différente pour se rendre à l'épicerie.[22]

Lorsque l'agent Delacourt s'approche de l'épicerie, il aperçoit la Santana bleue garée et remarque un homme portant une cagoule en train de monter la garde. Réalisant le danger, Delacourt se retourne pour rejoindre les deux autres policiers. Des balles se mettent alors à siffler autour de lui. Il plonge derrière une fontaine, mais il est touché à l'estomac. Il gît, grièvement blessé, sur le trottoir.[23]

Un second policier arrive sur place, suivi du troisième quelques pas plus loin. Trois balles sont tirées dans sa direction et il se jette au sol pour éviter d'être touché. Réagissant à la situation, le troisième agent fait feu. Un deuxième tueur fou tire sur les policiers.

Les bandits rentrent dans leur Santana en tirant. L'un d'entre eux tire en direction des policiers depuis la banquette arrière de la voiture alors qu'ils s'éloignent du lieu du crime vers un carrefour menant en Belgique. Malgré les appels aux forces de l'ordre de la région frontalière, les tueurs fous rentrent en Belgique sans être appréhendés.[24]

Voler de l'alcool

La fusillade de Maubeuge à l'extérieur de l'épicerie Piot a été le premier crime commis par les tueurs du Brabant où une victime est blessée. Il s'agissait aussi de leur premier échange de coups de feu avec des agents de police et l'unique fusillade des quatre lors de laquelle ils ne dominaient pas les forces de l'ordre. Peut-être leur arsenal d'armes demeurait-il encore limité ? Les policiers français tiraient du calibre 7,65 mm avec l'arme de service des forces de police de l'époque ; les tueurs fous utilisaient aussi du petit calibre à Maubeuge. Le fusil à canon scié tiré par l'un d'eux n'était pas efficace à distance.

L'un des trois bandits était plus grand que les deux autres. Même s'il s'agissait d'un cambriolage nocturne, les trois hommes portaient des cagoules ; ils étaient clairement conscients du risque d'être identifiés. Dans d'autres vols commis en plein jour, ils utiliseront du maquillage, des perruques et d'autres accessoires au lieu de masques pour rester méconnaissables. Parfois, les perruques et le maquillage auront l'air faux. Dès lors, en raison de leur penchant pour le déguisement, les dizaines de croquis des suspects seront de valeur moindre.

Alors que la fusillade de Maubeuge avait les apparences d'une simple entrée par effraction ayant mal tourné, le trio aurait-il cherché à en découdre avec la police ? En effet, un coup de fil pour attirer la police aurait pu être passé d'un téléphone public sur la petite place non loin de l'épicerie. L'interlocuteur anonyme n'a jamais été identifié.

Bien que le Piot s'auto-proclamait comme épicerie, il se spécialisait dans la vente d'alcool et ses étagères étaient surtout remplies de bouteilles de vin, de champagne et de spiritueux. Les bandits sont repartis avec des centaines de bouteilles, d'une valeur comparable à une entrée par effraction typique.

La précaution d'arracher les fils téléphoniques sera utilisée lors de toutes leurs entrées par effraction et vols à main armée.

La frontière avec la France existait toujours en 1982 ; les grands axes routiers avaient des postes de garde-frontières. La capacité des tueurs fous à se faufiler dans cette zone limitrophe indique que l'un d'eux entretenait des liens étroits avec le Borinage.

BRAINE-LE-COMTE

Le 18 septembre 1982, à 3 heures du matin, des intrus se garent à proximité du parking extérieur du concessionnaire Volkswagen de la rue Soignies à Braine-le-Comte. Lorsqu'ils pénètrent sur le parking, ils réveillent le propriétaire habitant de l'autre côté de la rue. L'homme âgé regarde à travers les stores de sa chambre et remarque les deux intrus armés. Le propriétaire saisit son fusil de chasse, ouvre la fenêtre de sa chambre et tire en l'air pour faire fuir les intrus. Au lieu de fuir, l'un des intrus tire sans avertissement à la fenêtre du propriétaire, touchant le vieil homme à la tête et à l'estomac. Le propriétaire s'effondre et sera retrouvé plus tard dans un état critique ; par miracle, l'homme survivra mais conservera un grave handicap physique. Les bandits sautent dans leur voiture et quittent les lieux.[25]

Tirs aux fenêtres

L'attaque non résolue de Braine-le-Comte n'a jamais été reliée au palmarès officiel des tueurs du Brabant. Cependant, il s'agit d'un crime non résolu qui présentait de fortes similitudes avec leurs autres crimes - une attaque qui semble être un prélude de l'attaque de Tamise un an plus tard en septembre 1983, lors de laquelle ils viseront des témoins en tirant à leurs fenêtres... Était-ce une habitude commune de voleurs de poules ?

Le concessionnaire Volkswagen de Braine-le-Comte avait remarqué une légère hausse de cambriolages avant cette attaque. Des pneus et d'autres articles avaient disparu et une voiture avait été récemment volée. Aucun témoin n'avait été capable d'identifier la voiture que les intrus avaient garée près du concessionnaire lors du vol.

Des morceaux de papier reliés aux tueurs du Brabant ont été trouvés en octobre, sur lesquels ils avaient noté des mots semblant se référer à cette attaque. Les mots « Braine-le-Comte » et « Soignies » y figuraient avec une partie d'un numéro de plaque d'immatriculation. Cette plaque aurait pu être une référence à une voiture qu'ils avaient ciblée sur le parking du concessionnaire ou à une de leurs fausses plaques.

Chapitre 3

Armurerie Dekaise (30 septembre 1982)

Le 30 septembre 1982, peu avant 10 h 30, le propriétaire de l'armurerie Dekaise discute avec deux clients dans son magasin. L'armurerie est située dans une rue commerçante étroite à sens unique de la ville de Wavre, la capitale de la province du Brabant Wallon.

Les tueurs du Brabant garent la Volkswagen Santana bleue volée, qui porte désormais de fausses plaques d'immatriculation françaises, à quelques mètres de l'armurerie et trois hommes armés en sortent.[26] Deux d'entre eux se rendent directement au magasin, l'un quelques pas devant l'autre. Le premier homme a une main cachée dans son manteau. En ouvrant la porte d'entrée du magasin, il sort un pistolet et pointe le canon sur le visage du propriétaire.[27] Il crie : « On ne bouge plus ! »

Entre-temps, le deuxième homme traverse la rue. Il sort un fusil à double canon scié de son imperméable en pénétrant dans l'armurerie et assène un coup sec au visage du propriétaire avec la crosse du fusil. Le propriétaire s'effondre et saigne abondamment. L'assaillant crie : « Couché ou tu crèves ! »[28] Il assène de violents coups de crosse au visage des deux clients.

Les bandits jettent un coup d'œil autour du magasin puis demandent au propriétaire les clés des présentoirs. Le propriétaire essaie de se lever pour les récupérer, mais il est encore frappé de coups de crosse à la tête. L'attaquant pointe alors le canon de l'arme à l'arrière du cou du propriétaire et dit : « Maintenant, tu vas crever. »[29] À ce stade, le troisième tueur du Brabant arrive et reste comme guetteur près de la vitrine à l'entrée tandis que l'un des assaillants déniche lui-même les clés des présentoirs.

Les malfaiteurs arrachent les fils du téléphone et l'homme au fusil à canon scié fracasse les vitres des comptoirs. Ils volent des armes de poing et des pistolets-mitrailleurs, ne prêtant pas attention aux fusils d'assaut et aux riot-guns. Ils prennent dix-huit armes à feu qu'ils mettent dans deux sacs avant de forcer les trois victimes à leur remettre leurs portefeuilles.[30] Le propriétaire reçoit plus de coups au visage, ce qui brise l'os de son orbite et le plonge dans le coma.

Un piéton remarque la scène dans l'armurerie et se hâte dans un garage à proximité, où il avertit le mécanicien et lui demande d'appeler les autorités. Le mécanicien remarque alors un fourgon de police qui passe devant l'armurerie et fait signe au policier Claude Haulotte dans le fourgon. Le policier stationne en double file et se précipite vers l'armurerie avec l'arme au poing. Il laisse la porte de son fourgon ouverte avec la clé toujours sur le contact.[31]

Le troisième assaillant, toujours au guet, remarque le policier qui court vers l'armurerie et sort sur le trottoir. Seul un camion Toyota sépare le guetteur et le policier Haulotte, quand le guetteur tire une balle de son 7,65 mm à travers les vitres du camion. La balle manque Haulotte qui se sert du camion comme bouclier et riposte d'un tir sans toucher la cible.[32]

Un deuxième gangster sort du magasin et rejoint le guetteur du côté trottoir du camion Toyota. L'un des deux gangsters ordonne au second de faire le tour du camion par l'arrière, pendant qu'il fait le tour par l'avant. L'agent Haulotte, pris en étau, est touché d'une balle et s'effondre. Le gangster s'avance directement par-dessus le policier gisant par terre et l'achève en tirant à bout portant une balle de calibre 7,65 mm.[33]

La fuite

Les tueurs du Brabant retournent à leur Volkswagen Santana, lançant leurs deux sacs d'armes volées dans le coffre. Deux malfaiteurs rentrent dans la Santana tandis que le troisième prend le volant du fourgon de police toujours stationné en double file pour libérer le passage.[34] Une fois le fourgon déplacé, il rejoint ensuite ses complices dans la Santana, qui démarre vers le nord, en direction de Bruxelles.[35]

Toutes les voitures de police des alentours ont déjà été alertées. Le message diffusé sur les ondes radios appelle à chercher une Audi 80 sombre - la Volkswagen Santana est rare et facilement confondue avec l'Audi 80. Deux gendarmes dans une Renault R4 banalisée se dirigent vers un carrefour en direction de Bruxelles.[36]

Ils remarquent alors la Santana bleu foncé avec les plaques françaises qui roule à toute vitesse et se mettent à sa poursuite, mais celle-ci est plus puissante et distance les poursuivants. Une fois qu'ils ont semé les gendarmes, les bandits se cachent sur le parking d'un immeuble. Ils remplacent les plaques françaises par des plaques belges, dont le numéro est copié sur une autre Santana d'Ixelles. Ils sortent alors du parking pour fuir vers Bruxelles.[37]

Par hasard, la voiture de la gendarmerie banalisée se retrouve de nouveau derrière la Santana lorsqu'elle reprend la route. La poursuite reprend de plus belle à proximité de la commune d'Overijse, située à mi-chemin entre l'armurerie Dekaise et Bruxelles. La voiture de gendarmerie talonne la Volkswagen pendant une dizaine de minutes.[38] Les deux véhicules zigzaguent autour des voitures et contournent des obstacles le long des rues étroites d'Overijse, la Santana manquant de justesse un autobus, alors que le gendarme au volant de la Renault R4 en vient à conduire sur le trottoir pour le contourner. Les gendarmes tentent d'appeler du renfort par leur radio, mais les ondes sont surchargées. Le passager assis sur la banquette arrière de la Santana se retourne souvent vers la voiture des gendarmes.[39]

Le carrefour de Hoeilaart

À 10 h 50, les deux voitures s'approchent d'un carrefour embouteillé de Hoeilaart ; les immeubles sont si près des quatre coins de l'intersection qu'il est impossible de le traverser.[40] Lorsque la Santana est contrainte de ralentir, la voiture de la gendarmerie la dépasse et lui coupe la voie en une queue de poisson qui force les deux véhicules à s'arrêter.[41] Les gendarmes sont armés de 7,65 mm munis d'un chargeur à huit balles.

Quelques mètres plus loin, les truands sortent de leur Santana avec leurs armes aux poings. Ils se cachent derrière les portières ouvertes de la Santana et à l'arrière du véhicule. Des dizaines de témoins qui sont arrêtés à l'intersection surveillent le déroulement de la scène. L'agent Roland Campine et le bandit à l'avant de la Santana échangent des coups de feu. Campine vide son chargeur, mais les balles de 7,65 mm ne sont pas assez puissantes pour traverser la porte ouverte de la Santana et s'incrustent dans la structure métallique.

Les balles de 9 mm du passager de la Santana sont plus efficaces. Sur les neuf balles tirées, quatre touchent Campine : deux fois à la cuisse gauche, une fois à l'avant-bras et une fois à l'estomac, entre le foie et un poumon. Une cinquième balle ricoche sur sa ceinture. Les bandits se rapprochent des gendarmes et tirent une autre balle qui atteint l'agent sous son genou, dévie sa trajectoire et se loge dans son aine.

Son coéquipier, l'agent Sartillot, vide aussi son chargeur de balles de 7,65 mm, mais aucune n'atteint les bandits. Ayant épuisé ses munitions, il se replie. L'un des bandits tente de tirer le coup de grâce à l'agent battant retraite, mais il a déjà tiré sa dernière balle. Il saisit alors le fusil à canon scié et fait feu sur le gendarme. Cette fois, l'agent Sartillot est touché dans le bas du dos avec 72 ballettes ; les deux gendarmes sont grièvement blessés. Heureusement pour eux, les criminels ont eux aussi épuisé leurs chargeurs et se replient vers leur Santana. Celle-ci disparaît vers Bruxelles, le capot fumant depuis le radiateur.

Alors qu'ils ne portaient pas de masques, les tueurs du Brabant avaient probablement mis du maquillage et d'autres accessoires pour déguiser leur visage et modifier leur apparence. Un témoin racontera même qu'un d'eux portait une perruque.[42] Comme le radiateur de la Santana fumait en quittant le carrefour, certains pensent que les criminels se sont cachés à proximité, n'ayant pu se rendre à Bruxelles. Selon l'agent Charles

Thompsin, si une balle avait percé le radiateur, la Santana n'aurait pu parcourir que sept kilomètres.[43]

Bâtir un arsenal

Les tueurs fous ont utilisé deux pistolets de calibre 9 mm pour maîtriser les gendarmes. Ils ont également utilisé un fusil à canon scié et un pistolet FN de calibre 7,65 mm qu'ils avaient déjà tiré le 14 août lors de la fusillade à l'extérieur de la petite épicerie de Maubeuge, en France. Certains soupçonnent que le fusil de chasse Faul de calibre 10 volé à l'armurerie de Dinant le 13 mars avait été utilisé. Cela pourrait expliquer pourquoi l'agent Sartillot a survécu, le Faul étant destiné à être utilisé pour chasser le petit gibier comme la volaille. Le tueur fou qui a tiré avec le fusil à canon scié transportait les deux sacs d'armes à feu volées à la sortie de l'armurerie Dekaise. Le guetteur utilisait le pistolet de 7,65 mm et le troisième gangster utilisait un pistolet de 9 mm.

Ils n'ont pas cherché à obtenir le contenu de la caisse et le mobile de l'attaque semblait être de voler des armes à feu pour se bâtir un arsenal. Plus tôt cette année-là, des voleurs avaient tenté de s'introduire la nuit dans la même armurerie, en vain.

Une hypothèse propose que les tueurs du Brabant, devenant plus actifs dans leurs activités criminelles, avaient estimé qu'ils devaient s'armer davantage. La seule autre arme à feu pouvant leur être associée, au moment de l'attaque de l'armurier Dekaise, avait été volée directement à une autre armurerie à Dinant. Ils n'achetaient jamais leurs armes sur le marché noir, préférant les voler, parce qu'ils n'avaient pas de contacts sur le marché noir, ou qu'ils étaient conscients du risque d'être retracés par leurs armes.

Parmi les dix-huit armes volées à l'armurerie Dekaise figuraient neuf révolvers, cinq pistolets et quatre pistolets-mitrailleurs. Les pistolets étaient destinés à leur usage personnel et non à la revente. Certains pourraient avoir été utilisés plus tard, les calibres correspondant parfaitement, notamment un révolver Smith et Wesson capable de tirer à la fois avec des munitions de calibre .38 Special et des balles de calibre .357 Magnum.

Parmi les pistolets probablement utilisés par les tueurs du Brabant lors de leurs crimes ultérieurs, sont listés un Colt Government de calibre .45 ACP, un modèle Para 559 Smith and Wesson de 9 mm, un pistolet FN 150 calibre .22 LR et un modèle Bernardelli 60 de 7,65 mm.[44] Ils ont peut-être utilisé aussi des pistolets-mitrailleurs et un prototype de silencieux Ingram qu'ils avaient volés.

L'enquête de la gendarmerie de Wavre

Une équipe de trois détectives de la gendarmerie de Wavre mène l'enquête du vol à l'armurerie Dekaise et produit un premier rapport en juillet 1983. Les gendarmes déterminent que le mobile n'était pas de voler des armes à feu, mais plutôt de s'emparer du prototype de silencieux Ingram. Un des témoins du cambriolage aurait déclaré que, lorsque les tueurs du Brabant volaient les armes, il avait entendu un bandit dire à ses complices : « Viens, on se tire, on a ce qu'on cherchait. »[45] Ce commentaire fait alors croire aux détectives qu'ils étaient venus pour un article spécifique, comme le prototype de silencieux Ingram. Ils croient que le propriétaire avait été pris pour cible en tant qu'acteur influent sur le marché international des armes. Cependant, le propriétaire a insisté auprès des enquêteurs qu'il n'avait pas reconnu les auteurs du cambriolage.

En examinant la comptabilité de l'armurerie, les enquêteurs déterminent que les ventes en magasin ne représentaient qu'une fraction des revenus du propriétaire, car il produisait des gadgets de haute technologie et de produits spécialisés destinés au marché international d'armes. Le prototype de silencieux volé avait été récemment conçu par le propriétaire. Il était fait sur mesure pour les pistolets-mitrailleurs Ingram et les détectives pensent qu'un différend, lié à la transaction du silencieux, aurait pu provoquer l'attaque.

Les détectives découvrent que le propriétaire avait communiqué avec le courtier en armes Willy Pourtois pour trouver des acheteurs pour le prototype. Pourtois aurait amené des représentants des Phalanges Chrétiennes Libanaises - une faction impliquée dans la guerre civile libanaise

– à y jeter un coup d'œil. En outre, Pourtois entretenait des contacts avec une entreprise ayant des liens avec la firme new-yorkaise International Security Associates (ISA), qui représentait un client colombien intéressé par deux cent cinquante silencieux Dekaise. Les parties étaient parvenues à une entente prévoyant que Dekaise reçoive un acompte de 1 000 dollars US, puis 400 000 francs belges (environ 9 915 euros) en septembre 1982 pour couvrir ses coûts de production initiaux. La valeur totale de la transaction s'élevait à 1 250 000 francs belges (environ 30 987 euros). Pour faciliter son travail, le courtier Pourtois a prêté cinq pistolets-mitrailleurs Ingram à Dekaise. À la fin du mois de septembre 1982, Dekaise n'avait toujours pas reçu les 400 000 francs belges promis pour les coûts de production initiaux. Apparemment, le représentant européen de l'ISA avait disparu avec l'argent du siège social destiné à payer Dekaise. Dekaise a arrêté la production des silencieux.

L'équipe de Wavre spécule que Dekaise avait refusé de restituer l'acompte de 1 000 dollars et les cinq pistolets-mitrailleurs Ingram prêtés par le courtier Pourtois. Elle pense aussi que l'une des parties impliquées aurait exercé des représailles et puni Dekaise. Dans ce scénario, les tueurs fous auraient peut-être volé le prototype de silencieux pour qu'un autre armurier puisse le produire. Les autres armes à feu volées n'auraient été qu'une diversion pour masquer le vol du silencieux.

Puisque l'ISA était impliquée, des sources ont spéculé que le passage à tabac du propriétaire a été exécuté au vu et au su de la CIA. Willy Pourtois avait été recruté en outre comme informateur rémunéré de la Sûreté de l'État. La Sûreté était probablement informée des tractations de l'armurier Dekaise avec son agent Pourtois, ce qui a également supporté l'hypothèse de l'implication des services d'intelligence occidentaux.

Cette explication présente des lacunes. D'abord, quand Pourtois avait redemandé à Dekaise les cinq pistolets-mitrailleurs Ingram après l'attaque, ils lui avaient été rendus. Ensuite, de telles transactions échouaient couramment sans que violence ne s'en suive. En outre, Dekaise n'avait reçu que 1 000 dollars à titre d'acompte et il n'avait pas rompu le contrat. Il restait douteux qu'une équipe soit créée pour punir un co-contractant récalcitrant pour 1 000 dollars et cinq armes à feu. De plus, le délai alloué à Dekaise avant de le punir était irréaliste. En supposant que Dekaise eut arrêté la production en septembre, pourquoi le passer à tabac moins de trente jours plus tard ? Enfin, il n'existe pas de preuve que des silencieux établis sur le prototype de Dekaise aient été produits en série ailleurs.

La bande de Vincent L.

La recherche de suspects dans le vol à main armée sur l'armurier Dekaise ouvrira une nouvelle piste. Quelques mois plus tard en 1983, Francis V. alias Pierrot le Fou, déclarera à la police que son ami toxicomane Vincent L., récemment décédé, avait été impliqué. En enquêtant sur ces allégations, les investigateurs trouvent une photo de Vincent L., Francis V. et d'un criminel notoire : Vicky V. En arrière-plan, une mitraillette Enfield décorait la cheminée de la maison de Vicky V. Les enquêteurs déterminent que l'Enfield était le même modèle que celui volé chez Dekaise.

Une perquisition et une saisie sont ordonnées sur la maison de Vicky V. et les enquêteurs y retrouvent l'Enfield au-dessus de la cheminée, comme sur la photo. L'Enfield était démilitarisé et n'avait pas de numéro de série ; aucune expertise balistique ne peut être effectuée. Les enquêteurs notent en revanche que Vicky V. agit de façon suspecte en refusant de dévoiler qui lui avait vendu l'arme. Ils arrivent alors à une impasse, car cet Enfield démilitarisé est courant à cette époque et peut facilement être acheté.

Plus tard, les autorités soupçonneront Vincent L. et Francis V. d'avoir livré trois armes provenant de l'attaque de l'armurerie Dekaise au gendarme Martial Lekeu, qui ne deviendra un suspect majeur qu'en 1989. Lekeu avait travaillé comme détective de stupéfiants dans la gendarmerie jusqu'en 1978. Après son passage comme détective, Lekeu avait été transféré pour des raisons disciplinaires à un poste de patrouilleur.

Après cette allégation, Lekeu déménage dans un poste loin de Bruxelles et demande à être muté à un poste dans les Ardennes. Il tient à quitter l'ambiance bruxelloise.

Bruno Vandeuren

Un repris de justice, Bruno Vandeuren, se vantera d'être impliqué dans l'attaque de Dekaise. Ses aveux restaient plausibles, mais il donne différentes versions puis finalement se rétracte. En premier, il avait prétendu avoir directement participé à l'attaque de l'armurerie Dekaise ; ensuite d'avoir seulement aidé à déplacer les armes volées après l'attaque.[46] Son histoire correspond à l'hypothèse promue par l'équipe de Wavre selon laquelle l'armurerie avait été attaquée pour punir le propriétaire d'avoir violé un contrat après avoir reçu un acompte.

Lorsque les enquêteurs effectuent leur première investigation, Vandeuren fournit un alibi solide. Mais son alibi s'avèrera être inexact quelques années plus tard.

Lorsque les autorités chercheront à poursuivre leur enquête sur Vandeuren à la fin des années 80, ils font la découverte qu'il venait d'être assassiné d'une balle à l'arrière du cou ; son meurtre n'est aujourd'hui toujours pas résolu. Cette piste recoupait d'autres pistes de l'enquête. Les armes volées par Vandeuren chez Dekaise auraient ensuite transité par Ixelles, le cœur géographique présumé des tueurs fous. Vandeuren aurait également traîné au café De Pomp fréquenté par d'autres suspects des tueries. Cependant, hormis quelques éléments circonstanciels, les pistes menant vers Vandeuren ne sont pas assez solides pour le considérer comme un suspect sérieux.[47]

Madani Bouhouche

Un des deux gendarmes, à bord de leur Renault banalisée qui poursuivait la Santana volée des tueurs du Brabant entre l'armurerie Dekaise et le carrefour de Hoeilaart, a affirmé avoir identifié un des auteurs. L'agent Campine a toujours maintenu que le suspect sur la banquette arrière était un de ses collègues à la gendarmerie, Madani Bouhouche. Selon Campine, Bouhouche portait un maquillage pour noircir son visage.

Bouhouche travaillait comme gendarme au poste d'Uccle au moment du vol de l'armurerie Dekaise. Son poste était situé à quelques minutes à pied de la place Flagey à Ixelles, le cœur géographique des tueurs du Brabant. Il avait déjà travaillé comme détective spécialisé dans les stupéfiants mais, en raison de problèmes disciplinaires, il avait été transféré à un poste de patrouilleur de quartier à partir de 1981. En effet, dans un incident étrange, Bouhouche avait caché un dispositif d'écoute électronique pour espionner une discussion entre des collègues et un informateur. En dehors de cela, il était considéré comme un bon détective qui écrivait des bons rapports, ne buvait pas, ne consommait pas de drogue et ne sortait jamais en boîte.

Avant cet incident, Bouhouche avait eu un autre problème disciplinaire qui avait été rapidement dissimulé. En 1980, alors que Bouhouche circulait dans une R4 avec deux autres gendarmes au centre-ville de Bruxelles, son véhicule avait subi une queue de poisson à cause d'un taxi roulant à pleine vitesse. Bouhouche avait subitement perdu les pédales, sorti son pistolet GP 9 mm personnel et vidé deux chargeurs complets de balles à têtes creuses Dum Dum sur le taxi, au beau milieu d'une rue. Le chauffeur de taxi, Constantin Giannakis, avait eu son appui-tête percé d'une balle. Il s'en est miraculeusement sorti indemne.

Les balles à têtes creuses avaient causé de larges trous de cinq centimètres dans la carrosserie du taxi. La gendarmerie avait ouvert une enquête interne sur l'incident. Bouhouche avait allégué que pendant une fraction de seconde, il avait cru que le chauffeur de taxi était en réalité un gangster, comme si cela justifiait son comportement.

L'expertise balistique avait été effectuée par le commandant Claude Dery, une connaissance proche de Bouhouche. Les deux aimaient les armes à feu et effectuaient fréquemment des tests balistiques ensemble. Dery avait dissimulé le détail troublant que Bouhouche avait utilisé son arme de poing personnelle de calibre 9 mm, un plus fort calibre que l'arme de service de calibre 7,65 mm de la gendarmerie. Il avait également caché que Bouhouche avait utilisé des balles à têtes creuses illégales et avait noté dans son rapport que les munitions utilisées étaient en fait des balles ordinaires Winchester High Velocity. La gendarmerie avait ensuite classé la révision interne de l'incident, sans y donner suite.

FORÊT DE SOIGNES

Plus tard le soir de l'incident de l'armurerie Dekaise, le 30 septembre 1982, les tueurs du Brabant abandonnent la Volkswagen Santana volée dans la forêt de Soignes, dans la banlieue sud de Bruxelles. Ils y mettent le feu en la couvrant d'essence et en l'allumant. La voiture est retrouvée encore en train de brûler à 22 h 30, avec sa carcasse percée de balles sur le côté et sur le tableau de bord. À l'intérieur de la voiture, la banquette arrière avait été enlevée et huit douilles jonchaient encore le sol. Les douilles provenaient des deux pistolets de 9 mm tirées plus tôt dans la journée, lors de leur fusillade avec la gendarmerie. Des billes métalliques qui étaient utilisées pour fermer le canon des armes volées chez Dekaise lorsqu'elles étaient encore exhibées en magasin, sont aussi retrouvées, ainsi qu'une petite balance.[48]

Décharge

Selon l'agent Thompsin, l'intention aurait pu être de conduire la Santana dans une étendue d'eau, mais la voiture serait restée coincée dans la boue.[49] Les tueurs du Brabant auraient alors été obligés d'y mettre le feu. En ce qui a trait à la petite balance, il existe deux hypothèses : elle aurait pu être utilisée pour peser des stupéfiants ou pour recharger des munitions. Les tueurs fous tiraient parfois avec des munitions rechargées.

L'endroit dans la forêt de Soignes où la voiture a été abandonnée est le même que celui où avait été trouvé le contenu d'une camionnette Toyota Hiace volée à la parfumerie Paris-XL d'Ixelles en 1981. Quelques années plus tard, le vol de la camionnette sera inclus dans le palmarès du gendarme Dani Bouhouche. Celui-ci s'était lancé dans le crime organisé après son incident disciplinaire au sujet du chauffeur de taxi en 1980. Il avait rassemblé une petite équipe de gangsters et avait bâti une infrastructure criminelle qu'il exploitait en parallèle à sa vie de gendarme. La bande de Bouhouche louait des appartements, ainsi que des boxes de garages pour entreposer ses voitures et ses armes à feu. Son réseau de location se concentrait sur deux zones, Ixelles au sud de Bruxelles et Woluwe[4] dans la banlieue est de Bruxelles. La bande utilisait des fausses cartes d'identité pour ses contrats de location.

Le 7 octobre 1981, la bande de Bouhouche vole la camionnette Toyota Hiace blanche du magasin Paris-XL. Ils avaient également volé une Mazda la semaine précédente, dans la même rue, en utilisant le même mode opératoire. Lorsque le chauffeur de la camionnette vient pour réapprovisionner le magasin d'Ixelles, il laisse la clé sur le contact et le moteur en marche. La bande de Bouhouche saisit sa chance pour se sauver avec la camionnette remplie de marchandises. Le contenu est déversé dans la forêt de Soignes. Ils entreposent la camionnette dans un box qu'ils venaient de louer à Ixelles. La bande modifie la camionnette pour l'utiliser comme base mobile d'opérations en forant un trou dans le toit, ainsi qu'en apposant des autocollants et deux fausses plaques d'immatriculation.

Une carte de la forêt de Soignes sera découverte des années plus tard dans la maison de Bouhouche. Un emplacement y était marqué d'une croix ; au même endroit, la Volkswagen Santana des tueurs du Brabant avait été abandonnée et incendiée après le vol de Dekaise. Bouhouche n'a jamais fourni d'alibi pour l'attaque de Dekaise ; il avait pris un congé maladie.[50]

FORÊT DE SOIGNES BIS

Le 16 octobre 1982, deux semaines après l'attaque de l'armurerie Dekaise, une série d'objets reliés au cambriolage sont retrouvés à un autre endroit de la forêt de Soignes, assez loin du lieu où la Santana avait été incendiée. Parmi ces objets se trouvent une carte bancaire du propriétaire de l'armurerie Dekaise, une autre carte de l'un de ses clients et des chèques au nom du propriétaire.[51]

---

[4] Il s'agit en fait d'une petite enclave qui chevauche quelques municipalités comme Woluwe-Saint-Lambert. Dans l'enclave, on trouve le campus de l'école médicale de l'Université catholique de Louvain (UCL).

La fausse plaque d'immatriculation belge de la Santana, dont le numéro a été copié de la plaque d'une autre Santana de même couleur garée à Ixelles, est aussi retrouvée dans les décombres. La plaque était découpée en vingt-sept morceaux dans un motif particulier entrecroisé. Parmi les autres objets découverts, figurent également deux tiges d'appui-tête et des blocs de mousse de la banquette arrière de la Santana, ainsi qu'une monture de lunettes sans verres. Cela suggère que les tueurs fous modifiaient leur apparence.[52] Ils ont laissé une carte extraite d'un calendrier Esso des années 1970, un sac en plastique de la boutique de gadgets Casine à Waterloo,[53] des chaussures Ambiorix taille 44[54] et un exemplaire d'un journal espagnol. Les autorités trouvent aussi une chaussure découpée et une chemise sale, superficiellement enterrées au pied d'un arbre.[55] Les résultats d'une analyse démontreront que la chemise contient des gouttes de sang animal, ce qui peut suggérer qu'un des suspects pratique la chasse. Des indices indiquant un intérêt pour les stands de tir, comme des morceaux d'une carte d'adhésion à un club de tir et l'autocollant d'un garage en face d'un autre club de tir, sont aussi retrouvés.[56]

Graphologie

Les morceaux de notes manuscrites sont écrits dans un style en attaché élégant. Les notes délavées semblent être des instructions pour un rendez-vous. Ils comprennent les mots : «Wauthier-Braine», «Soignies», «lez» et «Pilori». Ces mots sont probablement des noms de lieux. À droite du mot «Pilori», est écrit le bout de phrase « gendarmerie à côté ». Et une expression courte, peut-être « quelle était la consigne » ou « qui était le soussigné ».

Il semble probable que ces indications se réfèrent à l'attaque du concessionnaire de Braine-le-Comte du 18 septembre. Les tueurs du Brabant se seraient rencontrés auparavant à un endroit appelé le Pilori, situé à côté de la gendarmerie.

Chapitre 4

Restaurant l'Auberge du Chevalier (23 décembre 1982)

Peu avant minuit, le 22 décembre, les tueurs du Brabant s'introduisent avec un pied-de-biche par la porte de la cuisine[57] de l'Auberge du Chevalier. L'Auberge est située dans la banlieue sud de Bruxelles, devant le château de Beersel et un parc.

José Vanden Eynde, le gardien de 71 ans, dort à l'étage et se réveille quand il entend du bruit venant d'en bas. Les voleurs se rendent alors compte qu'ils ne sont pas seuls dans l'immeuble. Ils tombent sur Vanden Eynde à l'étage, qui ne porte qu'un T-shirt et des sous-vêtements. Ils lui assènent de nombreux coups violents à la tête. Vanden Eynde se défend mais il est vite maîtrisé. Les criminels utilisent des fils téléphoniques, qu'ils ont arrachés des murs, pour ligoter Vanden Eynde.[58] Les nœuds utilisés pour immobiliser Vanden Eynde sont les mêmes que ceux utilisés par des forces spéciales de la police. Ils utilisent également une écharpe dénichée dans la pièce, pour attacher leur victime à la tête du lit.[59]

Les assaillants utilisent des mégots pour brûler le gardien sur les cuisses et sur le haut du corps et le tabassent encore. Ils lui enfoncent un gant en plastique dans la bouche pour l'empêcher de crier et lui couvrent la tête avec une taie d'oreiller. L'un des intrus tire alors à bout portant huit balles de calibre .22 LR dans la zone de l'oreille gauche de Van Den Eynde.[60] La taie d'oreiller est éclaboussée de sang.

Les assassins redescendent les escaliers. Ils boivent du champagne, mangent un gigot de cerf et une tarte aux fruits. Ils quittent l'auberge, emportant avec eux plusieurs bouteilles d'alcool. Ils prennent également une douzaine d'assiettes Royal Schwab, des sacs de café, un imperméable, des gants de toilette et des ustensiles.

Grand Cru

Maîtriser le gardien Vanden Eynde nécessiterait probablement deux auteurs. Il dormait avec un pistolet d'alarme sous son oreiller, mais il n'a pas réussi à le prendre. Selon les premières informations rendues publiques, les enquêteurs soupçonnent que le repas ait été mis en scène par les intrus pour les mener vers des petits malfrats.[61]

Le mobile aurait pu être un simple vol. Le butin en alcool et en produits de luxe se comparait à celui du cambriolage de l'épicerie de Maubeuge en août 1982. Il comprenait du champagne haut de gamme et des grands crus. La valeur estimée du vol s'élève à 150 000 francs belges (environ 3 718 euros).

Bien que l'auberge n'avait auparavant jamais été cambriolée en trente ans, ceci était le troisième cambriolage dans les douze derniers mois[62] en utilisant toujours un pied-de-biche pour forcer la porte arrière. Chaque fois, les intrus ont volé des bouteilles de vin grand cru et les meilleurs champagnes. En décembre de l'année précédente, quarante bouteilles de grand cru et la caisse enregistreuse avaient été volées. La caisse avait été ensuite jetée dans un petit lac à Rhode-Saint-Genèse. À la suite de ce premier vol, l'auberge avait engagé en juillet le père du cuisinier, José Vanden Eynde, pour assurer la sécurité nocturne. Il disposait d'un espace à l'étage avec une chambre et une salle de bain privée.[63]

Le 30 novembre, des voleurs ont vidé la cave, volant douze bouteilles de champagne Cristal Rose et quelques dizaines d'autres bouteilles de champagne.[64] La perte totale s'élève alors à 120 000 francs belges (environ 2 975 euros). Vanden Eynde avait dormi pendant le vol. Comme il s'agissait d'un restaurant populaire, l'auberge devait renflouer la cave sans délai.

Au cours du troisième vol, les tueurs du Brabant ont battu Vanden Eynde en tentant peut-être de le contraindre à révéler s'il possédait de l'argent ou des objets de valeur. Les marques de brûlures de cigarettes constatées sur le cadavre suggèrent qu'ils auraient pu essayer de le forcer à parler. L'utilisation d'appareils improvisés tels que les fils téléphoniques et une écharpe pour attacher Vanden Eynde suggèrent en revanche qu'il ne s'agissait pas de leur plan initial. Ils l'ont ensuite abattu de huit balles de calibre .22 LR.

Le pistolet qu'ils ont utilisé pour le meurtre aurait pu être le FN Concours 150 qui avait été volé à l'armurier Dekaise le 30 septembre précédent.

Les inspecteurs avaient également examiné d'autres mobiles possibles. Ils se sont penchés sur la vie personnelle de Vanden Eynde, qui jouait régulièrement à des jeux d'argent. Si ses assassins le connaissaient d'avance, peut-être croyaient-ils pouvoir lui dérober une grande somme d'argent.

Un voisin a vu un véhicule blanc quitter le parking en direction de l'autoroute au moment du meurtre. Les tueurs du Brabant n'avaient, que l'on sache, pas de voiture en leur possession ; leur Santana volée avait été abandonnée et brûlée en septembre 1982.

Quelques temps après le cambriolage, des individus habillés en gendarmes seraient venus chercher des objets à l'intérieur de l'Auberge. La gendarmerie niera ensuite avoir mandaté qui que ce soit pour aller saisir des objets. Aucune trace de ces imposteurs ou des objets qu'ils ont appréhendés ne sera retrouvée.

L'enquête qui a suivi est négligente, plusieurs éléments de preuve se sont notamment volatilisés. Enfin, il convient de noter que le gendarme Bouhouche a participé à l'enquête.

BANDE DE VINCENT L.

À la fin de l'année 1983, Francis V. qui avait accusé son ami décédé Vincent L. d'être impliqué dans l'attaque de l'armurerie Dekaise, accusera également Vincent L. d'avoir participé au meurtre de l'Auberge du Chevalier. Selon Francis V., le gardien de l'Auberge Vanden Eynde qui a alors 71 ans, faisait lui-même partie de la bande de Vincent L. Vanden Eynde aurait été assassiné parce qu'il en savait trop sur les activités de l'équipe de tueurs.

Dans un rapport d'avril 1984, l'investigation découvre un lien ténu entre un complice de Vincent L. et le propriétaire de l'Auberge, un ancien joueur de football vedette du club d'Anderlecht. Le père du complice présumé avait déjà été vice-président du même club.

CHAPITRE 5

COURSE EN TAXI D'IXELLES À MONS (9 JANVIER 1983)

La nuit du vendredi 9 janvier 1983, le chauffeur de taxi, Constantin Angelou, annonce qu'il effectue un ramassage dans une rue près de la place Flagey à Ixelles à 1 h 15 du matin.[65] À un moment, dans les dix premiers kilomètres du trajet, le taxi s'arrête soudainement sur un tronçon vide de la banlieue sud de Bruxelles. Le passager tire quatre balles de .22 LR directement à l'arrière de la tête du chauffeur de taxi, trois à l'arrière du cou et une légèrement sous l'oreille gauche. Les balles ne traversent pas complètement le crâne de la victime. On ne retrouve aucune trace de lutte dans le taxi.

Le corps d'Angelou est trainé sur le sol calcaire le long du taxi. Son corps ensanglanté est alors plié et jeté à l'intérieur du coffre du taxi. Le tueur du Brabant se dirige ensuite vers le Borinage, région limitrophe près de l'épicerie de Maubeuge en France, où s'était déroulée la fusillade d'août 1982. L'attaquant vole le portefeuille du chauffeur de taxi, qui transporte environ 10 000 francs belges (environ 248 euros).[66]

Quelques jours plus tard, le 12 janvier, le taxi abandonné d'Angelou est retrouvé au centre de la ville de Mons, la capitale du Borinage, à une centaine de kilomètres de Bruxelles.[67] Il est garé illégalement dans la rue sur une place de stationnement diplomatique réservée, à côté du consulat de France. Il porte toujours la plaque standard de taxi de Bruxelles.[68] Le cadavre d'Angelou est retrouvé dans le coffre.

RAGE IMPULSIVE OU PRÉMÉDITATION ?

Le taxi d'Angelou ne comportait pas de radio CB car il la trouvait trop chère. Il appelait à partir de téléphones payants pour communiquer avec son centre de répartition.[69] Le taximètre a été arraché par l'assassin, mais les 92 kilomètres au compteur correspondaient à la distance approximative de la route d'Angelou.[70] Angelou limitait habituellement ses trajets de taxi à la région de Bruxelles. Le panneau Taxi Bruxelles a été laissé dans la zone des pieds de la banquette arrière, de même que la chaussure et le gilet d'Angelou, tous deux recouverts de sang. Les autorités ont remarqué des gouttes de sang dans la voiture et sur la carrosserie. Le meurtrier avait préféré cacher le corps d'Angelou dans le coffre plutôt que de faire le voyage avec lui dans la cabine. Ce meurtre et ce vol ont été probablement commis par un seul tueur du Brabant, car le cadavre d'Angelou a été trainé au sol au lieu d'être porté.

Le tueur a dû parcourir le trajet avec un taxi maculé de sang et de tissus cérébraux et avait probablement des éclaboussures sur son visage. La destination de Mons dans le Borinage est significative ; le tueur vivait probablement dans les parages ou devait avoir un complice disponible pour l'aider à nettoyer superficiellement le véhicule, lui donner accès à une douche et lui prêter des vêtements. Dans ce scénario, il a probablement appelé son complice depuis un téléphone public pour obtenir de l'aide.[71] La Mercedes noire a été aperçue à plusieurs endroits à Mons la nuit du meurtre. Puisque le taxi a été abandonné à Mons, la gendarmerie de Mons mènera l'enquête même si le meurtre a été commis dans la région de Bruxelles.

Le pistolet calibre .22 LR était probablement le FN 150 volé à l'armurerie Dekaise en septembre 1982 - la même arme à feu utilisée pour tuer le gardien de l'Auberge du Chevalier en décembre 1982. Cela pourrait indiquer que le meurtre n'avait pas été prémédité. Le meurtrier s'est fâché ; le besoin de tuer avait pris le dessus sur le risque de laisser une correspondance balistique avec un autre meurtre. Le meurtrier avait peut-être saisi son arme et demandé au chauffeur de s'arrêter sur le bord de la route. Dès qu'Angelou s'est immobilisé, le tueur à la gâchette facile, l'a abattu. L'hypothèse qui suggère que le mobile était d'obtenir la recette de la journée semble douteuse.

Les tueurs du Brabant ont maintenant une deuxième séquence d'attaques distinctes qui seront reliés par expertise balistique. Pour simplifier, nous appellerons cette séquence de concordance balistique « tueur en série » pour la distinguer de la séquence de concordance balistique « attaques publiques ». La séquence « attaques publiques » relie la fusillade de l'épicerie de Maubeuge d'août 1982 à l'attaque de l'armurerie Dekaise en septembre 1982. La séquence « tueur en série » relie maintenant le meurtre de l'Auberge du Chevalier de décembre 1982 au meurtre du chauffeur de taxi Angelou. Les deux séquences de concordance balistique sont gardées à part l'une de l'autre pendant des mois et, par conséquent, à première vue, certaines attaques semblent n'avoir aucun rapport entre elles.

Le tueur aurait réutilisé le .22 LR dans un accès de rage imparable. Mais pourquoi aurait-il emporté avec lui une arme déjà utilisée dans un autre meurtre ? Il aurait pu emporter d'autres armes de poing encore inutilisées, issues du vol de l'armurerie Dekaise. Une hypothèse propose que, parmi l'arsenal d'armes volées des tueurs du Brabant, la seule arme de poing de petit calibre munie d'un silencieux était ce .22 LR. Le risque de laisser des témoins supplémentaires sur le moment même surpassait peut-être le risque de se faire attraper plus tard par comparaison balistique.

Dans la recherche d'un autre mobile, le passé de la victime est examiné. Peut-être le meurtre était-il en fait prémédité ? Une rumeur est qu'Angelou travaillait pour des trafiquants de drogue.[72] Un détenu a allégué qu'Angelou allait habituellement faire le tour de Bruxelles en taxi pour vendre de l'héroïne.[73] Un autre lien avait été établi entre la victime Angelou et le gardien de l'Auberge du Chevalier[74] ; ils avaient travaillé comme chauffeurs de taxi et il se pourrait qu'ils se soient connus. Mais rien de plus ne s'est matérialisé.

DELHAIZE WOLUWE-SAINT-LAMBERT

Le vendredi 21 janvier 1983, des bandits pénètrent dans le supermarché Delhaize de Woluwe-Saint-Lambert et crient : « L'argent ! » Ils se rendent dans les bureaux à l'arrière et récupèrent le contenu du coffre-fort, qui s'élève à une somme de 1,3 million de francs belges (environ 32 226 euros). Aucun coup de feu n'est tiré.[75]

Le vol à main armée du Delhaize de Woluwe-Saint-Lambert a été le premier commis dans un grand supermarché Delhaize en Belgique.[76] Parce qu'aucun coup de feu n'a été tiré, il ne peut exister de comparaison balistique avec les autres attaques des tueurs du Brabant. Cependant, il existe des similitudes avec les autres vols à main armée qu'ils commettront dans les Delhaize. Ils ont dérobé l'argent des caisses et se sont rendus ensuite au coffre-fort du bureau du directeur. Ils n'ont pas volé de cartouches de cigarettes ou d'alcool. En outre, il existe un lien temporel étroit entre le braquage de Woluwe-Saint-Lambert et la première série de vols de grands supermarchés, celui-ci ayant eu lieu quelques jours avant les autres. Toutefois, un point distingue cet incident du reste : il se situait à l'extérieur de la zone géographique de prédilection des autres attaques des tueurs fous.

WATERMAEL-BOITSFORT

Le 28 janvier, à 20 h 30, Raymond De Wee stationne sa Peugeot 504 devant chez lui à Watermael-Boitsfort. En sortant de la voiture, il est confronté à un tueur fou aux cheveux noirs bouclés et aux lunettes sombres. L'assaillant pointe vers lui une arme à feu avec un manche en bois. Il ordonne à De Wee de lui remettre les clés de sa voiture et de s'allonger à plat ventre. Parce qu'il se retrouve dans une position fâcheuse entre la Peugeot et le mur, De Wee ne peut se coucher qu'après que le tueur du Brabant répète son ordre.[77]

L'assaillant s'assoit sur le siège du conducteur de la Peugeot et ouvre la porte du côté passager. Un autre homme qui était caché dans l'obscurité s'assoit sur le siège côté passager. Le deuxième homme tient une lampe de poche. Avant de partir, le conducteur sort encore de la voiture, pointe l'arme vers De Wee et lui ordonne de lui remettre son portefeuille. Une fois qu'ils ont le portefeuille en main, les tueurs du Brabant fuient à bord de la Peugeot.[78]

Nord-Africains ?

Comme chaque fois où ils ont volé une voiture, les tueurs du Brabant se sont emparés de la Peugeot en récupérant les clés plutôt qu'en trafiquant les fils. Ils insistaient aussi toujours pour que la victime s'allonge à plat ventre. Avant le vol de la Peugeot, ils n'avaient plus de voiture connue. Leur dernière voiture restait la Volkswagen Santana incendiée en septembre 1982. Le seul autre véhicule qui leur était peut-être relié était un véhicule blanc vu par un témoin sur le parking de l'Auberge du Chevalier au moment du meurtre de décembre 1982. Ils avaient un besoin urgent de voler une voiture pour commettre d'autres méfaits.

Ce vol de voiture à Watermael-Boitsfort soutient l'hypothèse qu'un ou plusieurs tueurs fous sont des Maghrébins ; notamment celui pointant l'arme à feu qui avait des cheveux bouclés épais, qui portait des lunettes sombres et était habillé de manière élégante. Il aurait aussi utilisé un accent arabe pour s'adresser à la victime. L'autre avait une coupe de type afro et portait aussi des lunettes. Toutefois, l'épouse de De Wee, interrogée plusieurs années plus tard, a nié que les assaillants étaient des Arabes : « Faux. Ils avaient les cheveux noirs, pas le type arabe. »[79]

La valeur des croquis de police restait limitée. Les tueurs du Brabant faisaient toujours attention à ne pas être identifiables. Ils portaient souvent du maquillage. Ils ont essayé aussi à plusieurs reprises d'imiter un accent étranger, comme l'arabe, le romani (tsigane), le marocain, etc. - généralement sans succès. Des témoins et victimes ont spécifiquement mentionné que les tueurs utilisaient un accent contrefait, qui sonnait faux.

Alors qu'ils semblaient hautement organisés, l'un des tueurs fous agissait souvent de manière particulièrement impulsive. Dans le cas présent, ils étaient venus pour la voiture, mais l'assaillant était descendu de la voiture qu'il venait de voler pour dérober le portefeuille du propriétaire. Il semble que cela ait été fait sur un coup de tête pour obtenir quelques francs supplémentaires. Des indices d'impulsivité et de psychopathie. Il s'agit probablement de celui que les enquêteurs francophones appelleront le « Tueur ».

Pour le distinguer des autres tueurs fous, nous mettrons des lettres majuscules à son nom, et des minuscules si nous ne référons pas à un tueur en particulier. Les autres sont aussi des meurtriers, le « Tueur » se distingue parce que son besoin de tuer est irrésistible. Plusieurs meurtres attribués au « Tueur » n'ont eu aucun témoin. Bien que ce dernier eût une probabilité plus forte que ses complices d'être le meurtrier, il est impossible de toujours le confirmer avec certitude. Les deux autres tueurs fous seront désignés par les enquêteurs comme le « Vieux » et le « Géant ».

CHAPITRE 6

SUPERMARCHÉ DELHAIZE DE GENVAL (11 FÉVRIER 1983)

À 19 H 10 LE 11 FÉVRIER 1983, LA PEUGEOT 504 VOLÉE DES TUEURS du Brabant entre sur le parking du supermarché Delhaize de Genval. La voiture s'arrête et trois hommes rentrent dans le magasin.[80] Deux des assaillants portent des masques de carnaval et le troisième porte une cagoule gris foncé. Les masques de carnaval représentent des hommes souriants avec des lunettes, un gros nez et des joues dodues.[81] Deux des brigands tiennent des armes de poing alors que le troisième porte une arme longue.

Les deux hommes aux masques de carnaval ont les cheveux bouclés et la peau bronzée. L'un des deux a environ quarante ans, tandis que l'autre homme a l'air plus jeune et plus petit. Quand le trio entre dans le Delhaize, ils menacent une femme se retrouvant devant eux et la prennent en otage. Les deux hommes avec des armes de poing la dirigent vers le bureau du directeur situé à l'étage.[82] Entre-temps, l'homme à l'arme longue, qui porte un imperméable, se dirige vers la zone des caisses enregistreuses. Le gérant du magasin, les caissières et les clients doivent s'immobiliser.[83]

À l'étage, les deux autres tueurs fous retrouvent deux employés dans le bureau, en train de compter des billets. Les employés reçoivent l'ordre d'ouvrir le coffre-fort et de s'allonger à plat ventre. Un des attaquants fourre l'argent du coffre dans un sac en plastique.[84] Ils arrachent alors les fils téléphoniques et tirent sur un ordinateur. En redescendant les escaliers, ils se retrouvent face à face avec le gérant du magasin. L'assaillant chargé de vider les caisses l'aurait apparemment laissé regagner le bureau. Les deux autres le saisissent et le repoussent jusqu'aux caisses à l'avant. Lorsque le gérant arrive aux caisses, on lui ordonne de s'allonger à nouveau.[85] Ils tirent encore au plafond et quittent le magasin avec l'équivalent de 692 384 francs belges (environ 17 163 euros).

Le client Jacques Culot est au volant de son Audi 100 sur le parking lorsqu'il remarque les trois voleurs armés dans son rétroviseur. Il démarre sa voiture et l'un des bandits lui crie d'arrêter. L'homme armé fait feu plusieurs fois sur l'Audi avec son calibre .38 Special. Plusieurs balles touchent la carrosserie, le panneau latéral et les pneus de l'Audi. Culot se glisse sous le tableau de bord évitant ainsi d'être touché. Les deux vitres avant se fracassent et les balles perforent les sièges avant. « Laisse tomber. Reviens ! »[86], lance un complice du tireur. Le tireur crie à Culot : « Si tu essaies de nous suivre, on te descend... »[87] La Peugeot 504 sort du parking et se dirige vers le sud de Bruxelles.

OBSERVATIONS

Il s'agit du premier braquage de supermarchés attribué au palmarès officiel des tueurs fous ; l'attaque se produit dans le Brabant. En guise de rappel, l'ancienne province du Brabant comprend les banlieues riches qui ceinturent Bruxelles.

Le vol du Delhaize de Genval présente de nombreuses caractéristiques qui sont reproduites lors de leurs autres vols à mains armées : il se produit en début de soirée avant la fermeture du magasin, les criminels conduisaient un véhicule volé muni de fausses plaques et ils avaient les visages masqués. Ils étaient un groupe de trois et ont tous participé au braquage ; personne n'est resté dans la voiture de fuite.

Leur mode opératoire indique qu'ils connaissaient le plan d'étage du supermarché et qu'ils avaient effectué un repérage du site. Ensuite, chaque tueur fou doit jouer un rôle : l'un d'eux se rend aux caisses tandis que les deux autres se dirigent vers le bureau du gérant. L'un des employés reçoit l'ordre de déverrouiller le coffre-fort du bureau alors que les autres employés reçoivent l'ordre de s'allonger à plat ventre. Ils coupent systématiquement les fils téléphoniques et trouvent un otage qu'ils font marcher avec eux dans le magasin pendant le braquage. Toute personne qui les dérange ou ne se conforme pas à leurs ordres se fait tabasser ou pire. Dans le cas du braquage du Delhaize de Genval, une dame a été bousculée, et l'Audi d'un client a été criblée de balles. Ils ont aussi tiré au hasard, au plafond et sur un ordinateur.

Cependant, il existe des différences marquées, dans ce cambriolage en particulier, par rapport à leurs prochaines attaques. Personne n'a mentionné avoir vu un géant. Aussi, le bandit chargé de rester près des caisses a laissé le gérant du magasin se lever et retourner vers son bureau à l'arrière. Un tel geste lors d'une de leurs attaques ultérieures n'aurait jamais été toléré. Le gérant aurait au moins été violenté et probablement abattu s'il avait eu le culot de se lever et de partir.

Quant aux armes, les tueurs fous utilisaient deux nouveaux calibres - un calibre .38 Special et un calibre .357 Magnum. Selon le juge d'instruction Jean-Claude Lacroix, le .38 Special leur a donné des maux de tête : « La difficulté particulière... c'est qu'on avait à faire à des munitions rechargées et qu'on ne connaissait pas la charge de poudre. »[88] Jusqu'à l'attaque de l'armurerie Dekaise en septembre 1982, les tueurs du Brabant se devaient de réutiliser une ou deux de leurs armes en raison du peu d'armes qu'ils possédaient. Cependant, après l'attaque de l'armurerie Dekaise, ils avaient un arsenal d'armes et il n'était plus nécessaire de réutiliser le même équipement. Ils ont tout de même utilisé en pleine connaissance de cause un pistolet 9 mm relié à d'autres attaques.

Ce 9 mm devrait relier l'attaque à main armée du Delhaize de Genval à la séquence de concordance balistique « attaques publiques » qui comprend Maubeuge en août 1982, l'armurerie Dekaise en septembre 1982 et maintenant le Delhaize de Genval. Malheureusement, au moment des faits, ils ne l'étaient pas encore, car selon le Juge d'instruction, Guy Wezel, qui s'était fait attribuer l'investigation de l'attaque du Delhaize de Genval en février 1983 : « À cette époque, il n'y avait pas encore de connexité avec l'affaire Dekaise à Wavre (septembre 1982). »[89] De plus, l'attaque du Delhaize de Genval, ainsi que les autres « attaques publiques » ne pouvaient être reliées aux meurtres du gardien de sécurité de l'Auberge du Chevalier et du chauffeur de taxi tué à Ixelles et retrouvé à Mons, car aucune arme utilisée dans une séquence de concordance balistique ne l'avait été dans l'autre.

LASNE

Le 14 février 1983 à 19 h 00, Geneviève Van Lidth quitte son lieu de travail à Ixelles pour se rendre chez elle. Elle conduit une Volkswagen Golf neuve de couleur foncée, fraîchement sortie du concessionnaire. Vingt minutes plus tard, elle se gare dans son entrée. Elle remarque une Peugeot sombre qui s'arrête près de sa voiture.[90]

Lorsqu'elle sort de sa Golf, l'un des tueurs fous sort de la portière du côté passager de la Peugeot et tire un pistolet de son imperméable. Pointant son arme à feu, il dit : « Madame, vous n'avez pas intérêt à bouger, laissez vos clés sur la voiture… »[91] Le bandit semble avoir la trentaine et être de taille moyenne. Son complice reste derrière dans la Peugeot.

Van Lidth laisse les clés sur la voiture comme indiqué. Le voleur à main armée prend les clés et saute dans la Golf. Il la met en marche arrière et quitte les lieux. Son complice qui est resté au volant de la Peugeot, effectue un demi-tour et rattrape la Golf.

L'IMPRIMERIE

D'après les témoignages, l'assaillant armé avait le teint foncé, avec des cheveux bouclés noirs épais et avait l'air en bonne condition physique. Les tueurs fous utilisaient toujours leur Peugeot 504 volée le 28 janvier.

Ils volaient toujours des voitures neuves pour commettre leurs crimes, à l'exception du vieil Austin Allegro qu'ils ont utilisé dans le seul but de voler une voiture neuve à Watermael-Boitsfort. Ici, ils avaient visé la Golf gris foncé avec un hayon, de type quatre portes avec un toit ouvrant et des vitres teintées. Les bandits avaient probablement dû effectuer des opérations de repérage de base pour la dérober. Comme toujours, ils ont volé la voiture avec les clés.

Un collègue du gendarme Bouhouche était un client de l'imprimerie de la victime Geneviève Van Lidth, située à Ixelles.[92] Ce dernier ouvrira peu après une entreprise à Ixelles non loin de l'imprimerie de Van Lidth.

WATERLOO

Le 15 février, les restes fumants de la Peugeot 504 volée par les tueurs du Brabant sont abandonnés dans une zone de grands champs verts entrecoupés de jolies maisons de la campagne de Waterloo. L'endroit est situé à moins d'un kilomètre du restaurant chic Aux Trois Canards. Ils ont laissé la Peugeot 504 dans une ruelle étroite, cachée par des arbres épais des deux côtés. Il est impossible d'apercevoir la ruelle à travers les arbres de la route principale traversant à proximité. Les haut-parleurs de la voiture, l'autoradio et l'allume-cigare ont été retirés, mais des mégots de cigarettes sont laissés à l'intérieur.

TIR DU RÉSERVOIR

Avant d'abandonner la Peugeot 504 volée, les tueurs fous ont tenté à quelques reprises de la brûler en tirant sur le réservoir d'essence, en vain. Les tueurs retiraient toujours plusieurs objets de leurs voitures avant d'abandonner celles-ci. Par exemple, ils partaient toujours avec l'autoradio. L'enquête détermine que la Peugeot a été conduite sur une distance de moins de cent kilomètres depuis qu'elle a été volée, ce qui suggère que les tueurs ne l'ont utilisée que pour leurs braquages connus. La Volkswagen Golf GTI qu'ils ont volé à Van Lidth était une meilleure voiture pour commettre des crimes. Peut-être que les tueurs fous ont eu à choisir ; ils n'avaient pas assez de place pour cacher la Golf et la Peugeot en même temps.

AUDI 100[93]

Le 22 février, des voleurs font irruption à l'arrière d'un concessionnaire Volkswagen à Waterloo. Une fois à l'intérieur, ils déplacent une Audi Quattro pour faire un passage afin de faire sortir du garage une Audi 100 blanche endommagée. Les voleurs s'introduisent dans l'Audi déverrouillée et démarrent le moteur avec les clés qui ont été laissées sur le contact et la sortent du garage. L'alarme du concessionnaire sonne à quatre heures du matin.

L'Audi 100 volée avait déjà été criblée de balles par les tueurs fous sur le parking du Delhaize de Genval, et que les autorités s'apprêtaient à les extraire du véhicule pour une expertise balistique.[94]

Mise à jour

Pendant longtemps, ce vol a été inclus dans le palmarès officiel des tueurs du Brabant principalement pour des raisons circonstancielles. Le site internet officiel de l'enquête l'inclut toujours dans sa liste de crimes attribués aux tueurs fous. S'il s'agissait effectivement d'eux, cela suggère que les tueurs avaient un tuyau car l'Audi n'était là que depuis une semaine et les balles étaient sur le point d'être extraites pour analyse. Ils auraient peut-être commis ce vol non pas pour se procurer une voiture, mais plutôt pour cacher des preuves médico-légales ou pour se moquer des autorités.

Récemment, un homme a prétendu avoir volé l'Audi endommagée avec trois amis.[95] Si cette version est véridique, le vol de l'Audi devrait être retiré de la liste des crimes des tueurs du Brabant. Les aveux du voleur ne correspondent pas exactement au dossier de la police, et il arrive parfois que des personnes revendiquent à tort des crimes attribués aux tueurs du Brabant. On peut par exemple citer le cas de Jean-Marie Tinck qui s'est présenté à un proche comme étant un tueur du Brabant. Ce vol sera mis sous astérisque jusqu'à ce que plus de détails soient dévoilés.

Chapitre 7

Supermarché Delhaize d'Uccle (25 février 1983)

Le 25 février, à 19 h 30, la Volkswagen Golf volée par les tueurs fous arrive au parking du supermarché Delhaize du quartier huppé d'Uccle. Deux hommes portant des cagoules, un d'entre eux sera identifié plus tard par des témoins comme un « Géant », sortent de la voiture. Le « Géant » porte deux armes à feu, tandis que son complice porte une matraque de soixante centimètres de long.

Dès qu'il pénètre dans le magasin, le Géant tire, blessant une personne âgée qui pousse un chariot d'épicerie, créant ainsi la panique auprès des clients et des employés du magasin. Il crie alors de ne plus bouger, oblige les clients de s'allonger à plat ventre et demande l'argent des caisses. Quand une caissière sanglote, il pousse son arme à feu sur sa tempe et lui ordonne de rester tranquille.

L'homme qui transporte la matraque se rend directement au bureau du directeur. Il porte un blouson, un pull à col roulé couvrant le bas de son visage et des bottes de pluie kaki. Une fois dans le bureau, il saisit une employée par l'épaule et la pousse vers le coffre-fort du supermarché.[96]

En utilisant une imitation ratée d'un accent arabe, il ordonne à l'employée d'ouvrir le coffre-fort. Elle ne parvient pas à retrouver les clés. Frustré, le tueur fou détruit le téléphone d'un coup de matraque.[97] Un autre employé retrouve les clés, ce qui le calme. Lorsqu'il ouvre le coffre, l'attaquant lui crie de se dépêcher. L'argent est mis dans un sac en plastique et l'assaillant retourne alors vers l'avant du magasin.

Le Géant garde les clients en joue à l'avant jusqu'à ce que son complice apparaisse. Avant de partir avec leur butin de 600 000 francs (soit environ 14 874 euros), les tueurs du Brabant tirent un autre coup de feu vers les étagères.

Ils sortent du magasin en pointant leurs armes à feu d'un côté puis de l'autre. Un témoin âgé voit les assaillants masqués et se met à courir en direction d'une station-service. L'un d'eux fait quelques pas vers lui et tire deux fois. Une balle heurte le genou du vieil homme, le paralysant pour le reste de ses jours. Une autre balle manque à peine le garagiste.[98]

Les deux tueurs fous rentrent dans leur voiture, où le troisième complice les a attendus pendant l'attaque. La Golf quitte le parking.

Le « Géant »

Des témoins ont parlé pour la première fois d'un « Géant ». Au fil des attaques, l'image qui ressort est celle d'un homme très grand au physique massif. Bien qu'un homme grand de taille ait déjà été vu dans les attaques précédentes, il semblait plutôt mince et élancé. La différence de taille entre le plus grand tueur du Brabant et les autres était décrite par les témoins de manière plus marquée qu'à l'habitude.

Les tueurs du Brabant se comportaient d'une manière typique : les victimes doivent s'allonger à plat ventre, ils tirent sur des objets sans aucune raison et ils n'ont aucune hésitation à tirer et paralyser un vieil homme pour l'empêcher d'alerter les autorités. Ils tentent également d'imiter un accent étranger.

Il s'agit du seul braquage de supermarché dans le palmarès des tueurs fous lors duquel ils n'étaient que deux actifs durant l'attaque, le troisième homme jouant exceptionnellement le rôle de guetteur et de conducteur dans la voiture pendant que les deux autres opéraient à l'intérieur. Le magasin est situé à moins de cinq kilomètres de la place Flagey à Ixelles, le cœur géographique des activités des tueurs fous du Brabant. Un ou plusieurs d'entre eux y vivaient ou y travaillaient et le risque d'être reconnus était plus élevé.

Les tueurs fous ont utilisé le même calibre .38 Special que lors de leur attaque au supermarché Delhaize de Genval, le 11 février, ce qui lie ce crime à la séquence de concordance balistique « attaques publiques ». Cette séquence comprend les fusillades à l'épicerie de Maubeuge en France en août 1982 ainsi que celle de l'armurerie Dekaise en septembre 1982. Les tueurs fous étaient conscients de ces concordances balistiques mais n'hésitaient quand même pas à passer à l'attaque. Désormais, Maubeuge, l'armurerie Dekaise, Genval et Uccle sont reliés - en théorie, car les seuls deux crimes que les autorités avaient déjà reliés à ce moment étaient l'attaque de Maubeuge et celle de l'armurerie Dekaise. Quant à la séquence de concordance balistique « tueur en série » liant l'attaque de l'Auberge du Chevalier en décembre 1982 et le conducteur de taxi retrouvé assassiné à Mons en janvier 1983, elles étaient encore complètement séparées de la séquence « attaques publiques » au moment des faits. Un témoin avait vu un des tueurs transporter un fusil à canon scié.

L'enquête a été bâclée. Les gendarmes ont dit aux employés du supermarché de nettoyer le lieu du crime avant même que la police judiciaire arrive. Les balles de calibre .38 Special étaient rechargées, ce qui compliquait l'expertise balistique. Puisque les gendarmes sont partis avec des balles qui ont été ensuite détruites, une comparaison balistique était impossible.[99] L'attaque a eu lieu à une centaine de mètres du poste de gendarmerie d'Uccle, là où Bouhouche travaillait.[100] De plus, elle se situait à une courte distance de marche de l'endroit à Watermael où la Renault a été volée.

PLACE FLAGEY

Le 3 mars, à 11 h, l'Audi qui avait été touchée par plusieurs balles des tueurs fous sur le parking du supermarché Delhaize de Genval a été retrouvée garée à Ixelles près de la Place Flagey. L'Audi qui avait été percée de balles a eu sa carrosserie réparée par des inconnus ; les fragments de balles ont été enlevés et les trous faits par les balles bouchés.[101] L'Audi avait été touchée plusieurs fois durant l'attaque du Delhaize de Genval, alors que le conducteur se glissait sous le tableau de bord pour éviter de se faire toucher. L'Audi avait ensuite été saisie par les enquêteurs et entreposée dans le garage du concessionnaire de Braine en attente d'extraction des balles de sa carrosserie.

En guise de rappel, le vol de l'Audi chez le concessionnaire est inclus dans le palmarès des tueurs fous avec un astérisque. Cependant, il est difficile de croire en une coïncidence, alors que la voiture a été retrouvée à Ixelles, le cœur géographique des tueurs fous. De plus, si le crime n'avait pas été commis par les tueurs fous, les présumés voleurs seraient entrés par effraction chez un concessionnaire automobile, auraient déplacé volontairement des voitures afin de voler une voiture criblée de balles. Réalisant que l'Audi avait été impliquée dans un crime violent, les auteurs auraient-ils alors gardé l'Audi et réparé les dommages infligés au véhicule pour ensuite conduire celui-ci dans le centre de Bruxelles ?

Chapitre 8

Supermarché Colruyt d'Hal
(3 mars 1983)

Le soir du 3 mars 1983 à 19 h 30, les tueurs du Brabant arrivent à bord de leur Golf GTI volée sur le parking du supermarché Colruyt à Hal. Trois hommes sont dans la Golf. Les assaillants sortent de la voiture et se dirigent vers les portes du supermarché, portant des cagoules noires et jaunes avec un trou pour le nez et la bouche. Ils ont un maquillage sombre autour des yeux. [102]

Une fois entrés dans le Colruyt, l'un des bandits tire deux coups de feu au plafond, ce qui est conforme au modus operandi des tueurs fous lors de leurs deux précédents vols de supermarchés. Ensuite, l'un d'eux, au physique grand et musclé et qui porte un imperméable gris-bleu usé avec un pantalon gris foncé et des chaussures noires, reste à l'avant, au niveau des caisses. Il menace le personnel et les clients avec une arme à feu à canon court et ordonne à tout le monde de s'allonger à plat ventre. Il tire ensuite sur un panneau suspendu avec la mention « Boucher », pour s'assurer que tout le monde lui obéit, avant d'exiger que les caissières lui ouvrent les caisses enregistreuses.

Pendant ce temps, les deux autres tueurs fous se dirigent au bureau à l'étage, qui surplombe le magasin. Le premier porte une matraque et le second, qui est plus petit et qui porte un imperméable et un col roulé foncés, tient un révolver. Lorsqu'ils entrent à l'intérieur, ils tombent sur le gérant, un employé et un superviseur du siège social de la chaîne Colruyt.

Un des assaillants crie : « Ne bougez pas, tout le monde se couche »[103] Le superviseur du siège social réalisant ce qui se passe, dit : « Ce n'est pas vrai ! »[104] Le tueur au pistolet répond alors : « Toi, viens avec moi ! »[105] Pendant qu'il exécute l'ordre de s'allonger à plat ventre avec l'autre employé resté derrière, le superviseur doit s'appuyer sur le bureau près du téléphone. Il reçoit un coup de matraque sur la main et un autre coup violent à la tête ; il subit une commotion cérébrale et de multiples fractures au niveau de la main.[106]

Pendant ce temps, le gérant du magasin est mené dans une autre pièce à l'étage où on lui somme d'ouvrir le coffre-fort, qui se situe dans une pièce à une vingtaine de mètres du bureau du gérant. Le tueur fou remplit un sac de voyage avec le contenu du coffre-fort. Avant de quitter la pièce, il tire un coup de feu dans la gorge du gérant, qui décédera des suites de ses blessures.

Les tueurs du Brabant partent avec un butin de 1 182 115 francs (environ 29 304 euros). Le premier à atteindre la Golf démarre le moteur et attend ses deux complices. En partant, ils tirent des coups de feu en direction de témoins qui regardent la scène. Ils se dirigent vers l'autoroute.

Tuer le gérant

Puisque la salle du coffre-fort était située loin du bureau du gérant et que le superviseur et l'employé étaient toujours allongés à plat ventre dans le bureau, nous ignorons ce qui s'est passé entre le moment où le tueur et son otage sont sortis du bureau et le moment où les témoins ont entendu le coup de feu fatal. Le meurtrier a-t-il considéré que le gérant lui faisait obstacle ? Le meurtrier a-t-il senti une provocation quelconque de la part du gérant ? Il s'agit du meurtre le plus gratuit des tueurs fous durant leur première vague d'attaques.

Cette attaque a été particulière en raison du fait qu'elle s'est produite dans un supermarché Colruyt. Ceci est la seule fois où les tueurs fous ont commis une attaque à main armée dans un supermarché différent de Delhaize. Le plan d'étage d'un Colruyt est différent de celui d'un Delhaize ; les rangées et les bureaux sont disposés autrement. Une autre particularité de cette attaque est le fait qu'aucun témoin n'a signalé avoir vu un « Géant ». Comme lors de leurs attaques précédentes, ils tirent des coups de feu au hasard en entrant et donnent l'ordre de s'allonger à plat ventre.

Les tueurs fous ont utilisé un pistolet de calibre 9 mm qu'ils avaient déjà utilisé lors de la fusillade de l'armurerie Dekaise en septembre 1982 et lors du cambriolage du Delhaize de Genval le 11 février 1983. Ils ont tiré également avec un révolver de calibre .38 Special qu'ils avaient utilisé lors de leurs deux autres attaques à main armée de supermarchés. Dès lors, en vertu des armes employées, l'attaque du Colruyt d'Hal est reliée à la séquence de concordance balistique « attaques publiques ». En théorie, les crimes de Maubeuge, de l'armurerie Dekaise, Genval, Uccle et Hal sont désormais considérés comme ayant été commis par une seule et même bande. Les tueurs fous étaient conscients que l'usage des mêmes armes à feu liait ces différentes attaques entre elles, mais ils ne semblaient toujours pas s'en soucier.

L'attaque constituait un choc terrible pour la direction de la chaîne de supermarchés Colruyt. Les directeurs sont bouleversés par la mort de leur directeur de succursale. Le lendemain, la chaîne Colruyt offre une récompense de cinq millions de francs belges (environ 125 000 euros) pour toute information menant à l'arrestation des meurtriers.[107]

HAEMERS COMME SUSPECT

En regardant la télévision en 1989, Jules Knockaert, le superviseur de la chaîne Colruyt qui avait reçu des coups de matraque à la tête et à la main, voit un reportage sur le criminel notoire Patrick Haemers. Il croit que celui-ci pourrait être l'un des attaquants.[108] En 1989, Haemers devient le plus célèbre criminel de Belgique. Il vient d'enlever l'ex-Premier ministre Paul Vanden Boeynants pour obtenir une rançon.

Haemers est un pilier de la vie nocturne bruxelloise. Il est un bel homme aux cheveux blonds et aux yeux bleus. Il est aussi très grand de taille. Il vient d'une famille fortunée[109] d'une riche banlieue est de Bruxelles ; il a toujours de l'argent plein les poches à dépenser en drogue et en femmes et est souvent sous l'effet de la cocaïne, qu'il consomme avec de l'alcool.

Haemers avait été livré à lui-même durant sa jeunesse. Ses parents étaient toujours occupés à gérer leurs nombreuses entreprises, alors que lui restait à la maison et n'était que peu surveillé. Ses parents compensaient leurs nombreuses absences en lui donnant des cadeaux et de l'argent. Il avait toujours eu ce qu'il voulait, quand il le voulait. Il avait fini par abandonner l'école pour faire la fête à plein temps, consacrant sa vie à dépenser l'argent de ses parents.

Dans les années 70, Haemers a été jugé coupable de participation dans le viol collectif d'une prostituée. Il répétera toute sa vie qu'elle avait porté plainte contre lui en raison de la fortune de son père. Il a reçu une peine de trois ans qu'il a fini par purger en quatorze mois. En quittant la prison, son père Achille a essayé de le faire participer à ses affaires. Il lui a donné un magasin de vêtements à gérer, puisqu'il en possédait une vingtaine à Bruxelles.

Son fils n'a passé en fin de compte que peu de temps au magasin. Il préférait prendre des billets dans la caisse et sortir en boîte, pour les dépenser en alcool, du champagne à 10 000 francs belges la bouteille (environ 248 euros) et pour payer sa consommation de cinq grammes de cocaïne par jour. Il soupait dans des restaurants quatre étoiles et laissait des pourboires énormes pour les serveuses.

Achille s'est emballé contre son fils : « Sans même tenir compte des remboursements pour tes besoins personnels, ta voiture, ton loyer et que sais-je encore, tu as besoin d'encore plus d'argent pour tes petits plaisirs personnels : Avril : 76 110 francs (environ 1 887 euros) - énorme. Mars : 116 380 francs (environ 2 885 euros). – aucune preuve de paiement ! »[110]

En plus des magasins de vêtements, Achille Haemers possédait également des boîtes de nuit, ce qui lui permettait de donner une seconde chance à son fils en lui cédant la gestion de son club « Happy Few ». Achille semblait déterminé à faire de la vie professionnelle de son fils un succès dans n'importe quel domaine... Malheureusement, la gestion d'une boîte de nuit ne semblait pas intéresser Haemers davantage qu'un magasin d'articles de sport ; à court d'idées, Achille a suggéré à son fils de devenir un criminel.

En octobre 1981, Achille propose à son fils Patrick d'essayer de voler une banque. Le projet d'Achille est de voler la banque BBL à Deerlijk, sa commune natale. Selon Patrick Haemers, « Il m'avait dit que ce serait du gâteau. Il m'avait expliqué comment s'ouvraient les coffres. »[111] Haemers n'avait même pas d'arme à feu pour le vol. Il a dû emprunter une arme enregistrée au nom de son frère Éric. Il dira : « C'est bizarre de la part d'un père de traiter ainsi son propre fils. »[112]

Haemers vole une BMW pour l'utiliser pour le cambriolage de la banque. Leur projet était de se rendre à la banque à bord de deux voitures : la BMW volée et ... la voiture personnelle d'Achille. Le 22 octobre 1981, à 14 h 15, Haemers entre dans la banque avec un complice, sort son arme à feu, et saute par-dessus le comptoir pour voler l'argent. Après avoir mis des billets de banque dans un sac en plastique, il part en trombe et lance le butin du vol à travers la fenêtre ouverte de la voiture personnelle d'Achille garée devant la banque. Ils quittent les lieux dans deux voitures.

Se remémorant le plan de son père, Haemers dira : « Une fois à l'intérieur, ses explications se sont révélées entièrement fausses. Nous sommes repartis avec 350 000 francs (environ 8 676 euros). Nous étions furax. Tout ce gâchis pour un peu de monnaie ! »[113]

Malheureusement pour eux, Haemers et son père Achille sont arrêtés. Haemers dira plus tard : « Mon imbécile de père n'avait rien trouvé de mieux que de garer sa propre voiture devant la banque pour voir comment son fils s'en tirait. Quelqu'un a évidemment pris note de sa plaque minéralogique et le lendemain matin ils me mettaient la main dessus. »[114]

Haemers va former sa propre bande qui sera active à compter de 1984. Elle va être suspectée d'être impliquée dans les tueries du Brabant, surtout pour la deuxième vague de 1985. Haemers est condamné à deux ans de prison, mais il est libéré après avoir purgé un an de sa peine. La prison fournira un formidable alibi pour Haemers pour les crimes commis par les tueurs fous en 1982… Le tribunal a été indulgent envers son père Achille, qui ne reçoit qu'une faible peine. Il semble malgré tout que la curieuse méthode d'enseignement d'Achille ait donné des résultats ; pour la première fois de sa vie, Haemers découvre un gagne-pain qu'il aime vraiment : les vols à main armée. Cependant, Haemers n'a plus l'intention d'inviter son père Achille lors de ses prochains coups, selon lui « … il n'avait que de mauvaises idées… »[115]

Les Borains

À la fin du mois d'avril 1983, dans un café près de la frontière française, dans une commune du Borinage, la vente d'un révolver enclenche toute une série d'événements. Le vendeur Michel Cocu vend son Ruger Police Service, calibre .38 Special à Jean-Claude Estiévenart, un homme vivant des aides sociales, pour dix mille francs belges (environ 250 euros). Les deux hommes étaient des habitués du café. La transaction changera leur vie et la trajectoire de l'histoire des tueurs fous.

Comme Estiévenart, Cocu a dû vivre des aides sociales, mais il vient alors de dénicher un emploi de chauffeur de corbillard. Cocu se retrouve néanmoins dans une situation fâcheuse et il a besoin d'argent. Début avril 1983, il annonce aux clients réguliers du café qu'il cherche à vendre son révolver. Il avait acheté le Ruger en 1979 chez un armurier local. Estiévenart achète le pistolet de Cocu et l'exhibe aux autres clients du café.

Le Borinage constitue à l'époque une région pauvre et désaffectée, dans laquelle se retrouve une population aux vies brisées et peu de perspectives de s'en sortir… La ville française de Maubeuge, où les tueurs ont eu leur première fusillade avec la police en août 1982, se situe juste de l'autre côté de la frontière. La capitale du Borinage est Mons, ville dans laquelle le chauffeur de taxi Constantin Angelou avait été retrouvé mort dans le coffre de son taxi en janvier 1983.

L'acheteur Estiévenart jongle les périodes de chômage et de travail peu rémunérateur au jour le jour. Il avait quitté l'école à quatorze ans et avait été évalué comme ayant une intelligence inférieure à la moyenne. Il vit séparé de son épouse Josiane De Bruyne, mais ils sont toujours obligés de se voir car ils ont plusieurs enfants ensemble et d'autres liens familiaux : la sœur d'Estiévenart a épousé le frère de De Bruyne... Estiévenart boit beaucoup et quand il va rendre visite à son ex-femme, ils se disputent. Le poste de gendarmerie de Mons a l'habitude d'être appelé pour mettre un terme à leurs conflits violents.

L'agent Coulon s'occupe du dossier du couple. Il reçoit l'aide de son coéquipier Christian Amory, qui avait déjà travaillé avec Madani Bouhouche à l'unité des stupéfiants de Bruxelles. Amory avait quitté Bruxelles parce qu'il voulait retourner au Borinage, la région dans laquelle il avait grandi. Pour travailler sur le dossier Estiévenart, Amory possède un informateur, Mohamed Asmaoui. Il infiltre le cercle d'Estiévenart et de ses amis depuis un an.

Le 25 mai 1983, Josiane De Bruyne déniche dans une poche de pantalon d'Estiévenart le Ruger qu'il avait acheté de Cocu. Elle remet l'arme à feu à son assistante sociale qui le déposera au poste de gendarmerie de Colfontaine. Lors du dépôt de l'arme, l'agent de service apprend que De Bruyne est nerveuse à l'idée que son ex-mari détienne une arme à feu puisqu'il est parfois violent. Bien que déposé au poste de Colfontaine, la gendarmerie de Mons est prévenue de l'arrivée du Ruger.

L'agent Pierre Beduwe, le patron des agents Coulon et Amory, va chercher le Ruger à Colfontaine et le rapporte à la gendarmerie de Mons. La procédure régulière consiste à déposer immédiatement à la greffe du Tribunal pénal toute arme saisie. Beduwe écrit plutôt de manière informelle sur un bloc-notes, le nom d'Estiévenart, le modèle d'arme à feu et le nombre de cartouches. Il laisse ensuite le Ruger dans un tiroir. L'arme y restera pendant des mois.[116]

Le Ruger deviendra un élément critique du dossier des tueurs fous quelques mois plus tard. Le réseau décousu de gens affiliés au vendeur Michel Cocu et à l'acheteur Jean-Claude Estiévenart gagneront une notoriété nationale sous le nom des Borains. Ils seront, comme la bande d'Haemers, des personnages centraux dans le dossier des tueurs fous.

Bouhouche

Dans cette période, Amory côtoie régulièrement son ancien collègue Bouhouche. Ce dernier avait quitté la gendarmerie le 1er avril 1983. Quelques semaines après son départ, Bouhouche fonde une agence de détectives privés à Ixelles avec l'ex-gendarme Robert Beijer. Ils baptisent leur agence ARI, c'est-à-dire Agence de Recherche et d'Information. Elle reprend la clientèle d'une autre agence qui venait de fermer ses portes. Il s'agit d'un pied dans la porte de cabinets d'avocats s'occupant notamment des cas de divorces contestés, ce qui représente un marché important à l'époque pour les agences de détectives. Bouhouche et Beijer ont investi une somme totale de 250 000 francs belges (environ 6 200 euros) pour le démarrage de l'entreprise. Beaucoup de ces fonds ont été dépensés dans des gadgets de détective et ils engageront des employés.

En matière d'équipement d'espionnage, ARI a accès à des mouchards, des équipements d'écoute électronique, des déguisements et des ordinateurs (rares à l'époque). Ils disposent également d'une gamme impressionnante de ressources techniques. Ce sont des experts de l'écoute téléphonique : pour les appartements, ils se connectent à la boite téléphonique de l'immeuble, alors que pour les maisons résidentielles, ils ouvrent la boite téléphonique du quartier. Une fois qu'ils ont découvert la bonne ligne dans la boîte, ils attachent un émetteur qui transmet les appels dans une camionnette garée à proximité. Ils utilisent des uniformes authentiques de la compagnie de téléphone. Leur fourgonnette est remplie d'appareils d'écoute et de gadgets électroniques.

ARI délègue une partie de ses opérations d'écoute illégales à un employé de la compagnie de téléphone. Ce dernier a accès à tous les détails du câblage des quartiers résidentiels. Ils développent notamment la capacité d'avoir plusieurs émetteurs dans des boites téléphoniques pour l'enregistrement simultané de conversations dans des villes différentes. Ils peuvent également écouter des conversations privées en plaçant dans des pièces des mouchards connectés à des appareils d'enregistrement.

Bouhouche, en quittant la gendarmerie, ne perçoit plus son salaire de gendarme et il vient d'investir une somme substantielle dans ARI. Un pari risqué.

L'agence de détectives semblera être active. À vrai dire, les livres de comptabilité de l'agence raconteront une autre histoire : ARI ne réalisera que 52 000 francs belges (environ 1 289 euros) de profit en 1983, 76 000 (environ 1 884 euros) en 1984 et 50 000 (environ 1 239 euros) en 1985. En 1986, le bilan de l'agence exposera une perte de 188 000 francs belges (environ 4 660 euros). Cela suggère qu'ARI aura été un gouffre financier.

Mais en réalité, Bouhouche et son partenaire auront un mode de vie progressivement plus somptueux. Des traces de richesse seront clairement visibles autour d'eux et s'ajouteront à leurs avoirs des appartements de luxe, des voitures et, dans le cas de Bouhouche, une impressionnante collection d'armes à feu.

Bande de Bouhouche

Bouhouche, qui dirigeait une bande de malfaiteurs depuis au moins deux ans, possède désormais plus de temps à consacrer à ses rackets maffieux. Il a déjà mis en place un réseau de box de location utilisé pour les activités criminelles de sa bande. Le coût total du réseau sera estimé à un million de francs belges (environ 25 000 euros). Le réseau de location avait été lancé en 1981, alors que Bouhouche travaillait encore en tant que détective à la section des stupéfiants de la gendarmerie. Les traces documentaires démontrent comment Bouhouche avait effectué lui-même la plupart des locations sous un pseudonyme. Cependant, depuis le début, il avait fait participer des complices pour les locations.

La première propriété avait été louée de juillet 1981 à janvier 1982, par un Asiatique venant de Londres présentant une fausse carte d'identité. Justement, le bon ami d'un gendarme ayant des liens avec la bande de Bouhouche était aussi par hasard un Asiatique venant de Londres. Une analyse de l'écriture sera ultérieurement effectuée sur quatre différents bordereaux de paiements du loyer. L'analyse détermina que des notes sur deux feuillets distincts avaient été écrites par l'Asiatique de Londres. Après avoir nié qu'il s'agissait de son écriture, il concédera que, s'il s'agissait de son écriture, la note aurait été rédigée à la demande du collègue de travail de Bouhouche.

Le deuxième appartement avait été loué par la bande dans le quartier de Woluwe en septembre 1981. Selon les experts en écriture, les mots manuscrits figurant sur le contrat de la compagnie de téléphone provenaient très certainement du même gendarme relié à Bouhouche. Les autres annotations provenaient de Bouhouche lui-même.

Pillage de la gendarmerie

Lorsque Bouhouche a quitté la gendarmerie, il est parti avec de nombreux objets de gendarmes ; parmi ceux-ci figurent un duplicata de sa licence de gendarme avec le sceau de la brigade de Bruxelles, des documents vierges avec du papier à en-tête et des timbres de la gendarmerie. Il a également emporté avec lui des ordres d'arrestation et un document prouvant qu'une plaque d'immatriculation de sa brigade avait été perdue, ainsi qu'une ordonnance vierge émanant d'un juge d'instruction, nécessaire pour récupérer une personne en prison ou pour transférer un prisonnier d'une prison à une autre. Il a aussi caché dans ses bagages des kits d'identification de drogue de la gendarmerie.[117]

La bande de Bouhouche dispose de scanners pour écouter les fréquences radio des forces de l'ordre, dont un qui comporte une liste des codes de fréquence de la gendarmerie, de la police judiciaire et des sociétés de sécurité locales.[118] Ils disposent de documents commerciaux spécialisés sur les antennes de type gendarmerie, ainsi que d'une antenne tubulaire et de trois antennes de police. La bande vient même d'installer une antenne de radiocommunication sur la terrasse d'un appartement qu'ils louent en 1983. L'antenne leur permet de garder un contact radio lors leurs crimes. Le bail de l'appartement prend fin en juillet 1983.

Ils possèdent aussi de l'équipement pour mettre en place des barrages routiers, tels que leurs propres panneaux de signalisation et leurs cônes.[119] Non seulement ont-ils un système pour déguiser une voiture blanche pour qu'elle ait l'air d'une voiture de gendarmerie, avec des bandes orange et un gyrophare bleu sur le toit, mais ils ont aussi de vrais uniformes de gendarmerie, y compris des imperméables officiels.

Pour leurs activités criminelles, la bande dispose également de cagoules et d'un silencieux de calibre .22 LR. Ils font presser des fausses plaques d'immatriculation pour leurs voitures volées au magasin L'Autac et développent une technique pour remplacer rapidement une fausse plaque par une autre. Clairement soucieux de ne pas être identifiés, ils fabriquent des kits pour créer des fausses pistes, comme des sacs de cartouches déjà tirées et une vaste gamme de maquillage, de perruques et de fausses moustaches. Ils possèdent des cartes topographiques. Ils ont les moyens d'obtenir le nom du propriétaire d'une voiture à partir du numéro de plaque d'immatriculation et ont des extincteurs à poudre sèche pour éliminer les empreintes digitales.

Les membres de la bande sont des experts dans l'art de recharger les munitions. Ils ont des boîtes de poudre à munitions inutilisées, ainsi que plusieurs boîtes d'amorces de toutes tailles et marques et un équipement de recharge de munitions Hydro Punch. Enfin, Bouhouche dispose personnellement de tout ce qu'il faut pour recharger chaque type de munitions à son domicile.[120]

Comme indiqué précédemment, la bande de Bouhouche avait développé à partir de 1981 un réseau élaboré de location de boxes et d'appartements. Le changement le plus marquant dans leur réseau a lieu cet été de 1983. Ils résilient leurs locations de Woluwe pour les centraliser dans la zone d'Ixelles. Ils louaient déjà le box 179 dans le complexe d'Ixelles depuis 1981 mais ils ajoutent d'autres boxes près du premier. Le 10 juillet, ils louent les boxes 144 et 150, triplant ainsi leur surface de location dans le complexe de boxes d'Ixelles. Dix jours plus tard, ils mettent un terme à leurs contrats de location dans la région de Woluwe, vraisemblablement pour transférer le contenu dans leurs boxes à Ixelles. Ils abandonnent en même temps leur appartement avec l'antenne de transmission.

Trafic d'armes

Bouhouche est enregistré comme marchand d'armes, ce qui lui permet également de travailler dans le commerce d'armes à feu. Avec l'argent qu'il accumule grâce à ses activités criminelles, il construit son propre arsenal. Il possède également un contact vital dans le marché des armes, un dénommé Juan Mendez. Bouhouche l'avait rencontré pour la première fois en 1975 au club de tir d'Uccle. Ils s'étaient noués d'amitié en raison de leur passion commune pour les armes à feu ; leurs épouses sont aussi devenues de proches amies. Mendez travaille alors comme représentant commercial de la fabrique d'armes à feu Fabrique Nationale (FN) pour le secteur de l'Amérique du Sud et de l'Espagne. Bouhouche, quant à lui, utilise Mendez pour détourner des armes du fabricant FN.

Bouhouche a conçu un système ingénieux pour blanchir des armes à feu qu'il vole de la FN avec l'aide de Mendez. Ce dernier garde des armes censées être données comme cadeau pour les acheteurs étrangers lors de transactions d'armes. Mendez, qui connaissait bien les procédures de l'entreprise, pouvait empocher ces cadeaux car ils n'étaient reliés à aucune trace documentaire. Après que les armes sont détournées par Mendez, elles finissent par figurer sur le registre officiel des armes à feu de Bouhouche, mais sous une fausse origine.

Le processus se déroule comme suit : Bouhouche écrit que dix armes à feu (trois pistolets, trois révolvers, deux fusils d'assaut et deux fusils-mitrailleurs) ont été acquises auprès d'un marchand d'armes quelconque. Parfois, il n'a même jamais rencontré l'armurier, mais le simple fait d'écrire son nom donne aux armes volées une apparence de légalité. Elles peuvent ensuite être remises à Mendez, qui peut à son tour les ajouter à sa collection d'armes personnelles.

L'histoire de la bande de Bouhouche

Les rackets de la bande de Bouhouche commencent alors que ce dernier travaille encore comme gendarme. Plus de deux ans plus tard et à l'insu du public et des autorités, la bande a déjà accumulé un impressionnant palmarès de crimes. Nous ne listons ici que les crimes que des membres de la bande avoueront plus tard avoir commis ou pour lesquels ils seront plus tard reconnus coupables au moment de la publication de ce livre.

Le 22 mai 1981, un faux gendarme se présente au greffe du tribunal pénal de Bruxelles. Il montre une carte d'identité de gendarmerie volée et tend au commis une série de faux documents. Le commis lui remet alors plus de trois millions de francs belges en espèces (environ 74 368 euros). Les billets de banque faisaient partie des pièces à conviction qui devaient être utilisées par la cour lors d'un prochain procès transnational de trafic de drogues. Le faux gendarme signe les papiers nécessaires et les autorités ne se rendront compte de l'escroquerie que bien plus tard.

Le 11 juillet 1981, la bande pénètre dans l'hôtel de ville de Chaumont-Gistoux pour y voler des cartes d'identité, parmi lesquelles figurent des cartes qui ont été jetées pour imperfections techniques mineures, et d'autres documents, ainsi qu'un timbre. Il s'agit d'un vol utile pour la bande de Bouhouche car il leur fournira les éléments nécessaires à la création de fausses identités. Ils pourront fabriquer différents types de fausses cartes d'identité, y compris des faux permis de conduire et des cartes d'identité étrangères, qu'ils utiliseront pour louer des appartements et des boxes pour le réseau ainsi que pour acheter des armes à feu et faciliter le trafic d'armes.

Le 1er octobre 1981, Bouhouche est condamné à une peine disciplinaire pour une infraction mentionnée précédemment, lors de laquelle il a procédé à l'écoute illégale d'un interrogatoire entre des détectives de stupéfiants en entrevue avec un informateur. Bouhouche est alors rétrogradé au rang de gendarme de rue et reçoit une suspension de six jours sans salaire. Alors qu'il aimait se promener en civil avec son étui de pistolet autour du torse, il est maintenant obligé de porter une tenue de gendarme et de patrouiller les rues dans une voiture de la gendarmerie, ce qui le rend fou de rage envers le commandant Herman Vernaillen, qui l'avait rétrogradé.

Avant sa condamnation, Bouhouche avait déjà été transféré du poste de détective de stupéfiants à celui de détective de la division judiciaire. Il y a passé quelques mois sous la direction d'un nouveau patron, le Commandant Guy Goffinon. Mais ce transfert latéral avait été effectué sans en aviser le commandant Vernaillen, qui détenait l'autorité en matière de discipline. Vernaillen insiste pour que Bouhouche reçoive une audience complète et une peine proportionnelle à la gravité de son infraction.

Bouhouche sera aussi en colère envers son supérieur par intérim, Goffinon. En effet, pendant les quelques mois passés à travailler à la division judiciaire, Bouhouche a développé une forte inimitié envers Goffinon.

Il est averti de la décision de le déplacer comme gendarme régulier le 1er octobre 1981. Dans les jours suivants, Vernaillen et Goffinon reçoivent des menaces de mort anonymes par téléphone. De plus, un appelant anonyme téléphone à un juge d'instruction qui travaille avec Goffinon, en disant que « Goffinon mourra ! ».

La revanche

Les membres de la bande de Bouhouche construisent alors une bombe télécommandée qu'ils ont remplie de clous pour assurer un maximum de dégâts, en utilisant une corde en nylon comme récepteur. Le 10 octobre 1981, un informateur anonyme appelle au poste de gendarmerie où travaille Goffinon, d'une taverne du centre-ville de Bruxelles. Il possède des informations sur un meurtre commis récemment. « L'adjudant Goffinon serait très certainement intéressé par ces informations. »[121], dit l'informateur. L'agent au téléphone tente de joindre Goffinon en vain. Un véhicule de gendarmerie Peugeot 405 avec trois agents est envoyé à la place de Goffinon sur le lieu de rendez-vous.

En même temps, la bande de Bouhouche se tient en embuscade avec la télécommande. À deux cents mètres du poste, la bombe cause une petite explosion dans le coffre et des éclats de métal touchent les trois gendarmes assis à l'intérieur. Alors que le coffre est endommagé, les trois gendarmes n'ont que quelques égratignures. L'enquête révèlera que le manque de connaissances du constructeur de la bombe avait causé un dysfonctionnement et sauvé la vie des trois gendarmes.

Les menaces de mort anonymes contre Goffinon reprennent après l'échec de l'attentat. Selon le substitut du Procureur du Roi, Patrick Duinslaeger, « quelques jours après les faits, le 13 octobre 1981, des menaces téléphoniques auraient été proférées à l'encontre de [Goffinon]. »[122] De plus, selon le premier substitut du Procureur du Roi, Robert Huenens, « on avait la conviction que l'Adjudant Goffinon était visé dans cet attentat. Ce dernier aurait, en effet, dû être à bord du véhicule de la BSR (gendarmerie) qui a explosé. »[123]

L'enquête

Bouhouche fait partie de l'équipe de gendarmes qui enquête sur l'attentat de sa bande. Les enquêteurs retracent des pièces utilisées pour la bombe jusqu'au gérant d'un magasin de surplus d'armée, et l'accuseront de tentative de meurtre le 24 octobre 1981. Au cours de leur enquête, la gendarmerie place un appareil sur le téléphone du suspect qui retrace les numéros pour pister ses complices. Elle remarque plusieurs appels téléphoniques entre le gérant et Bouhouche. Parce que ce dernier n'avait pas fourni d'alibi valable le soir de l'attentat, une perquisition à son domicile est ordonnée le 27 novembre, mais elle ne mène à aucune autre preuve permettant de le relier au crime.

L'enquête sur le gérant perd alors de la vitesse et le suspect est libéré le 5 février 1982. Il faudra attendre encore quelques années avant que des développements n'apparaissent dans l'enquête. Puisque Goffinon était aussi impliqué dans une affaire médiatisée à propos de gendarmes infiltrés ayant trafiqué de la drogue, les enquêteurs supposent, de prime abord, que le mobile pouvait être relié.

Vernaillen

Après avoir attenté à la vie de Goffinon, la bande de Bouhouche se tourne vers sa deuxième cible, le commandant Herman Vernaillen qui avait rétrogradé Bouhouche au rang de patrouilleur de rue. Ils n'utilisent pas d'explosifs cette fois-ci : ils planifient de lui tendre une embuscade...

Tard dans la nuit le 25 octobre, les assassins stationnent leur Mazda 626 volée le long du chemin que doit emprunter Vernaillen pour rentrer chez lui. Ils éteignent les phares. En chemin, Vernaillen remarque le véhicule avec deux hommes à l'intérieur, car il s'agit de la première fois qu'il voit une voiture stationnée à cet endroit. Heureusement pour Vernaillen, il est raccompagné chez lui ce soir-là par une autre personne et n'utilise pas sa propre voiture, que les assassins cherchaient particulièrement.

Ce dernier est déposé chez lui et va directement au lit. Les assassins réalisent qu'il a dû rentrer chez lui autrement et décident d'aller le retrouver chez lui. Ils sonnent à sa porte après minuit. Le commandant sort du lit, se rend à la porte d'entrée et jette un regard à travers les rideaux de la fenêtre à côté de la porte. « Qui est là ? »[124] demande-t-il. Un des assassins tente de défoncer la porte d'entrée avec des coups de crosse. En entendant le bruit, la femme de Vernaillen sort de son lit à son tour pour voir ce qu'il se passe.

Ils ne peuvent défoncer la porte et se mettent à tirer vers le commandant à travers la fenêtre et la porte. Ils tirent une rafale de balles d'un fusil d'assaut. Vernaillen plonge dans la salle de séjour, mais une balle l'atteint au dos et il gît par terre, ensanglanté. Les attaquants tirent aussi plusieurs autres balles dans le salon qui fracassent les vitres ou vont se loger dans les murs et le plafond du hall d'entrée et du salon. Ils tirent alors à travers une autre fenêtre sur le côté du salon. L'épouse de Vernaillen, qui s'est rendue jusqu'au salon, est touchée de plusieurs balles.

Sa fille, quant à elle, tire sa mère de là et parvient à la sauver. Après que les assassins ont vidé leurs chargeurs, ils retournent à leur voiture et quittent les lieux. Malgré les éclats de balles dans le dos et le bras causant des lésions nerveuses, Vernaillen parvient à éviter une blessure grave. Son épouse Magda, cependant, est grièvement blessée lorsque des balles lui transpercent les poumons et les intestins. Elle finira par survivre, mais reste en état critique après l'attaque.

Les intrus ont tiré notamment huit balles de calibre .22 Remington Magnum et deux balles de 9 mm. Les enquêteurs découvriront que ces dix cartouches avaient été tirées de deux à quatre fusils d'assaut différents et d'un pistolet de 9 mm. Presque toutes les munitions avaient été rechargées.

Enquête

L'attaque à la maison de Vernaillen n'a eu lieu que quinze jours après l'attentat à la bombe contre le major Goffinon. Selon le premier substitut du Procureur du Roi, Huenens, « on a par la suite immédiatement établi un lien entre les deux affaires. »[125]

La Gendarmerie de Bruxelles envoie alors une équipe pour l'enquête et lorsque le juge d'instruction se présente sur les lieux, Bouhouche est là, à l'attendre.[126] Tout comme lors de l'enquête sur l'attentat contre Goffinon, Bouhouche travaille sur un crime majeur commis par sa propre bande.

Le commandant Claude Dery est chargé de mener l'expertise balistique et il reçoit l'assistance de Bouhouche. Les deux hommes ont plusieurs contacts au cours de l'enquête et Bouhouche s'occupe de porter les résultats du tir de référence au laboratoire. Les résultats sont compilés dans un procès-verbal de gendarmerie daté du 29 octobre 1981.

Tout comme Goffinon, Vernaillen et son épouse reçoivent encore des appels téléphoniques anonymes après l'attaque. La fréquence des appels de menaces augmentera contre Vernaillen avant son témoignage lors des deux commissions d'enquête parlementaires.

Pendant les premières années qui suivront l'attaque, l'enquête n'aboutira à rien. Comme pour l'attentat contre Goffinon, l'hypothèse des enquêteurs propose que Vernaillen était ciblé en raison de son implication dans la même affaire de trafic de drogues des gendarmes infiltrés que Goffinon. La condamnation disciplinaire de Bouhouche ne sera prise sérieusement comme mobile que beaucoup plus tard.

En revenant sur les deux attaques de la bande de Bouhouche, Goffinon estimera que la bande avait remplacé l'autoradio de la Mazda par une radio Jet hautement perfectionnée pour écouter les fréquences utilisées par la gendarmerie. Une radio Jet avait été volée en mai 1981 à la gendarmerie et aurait pu être installée dans la voiture pour l'attaque.

Vol à l'ESI

Entre le 31 décembre 1981 et le 3 janvier 1982, la bande de Bouhouche réussit à s'introduire dans le bâtiment de l'ESI, l'unité d'élite de la gendarmerie qui supervise les interventions les plus délicates, telles que les prises d'otages et les arrestations dangereuses. L'équipement ultra-moderne de la gendarmerie est entreposé dans le bâtiment de cette unité.

Les voleurs se rendent à l'étage du garage où sont garés six véhicules équipés pour la prochaine intervention. À l'intérieur de chacune des voitures se trouvent des armes spéciales. Ils utilisent une tige métallique pour entrouvrir la porte du conducteur de chaque véhicule pour glisser un fil dans la cabine afin de déverrouiller le véhicule. En prenant les précautions de ne pas laisser d'empreintes digitales, les criminels vident les armes à feu, munitions et équipements des voitures et les chargent dans une autre voiture Mazda de gendarmerie de couleur verte garée dans le garage.

Ils sortent de l'immeuble avec la Mazda verte, ce qui n'alerte pas les gardes. Les voleurs conduisent le véhicule sur seulement dix kilomètres jusqu'à leur box de garage d'Ixelles pour y abandonner les armes volées. Ils abandonnent ensuite la Mazda dans une rue voisine. Les autorités retrouvent la voiture verte le 4 janvier. Les voleurs avaient arrosé la voiture de poivre, probablement pour empêcher les chiens de police de les pister.

À la suite de ce vol, la bande de Bouhouche dispose d'une impressionnante quantité d'armes sophistiquées comprenant cinq armes longues Heckler Koch (HK), dix pistolets-mitrailleurs HK, cinq pistolets automatiques Faul et quatre riot-guns FN de pointe. Ils ont également dérobé vingt-huit chargeurs HK, chacun avec vingt-cinq cartouches 9 mm, ainsi qu'une sirène de voiture et deux pistolets de signalisation qu'ils ajoutent à leur collection d'articles de la gendarmerie. La valeur totale du butin de l'ESI se situe autour de 500 000 francs (environ 12 400 euros).

Les objets les plus précieux sont les dix pistolets-mitrailleurs Heckler Koch (HK), les seuls en Belgique, utilisés pour des opérations spéciales car ils ne font aucun bruit. Selon Arsène Pint, le fondateur de l'ESI, « ils ont été conçus spécifiquement pour les unités allemandes. Il était impossible de les acheter dans les magasins. Ils étaient la « crème de la crème ».[127] Toutefois, l'intérêt de ces armes était limité pour la bande de Bouhouche parce qu'elles étaient trop facilement reconnaissables pour être utilisées pour des crimes et qu'il était dangereux de les revendre.

Pint ajoutera : « J'ai été extrêmement gêné quand elles ont été volées. Nous avions donné notre parole quand nous avons acheté ces armes. Elles n'étaient pas autorisées à se retrouver entre les mains de quiconque, en particulier des gangsters ou des terroristes. Au GSG 9 [l'unité de police fédérale allemande] et à Heckler, ils devaient être en colère ! »[128]

Enquêter sur sa propre bande

Les enquêteurs présument que les voleurs étaient des membres de l'ESI ou de la gendarmerie car ils connaissaient bien les lieux. Les enquêteurs soupçonnent les voleurs d'avoir fait des copies des clés de la Mazda verte lorsqu'ils l'avaient empruntée auparavant. Les clés et les documents originaux se retrouvaient toujours dans les bureaux de l'ESI. La plupart des gendarmes bruxellois se rendaient régulièrement sur le site et de nombreux agents utilisaient le parking de l'immeuble.

Bouhouche avait déjà démontré beaucoup d'intérêt pour les armes à feu de la brigade spéciale. Il se présentait régulièrement pour discuter avec l'adjudant Évance Collard, le responsable logistique de l'ESI qui s'occupait des armes et des véhicules en particulier. Bouhouche venait souvent jeter un coup d'œil aux nouveau joujoux et posait toujours beaucoup de questions. Collard et lui s'étaient liés d'amitié. Bouhouche avait en outre participé aux entraînements de tir avec l'ESI et y avait donné des conseils.

Encore une fois, Bouhouche fait partie de l'équipe qui enquête sur un crime commis par sa propre bande.[129] Il participe à au moins une fouille et à une saisie. En 2000, après le délai de prescription, Bouhouche avouera avoir volé les armes de l'ESI. Concernant la chronologie, des crimes graves tels que l'attentat à la bombe de Goffinon, l'attaque de la maison de Vernaillen et le vol de l'ESI avaient eu lieu avant que les tueurs du Brabant ne commencent leur série de crimes.

MALINES

Le vol de Malines demeure le premier crime suspecté de la bande de Bouhouche coïncidant avec la période d'activité des tueurs fous. Ils ne seront jamais reconnus coupables et n'avoueront jamais en être responsables, même après l'écoulement de la prescription. Dès lors, leur implication doit être marquée d'un astérisque.

Les tueurs du Brabant ont commencé leurs activités durant l'été 1982. Le 6 juillet 1982, Antoine Brouwers, agent de sécurité de la société Kirschen, conduit une Volkswagen Golf sur l'autoroute située au nord-ouest de Bruxelles, afin de transporter des objets de valeur à l'aéroport de Bruxelles à Zaventem. Une BMW blanche avec une bande orange sur le côté passe rapidement devant sa Golf. Dans la BMW blanche se trouvent trois faux gendarmes.

Un des imposteurs fait signe à Brouwers de s'arrêter le long de la route. Lorsque les deux voitures s'arrêtent, les trois faux agents sortent de leur véhicule et l'un d'entre eux s'approche de la porte de Brouwers, plaçant le canon d'un révolver sur sa tête. Brouwers est alors forcé de sortir de la voiture, pour être ligoté par ses assaillants et poussé dans la fausse voiture de gendarmerie. Les deux voitures partent, l'un des faux agents conduisant la Golf de Brouwers. Les deux voitures prennent la prochaine sortie et se dirigent vers la commune de Perk, située non loin de l'aéroport.

Dans une rue abandonnée, les faux agents trainent Brouwers, pieds et poings liés, hors de la BMW blanche. Ils lui mettent un sac sur la tête et le jettent dans sa Golf, puis transfèrent le précieux butin de la voiture de Brouwers dans le coffre de leur BMW blanche.

Ils poussent ensuite la Golf de Brouwers dans un fossé au bord de la route. Ce dernier pense qu'il entend une deuxième voiture lorsque les faux gendarmes s'en vont. Le butin total comprend 736 000 francs belges (environ 18 245 euros) de coupons et un chèque de quatre millions de francs belges (environ 100 000 euros), des diamants, trente kilos de lingots d'or, des francs belges et plusieurs autres devises.

Enquête

Le vol de Kirschen présente une ressemblance frappante avec le vol de l'aéroport de Zaventem, un vol ultérieur commis un peu plus tard par la bande de Bouhouche. En guise de rappel, la fusillade avec la police française à Maubeuge et le vol de l'armurerie Dekaise suivront le cambriolage de Malines et précéderont celui de Zaventem.

Le vol de Zaventem

Le 26 octobre 1982, à 20 h 35, à l'aéroport de Bruxelles à Zaventem, Francis Zwarts, un employé de la firme Sabena se voit confier la tâche de transporter des objets de valeur provenant d'un vol de Zurich. Ce vol quotidien en provenance de Zurich transportait toujours des cargaisons de grande valeur. Zwarts remplace l'équipe régulière, qui a été appelée pour résoudre un incident à bord d'un avion en provenance de Munich. Il utilise une camionnette ordinaire pour transférer la précieuse cargaison pendant la réparation du fourgon blindé.

Le chemin de plusieurs centaines de mètres reliant l'aire de déchargement et l'entrepôt traverse un tunnel sous une piste d'atterrissage. À 21 h 20, Zwarts décharge la cale sécurisée de l'avion. À 21 h 26, il avise le répartiteur radio qu'il a fini de charger la cargaison dans sa camionnette et se dirige vers l'entrepôt.

Une Ford Taunus blanche s'arrête alors dans le tunnel que Zwarts doit traverser pour se rendre à l'entrepôt. La Taunus comporte une bande jaune-orange peinte le long du toit qui ressemble à une voiture de gendarmerie sans gyrophare. Trois gangsters de la bande de Bouhouche sont à la hauteur de la voiture, vêtus d'uniformes de gendarmes et transportant des pistolets-mitrailleurs.

Les trois faux gendarmes font signe à un autre véhicule de la Sabena venant de la direction opposée de Zwarts de circuler. Quelques instants plus tard, Zwarts s'engouffre dans le tunnel et disparaît. Le répartiteur radio informe Zwarts d'un avion en provenance d'Allemagne qui doit être déchargé. Il n'obtient aucune réponse de Zwarts et tente de le joindre trois fois. Lors de la quatrième tentative, quelqu'un répond : « Ja, ja. »[130] Il s'agit du dernier contact avec la camionnette de Zwarts. La centrale avertit la gendarmerie de l'aéroport quand ils réalisent que Zwarts a disparu.

La camionnette quitte le site de l'aéroport accompagné de la Ford Taunus de la bande de Bouhouche. Le lendemain, la camionnette est découverte abandonnée dans un dépotoir à Diegem. La précieuse cargaison d'or, de diamants, d'objets de valeur sous diverses formes et les douze montres Cartier a disparue. La valeur totale du vol se situe entre 80 et 90 millions de francs belges (entre 1 983 146 et 2 231 039 euros). Le corps de Zwarts n'est jamais retrouvé.

Enquête

Selon les carnets internes de la gendarmerie, un véritable véhicule de gendarmerie ne s'était jamais trouvé dans ce tunnel. La fausse Ford Taunus utilisée par la bande de Bouhouche sera retrouvée deux ans plus tard, le 6 juin 1984 à Woluwe-St-Lambert (près du campus de l'UCL et de l'hôpital St-Luc). La Taunus comporte un trou de deux centimètres de diamètre percé dans le toit par lequel des antennes radio étaient généralement placées sur les véhicules de la gendarmerie.

La bande distribue le butin entre les participants, et soudainement le train de vie des gangsters s'améliore considérablement. Bouhouche utilise une partie de l'argent pour rénover sa maison familiale. Selon un comptable juridique, son couple accumula des revenus non-comptabilisés de 413 000 francs belges (environ 10 238 euros) en 1982. En 1983, il achète une maison neuve et dépense 1 600 000 francs belges (environ 39 663 euros). Bouhouche partage aussi les montres volées avec ses complices.

Le vol de Zaventem ressemble étrangement au vol de Malines du mois de juillet précédent. Alors que Zaventem sera attribué à la bande de Bouhouche, aucun lien définitif ne sera établi entre la bande et Malines. Malgré tout, le modus operandi présente des similarités : trois faux agents effectuent le vol, ils utilisent une voiture blanche avec une bande orange et ligotent la victime qu'ils emmènent avec eux. Un des imposteurs prend le volant de la voiture de la victime. Les deux voitures partent ensemble. Tout compte fait, le butin de Malines et celui de Zaventem incluent de l'or, des diamants et des objets de valeur, et sont reliés au transporteur Swissair.

La Ford Taunus utilisée pour le vol de Zaventem avait été volée en février 1982. Le 26 février, elle avait peut-être été utilisée une première fois, pour une mission de reconnaissance à l'aéroport. Des individus avaient repéré un agent de sécurité qui transportait aussi de l'argent et des objets de valeur déchargés d'un avion de Zurich, mais le garde, apeuré, avait alerté les autorités par radio. La voiture blanche s'était éclipsée ; un groupe de trois hommes avait été remarqué dans la Taunus.

Le 10 novembre 1982, le bureau du juge d'instruction chargé du vol de Malines est cambriolé. Les voleurs volent le dossier de Malines. Aujourd'hui, l'affaire Malines dépasse largement le délai de prescription, mais elle est toujours pertinente. La bande de Bouhouche était-elle impliquée ? Les faux gendarmes avaient-ils également utilisé des pistolets-mitrailleurs lors du vol de juillet ? Sinon, où la bande de Bouhouche avait-elle obtenu les pistolets-mitrailleurs utilisés à Zaventem ? Y a-t-il un lien avec le cambriolage de l'armurerie Dekaise, lors duquel des armes similaires avaient été dérobées ?

Comme la bande d'Haemers et les Borains, la bande de Bouhouche deviendra l'un des groupes suspects dans l'affaire des tueurs fous quelques années plus tard.

Fin du cycle des vols de supermarchés

Après les trois vols de supermarchés de février et mars 1983, les tueurs fous du Brabant changent de stratégie : pendant le reste de la première vague

(1982-1983), leur seul braquage de supermarché sera commis en novembre 1983. Ils arrêtent aussi les cambriolages nocturnes pour voler des bouteilles d'alcool comme à Maubeuge et à l'Auberge du Chevalier en 1982. Le reste de leurs crimes se limitera à des vols d'objets divers non destinés à la revente. Il semble aussi que l'argent cessera d'être le premier mobile. Ils continueront en revanche à voler des voitures pour commettre leurs crimes. Ils voleront des gilets pare-balles, un chalumeau avec bonbonnes, des bidons métalliques d'huile de cuisson, des sacs de café, ainsi que des horloges, des réveille-matins et des bijoux sans valeur. Tout se déroulera avec une extrême violence.

CHALUMEAU À BRAINE-L'ALLEUD

À 2 h 00 le 28 mai 1983, les tueurs du Brabant se rendent au magasin Bois Paul André. Ils sortent de leur voiture et marchent derrière le magasin dont ils enlèvent le cadre de la porte arrière, ce qui libère la vitre. Une fois la vitre enlevée, ils se glissent dans le magasin et se rendent à la salle d'exposition à l'avant. Ils prennent un chalumeau Oxypack et deux cylindres. Ils ne prennent rien d'autre.[131] L'alarme se déclenche à 2 h 20 du matin. Ils partent en voiture.

QUESTIONS TECHNIQUES

Les tueurs du Brabant sont probablement responsables de ce cambriolage étant donné que le chalumeau finira plus tard en leur possession. Ils n'ont pas volé d'autres articles cette nuit-là. Pourquoi cambrioler le magasin pour subtiliser seulement un chalumeau et deux cylindres ? Ils n'ont même pas vidé la caisse. Ils étaient venus spécifiquement pour ce dont ils avaient besoin et rien de plus. L'argent n'était donc pas l'objectif ; obtenir le chalumeau et les cylindres l'était. S'ils avaient été surpris par la gendarmerie, auraient-ils tiré pour s'échapper comme à Maubeuge et chez Dekaise, et ce, malgré le butin insignifiant ?

Le propriétaire se souvient qu'un client s'était présenté au magasin quelques jours précédant le vol et avait posé de nombreuses questions techniques sur le chalumeau. Il pourrait s'agir d'une piste, car le magasin louait rarement des chalumeaux. Le client était bien habillé et avait la trentaine. Il ne portait ni lunette, ni masque. Il parlait avec un bon français, pas dans un argot régional. S'il s'agissait bien d'un des tueurs fous, il portait probablement une perruque, de faux sourcils ou d'autres éléments de déguisement. À ce moment-là, les tueurs utilisaient toujours la Golf qu'ils avaient dérobée à Lasne le 14 février précédent.

Chapitre 9

Concessionnaire de Braine-l'Alleud (8 juin 1983)

Le 8 juin à 1 h 00 du matin, les tueurs du Brabant se rendent chez un concessionnaire automobile de Braine-l'Alleud. L'un d'eux va à l'arrière du bâtiment pour accéder au toit. Là, il tombe sur Ben, un berger allemand qui monte la garde. Il tire onze fois avec des balles de calibre .22 LR afin de tuer le chien de garde.

Il monte ensuite sur le toit. Il ouvre une fenêtre qui donne accès à l'atelier et se laisse tomber sur une table de travail sous la fenêtre. Une fois dans l'atelier, il ouvre une porte coulissante à ses complices. Le bureau est situé dans un coin de l'atelier. Ils essaient d'ouvrir la porte du bureau mais en vain ; ils décident alors de casser la vitre du bureau. L'un d'eux passe une main à travers la vitre brisée et saisit les clés suspendues près de la porte. Parmi elles, se trouve celles d'une Saab 900 Turbo.[132]

Ils passent par les doubles portes pour se rendre à la salle d'exposition à l'avant de la concession. Une fois dans la salle, ils déplacent plusieurs voitures, créant un passage pour la Saab 900. Ils sortent de la salle d'exposition au volant de la Saab et quittent les lieux.

Observations

Le pistolet .22 LR utilisé pour abattre le chien de garde avait également été utilisé lors du meurtre du garde de sécurité de l'Auberge du

Chevalier à Beersel et du chauffeur de taxi retrouvé à Mons. La séquence de concordance balistique « tueur en série » comprend maintenant les événements impliquant l'Auberge du Chevalier, le chauffeur de taxi et le concessionnaire de Braine-l'Alleud. La séquence de concordance balistique des « attaques publiques », quant à elle, est toujours distincte ; les tueurs fous n'ont toujours pas réutilisé des armes à feu d'une séquence à l'autre. En théorie, la gendarmerie aurait dû alors être au courant de l'existence d'une bande violente et meurtrière et d'un tueur en série. En réalité, les deux seuls crimes reliés par les autorités demeuraient toujours uniquement la fusillade de Maubeuge en août 1982 et l'attaque de l'armurerie Dekaise en septembre 1982. Les autres étaient encore considérés comme des crimes isolés.

Des résidents dormaient dans le quartier au moment des faits. Personne n'a entendu le chien de garde se faire abattre par onze coups de feu. Cela suggère que le pistolet calibre .22 LR utilisé pour des contacts fortuits à bout portant était équipé d'un silencieux ; c'est d'ailleurs probablement leur seule arme de poing de petit calibre avec un silencieux. Ils préféraient laisser une concordance balistique avec une autre attaque que de se faire prendre immédiatement. Peut-être savaient-ils que les autorités ne privilégiaient pas ce type de crimes pour les expertises balistiques.

Le cambriolage de la Saab s'est déroulé dix jours après le vol du chalumeau. Les deux vols se sont produits sur la place d'Ophain à Braine-l'Alleud, une rue devenue moins achalandée que jadis. Pour se rendre sur le lieu du vol, ils ont probablement utilisé la Golf volée à Lasne le 14 février. Contrairement à leurs autres voitures volées, ils utiliseront fréquemment la Saab 900 pour effectuer des introductions par effraction de nuit pour se procurer divers articles, mais ils ne feront pas de braquages de supermarché ni de vol d'alcool avec ce véhicule.

Le couple

En octobre 1983, un enquêteur ira chez le concessionnaire et apportera des photos de suspects potentiels. Le mari croira reconnaître Istvan

Farkas et son épouse Berthe De Staercke, la sœur du criminel incarcéré Philippe « Johnny » De Staercke. Selon le propriétaire, le visage de Farkas lui semblera familier, mais il ne saura dire dans quelle circonstance il l'aurait rencontré. Sa femme, quant à elle, qui travaillait également chez le concessionnaire, ne reconnaîtra personne.

À posteriori, il s'agit du premier signe que le criminel Johnny De Staercke pourrait être relié aux tueurs fous du Brabant. Il deviendra plus tard un suspect majeur, mais en 1982, lorsque les tueurs fous commençaient à perpétrer leurs crimes, Johnny était derrière les barreaux. Il n'a été libéré que le 10 mai 1982, le jour où la bande volait sa première voiture à Ixelles. Cependant, il était de retour en prison durant la fusillade de Maubeuge en août 1982. En décembre de cette année-là, Johnny est condamné à trois ans de prison pour un vol à main armée. Au moment du cambriolage du concessionnaire de Braine-l'Alleud, il lui restait encore quelques années à purger.

Johnny était le plus jeune enfant d'une grande famille tsigane. Son frère aîné, Léon, était déjà un gangster notoire. La plupart des frères avaient suivi les traces de l'aîné. Sa sœur Berthe avait quant à elle épousé le criminel Farkas. La famille vivait le mode de vie nomade traditionnel des Tsiganes, même si Johnny avait abandonné sa vie nomade et avait fait de Bruxelles sa base criminelle.

En 1980, Johnny possédait déjà un lourd passé criminel et passait de longs séjours en prison. En 1972, il avait commencé sa vie de truand et avait été arrêté une première fois pour cambriolage. En 1975, il avait été arrêté pour un vol à main armée et en 1976, il avait été condamné à deux ans de prison. Peu après sa sortie, il avait dû y retourner pour voies de fait graves. Il avait ensuite eu maille à partir avec la justice pour possession d'armes.

Johnny avait dirigé un trafic de drogues dans un quartier branché de Bruxelles. Avec une partie de ses gains, il avait investi dans une boîte de nuit. Mais la majeure partie de son argent était dépensée rapidement. Il passait des heures aux courses de chevaux. Il s'était forgé un nom dans le milieu criminel, même s'il n'avait jamais été accusé de meurtre.

En octobre 1980, un bijoutier avait été cambriolé à son domicile puis tué. Trois gangsters qui avaient été soupçonnés d'être impliqués dans le vol avaient été abattus. L'enquête soupçonnait un désaccord entre les gangsters ; les trois morts faisaient des coups à l'époque avec le frère aîné de Johnny, Léon De Staercke. Certains soupçonneront Johnny d'être impliqué dans le triple assassinat, mais il n'existe pas de preuve tangible. Personne ne sera jamais accusé du triple meurtre.

LE BOIS DE HOURPES

Le 9 juin 1983, les tueurs fous abandonnent dans le bois de Hourpes la Golf gris foncé qu'ils avaient volé à Lasne le 14 février. Ce bois est situé au sud-est de la région du Borinage, à environ trente kilomètres de Mons. Plusieurs pièces à l'intérieur de la voiture sont retirées. Comme ils le font avec leurs autres voitures à hayon, ils retirent la banquette arrière. L'autoradio Blaupunkt, les haut-parleurs et les amplis ont aussi été enlevés. Les bandits ont également ôté les phares, la batterie et le volant.

Observations

La veille de l'abandon de la Golf grise, la Saab avait été volée à Braine-l'Alleud. La bande pouvait se débarrasser de la Golf car ils avaient une autre voiture pour commettre leurs crimes. La Golf incendiée était une quatre portes avec hayon arrière, un toit ouvrant et des vitres teintées. Étant donné que le volant, la batterie et les phares avaient été retirés, ils avaient retiré des articles sur le site de décharge pour les rapporter avec eux dans une autre voiture.

Scène violente

Le 16 août 1983, un dénommé Marcel Barbier se dispute avec son frère. Ils buvaient depuis quelques heures dans l'appartement de Barbier situé à Bruxelles quand la bonne entente a disparu. Les frères continuent leur dispute à l'extérieur dans la rue devant l'immeuble. Barbier frappe son frère et sort une arme à feu. Des passants courageux interviennent pour les séparer, mais Barbier menace un passant. Dans un accès de rage, il tire une balle qui manque de peu un travailleur étranger. Barbier tente ensuite de voler une voiture circulant près de l'appartement.

La police arrive sur les lieux et met Barbier en garde à vue. Les policiers fouillent ensuite son appartement et sont choqués par ce qu'ils y trouvent. D'abord, des armes... Mais ils sont plus inquiets par une série d'articles qui semble indiquer l'existence d'une dangereuse organisation néo-nazie. Ils apprendront plus tard qu'elle est nommée le Westland New Post.

Au cours des deux années précédentes, une recrudescence d'incidents d'extrême droite avait contraint les autorités à dépoussiérer une ancienne loi qui rendait illégales les milices privées. Les enquêteurs sont également préoccupés par la découverte de plusieurs dizaines de documents confidentiels émanant de l'OTAN.

La découverte de la milice secrète fait la une des journaux. L'étendue exacte des activités criminelles de l'organisation est inconnue. Les révélations se poursuivront au cours des prochaines décennies et la milice sera soupçonnée d'être impliquée dans plusieurs crimes.

Westland New Post

Le public apprend bientôt plusieurs détails sur cette prétendue milice privée. Le groupe est connu sous le nom anodin du « Westland New Post ». Il est dirigé par son fondateur Paul Latinus, qui avait déjà milité pour un autre mouvement d'extrême droite : le Front de la Jeunesse. Le Front était dans la ligne de mire de la législation sur les milices privées. C'était un mouvement anti-communiste et anti-immigrés qui diffusait des tracts et organisait des rassemblements. Latinus avait en partie été responsable de la chute du mouvement en y introduisant des idées politiques plus extrêmes et plus violentes quand il en était devenu membre en 1979.

Latinus avait encadré les membres les plus violents et malléables du Front de la Jeunesse pour commettre des attaques politiques sur des cibles de gauche. Il n'était pas intéressé par la distribution de tracts politiques ou par l'argumentation sur des points de doctrine politique dans des salles remplies de fumée. Après son arrivée, les attaques d'extrême droite font régulièrement les gros titres. Un adolescent participant à un rassemblement communiste a été kidnappé et battu. Les bureaux d'une organisation d'extrême gauche ont été détruits par une explosion.

L'incendie de l'ambassade d'Angola par des inconnus a été une attaque significative. Ce pays d'Afrique était aligné à l'époque avec l'Union Soviétique. Latinus venait d'obtenir le plan d'étage de l'Ambassade quelques semaines plus tôt et avait incité d'autres membres du Front de la Jeunesse à faire un sketch des points de repère notables autour du site. La police ne trouvera jamais les coupables.

Ciblés par la loi sur les milices privées, les dirigeants du Front de la Jeunesse avaient pris conscience qu'ils devaient s'adapter. Ils font un effort pour se conformer aux nouvelles règles du jeu. Le chef Francis Dossogne lance le Parti des Forces Nouvelles (PFN) pour participer aux élections, mais Latinus et la frange la plus violente du mouvement ne sont pas intéressés pour le rejoindre.

Le Front de la Jeunesse reçoit le coup de grâce le 5 décembre 1980, lorsque deux protégés de Latinus sont impliqués dans un incident au café La Rotonde dans la banlieue de Bruxelles. Une dispute éclate entre eux et quatre travailleurs étrangers algériens. Jean-Marie Paul, un des membres du Front vide son chargeur sur eux, tuant Hamou Baroudi et touchant de manière critique un des autres travailleurs. Un troisième est blessé par des éclats de verre. Après le drame, le titre du journal Le Soir est « Crime raciste à Laeken » et l'affaire a un retentissement national. Aux quatre coins du pays, 50 000 manifestants participent à des marches contre le racisme. Dans la foulée, le nom de Paul Latinus est mentionné dans les médias comme étant une personne d'intérêt dans le meurtre de Laeken. Suivent d'autres titres éclaboussant Latinus. En décembre 1980, il disparaît de la scène publique.

À la suite de l'implosion du Front de la Jeunesse, la frange la plus dure du mouvement le suit quand il lance le Westland New Post en 1981. Contrairement au Front de la Jeunesse, le WNP opère dans la clandestinité. Chaque candidat doit se mouiller dans un crime. Il s'ouvre donc au chantage du WNP s'il cesse ou refuse d'obéir. Outre les membres du Front de la Jeunesse, d'autres membres sont recrutés au département des communications de l'Armée. Au moins sept de ces militaires seront impliqués dans le vol d'une centaine de documents de l'OTAN. Parmi ceux-ci, 70 documents sont classés confidentiels et 17 documents sont classés secrets. Aucune logique particulière ne motivera le vol d'un document plutôt qu'un autre, à part sa facilité d'accès. Le WNP sera plus tard suspecté d'être impliqué dans les tueries du Brabant.

CHAPITRE 10

USINE À TAMISE
(10 SEPTEMBRE 1983)

Le samedi 10 septembre à 2 h 30 du matin, la Saab 900 turbo des tueurs du Brabant se rend à l'usine textile de Wittock à Tamise.[133] L'usine est située dans une enclave entourée de rangées de maisons. Il est impossible de voir les bâtiments depuis la rue. Une longue ruelle étroite relie une rue résidentielle et l'usine. La Saab n'entre pas dans la ruelle. Au lieu de cela, elle se gare dans la rue sur le côté d'une piste cyclable juste avant la ruelle.

Les tueurs du Brabant parcourent la ruelle à pied, ce qui leur prend trois minutes. Ils pénètrent alors dans le bâtiment de l'usine et se dirigent vers l'entrepôt où ils ouvrent des boîtes, mais ne trouvent pas ce qu'ils cherchent. Ils se rendent ensuite au laboratoire dans une autre partie du bâtiment.[134] Dans une pièce voisine du laboratoire, le couple de concierges en résidence Jozef Broeders et Linda Van Huffelen entend une vitre se briser. Broeders sort du lit pour voir ce qu'il se passe. En ouvrant la porte de son appartement, il voit un intrus lourdement armé. Broeders essaie de se défendre, arrache des cheveux blonds de la tête d'un des tueurs fous mais se sait vulnérable face à eux. Il se sauve dans son appartement et ferme la porte. Ils le poursuivent et tirent à travers la porte de l'appartement avec un riot-gun. Ils atteignent Broeders à l'estomac, qui se traîne vers la chambre à coucher pour avertir sa femme.

Les tueurs fous font alors irruption dans l'appartement. Là, ils donnent le coup de grâce à Broeders avec quatre balles dans la tête. La femme de Broeders, Linda Van Huffelen, les voit abattre son mari. Par réflexe, elle porte sa main près de son visage pour se protéger. Une balle ricoche sur son poignet et se loge dans ses poumons. Elle s'écrase par terre. La fille de trois ans du couple, Sharon, sort de la chambre à coucher. Un gangster la prend et la remet dans son lit. Elle et sa sœur Patricia qui a deux mois sont abandonnées, pleurant seules. Leur père est mort et leur mère passera deux mois dans le coma et une année à l'hôpital.

Les tueurs du Brabant retournent au laboratoire. Ils ramassent en fin de compte sept gilets pare-balles dans une armoire métallique. Ils prennent également un gilet et une combinaison de camouflage. Ils tirent dans les quatre pneus de la Toyota des concierges et sur des lampadaires. Ils retournent ensuite dans l'allée.

Un bruit réveille un vieil homme dans une maison située à proximité de la Saab des tueurs fous. L'homme croit qu'il entend le bruit d'une voiture avec des problèmes de moteur. Il sort du lit et jette un coup d'œil par la fenêtre de sa chambre et voit la Saab garée près de l'accès à la ruelle de l'usine. Il demande par la fenêtre s'ils ont besoin d'aide.

L'un d'eux tire son riot-gun vers la fenêtre fracassant la vitre de la chambre. Le vieil homme se jette au sol.[135] Un lampadaire qui s'allume automatiquement pour les cyclistes passant le long de la rue est aussi fracassé. La cohue réveille un autre voisin. Lorsque le tireur remarque que les rideaux bougent dans la chambre de cet autre voisin, il tire son riot-gun vers la chambre. Les ballettes heurtent la façade de sa maison.[136]

La Saab des tueurs fous se dirige vers le centre de Tamise. Elle fait quelques détours avant de disparaître.

Gilets pare-balles

Les tueurs du Brabant ont utilisé la Saab volée chez le concessionnaire de Braine-l'Alleud le 8 juin. L'usine de Tamise était discrètement située derrière des maisons ; elle était difficile à trouver. Ils s'étaient donc rendus sur place avant le cambriolage. Certaines sources indiquent qu'un ou plusieurs tueurs fous portaient des cagoules. D'autres indiquent qu'ils n'avaient pas le visage couvert.

Ils ont tiré à coup de riot-gun à travers la porte et le concierge a été atteint. Les enquêteurs appellent ce riot-gun RG-1. L'homme avec le RG-1 s'en est aussi servi pour tirer sur les fenêtres en essayant d'abattre les voisins à travers leurs fenêtres. Ils ont donné le coup de grâce au concierge avec le calibre .22 LR utilisé à l'Auberge du Chevalier le 23 décembre 1982, à Mons le 9 janvier 1983 et à Braine-l'Alleud le 8 juillet 1983.

Cette attaque ne concerne que la séquence de concordance balistique « tueur en série » et non la séquence « attaques publiques ». La séquence « tueur en série » comprend donc l'Auberge du Chevalier, le chauffeur de taxi à Mons, la concession de Braine-l'Alleud et maintenant, l'usine de Tamise. À vrai dire, ces liens ne seront pas établis immédiatement par les autorités. À ce moment-là, le concept des « tueurs fous du Brabant » n'existe toujours pas. Plusieurs crimes isolés semblent avoir été commis. La seule concordance balistique demeure Maubeuge et Dekaise.

Une fois entrés dans l'usine, ils savaient ce qu'ils cherchaient. Ils sont allés directement aux vestes pare-balles, en ne prêtant pas attention au coffre-fort. Ils ont regardé à quelques endroits et ont trouvé les vestes pare-balles dans une armoire métallique du bureau. Après avoir abattu le couple et laissé leurs deux enfants en vie, ils ont gardé leur sang-froid et sont retournés pour terminer le cambriolage. Ils se sont alors accaparés des gilets pare-balles et sont ensuite partis.

Pourquoi ces gilets pare-balles étaient-ils si vitaux pour eux ? Dans des premiers reportages, la valeur insignifiante du butin était soulignée pour mettre en évidence à quel point le crime était insensé. Dans le journal De Voorpost du 16 septembre 1983, il était écrit : « Il y a eu un massacre incroyable pour quelques vêtements. Le coffre de l'entreprise ne les intéressait pas. »

Cependant, l'histoire s'est mise à changer. Les gilets pare-balles possèdent une valeur intangible en raison de leur nouveauté et de leur rareté. Les prototypes venaient d'être mis au point, ils étaient fabriqués dans un tissu ultra léger traditionnellement utilisé pour fabriquer des voiles et leur existence restait un secret bien gardé au sein de l'entreprise. Peu de personnes savaient où les prototypes étaient entreposés.

En fait, la veste pare-balles ne constituait que la dernière mise à jour, sans être radicalement différente des modèles précédents. Dans les pages jaunes locales, l'annonce de Wittock était la suivante : « Gilets Pare Balles - Filets de camouflage ». Les employés de Wittock étaient au courant de leur existence, mais pas de l'armoire en métal où ils étaient cachés. Par ailleurs Wittock faisait la promotion de leur dernière mise à jour chez plusieurs de leurs clients. De plus, quelques représentants étaient venus les voir. L'armée, des représentants de Securitas et d'autres sociétés de sécurité, quelques services de police et même des trafiquants d'armes étaient renseignés.

Des articles avaient été publiés dans la presse selon lesquels la gendarmerie était également intéressée par le gilet pare-balles. Le représentant technique de Wittock responsable des gilets pare-balles a confirmé que des gendarmes lui avaient rendu visite. Cela a été démenti subséquemment par la gendarmerie. Aurait-il pu s'agir de gendarmes en dehors de leurs fonctions de travail ou même de faux gendarmes ?

WILLY POURTOIS

Le courtier en armes Willy Pourtois s'était présenté chez Wittock avec un acheteur libanais pour examiner les prototypes de gilets pare-balles. Pourtois avait été impliqué dans l'enquête sur l'attaque de l'armurerie Dekaise, lorsque la gendarmerie de Wavre avait appris qu'il avait agi en tant qu'intermédiaire pour les ventes de silencieux de Dekaise. L'hypothèse de l'équipe de Wavre proposait que l'attaque de l'armurerie Dekaise avait eu lieu à cause de la transaction du prototype de silencieux. Cependant, au moment de l'attaque de Tamise, Pourtois était déjà en prison. Il avait été arrêté pour trafic illégal d'armes. Pourtois agissait également comme informateur rémunéré de la Sûreté de l'État. Théoriquement, la Sûreté aurait pu être au courant des démarches de Pourtois avec Wittock, ce qui ouvrirait une boîte de Pandore.

La bande de Vincent L.

Fin 1983, lorsque le criminel Francis V. a été arrêté, il a déclaré qu'il soupçonnait son ami Vincent L., récemment décédé, d'avoir participé à l'attaque de la fabrique de Tamise et aux tueries du Brabant. Francis V. avait donné le nom d'un complice qui aurait indiqué à Vincent L. où les gilets étaient entreposées dans l'usine. Dans un rapport de 1984, la gendarmerie a écrit que la belle-sœur de ce présumé complice avait travaillé à la direction de la fabrique. Cependant, la famille du complice a affirmé que le rapport était erroné, la belle-sœur n'y ayant jamais travaillé.

Francis V. a affirmé qu'après l'attaque de Tamise, il avait accompagné Vincent L. dans les Ardennes. Là, ce dernier avait remis trois gilets pare-balles volés à Tamise et un sac avec trois armes volées provenant de l'attaque de Dekaise à un gendarme. Selon Francis V., le gendarme avait déjà travaillé comme détective dans le département des stupéfiants de Bruxelles. Les enquêteurs ont conclu qu'il parlait du gendarme Martial Lekeu.

Plus tard, Francis V. alléguera également que le vendeur de drogues de Vincent L., Hage Maroun, avait donné deux gilets pare-balles au gendarme Goffinon qui avait été la cible de l'attentat à la bombe de Bouhouche en 1982. Goffinon et Maroun ont nié l'existence de la transaction.

Francis V. prétendra également que le criminel Robert « Balou » Becker faisait partie de la bande de Vincent L. Lorsque la gendarmerie a parcouru le quartier pour interroger des suspects, ils ont apporté une série de photos de suspects. Deux témoins ont cru reconnaître « Balou » Becker. Il aurait été vu près des locaux de Wittock plus tôt le jour de l'attaque de Tamise.

CHAPITRE 11

SUPERMARCHÉ COLRUYT DE NIVELLES (17 SEPTEMBRE 1983)

Le 17 septembre 1983, entre minuit et 1 h 00 du matin, la Saab Turbo des tueurs du Brabant se rend discrètement à l'arrière du supermarché Colruyt de Nivelles. Il s'agit d'un long bâtiment rectangulaire situé à cent mètres de la rampe d'accès à l'autoroute.[137] La Saab s'arrête à côté d'une porte métallique à l'arrière. Trois bandits sortent de la voiture. L'un d'eux commence à percer un trou dans la porte à l'aide d'un chalumeau.[138]

Plus tôt cette journée-là, le couple Jacques Fourez et Elise Dewit quitte Paris dans leur Mercedes pour rentrer à leur résidence en Belgique. Fourez est un homme d'affaires et Dewit travaille comme secrétaire. Ils s'étaient rendus à Paris pour examiner un travail de peinture dans un appartement en location pour leur fille. Sur le chemin du retour, Dewit enlève ses chaussures pour être plus à l'aise. Une fois arrivé à Nivelles, le couple quitte la rampe d'accès pour faire le plein à la station-service en libre-service du Colruyt. La station est située sur le côté du bâtiment en train d'être cambriolé.

La Mercedes arrive aux pompes à 1 h 10. Fourez sort pour faire le plein tandis que sa femme attend dans la voiture. L'un des tueurs fous remarque alors la Mercedes aux pompes. Il fait quelques pas vers la Mercedes et tente de tirer son pistolet 7,65 mm sur Fourez. Le pistolet bloque. Deux cartouches sont éjectées du pistolet. Il fait encore quelques pas et lui tire une balle au visage. Fourez s'écrase sur le trottoir. Le tireur l'achève en lui tirant à bout portant deux balles de .22 LR dans la tête.

Dewit remarque ce qui se passe et sort de la voiture sans remettre ses chaussures. Elle essaie de s'échapper. Le meurtrier tire vers elle avec son pistolet de calibre 7,65 mm mais rate la cible. La douille tombe sur le trottoir à droite de la Mercedes.

Le meurtrier essaie alors de la saisir. Elle se débat et perd ses lunettes. Il l'agrippe et la traine à l'arrière du bâtiment où il lui tire deux balles de calibre .22 LR dans la tête. Elle s'effondre. Les assassins ne prêtent pas attention aux bijoux coûteux qu'elle porte et traînent son corps plus loin vers l'arrière du bâtiment.

Un des tueurs du Brabant monte alors dans la Mercedes du couple et la conduit près de la porte arrière en métal en train d'être percée au chalumeau. Le corps de M. Fourez est traîné derrière le bâtiment. Ils tirent trois autres balles de calibre .22 LR dans la tête de Fourez, puis tentent en vain de projeter son corps par-dessus la clôture. Ils le trainent alors le long du mur du bâtiment. À quelques mètres de là, trois autres balles de calibre .22 LR sont tirées dans la tête de Dewit. Ils emmènent ensuite le corps de la femme près du corps de son mari. Ils cachent les corps autant que possible avec quelques chariots d'épicerie.

Les tueurs fous se concentrent alors sur la porte métallique. Quelques minutes plus tard, ils réussissent à faire un trou carré dans la porte. Ils se glissent dans le trou pour pénétrer à l'arrière du magasin. Une alarme silencieuse connectée au service de sécurité de la firme se déclenche à 1 h 23. La sécurité appelle la gendarmerie locale à 1 h 26 pour les avertir.[139]

Une patrouille de gendarmerie est envoyée sur place. L'alarme perçoit que des intrus se déplacent à l'intérieur du magasin jusqu'à 1 h 35. Ils ne volent que quarante-cinq kilos de café dans de grandes poches, cinq bidons métalliques de cinquante litres d'huile d'arachide, cinq bidons de cinquante litres d'huile de maïs, cinq boîtes de pralines et deux bouteilles de gin. Leur butin est chargé dans la Saab Turbo volée et la Mercedes du couple assassiné.

Alors que les voleurs finissent de charger les deux voitures, un fourgon de gendarmerie entre à 1 h 30 dans la zone des pompes à essence. Le fourgon se dirige vers l'arrière du bâtiment. Les gendarmes remarquent les deux voitures à quelques mètres l'une de l'autre. Ils s'arrêtent à trois mètres de la Saab 900 bleue. Les criminels sont près de la porte en train de charger leur butin.

Dès qu'ils voient les gendarmes sortant de leur fourgon, ils tirent avec plusieurs armes à feu. Le gendarme Jean-Marie Lacroix se met à l'abri par la porte ouverte côté conducteur de son fourgon. Une volée de ballettes de calibre 12 heurte le coin supérieur gauche de la porte du fourgon. Lacroix répond avec son pistolet 7,65 mm et tire deux fois.[140] Il se déplace ensuite à l'arrière de son fourgon et tire davantage.

Les voleurs tirent aussi avec des riot-guns et des balles de calibre .22 LR. Le gendarme Morue qui est armé d'un pistolet-mitrailleur UZI, crie à Lacroix : « Appelle du renfort... ». Quelques secondes plus tard, Morue est touché à la cheville droite par deux balles de calibre .45 ACP. Il tombe à terre avec son UZI. Il est ensuite tué quand il est touché à la gorge.

Les tueurs du Brabant concentrent alors leur puissance de feu sur l'agent Lacroix. Ils tirent du calibre 9 mm, du calibre .357 Magnum, sept balles de calibre 45 ACP. et huit coups de riot-gun. Un tueur fou avec une barbe et un long imperméable de couleur claire avance lentement vers la voiture. Lacroix tire deux fois de plus mais est touché à la main gauche.[141] Il s'écroule entre le tableau de bord et le siège passager de son fourgon. Il a la présence d'esprit de laisser ses jambes sortir du fourgon pour faire semblant d'être mort. Réalisant que le gendarme a cessé de faire feu, les tueurs fous se dirigent vers le fourgon de gendarmerie.

Bien que blessé, Lacroix est toujours conscient. Il entend un tueur du Brabant dire : « Ah, les salauds, ils ont une UZI. ».[142] Un bandit tire à bout portant dans la tête de Morue. Au total, trente-quatre pièces de plomb sont dans le corps de Morue. L'un d'eux saisit l'agent Lacroix par la ceinture et retourne son corps. Il enlève la ceinture et l'étui de Lacroix. Le pensant mort, l'un d'eux enlève le 7,65 mm de la main droite du gendarme. Il tire ensuite ce qu'il croit être le coup de grâce. Miraculeusement, la balle ricoche sur la bandoulière de Lacroix et il survivra. Ils retirent la clé du contact du fourgon. Ils partent avec les armes de service des gendarmes et leurs talkies-walkies.

En partant

Les meurtriers quittent le Colruyt dans deux voitures, leur Saab Turbo et la Mercedes du couple assassiné. L'agent Lacroix, qui n'a qu'une blessure au pouce gauche fait un appel radio à 1 h 34 alertant la centrale de la mort de Morue et du besoin de renfort. Le quartier général envoie une alerte générale à toutes les équipes de gendarmerie du Brabant Wallon. Au Colruyt, les autorités retrouvent les trois cadavres et des dizaines de douilles et de balles jonchant le sol.

La chasse

La gendarmerie met en place des barrages routiers dans toute la région, mais ne reçoit qu'un ordre pour chercher la Mercedes blanche.[143] L'autre voiture n'a pas été identifiée par l'agent Lacroix. Six minutes plus tard, une Volkswagen Golf de la gendarmerie conduite par l'agent Marc Lemal avec les agents Ben Ruys et André Bernier conduit dans les parages et ses passagers aperçoivent deux voitures roulant à toute vitesse sur une petite autoroute. Les agents ne sont pas sûrs que ce soit la bonne cible, mais ils les poursuivent quand même.[144]

Les deux voitures sont déjà bien loin des gendarmes. Seuls leurs phares arrière peuvent être vus. Mais les fugitifs ne conduisent que cent mètres sur la route bordée de quelques arbres et des champs. Ils ralentissent près de la boîte de nuit « le Diable Amoureux » située à proximité. La Mercedes s'arrête sur le côté gauche de la route et la Saab s'arrête quelques mètres plus loin sur le côté droit.[145] Les tueurs du Brabant attendent en embuscade la Golf de la gendarmerie.

Vingt mètres avant d'atteindre la Mercedes, l'agent Ruys voit le conducteur sortir de la voiture. Il porte les cheveux peignés vers l'arrière avec une calvitie à l'avant. Les gendarmes sont surpris par la manœuvre du tueur fou. Ils ralentissent, hésitant sur ce qu'il faut faire. Les bandits déchaînent alors une nuée de balles sur la voiture des gendarmes. Le pare-brise est fracassé par un tir de riot-gun du conducteur de la Mercedes. Lemal qui est au volant, est touché à l'épaule et la tête. De l'autre côté de la route, un autre tueur fou caché derrière la Saab tire aussi avec son riot-gun mais manque la voiture des gendarmes.

Malgré ses blessures, l'agent Lemal garde le contrôle de la voiture en franchissant le barrage routier improvisé. Puis il accélère hors de leur portée. Les deux voitures des tueurs fous sont toujours en état de rouler. Malgré tout, ils abandonnent la Mercedes avec le butin. Ils partent tous les trois dans la Saab Turbo. La Saab effectue un demi-tour et conduit dans la direction opposée.[146] Quand ils ont fait un bout de chemin, ils tournent dans une petite rue peu connue. Cette rue les mène à l'autre bout de la ville.[147]

La Saab parcourt encore quelques kilomètres mais le moteur turbo est endommagé et ne roule qu'à un maximum de 70 kilomètres à l'heure. Ses conducteurs se rendent jusqu'à une station-service, y prennent du papier hygiénique dans les toilettes et l'utilisent probablement pour essuyer le sang des cadavres qu'ils ont sur eux.

La Saab se dirige ensuite vers une entrée de chemin de terre à Braine-l'Alleud mais elle a un pneu crevé. Ils prennent le cric de la boîte à outils et tentent de remplacer le pneu crevé, mais n'y parviennent pas. Ils jettent la roue de secours par-dessus une clôture, laissant le cric de voiture sur le côté. Ils tirent deux fois dans le réservoir avec un riot-gun pour tenter de mettre la Saab en feu. Ne réussissant pas, ils l'abandonnent en l'état.

La découverte

Ils ont pu passer quelques heures à proximité de la Saab pour la dépouiller d'indices et pour attendre que les gendarmes patrouillant dans les alentours assouplissent leur surveillance de la zone. Une voiture d'un complice a pu venir les chercher. Un voisin a entendu un bruit venant de l'entrée vers sept heures du matin. Les bandits tiraient peut-être alors dans le réservoir de la voiture. Le voisin a vu la Saab mais puisqu'il ne voyait personne aux alentours, il s'est recouché. Les autorités n'ont été alertées que plus tard.

Celles-ci ont retrouvé la Saab à 9 h 30 du matin. Des dizaines d'empreintes digitales avaient été laissées à l'intérieur et à l'extérieur de la voiture. Des taches de sang des victimes et une mèche de cheveux sont trouvées. Les autorités ont récupéré le cric, la boîte à outils et la roue de secours de la voiture. Les brigands avaient laissé quelques objets dans la voiture : un réservoir de dix litres vert kaki avec un bec verseur, les deux bonbonnes du chalumeau et un chapeau de safari vert. Une paire de phares antibrouillard CIBIE en chrome avait été mise de côté. Les criminels avaient aussi abandonné l'UZI volé à l'agent Morue et leur butin de quarante-cinq kilos de café et les cinquante litres d'huile de cuisson volés au Colruyt. Quinze autres bidons métalliques d'huile de cuisine se trouvaient toujours dans la Mercedes laissée sur les lieux de la fusillade avec les gendarmes près du « Diable Amoureux ».

En revanche, les tueurs du Brabant ont apporté avec eux les deux pistolets de calibre 7,65 mm volées aux deux gendarmes. Ils sont aussi partis avec leur propre arsenal d'armes et les talkies-walkies des gendarmes.

Les appuis-tête et les ceintures de sécurité avaient été retirés de la Saab pour faciliter le tir. Les lumières reliées aux freins avaient été couvertes ce qui avait accentué l'effet de surprise. Les gendarmes pris en embuscade n'avaient eu que peu de temps pour réagir. L'antenne avait été retirée et le trou de l'antenne avait été rempli. Le klaxon de la Saab et un fusible de 6 volts avaient aussi été retirés. Il en allait de même pour le système stéréo, un amplificateur, deux haut-parleurs, un égaliseur Jensen (vs) et un autoradio Blaupunkt.

Le turbo de la Saab avait également été modifié. La voiture avait des fausses plaques avec le numéro copié d'une autre Saab 900 à proximité d'Ixelles et de la forêt de Soignes. La Saab avait parcouru 1227 kilomètres (ou 800 kilomètres selon une autre source) depuis son vol, dont 38,4 kilomètres ce jour-là.

La naissance médiatique des « tueurs fous »

L'attaque de Nivelles a fait les gros titres nationaux. On ne comprenait pas pourquoi ils avaient tué tant de personnes pour un gain si dérisoire. La bande a officiellement été baptisée à la suite de cette attaque, « les tueurs fous du Brabant Wallon » par les médias francophones. Le nom sera ensuite raccourci à « tueurs du Brabant ». Les médias néerlandophones les appellent le « Bende van Nijvel ». Les tueurs fous sont nés sur la scène médiatique. Ceci est la première fois que le public apprend de leur existence.

L'attaque a dérangé l'opinion publique à plusieurs niveaux. Les tueurs fous avaient tué le couple dans la Mercedes dix minutes avant d'entrer dans le magasin. La montre du conducteur Fourez s'est arrêtée dix minutes avant que l'alarme silencieuse ne soit relayée au quartier général.[148] Selon le juge d'instruction Jean-Marie Schlicker : « Tous les éléments indiquaient que le couple qui y a été tué venait chercher de l'essence et qu'il est tombé par hasard sur les voleurs. »[149]

Tout comme à Tamise, ils ont continué leur cambriolage après les meurtres comme si de rien n'était. L'avocat de la défense Jean-Paul Moerman s'interrogea : « Pourquoi le vol a-t-il encore eu lieu à Nivelles après la tuerie ? On s'attendrait normalement à ce que, pris de panique, les voleurs prennent la fuite. »[150]

Le criminel le plus novice sait instinctivement qu'un cambriolage de supermarché nocturne devient profitable en volant de l'alcool et des cigarettes. Les tueurs du Brabant devaient apparemment le savoir car ils avaient commencé comme voleurs d'alcool en 1982 (voir Maubeuge en août et l'Auberge du Chevalier en décembre). Malgré le temps passé au magasin, ils n'ont pas tenté de percer le coffre-fort du magasin à l'aide du chalumeau ; l'argent n'était pas la cible. Ils recherchaient autre chose.

Ils avaient bien rempli des chariots d'épicerie avec des bouteilles de whisky et des cigarettes à la fin de leur vol, mais il semblerait que ce soit une réflexion d'après coup. Ils n'ont pas eu le temps de les transférer dans la Mercedes du couple assassiné avant qu'ils ne soient surpris par le fourgon de la gendarmerie. Il était alors possible d'établir la raison du cambriolage par ce qu'ils ont mis dans leur propre Saab Turbo. De l'huile de cuisson et les sacs de café ! Ils n'avaient pas l'intention de partir avec une deuxième voiture avant d'arriver au Colruyt ce soir-là, ils n'avaient donc aucune intention de voler de l'alcool et des cigarettes. La Mercedes leur a permis d'avoir plus d'espace pour pouvoir ramener plus d'articles. Pourtant ils ont utilisé cet espace pour ajouter encore plus d'huile de cuisson ! Une fois qu'ils avaient rassemblé suffisamment d'huile de cuisson et qu'il leur restait encore de la place, ils sont allés après coup chercher du whisky. Ils ont fait tout le contraire de ce qu'un voleur qui se respecte aurait fait.

Le chalumeau avait été volé près de quatre mois auparavant, lors du cambriolage de Braine-l'Alleud le 28 mai. Le mobile du vol n'était probablement pas de percer un trou dans la porte métallique du Colruyt quatre mois plus tard. La Saab volée aussi à Braine-l'Alleud, le 8 juin, comportait moins d'espace de rangement qu'une Santana et était moins maniable qu'une Golf. Cependant, elle possédait plus de vitesse et de puissance, des qualités utiles lors d'une poursuite sur l'autoroute. Les priorités des tueurs du Brabant avaient changé… Leur Saab Turbo avait parcouru 700 kilomètres. Ils l'ont probablement utilisée lors de leur attaque de la fabrique de Tamise.

La dernière attaque de supermarché ou de cambriolage d'alcool relié aux tueurs du Brabant avait eu lieu au printemps. Ils entraient alors par effraction pour des articles spécifiques. Un seul chalumeau et des bonbonnes, sept gilets pare-balles et à présent des bidons métalliques d'huile de cuisson et des sacs de café ; une valeur marchande négligeable. Cependant, ils devaient avoir une valeur intangible pour eux.

Sept armes à feu

Le public a été déconcerté par des assaillants apportant une telle puissance de feu pour un cambriolage insignifiant. L'avocat Moerman, qui défendra un accusé dans l'affaire des tueries du Brabant, a observé : « Pourquoi l'utilisation de pas moins de sept armes différentes pour commettre un vol dans un magasin pendant la nuit ? »[151] Selon le juge d'instruction Schlicker : « on comprenait mal le nombre de calibres utilisés, pour voler de la nourriture... »[152]

Les époux abattus au Colruyt ont été tirés avec un pistolet de calibre 7,65 mm avant de recevoir plusieurs balles à la tête avec un pistolet de calibre .22 LR. Le pistolet 7,65 mm avait été utilisé à Maubeuge et à l'armurerie Dekaise. Dès lors, l'attaque du Colruyt de Nivelles entre dans la série « attaques publiques » qui inclut les attaques de supermarchés des tueurs fous.

Le pistolet .22 LR relie plusieurs crimes. Il avait été utilisé pour les assassinats du gardien de l'Auberge du Chevalier en décembre 1982 et du chauffeur de taxi retrouvé à Mons en janvier 1983, pour abattre le berger allemand du concessionnaire de Braine-l'Alleud lors du vol de la Saab en juin 1983 et pour le meurtre du concierge de la fabrique Wittock en septembre 1983. Ces crimes sont donc reliés par la séquence « tueur en série ». Puisque le pistolet FN 7,65 mm avait été utilisé à la fois dans la séquence « attaques publiques » et « tueur en série », pour la première fois, les enquêteurs sont parvenus à lier toutes les attaques connues des tueurs du Brabant sur base de comparaison balistique.

Les tueurs fous ont utilisé à Nivelles un nouveau Colt 45 semi-automatique 1911. Ce calibre .45 ACP avait tiré sept fois sur l'agent Morue et fait mouche deux fois à la cheville. Ils ont aussi fait feu avec un calibre .357 Magnum qui avait été utilisé au Delhaize de Genval le 11 février. Il s'agissait probablement d'un révolver Smith et Wesson .357 Magnum. Ils se sont également servis d'un pistolet de 9 mm reliant Nivelles à Hal, Genval, Uccle et l'armurerie Dekaise.

Enfin, ils ont aussi utilisé deux riot-guns, qui étaient identifiés par les enquêteurs selon leurs initiales : RG-1 et RG-2. Le RG-1, un riot-gun de calibre .12, avait déjà servi lors de l'attaque de Tamise. Le RG-2 était un calibre .12 avec des caractéristiques similaires au RG-1. Il a été utilisé plusieurs fois contre les gendarmes derrière le supermarché Colruyt. Les calibres .12 avaient un chargeur pouvant contenir au moins six cartouches.

Au cours de l'embuscade près du « Diable Amoureux », ils ont tiré trois coups du RG-1 et sept coups du RG-2. Il s'agit de la première fois de la nuit qu'ils utilisaient le RG-1.

L'EMBUSCADE

Leur technique d'embuscade a fait couler beaucoup d'encre ; les tueurs du Brabant étaient des amateurs pour les uns ou des professionnels pour les autres. En revanche, ceci était une tactique inhabituelle pour des voleurs de poule.

L'embuscade aurait pu simplement être improvisée, mais elle avait également des fondements doctrinaux. Par exemple, elle est appelée la formation « V » dans le jargon militaire américain utilisé par le US Marine Corps. [153] Comme d'autres formations en embuscade telles que la formation en ligne et la formation en boîte, l'objectif consiste à : « isoler, piéger et détruire l'ennemi. »[154] Selon le manuel des Marines : « le principal avantage est qu'il est difficile pour l'ennemi de détecter l'embuscade jusqu'à ce qu'il pénètre bien dans la zone de mise à mort. » Des précautions doivent être prises : « On prend soin de s'assurer qu'aucun groupe (dans le « V ») ne tire sur l'autre. » Les experts critiquant la technique utilisée soulignent le danger auquel se sont exposés les tueurs fous.

Ils auraient pu bien évidemment l'avoir utilisée par hasard en s'arrêtant chacun d'un côté de la route, par exemple s'ils avaient vu au loin des voitures de police installant un barrage routier. Ils se sont ainsi peut-être simplement arrêtés de chaque côté de la route et lorsque la voiture de gendarmerie s'est présentée, ils ont tiré sans réfléchir. Quand ils ont terminé leur embuscade, ils sont partis dans la direction d'où ils arrivaient.

COMPLICE

Pour quitter Braine-l'Alleud après que leur Saab est tombée en panne, ils ont probablement contacté au moyen d'un téléphone public un complice qui serait venu les chercher. Un taxi noir a été vu dans le quartier après 4 h 00 du matin, ainsi qu'une BMW. Dans les deux cas, s'ils sont partis si tôt, cela n'explique pas le coup de feu de 7 h 00 du matin entendu par le voisin.

Ils ont peut-être échappé à l'étau qui se resserrait en prenant refuge dans une planque dans la région... Un renseignement intéressant : des policiers de Braine-l'Alleud et de Waterloo ont reçu un appel téléphonique anonyme à propos d'une bagarre à Ophain. La fausse alerte a détourné les forces de la poursuite des tueurs.

La Bande de Bouhouche

L'agent Lemal, qui était au volant du véhicule de la gendarmerie lors de l'embuscade, est sûr qu'il s'agissait d'un gendarme qu'il connaissait qui tirait sur lui. Il pense également avoir reconnu un deuxième tireur mais il ne peut le confirmer avec certitude. Les deux faisaient partie de l'entourage de Bouhouche. L'un d'eux perdait ses cheveux et portait la barbe. Le suspect qu'il allègue avoir reconnu venait de recevoir une permission spéciale pour porter la barbe. Ce dernier avait des problèmes de peau et porta la barbe pendant environ trois mois au cours de cette période. Il perdait ses cheveux depuis quelques années déjà. La Saab Turbo était munie de fausses plaques avec le même défaut technique que le moule des autres plaques d'immatriculation de la bande de Bouhouche. Les plaques d'immatriculation étaient également toutes vieillies artificiellement en utilisant le même procédé.

La technique de l'embuscade utilisée ressemblait à la technique mise au point par un commando de Bouhouche, dans l'éventualité où ils seraient pris en flagrant délit. Ceci était relié à un vol de canot pneumatique commis peu avant l'attaque de Nivelles. Un ami de Bouhouche, au courant des détails du vol a été questionné par un journaliste pour savoir si le plan d'embuscade utilisé lors du vol du canot pneumatique avait été le même que celui de Nivelles, et il a répondu : « Oui, quelque chose du genre. »[155]

La bande de Vincent L.

Selon le récit du détenu Francis V., la bande de Vincent L. voulait voler de l'huile de cuisson et d'autres denrées alimentaires pour fournir le restaurant d'un des membres allégués de la bande. Le vol a dérapé quand ils ont été interrompus dans leur travail par le couple et les gendarmes par la suite.

De Staercke s'échappe

Cinq heures avant l'attaque de Nivelles, plusieurs criminels se sont échappés de la prison haute sécurité de Tournai. Les gardiens de prison faisaient la grève ce jour-là et dix agents de gendarmerie avaient pris la relève. Les détenus ont profité de la situation pour percer un trou dans le mur de la prison. Ils ont ensuite utilisé des échelles et des cordes pour escalader un mur de quatre mètres de haut. À 19 h 45, trente-huit prisonniers s'échappaient. L'alarme n'a été déclenchée qu'à 21 h 00. Johnny De Staercke, qui deviendra un jour un suspect principal pour les tueries du Brabant, a réussi à s'enfuir. La plupart d'entre eux ont été rapidement arrêtés mais Johnny avait réussi à s'éclipser.

Johnny sera considéré comme l'un des criminels les plus dangereux du pays, bien que son autopromotion y soit pour beaucoup.[156] Tellement, que le simple fait qu'il ne soit plus en prison a fait de lui un suspect automatique de l'attaque de Nivelles. Aucun témoin ni piste sérieuse ne l'ont placé à Nivelles ce soir-là. Dans quelle mesure était-ce possible de s'évader d'une prison haute sécurité par suite du hasard de la grève, retrouver les complices de sa bande, rassembler des armes à feu volées, une voiture volée et un chalumeau volé pour se rendre au Colruyt dans un délai de cinq heures ? Selon Leo Van Esbroeck, une connaissance de prison de De Staercke qui avait été libérée avant lui, Johnny s'était présenté à son appartement quelques heures après sa fuite sans rien d'autre que les vêtements qu'il avait sur le dos.

Autodestruction du Westland New Post

Le 23 septembre, le Westland New Post fait encore parler de lui. La milice d'extrême droite faisait déjà l'objet d'une enquête sur les documents volés de l'OTAN et d'autres infractions présumées. Le chef du WNP, Paul Latinus, faisait les gros titres avec des déclarations fracassantes au sujet d'un double meurtre de février 1982 toujours non résolu. Un couple avait alors été assassiné de manière particulièrement dégoutante dans un bâtiment à l'étage de la rue de la Pastorale à Bruxelles. Des témoins avaient vu deux hommes entrer dans l'appartement. Ils avaient tiré sur les deux occupants puis ils les avaient égorgés. Ces derniers ont été retrouvés à genoux au milieu du salon, face à face. Les autorités ont déterminé que rien n'avait été volé dans l'appartement. Mais ils ont été déstabilisés par la sauvagerie de l'assassinat. Ils ont vérifié les antécédents du couple et ont suivi plusieurs pistes mais l'enquête n'a connu aucun progrès.

À la surprise générale, Latinus déclare que les deux meurtriers étaient membres de son WNP. Il donne même les noms aux enquêteurs. L'un d'entre eux, Marcel Barbier, avait provoqué la scène déroulée devant chez lui qui avait donné naissance à l'affaire WNP. Le nom de l'autre auteur présumé était Éric Lammers. Latinus a même convaincu Marcel Barbier d'avouer son implication dans les meurtres. Les deux suspects sont arrêtés. Les autorités et le public se demandent quels autres crimes violents cette milice privée clandestine aurait pu commettre. Pourraient-ils avoir participé aux tueries du Brabant ?

Chapitre 12

Restaurant Aux Trois Canards (2 octobre 1983)

Le 1ᵉʳ octobre 1983, à minuit et demi, le propriétaire du restaurant Aux Trois Canards, Jacques Van Camp, quitte le restaurant pour aller reconduire de jeunes employés qui n'ont pas de voiture. Les employés viennent de finir leur quart de travail et le restaurant est fermé pour la nuit. Le restaurant trois étoiles est situé dans un endroit isolé dans la campagne. Alors que le propriétaire a à peine franchi le seuil de la porte, deux intrus armés le surprennent.

Van Camp reçoit l'ordre de suivre l'un des intrus à l'extérieur sur le parking. Le deuxième intrus portant un masque avec un œil au beurre noir et des dents croches force le reste du personnel à entrer dans la cuisine, située à côté de la porte d'entrée. Ce dernier tient un pistolet à canon long avec des gants de vaisselle rose. Il est de taille moyenne et porte un pantalon à pattes d'éléphant.[157]

Il s'exprime en français avec un faux accent tsigane ou arabe[158] : « Couchez-vous ! »[159] Il ordonne au groupe de lui remettre leur argent et leurs clés de voiture.[160] Le cuisinier, qui pense qu'il s'agit d'une blague, hésite à se mettre à plat ventre. Le bandit tire sur le frigo pour l'obliger à obéir.[161] Le seul ayant remis des clés de voiture est le cuisinier et aucun des employés n'a d'argent en sa possession.[162]

Entre-temps, l'autre homme armé demeure sur le parking avec le propriétaire Van Camp. Il lui demande les clés de sa voiture mais Van

Camp n'obéit pas immédiatement.[163] L'assaillant tire une balle de 7,65 mm dans le cou de Van Camp. Il prend la nouvelle Golf GTI rouge de sa fille, dont la victime avait les clés. Son complice quitte alors la cuisine sans demander l'argent de la caisse.[164] Les employés restent toujours allongés sur le sol de la cuisine. Des pneus des autres voitures du parking sont crevés d'une balle. Les tueurs du Brabant partent avec la Golf GTI.[165]

Les clés

Le restaurant Aux Trois Canards est situé dans la campagne au sud de Bruxelles, isolée de la zone urbaine. À environ 500 mètres de l'auberge, l'une des voitures des tueurs du Brabant avait été abandonnée quelques mois auparavant. Le restaurant était exploité par un couple d'âge moyen, l'architecte Jacques Van Camp et son épouse Germaine Doom. Leur fille de vingt-sept ans, Catherine, venait de rentrer d'un voyage en Australie et aidait à gérer le restaurant. La plupart des employés du restaurant sont des étudiants.[166]

Selon le juge d'instruction Schlicker, Van Camp a présenté de la résistance. Il a peut-être été tué parce qu'il n'a pas obéi sur-le-champ. Selon sa fille Catherine : « Peut-être a-t-il vraiment essayé de se défendre et a arraché le masque de l'agresseur ? Ensuite, il aurait vu son visage et serait devenu un témoin embarrassant ».[167] Une autre hypothèse suggère qu'il n'ait pas voulu donner les clés de voiture. Aurait-il été tué s'il avait obéi ?

Les tueurs fous étaient-ils venus pour voler la Golf ou une autre voiture ? Des indications témoignent plutôt d'un intérêt pour la Porsche du propriétaire. Selon Catherine, la fille de la victime et propriétaire de la Golf : « Je crois que les auteurs voulaient vraiment la Porsche. Peut-être qu'ils sont devenus furieux quand ils ont remarqué que mon père n'avait pas les clés. »[168] En effet, Van Camp avait décidé de reconduire les jeunes employés avec la Golf rouge de sa fille ce soir-là.

La Golf GTI rouge comportait des bandes noires sur les côtés de la carrosserie et un autocollant « I Love Australia » apposé sur la vitre arrière. Les tueurs du Brabant n'avaient officiellement plus de voiture après avoir été contraints d'abandonner leur Saab après l'attaque de Nivelles du 17 septembre. La Porsche foncée ressemblait davantage à la Saab Turbo que la Golf d'un rouge éclatant. Ils repeindront la voiture en noir ; les Golf seront à partir de ce moment, considérées comme les voitures préférées de la bande de criminels.

Van Camp a été abattu avec un des deux pistolets volés aux gendarmes à l'arrière du Colruyt de Nivelles. Il s'agit d'un pistolet FN 7,65 mm, l'arme réglementaire des gendarmes. Un manteau de pluie beige clair a été trouvé sur le site. Peut-être avait-t-il été laissé là par les tueurs fous.

Au départ, les enquêteurs pensaient que le 7,65 mm avait aussi tué le gendarme à Nivelles, information que les médias ont relayée. L'attaque du Colruyt de Nivelles venait de se produire et on avait remarqué qu'ils avaient l'habitude de réutiliser leurs armes à feu. Cependant, l'expertise balistique indiquera plus tard que le 7,65 mm n'avait pas été tiré à Nivelles.

Les enquêteurs examinent la comptabilité du restaurant et constatent que certains produits alimentaires de luxe avaient été achetés à un prix très bas. Ils provenaient d'un vol de la compagnie aérienne Sabena. Cependant, aucun lien ne put être décelé entre le vol de Sabena et les tueurs du Brabant.

La bande de Vincent L.

Selon Francis V., Vincent L. lui avait confié que le propriétaire du restaurant Aux Trois Canards, Jacques Van Camp, faisait partie de sa bande. L'allégation qu'un jeune truand de dix-neuf ans soit de mèche avec un architecte et homme d'affaires semble saugrenue… La bande de Vincent L. aurait tué le gardien de l'Auberge du Chevalier en décembre 1982 parce qu'il en savait trop sur les activités criminelles de Van Camp. Ce dernier aurait indiqué à Vincent L. où les gilets pare-balles étaient entreposés à la fabrique de Tamise en septembre 1983. Aussi, l'huile de cuisson et les autres denrées alimentaires qui avaient été volés lors de l'attaque du Colruyt de Nivelles auraient eu pour objectif de fournir son restaurant. La bande aurait alors tué Van Camp de peur que celui-ci ne parle, le vol de la voiture n'étant qu'une diversion. Vincent L. aurait tué Van Camp avec un autre voleur, Balou Becker. Des témoins de l'attaque de la fabrique de Tamise avaient indiqué qu'ils reconnaissaient Becker comme l'un des cambrioleurs, quand les enquêteurs leur ont montré des photos de suspects.

Vincent L. aurait ensuite vendu l'arme du crime du restaurant Aux Trois Canards, un GP 9 mm, à un trafiquant de drogues d'origine libanaise, Hage Maroun. Les enquêteurs confirmeront qu'une transaction pour un GP 9 mm avait bien eu lieu. En effet, l'acheteur Maroun avait payé Vincent L. avec des bijoux et une montre, avant de revendre ensuite l'arme à un acheteur du Liban. La justice prendra des mesures pour communiquer avec les autorités libanaises, ce qui leur permettra de retracer l'acheteur et de constater qu'il possédait toujours le GP 9 mm. Les autorités belges n'insisteront pas et ne mèneront jamais de comparaison balistique.[169]

Francis V. s'était mis à parler de la bande de Vincent L. et des tueurs du Brabant lorsqu'il a été arrêté par la police pour une série de vols à mains armées. Peut-être cherchait-il une faveur de la part de la gendarmerie ? Ses déclarations ne l'aideront pas puisqu'il sera condamné à sept ans de prison. Le récit de Francis V. quant à Vincent L. présente des aspects douteux.

Francis V. refusera également de signer ses déclarations. Il reniera même celles-ci, alors même qu'il n'avait encore rien signé ni validé. Aucune preuve matérielle n'appuiera ses allégations. La sœur de Vincent L. qui a été arrêtée en même temps, prétendra quant à elle que Francis V. avait fabriqué son histoire de toute pièce. Mais les déclarations de Francis V. entraîneront des conséquences majeures ; elles donneront naissance à deux pistes majeures.

Si les déclarations de Francis V. ont été inventées, quelles sont les probabilités qu'elles mènent quand même au bon suspect ? Le lien du gendarme Martial Lekeu avec l'attaque de la fabrique de Tamise et le lien de Vicky V. avec l'attaque de l'armurerie Dekaise émaneront des déclarations non corroborées de Francis V.

Lekeu avait en effet déjà connu Francis V. et Vincent L. lorsqu'il travaillait comme détective au département des stupéfiants à Bruxelles quelques années auparavant, mais leurs interactions, qui s'étaient déroulées au cours d'une affaire de drogue, avaient été limitées.

WNP ET SÛRETÉ

Le 7 octobre, une nouvelle fracassante fait la une dans les médias : la milice clandestine d'extrême droite, le Westland New Post, aurait été infiltrée par la Sûreté de l'État, le service de renseignement interne du gouvernement belge. Le WNP venait de se déclarer responsable du double meurtre macabre de la rue de la Pastorale de février 1982 ; son chef, Paul Latinus, avait accusé deux de ses membres et l'un d'entre eux avait avoué.

L'enquête détermine que trois membres du WNP avaient été des informateurs payés par la Sûreté, y compris le chef Latinus et son premier lieutenant, Michel Libert. Au moins trois agents de la Sûreté avaient eu des contacts réguliers avec le WNP depuis 1981 ; leurs noms de code étaient « le Canard », « le Chien » et « le Lapin ». Le Canard, un commissaire, avait été un membre du WNP avec une carte de membre en son nom personnel. Il avait donné des cours de filature aux membres du WNP, y compris au moins un exercice pratique pour filer une cible.

Ces nouvelles sur le WNP ont l'effet d'une bombe qui secoue la Sûreté de l'Etat. Les enquêteurs qui s'occupent du vol de documents classifiés de l'OTAN et du double meurtre rue de la Pastorale, doivent désormais enquêter sur l'implication de la Sûreté. Avait-t-elle elle-même dirigé la commission des deux crimes ? Le public et les médias exigent des réponses de la Sûreté et du gouvernement. Avaient-ils créé le WNP pour qu'ils puissent avoir leur propre unité d'assassins ? Des rumeurs circulent également à propos de l'implication du WNP dans les tueries du Brabant et même sur la responsabilité possible de la Sûreté et du gouvernement belge.

Lorsque le leader du WNP Latinus est interviewé, il donne des réponses cryptiques, souvent contradictoires.[170] D'une part, il affirme que la Sûreté contrôle le WNP, via le Canard et qu'elle avait parrainé le double assassinat de la rue de la Pastorale. D'autre part, il révèle que la raison d'être secrète du WNP était de démasquer les espions communistes au sein de la Sûreté : le directeur Albert Raes et le Canard. Enfin, Latinus laisse entendre qu'il a reçu cette mission directement des services secrets américains.

Marcel Barbier était déjà en prison après avoir avoué son implication dans le double meurtre de la rue de la Pastorale. L'autre suspect, Éric Lammers, est arrêté après l'attaque du restaurant Aux Trois Canards. Il restera en prison jusqu'en juin 1984, date à laquelle il sera libéré dans l'attente d'un procès. Le numéro deux du WNP, Michel Libert est également détenu pendant cette période ; il travaillait dans le département militaire d'où les documents de l'OTAN avaient été volés. Cela signifie que Marcel Barbier, Éric Lammers et Michel Libert sont en prison durant la fin de la première vague des tueries du Brabant.

Chapitre 13

Supermarché Delhaize de Beersel (7 octobre 1983)

Le vendredi 7 octobre 1983, à 19 h 50, les tueurs fous conduisent la Golf GTI rouge qu'ils ont repeinte en noir pour se rendre au supermarché Delhaize de Beersel. La Golf s'arrête dans l'extrémité du parking la plus éloignée de la porte du supermarché. Trois hommes armés portant des chapeaux[171] et des masques de personnalités politiques françaises sortent de la voiture. Deux sont grands, dont l'un géant. Le dernier homme est plus petit. Le « Géant » porte un imperméable de couleur sombre[172] et tient une hache avec un long manche. Un autre assaillant porte un pantalon à pattes d'éléphant bleu et a un tatouage sur l'avant-bras.[173] Ils portent des gants.[174]

Ils marchent sur toute la longueur du parking. L'un d'eux se tient en recul alors que les deux autres marchent vers la porte d'entrée. Lorsque les deux hommes se rapprochent du magasin, l'homme resté en arrière s'avance. Avant d'atteindre la porte d'entrée, ils croisent un jeune employé qui range des chariots d'épicerie sur le parking.[175] L'un d'eux pousse le canon de son riot-gun sur la nuque de l'employé. L'employé est obligé de marcher devant lui en direction du magasin. Les deux autres attendent près la porte d'entrée leur complice, accompagné de l'otage.[176]

Ils entrent alors dans le supermarché avec leur otage et tirent dans toutes les directions. Le gérant du supermarché, Freddy Vermaelen, qui entend des bruits depuis son bureau, va jeter un coup d'œil. En s'approchant de la première caisse, il remarque l'otage à genoux avec le canon posé sur sa nuque. Il lève les bras et gesticule pour calmer les tueurs[177] et essaie même de repousser l'un d'eux.[178] Le tueur à la hache s'approche pour le frapper, mais un autre tueur tire sur Vermaelen avec son riotgun[179], lui arrachant la moitié du visage. Il s'écroule par terre. Des morceaux de son visage se logent au plafond, alors que des ballettes et des morceaux de métal blessent une caissière[180] et un client d'âge moyen.

Le tueur avec l'otage se dirige ensuite vers les caisses tandis que ses deux complices se dirigent vers la salle du coffre-fort. L'otage doit rester à genoux, le canon pressé à l'arrière du cou. Il suit le tueur fou qui ramasse l'argent des caisses. Le bandit marche lentement et calmement. Deux employés se voient obligés d'ouvrir les onze caisses enregistreuses. Ils déposent l'argent dans son sac. Le tueur tire d'autres coups de feu au hasard.

Lorsque les deux autres tueurs fous atteignent les bureaux, l'un reste au bord du couloir pendant que l'autre entre dans la pièce avec le coffre-fort.[181] Ce dernier coupe les fils téléphoniques avec sa hache. Il ramasse de l'argent sur le bureau et ordonne ensuite à un employé d'ouvrir le coffre-fort. Le butin est jeté dans un sac en plastique rouge. Il porte aussi un petit sac vert dans lequel il met des chèques et d'autres billets.[182]

Les deux voleurs retournent aux caisses où leur complice tient toujours l'otage en joue. Ils sortent du supermarché et se dirigent tranquillement vers leur Golf à l'autre bout du parking. Ils amènent leur otage jusqu'à leur voiture.[183] Ils ne le laissent s'enfuir qu'à ce moment. Ils partent dans leur Golf GTI repeinte, avec un butin total de 1 200 000 francs (29 747 euros).[184]

Le tatouage

Le supermarché se situe à quelques pas de l'Auberge du Chevalier de Beersel, où le garde de sécurité avait été battu et tué. Bien qu'un des tueurs du Brabant avait un tatouage sur l'avant-bras, il ne l'a pas caché sous son vêtement, même s'il a pris soin de porter des gants pour éviter d'être identifié par l'analyse de ses empreintes digitales. L'un d'eux avait également un grain de beauté très visible. Cependant, d'une attaque à l'autre, le grain de beauté se déplaçait sur d'autres parties du corps et d'un tueur à l'autre...

Les tueurs du Brabant ont opéré avec méthode et se sont déplacés plus calmement que lors des attaques des trois supermarchés en début de 1983 (au Delhaize de Genval et d'Uccle ainsi qu'au Colruyt de Hal). Il s'agit de la première attaque de la première vague qui ressemblait davantage à un commando structuré qu'à un vol à main armée. Cette attaque sera considérée comme une répétition générale pour les massacres qui se passeront dans les supermarchés en 1985. Ils ont utilisé le même riot-gun qu'au Colruyt de Nivelles ; les munitions étaient des Winchester Western de calibre 12.

Ils sectionnaient toujours les fils téléphoniques du bureau. Ceci est la première et la seule fois qu'ils avaient apporté une hache pour un braquage, comme s'ils voulaient envoyer un message aux enquêteurs : « On est les tueurs fous. On transporte même une hache pour trancher les fils de téléphone parce que c'est si important pour nous ».

Les tueurs sont fous, oui, mais ils n'avaient pas l'intention de tuer Vermaelen ce jour-là. Le gérant s'était jeté sur un des gangsters et l'avait poussé. Les criminels l'ont prévenu d'arrêter mais il a poussé davantage. Vermaelen était chargé de la sécurité pour la chaîne Delhaize. Ses proches disent qu'il n'avait pas froid aux yeux et ne reculait devant personne.

Une récompense

Après cette attaque, une association de supermarchés comprenant les Delhaize et les Colruyt lance un appel urgent au public pour toute information conduisant à l'arrestation des tueurs du Brabant, avec une récompense de dix millions de francs (environ 250 000 euros) à la clé. L'annonce suivante apparait dans les journaux :

> « *Les Directions des entreprises de supermarchés et grands magasins de Belgique, bouleversées par le sauvage assassinat de Monsieur Freddy Vermaelen, abattu dans l'exercice de ses*

fonctions lors du hold-up perpétré au supermarché Delhaize Le Lion à Beersel le vendredi soir 7 octobre 1983,

Lancent un appel pressant au public :

Une récompense de 10 millions de francs

Est offerte aux personnes qui fourniront des renseignements menant à l'identification et à l'arrestation des auteurs de cette inqualifiable agression »[185]

En guise de rappel, après l'attaque du supermarché Colruyt d'Hal en mars 1983, lors de laquelle le gérant du magasin avait également été tué, la chaîne de magasins Colruyt avait offert à elle seule une récompense de cinq millions de francs (environ 125 000 euros) pour des informations menant à l'arrestation des auteurs. La récompense pour l'arrestation des tueurs fous venait en fait de doubler.

MESURES DE GENDARMERIE

Entre l'attaque du restaurant Aux Trois Canards du 1er octobre et l'attaque du supermarché de Beersel du 7 octobre, la gendarmerie a mis en place une cellule d'enquête secrète pour traquer les tueurs du Brabant. Le 3 octobre, le leadership de la gendarmerie a fait circuler un télex à ses dirigeants annonçant la création de la cellule conçue pour contourner la structure et les méthodes d'enquête habituelles. Son but est également de superviser la sécurité des supermarchés et de coordonner les enquêtes. Pour que cela reste aussi discret que possible, ils n'ont même pas prévenu les juges d'instruction menant les enquêtes sur les tueurs du Brabant de sa création. Le 4 octobre, les différents bureaux de la gendarmerie ont été avisés par télex. Le 5 octobre a eu lieu la première rencontre nationale, qui a été dirigée par le commissaire Maurice Gilbert. Le 7 octobre, les tueurs du Brabant attaquaient le supermarché Delhaize de Beersel.

Juste après l'attaque de Beersel, le 10 octobre, la gendarmerie de Mons découvre que les attaques de Genval, d'Uccle et d'Hal pouvaient être reliées. Dery, l'expert en balistique de la gendarmerie avise aussi Gilbert. Ce dernier ne connaissait pas l'existence du Ruger conservé au poste de Mons et que le revolver était suspecté d'avoir été tiré durant l'attaque du Colruyt d'Hal. Il ignorait que le poste de Mons avait contacté le poste d'Hal pour que Dery compare le Ruger avec les données balistiques de l'attaque d'Hal. Gilbert savait seulement que la gendarmerie de Mons était impliquée dans le dossier Angelou. Le propriétaire du Ruger, Estiévenart, est en prison au moment de la nouvelle sur le Ruger. Il est alors libéré pour qu'il puisse être filé.

BEERSEL - DÉCOUVERTE DE LA BANQUETTE ARRIÈRE

Quatre jours après l'attaque de Beersel, un témoin appelle pour dire que les tueurs fous avaient abandonné la banquette arrière de leur Golf sur le parking du Delhaize pendant l'attaque. Il avait été témoin de l'attaque et avait tenté de les suivre en voiture quand ils partaient. Il était revenu au Delhaize et avait vu la banquette. Il prétend être un ex-employé de Volkswagen ; son savoir-faire lui avait fait remarquer que le motif de la banquette arrière n'était utilisé qu'avec les GTI rouges. Cela signifiait que la Volkswagen devait être au départ une voiture rouge qui avait été repeinte en noir. Les enquêteurs n'auront aucune difficulté à faire le lien avec la Golf rouge volée du restaurant Aux Trois Canards.

Les policiers retournent sur le parking pour effectivement retrouver la banquette. Celle-ci est analysée ; les résultats de l'analyse démontrent que des poils, qui avaient été prélevés sur la banquette, correspondent aux poils du chien du propriétaire du restaurant Aux Trois Canards... Cela signifie que la banquette avait été déposée lors de l'attaque, pour une raison inconnue.

À la suite de l'attaque du Delhaize de Beersel, des équipes d'enquête s'étaient présentées sur les lieux, cloisonnant le site, y compris le parking. Pendant toute la nuit, des experts de la police judiciaire, des gendarmes, des juges d'instruction, des policiers et des experts en médecine légale avaient parcouru le site. Personne n'avait signalé avoir vu une banquette arrière traînant sur le parking. Par la suite, l'équipe de nettoyage du Delhaize non plus ne l'avait jamais remarquée.

Une hypothèse propose que l'appelant était l'un des tueurs fous. En effet, pendant l'appel, celui-ci avait donné des détails que seuls les tueurs fous auraient pu connaître. Ces derniers avaient la banquette en leur possession, ils l'auraient larguée quelques jours après l'attaque pour que les enquêteurs la découvrent... Quoi qu'il en soit, les tueurs du Brabant ont dû abandonner la banquette sur le parking pour une bonne raison. On ne jette pas une banquette arrière sur un coup de tête. En effet, elle pesait plusieurs kilos et était difficile à déplacer. Le fait qu'ils l'aient abandonné pour que la police puisse la trouver reste significatif. Les tueurs ont tenté délibérément de s'assurer que l'enquête puisse relier le meurtre du restaurant Aux Trois Canards à l'attaque du Delhaize de Beersel.

On peut se demander s'ils ont décidé de relier les deux faits au moment même de l'attaque du Delhaize de Beersel ou s'ils ont pris la décision deux jours plus tard d'abandonner leur banquette et de passer l'appel téléphonique anonyme... Le vol au restaurant Aux Trois Canards s'était vraisemblablement mal passé pour eux : leur plan n'était pas de tuer Van Camp, juste de voler sa voiture. Puisque celui-ci avait résisté, le tueur à la gâchette facile s'était senti obligé de l'abattre. D'ailleurs, il n'avait tiré qu'une fois sur lui, pas plusieurs fois à bout portant comme pour d'autres victimes. Il voulait simplement que Van Camp cesse de les importuner. Après coup, les tueurs ont réalisé qu'ils avaient commis une erreur.

Le pays était déjà au courant de l'existence des tueurs fous et les experts légistes commençaient à déterminer les concordances entre les différentes attaques. La seule attaque qui ne pourrait pas être liée par comparaison balistique à ce moment-là était celle du restaurant Aux Trois Canards. À l'époque, les autorités pensaient que cette dernière avait une concordance balistique avec d'autres attaques des tueurs du Brabant parce qu'ils croyaient que le 7,65 mm qui avait tué à Nivelles, avait également été tiré au restaurant Aux Trois Canards ; seuls les tueurs du Brabant savaient alors qu'ils avaient tort. Il ne s'agissait que d'une question de temps avant que les autorités ne le découvrent aussi. Une enquête sur l'attaque du restaurant Aux Trois Canards distincte de celles des autres attaques serait ouverte. Il semblerait que les tueurs du Brabant préféraient le statu quo. Le cas échéant, le gérant décédé et les deux blessés du Delhaize de Beersel devenaient les victimes collatérales d'un stratagème extrêmement sournois. Le seul objectif aurait été de relier balistiquement l'attaque des Trois Canards aux autres attaques des tueurs du Brabant. Pouvaient-ils savoir que des arrestations dans l'affaire allaient être effectuées ? Comme par hasard, l'expert en balistique Claude Dery avait fait la constatation le jour précédent que le Ruger avait une concordance balistique directe ou indirecte avec tous les crimes des tueurs fous.

La Golf

En octobre 1983, la Golf de Van Camp est aperçue dans la région de Namur, qui se situe bien loin de la zone de prédilection des tueurs fous. Les témoins remarquent que l'autocollant « I Love Australia » est toujours visible sur la fenêtre arrière, ce qui est étrange, vu le travail de peinture qu'ils avaient effectué. Le propriétaire d'un atelier de carrosserie voit aussi la Golf, à huit kilomètres du bois de Hourpes. Il remarque que celle-ci a été repeinte et que la banquette arrière a été retirée. Un grand type apparemment blessé est assis à l'arrière et sa jambe est dans une attelle.[186]

Les tueurs fous étaient originaires d'Ixelles, mais il semble qu'ils tentaient de se faire remarquer autant que possible dans différentes régions du pays. À moins qu'ils n'aient vraiment cru que repeindre leur voiture suffisait comme camouflage et qu'enlever l'immense auto-collant « I Love Australia » était superflu.

Les Borains

Le 23 octobre 1983, le juge d'instruction Guy Wezel apprend enfin l'existence du Ruger relié à l'affaire des tueurs fous. Selon les conclusions de l'expert en balistique, le commandant Claude Dery, un lien est établi entre les balles tirées pendant des braquages d'épicerie au sud de Bruxelles et le Ruger qui était apparu dans le Borinage à la suite d'une dispute conjugale. Le juge Wezel est secoué quand il apprend la nouvelle. Comment se fait-il qu'il n'avait jamais entendu parler de ce révolver qui semble venu de nulle part ? Les médias l'appelleront l'arme qui « est tombée du ciel ».

Pour rappel, ce Ruger avait été acheté par Estiévenart dans un café et apporté par l'assistante sociale de sa femme, De Bruyne, au poste de gendarmerie. La façon dont l'expert en balistique, Dery, avait obtenu le Ruger à Bruxelles est un véritable périple. Les détails sont fastidieux mais essentiels !

Le 25 mai 1983, De Bruyne remet le Ruger à son assistante sociale qui le porte ensuite à la gendarmerie de Colfontaine. Elle apporte également des munitions du Ruger et deux plaques d'immatriculation qui se trouvaient dans la voiture d'Estiévenart. La raison pour laquelle les plaques d'immatriculation ont également été apportées au commissariat reste un mystère.

Le 26 mai, l'agent Beduwe de Mons est prévenu de l'arrivée du Ruger au poste de Colfontaine. Il va chercher le Ruger lui-même. Il ne se souviendra pas de l'identité de celui qui lui avait demandé d'aller chercher l'arme dans l'autre poste de gendarmerie. De Bruyne se présente plus tard pour déposer une plainte officielle contre son mari, alors que Beduwe était présent, mais Beduwe ne prend pas l'arme immédiatement.

Vers le 28 mai, Beduwe revient au poste de gendarmerie de Colfontaine. Il prend le Ruger, les munitions (une douzaine de balles) et les plaques d'immatriculation et dépose le tout dans un tiroir de son bureau de Mons. Le juge d'instruction Guy Wezel déclarera que la gendarmerie de Mons avait fait pression sur De Bruyne pour qu'elle prenne l'arme à feu d'Estiévenart et qu'elle le rapporte à Colfontaine.[187]

La gendarmerie de Mons vérifie les plaques d'immatriculation et découvre qu'elles ont été volées à Enghien, où un vol a été signalé dans un casino. La gendarmerie ne semble pas intéressée par le Ruger, et ne le dépose pas à la greffe. Il reste là dans un tiroir. Le 4 juillet suivant, l'agent Beduwe part en vacances. Il transfère l'arme à l'agent Daniel Choquet. Choquet avait un informateur dans le cercle d'amis d'Estiévenart. Il doit vérifier si le même calibre que le Ruger avait été tiré et, le cas échéant, obtenir une expertise balistique. Selon Beduwe : « Je lui remets l'arme dans le but de continuer ses recherches. En lui remettant l'arme, je lui avais dit que si ses recherches étaient positives, il devait passer par le substitut de Mons pour demander une expertise. »[188]

Pourquoi faire des démarches particulières pour ce Ruger et pas pour les autres armes déposées au registre dans des circonstances semblables ? Estiévenart n'est pas accusé d'une quelconque infraction. Et pourquoi la remettre à Choquet ?

Amory travaille directement pour l'agent Beduwe et possède lui-même un informateur dans le cercle d'amis d'Estiévenart depuis beaucoup plus longtemps que Choquet. Cet informateur, Mohammed Asmaoui, avait espionné le vendeur du Ruger (Cocu) ainsi que l'acheteur Estiévenart. En fait, l'informateur d'Amory espionnait l'informateur de Choquet, Kaci Bouaroudj ! Choquet et son informateur ne disposaient donc que d'une partie des informations détenues par Beduwe et Amory. En remettant l'arme à Choquet et lui indiquant qu'il devrait en faire demander l'expertise balistique, il lui révèle peut-être des soupçons qu'il entretient face à cette arme.

Asmaoui avait tenu Amory au courant des tentatives de Bouaroudj d'assembler une équipe pour commettre des braquages à Bruxelles. Les cibles de Bouaroudj se trouvaient dans le cercle d'amis d'Estiévenart et de Cocu. Plus tard, Bouaroudj avait refilé à Choquet des détails sur des plans de braquage, avortés avant leur exécution. Mais le poste de Mons le savait déjà. L'informateur d'Amory, Asmaoui, avait lui aussi participé à la préparation des coups : « J'ai fait cette reconnaissance dans le but d'informer la BSR de Mons (gendarmerie), en l'occurrence Mrs Coulon et Amory »[189]

L'agent Choquet, un jeune gendarme de vingt-six ans, travaillait à ce poste depuis dix-huit mois et apprenait son métier. Après avoir reçu le Ruger de Beduwe, il le laisse à son tour quelques jours dans un tiroir de son bureau. À temps perdu, il jette un coup d'œil dans la région bruxelloise pour voir si un calibre .38 Special avait été tiré ; il tombe alors sur l'affaire du Delhaize de Hal. Il ne peut savoir que l'attaque a été commise par les tueurs fous. En apparence, il s'agissait d'un braquage typique qui a dégénéré.

Il communique avec le poste de gendarmerie d'Hal pour avoir des détails. Le 10 juillet, le poste d'Hal informe Choquet des caractéristiques générales des balles tirées.[190] Il envoie alors le Ruger pour être testé au laboratoire de police judiciaire local. Le préposé du laboratoire note qu'il s'agit d'un « cas de vol concernant Dramaix, JL et Estiévenart Jean-Claude 16.05.1945 ». La raison pour laquelle il donne aussi le nom de Jean-Louis Dramaix est floue. Dramaix sera seulement relié plus tard au réseau flou des « Borains ».

Deux tirs de référence sont effectués avec le Ruger et les munitions d'Estiévenart. Une balle et une douille sont conservées par le laboratoire et une balle est remise à Choquet dans une enveloppe.

Le 19 juillet, Choquet voit des rapprochements avec les caractéristiques des balles tirées à Hal, en dépit du fait que les munitions tirées à Hal et au laboratoire de la police judiciaire sont différentes. Le 20 juillet, Choquet se rend à la gendarmerie d'Hal pour effectuer une demande d'expertise plus poussée. Il remet le Ruger et les munitions à l'expert en balistique, le commandant Claude Dery.

En attendant, Choquet apprend qu'il existe peut-être des liens possibles entre le braquage d'Hal et les incidents de Genval et d'Uccle. Le 22 juillet, Choquet demande à Dery une comparaison balistique supplémentaire pour Genval et Uccle, mais les demandes d'expertise balistique ne sont jamais officiellement consignées dans un procès-verbal. Quand il termine ses tests, Dery remet le Ruger et les balles à Choquet. Le commandant Dery examine les résultats des examens balistiques et avise la police judiciaire que les résultats sont négatifs. Aucun lien n'est établi avec le Ruger d'Estiévenart.[191]

Le 14 août, Choquet part en vacances. Il transfère le Ruger et les munitions à Beduwe. Alors que Choquet est en vacances, le Ruger est de nouveau envoyé à Hal pour refaire l'expertise une deuxième fois. Hal obtient le Ruger le 29 Août. Selon Amory : « J'ai découvert l'arme par hasard et j'ai prévenu le parquet, puisque ça pouvait être une arme chaude. »[192] Le fait qu'Amory soit un ami proche de Bouhouche et que Dery ait travaillé avec Bouhouche sur des expertises, en plus d'être une de ses bonnes connaissances, donnera ex post facto une apparence de conflit d'intérêts. Comme Bouhouche deviendra un suspect plus tard dans l'affaire, cela endommage la valeur probante du Ruger.

Lorsque Choquet revient de vacances le 31 août, il est informé que le Ruger est de retour à Hal avec Dery. Quelques semaines s'écoulent. Le 10 octobre, après l'attaque du Delhaize de Beersel, Dery avertit Choquet que le Ruger avait effectivement été utilisé à Hal.[193] En résumé, le Ruger avait été testé une première fois par Dery en juillet, mais les résultats étaient revenus négatifs. Des mois plus tard, après un second renvoi du Ruger à Dery, les résultats ont changé, ils sont désormais positifs.

Les dirigeants de Mons ne découvrent la concordance balistique que lorsqu'ils reçoivent le rapport d'expertise de Dery le 17 octobre. Le juge d'instruction Wezel, qui ignorait l'existence du Ruger jusque-là, découvrira plus tard que Francesco Nardella, une connaissance d'Estiévenart, était déjà surveillé par écoute téléphonique à ce moment. Personne ne pourra lui dire qui avait commandé la surveillance ou pourquoi. La cellule d'enquête secrète sur les tueries du Brabant se réunit le 17 octobre et deux agents sont envoyés par la gendarmerie de Mons : l'agent Raymond Grandhenri qui ignore l'affaire, et l'agent Choquet.

À la réunion, Grandhenri et Choquet reçoivent l'ordre de dresser une liste de suspects dans le cercle d'amis d'Estiévenart, ceux qui seront surnommés les Borains, et qu'ils ont deux jours pour le faire. Les noms retenus seront surveillés par l'ESI, l'équipe d'élite de la gendarmerie. Puisque Grandhenri ignore le dossier Estiévenart, Choquet reçoit l'aide d'Amory pour dresser la liste. Aucun procès-verbal de gendarmerie n'est rédigé ; tout est gardé secret.

L'arme du crime, le Ruger, se balade d'un poste de police à l'autre et plusieurs employés ont l'occasion de le manipuler. Tout se passe de manière informelle et aucun dossier de suivi n'est établi. Toutes les règles de manipulation d'armes à feu sont bafouées. Il faudra encore deux mois de voyage à travers le pays, avant que le Ruger soit finalement déposé dans le registre des armes à feu, conformément aux règles. Retracer plus tard le chemin parcouru par le Ruger se révèlera impossible.

Lorsque la liste du cercle des connaissances d'Estiévenart est achevée, l'ESI commence sa surveillance. Normalement lorsqu'un protocole de surveillance est établi, le juge d'instruction décide quand et comment agir. Le protocole est contourné et le juge d'instruction sera mis plus tard devant le fait accompli. La gendarmerie de Mons participe à la surveillance et Amory y est extrêmement actif.[194] Après plus d'une semaine de surveillance, la décision est prise d'arrêter les Borains. Selon la gendarmerie de Mons, ils avaient été forcés d'agir ainsi parce que l'ESI n'avait rien remarqué de suspect. Estiévenart aurait aussi pu avoir remarqué qu'il était surveillé.

La demande de comparaison balistique du Ruger qui avait tout déclenché n'existe alors toujours pas ! Avant de pouvoir faire les arrestations, Choquet est obligé de rédiger un document officiel le 26 octobre. Il doit bien sûr rendre la date cohérente avec la suite chronologique des événements. Il date le document au 20 juillet, date de la première demande qu'il avait personnellement adressée à Dery et qui avait été négative. En fait, la demande d'expertise qui avait déclenché le résultat positif avait seulement été faite le 29 août alors que Choquet était en vacances, par quelqu'un d'autre de la gendarmerie de Mons.

Le 27 octobre, lendemain du procès-verbal régularisant rétroactivement le tout, les gendarmes effectuent leurs descentes dans les maisons des suspects. Le 29 octobre, Estiévenart est arrêté. Amory participe à l'arrestation. Estiévenart reste une cible logique en tant que propriétaire du Ruger. Mais ils arrêtent aussi l'épouse violentée d'Estiévenart, Josiane De Bruyne. Apparemment, le fait qu'elle ait réussi à saisir l'arme d'Estiévenart n'a pas été un élément pris en compte dans la décision. Enfin, Amory arrête personnellement Cocu[195], qui avait vendu le révolver à Estiévenart. Cocu avait acheté le Ruger légalement dans une armurerie du coin en 1979. En bref, tout le monde est arrêté. Selon la gendarmerie de Mons, Cocu serait le chef de la bande des Borains.

Cocu est enfermé dans une cellule et interrogé. Il avait déjà travaillé comme agent de police local dans une commune du Borinage. Peu après, sa femme était tombée malade et elle avait perdu son emploi. La famille ne pouvait pas survivre avec un seul salaire et Cocu avait fait faillite. Pour payer les comptes, Cocu s'était impliqué dans une fraude bancaire. Il s'était fait arrêter et expulser de la police. Il avait tenté de s'inscrire à la Légion étrangère française, mais il avait été refusé à cause de problèmes de santé. Depuis lors, sa vie était faite de chômage entrecoupé de petits boulots. Il n'avait pu obtenir d'emploi intéressant, ses difficultés d'apprentissage qui l'avaient fait échouer au moins une fois chaque année à l'école secondaire étant une cause majeure.

Apparemment convaincus qu'ils ont arrêté la tête du réseau, les agents utilisent des tactiques d'interrogatoire musclées pour forcer Cocu à avouer qu'il avait utilisé le Ruger à Hal et à Genval. Ils l'interrogent pendant des heures d'affilée.[196] Le 16 novembre, il finit par céder et leur donne des aveux. Selon Cocu, « je voulais qu'ils me laissent tranquille. J'étais prêt à dire tout ce qu'ils voulaient entendre. Vous ne pouvez probablement pas imaginer ce que c'est, mais si vous êtes interrogé jour et nuit, vous ne savez simplement plus qui vous êtes. Vous êtes physiquement et mentalement brisé. Vous entendez des questions, des échos de questions et vous voyez les interrogateurs, les ombres des interrogateurs. Et la seule chose à laquelle vous pouvez penser, c'est à quel point vous voulez dormir. »[197]

Presque aussitôt après avoir fini de faire ses aveux, Cocu se rétracte. Il s'agit de la première de ses nombreuses confessions et rétractations. Chaque fois qu'il fera une confession, les enquêteurs le presseront pour des détails. Comment ? Qui ? Quoi ? Où ? Selon Cocu : « Je n'ai jamais inventé d'histoires. Je n'en avais pas besoin, ils s'en occupaient pour moi. Ils posaient les questions. Je répondais par oui ou par non, et sur base de cela ils ont écrit l'histoire des tueurs du Brabant. Mais si on lit les rapports de police, on dirait qu'ils ne font que m'écouter, que c'est moi qui raconte tout d'un bout à l'autre. »[198]

Une lecture attentive des aveux souligne les problèmes avec ceux-ci. D'abord, Cocu ne fait que recracher ce que la police possède dans ses rapports, que l'information soit exacte ou non. Selon son avocat Moerman : « Michel Cocu est même allé jusqu'à avouer avoir achevé une victime avec une balle de calibre 7,65 mm. Le médecin légiste avait effectivement fait état de ce fait dans son rapport, mais il s'est avéré par la suite qu'il s'était trompé ! »[199]

Ensuite, les confessions de Cocu sont souvent illogiques ; le procès-verbal de police sur sa confession au Colruyt de Nivelles en est un exemple. En un mot, Cocu avoue qu'il conduisait une BMW 520. Cependant, aucune BMW 520 ne sera reliée à l'attaque... Cocu était présent avec ses amis Vittorio, Baudet, Dramaix et l'informateur de l'agent Choquet, Bouaroudj, en train de percer la porte à l'arrière du supermarché. Cela faisait cinq complices.... Un sixième complice, Nardella, au volant d'une Peugeot 604 se tenait aussi dans le voisinage du Colruyt. Un tel véhicule ne sera jamais relié à l'attaque...

L'enquête démontrera que la seule voiture conduite par les tueurs du Brabant en arrivant au Colruyt était la Saab Turbo. Qui conduisait cette voiture ? Selon Cocu, quatre autres personnes « très dangereuses » étaient dans la Saab, mais il ne donnera jamais leurs noms. Donc, au total, dix voleurs à main armée ont volé de l'huile de cuisson et du café et ont flâné en grand nombre à l'arrière d'un supermarché, selon ses dires. Le juge d'instruction Lacroix qui s'impliquera dans le dossier des Borains sur le tard, expliquera les difficultés avec les aveux des Borains : « Quand on sait que, pour les faits du Colruyt-Nivelles, 41 déclarations d'aveux ont été établies pour 3 inculpés, qu'elles contenaient des inexactitudes flagrantes, qui ont été actées et que l'on n'a pas redressées. »[200] De plus, les aveux des accusés se contredisent les uns les autres.[201]

Mais les détails ne comptent plus. Les autorités ont découvert les tueurs fous du Brabant. Ce sont eux... Selon Cocu : « Ils voulaient des noms ? D'accord, je leur ai donné des noms. Des noms de connaissances de mon quartier, des cafés dans lesquels je traînais. Je leur ai demandé d'arrêter. Je voulais dormir. »[202] Les noms donnés par Cocu sont une liste de pauvres, d'infirmes, de malades, d'analphabètes et de chômeurs. Aucun ne parle un français correct comme les tueurs fous ; ils ne parlent que dans leur patois local.

Néanmoins, les aveux de Cocu conduisent à l'arrestation de Baudet, Bouaroudj, Vittorio et d'autres... Ils subissent des interrogatoires musclés. Michel Baudet avait quitté l'école à quatorze ans et vivait chez sa mère. Un psychiatre avait déterminé qu'il possédait un faible intellect et qu'il était influençable. Kaci Bouaroudj n'était même jamais allé à l'école et ne savait ni lire ni écrire. Adriano Vittorio, quant à lui, était un colosse obèse avec une incapacité physique de 71 %. Il ne pouvait pas courir et ne pouvait faire aucun effort physique. Il vivait dans un parc à roulottes près de la frontière française. Le fait qu'un tueur du Brabant avec une forte corpulence et souffrant d'asthme n'ait jamais été remarqué dans les descriptions de témoins ne semble pas avoir d'importance. Il a également un bec-de-lièvre, réparé mais ayant laissé une cicatrice très visible. Or, il n'a jamais été signalé qu'un des tueurs du Brabant avait un bec-de-lièvre.

Le régime d'interrogatoire musclé conduit aux mêmes résultats avec la plupart des autres Borains. D'abord, le détenu nie en bloc. Après que les enquêteurs augmentent la pression, ils obtiennent une confession. Les enquêteurs réduisent ensuite la pression, et aussitôt, le détenu se rétracte. Le même cycle se répète continuellement. Selon Cocu « ... tous mes aveux ont été donnés sous la menace et dans un état d'épuisement total. » Mais ses aveux sont éphémères. : « Le lendemain, quand je réalisais ce que j'avais raconté, je voulais revenir sur mes déclarations, mais on ne m'écoutait plus. »[203] Baudet affirmera avoir été battu, la tête couverte d'un sac Delhaize. Estiévenart affirmera qu'il avait été laissé seul nu sur le sol, les pieds et poings liés pendant trois jours.[204] Il avait été forcé de déféquer sur lui-même.

Quand le juge d'instruction Wezel rencontre les Borains en prison, il remarque qu'ils paraissent « complètement groggys ». Wezel se plaint à ses supérieurs que quelque chose ne tourne pas rond dans les méthodes d'interrogatoire.[205]

Au total, les Borains feront plusieurs dizaines de confessions officielles et de rétractations. Mis à part le Ruger et les aveux rétractés, les agents ne pourront extraire aucun élément de preuve de quiconque. En outre, aucun témoin des attaques ne les a reconnus. Certains Borains resteront en détention jusqu'en 1985, mais ils finiront par être libérés en attendant leur procès.

Chapitre 14

Bijouterie à Anderlues (1ᴇʀ décembre 1983)[206]

Le jeudi 1ᴇʀ décembre à 18 h 40, l'obscurité tombe sur Anderlues, une commune quelques kilomètres au sud-ouest du Brabant Wallon. Le bijoutier et horloger Szymusik ferme ses portes à 19 h 00. La famille du propriétaire vit dans le même immeuble. Les deux filles, Sylvie, seize ans, et Carine, douze ans, font leurs devoirs. Leur mère Maria Krystina Szymusik somnole sur le canapé du salon en bas, dont les lumières sont éteintes. Son mari, Jean Szymusik, travaille dans son atelier à l'arrière du bâtiment. La boutique vide sera bientôt fermée pour la nuit.

Le carillon de la porte d'entrée retentit lorsque trois tueurs fous entrent dans la bijouterie. Ils ne portent ni masque, ni gant. L'un d'eux porte un gilet kaki et a des cheveux blonds courts, tandis que l'un de ses complices porte un imperméable vert, et que le dernier marche en boitant. Le carillon réveille Maria Krystina, allongée dans le noir dans le salon, de l'autre côté de la porte coulissante qui lui donne un accès à la boutique. Les tueurs fous arrachent les fils des caméras de surveillance, qui transmettent l'image vidéo à un moniteur dans l'atelier à l'arrière.

Quand Maria Krystina ouvre la porte coulissante, elle voit les hommes armés. Elle se retourne pour se sauver dans la partie maison de l'immeuble ; elle ne peut faire que quelques pas dans le salon adjacent avant que l'un des tueurs ne tire sur elle. Elle s'écroule sur le tapis près de la cuisine, touchée de plusieurs balles. Un des tueurs vient se tenir au-dessus d'elle pour lui tirer deux autres balles dans la tête.

Dans l'atelier, à l'autre bout du bâtiment, le bijoutier entend les coups de feu. Il saisit son Arminius de calibre .38. Il ouvre la porte donnant sur la cuisine et surprend l'un des tueurs agenouillés par-dessus le corps de sa femme. L'un des assassins crie alors en français à un autre : « tire, mais tire donc. »[207]

Jean est criblé de plusieurs balles et s'effondre. Un des tueurs répète le même scénario qu'avec sa femme Krystina, s'approche du bijoutier pour l'achever de deux balles dans la tête et lui arrache l'arme des mains.

Curieusement, les tueurs fous ne font que voler des horloges, des réveille-matins et quelques objets bon marché. Ils n'essaient même pas de s'emparer des bijoux précieux derrière les vitrines. Ils gardent aussi le révolver de calibre .38 du bijoutier avec eux. Ils partent dans leur Golf GTI peinte en noir et se rendent au bois de Hourpes, juste un peu plus loin.

Les horloges et la balistique

La bijouterie d'Anderlues se spécialisait dans l'horlogerie mais vendait également des bijoux, ce qui assurait une place de choix pour les horloges dans les vitrines extérieures du magasin. Le propriétaire avait en fait commencé sa carrière comme horloger magasinier avant de vendre des bijoux. Selon le frère de Jean : « Nous étions pauvres et mon frère réparait les horloges et les réveille-matins. Il a eu une bonne réputation et a pu ouvrir sa propre boutique. »[208]

Alors que de nombreuses bijouteries limitent l'accès à leur boutique en forçant les clients à sonner à l'extérieur avant de pouvoir entrer, les Szymusik n'avaient jamais restreint l'accès à leur magasin avec une sonnerie. Ils craignaient que les gens ne prennent pas la peine d'entrer s'ils devaient sonner et ils ne voulaient pas ralentir leur entreprise.

Il reste possible que les tueurs du Brabant n'aient pas eu l'intention de tuer les Szymusik. Si Maria Krystina n'avait pas dormi dans le noir, ils auraient pu voler ce qu'ils voulaient et quitter les lieux avant que le bijoutier ne puisse traverser la maison jusqu'à la salle d'exposition. Lorsque son épouse est entrée dans le magasin quelques instants après leur arrivée, les tueurs n'ont pas hésité à l'assassiner avant qu'elle ne puisse les identifier. Ils n'ont pas lésiné non plus quand son mari est sorti de l'atelier avec son arme levée.

Quinze balles ont été tirées lors de ce vol. L'expertise balistique a démontré que les tueurs du Brabant avaient utilisé cinq armes différentes. Nous pouvons supposer qu'ils avaient chacun deux armes à feu comme à Nivelles. Ils ont utilisé le pistolet de calibre .45 ACP qui avait aussi servi à Nivelles, ainsi que le pistolet 7,65 mm volé à un gendarme à Nivelles et qui a tiré au restaurant Aux Trois Canards en octobre pour tuer Van Camp. Ils ont aussi utilisé un révolver calibre .357 Magnum avec lequel ils avaient fait feu au Delhaize de Genval en février 1983 et au Colruyt de Nivelles en septembre. Les deux coups de feu tirés à la tête de chaque époux provenaient du même calibre .22 LR qu'ils avaient déjà utilisé pour tuer cinq autres personnes.

Les tueurs fous n'avaient pas réalisé que les filles du bijoutier étaient cachées à l'étage – ou bien, ils ne se souciaient pas du fait qu'elles pourraient être témoins. Sylvie, la fille de seize ans, a vu son père se faire tuer. Après avoir entendu le vacarme de l'assassinat de leur mère, Sylvie s'est rendue doucement en au haut des escaliers d'où elle assista au meurtre. Horrifiée, elle a murmuré : « Maman, Papa », trop faiblement pour que les tueurs fous ne l'entendent. Elle s'est alors précipitée auprès de sa petite sœur pour qu'elles se cachent ensemble dans une chambre à l'étage. Leur présence est passée apparemment inaperçue au rez-de-chaussée.

Les deux meurtres ont été commis pour très peu. En fait, les enquêteurs ne réalisent même pas immédiatement qu'ils ont volé des articles. Il a fallu comparer les stocks avant et après l'attaque au moyen de la liste d'inventaire. L'enquête détermine que les intrus n'avaient volé que des horloges, des réveille-matins et d'autres bijoux de peu de valeur. Ils n'avaient pas prêté attention aux objets de valeur. Soit ils s'étaient sentis pressés, ou bien ils ne connaissaient pas du tout la valeur des objets volés. Les tueurs n'avaient même pas essayé de s'emparer de l'argent de la caisse.[209]

Cette attaque aurait dû démontrer aux autorités la démonstration que leur enquête vacillait, puisque les Borains étaient en prison durant l'attaque. Cela ne constituait-t-il pas une preuve tangible que les Borains ne pouvaient pas être les tueurs fous ? Malgré les circonstances, les enquêteurs ne le voient pas de cette façon. Ils considèrent plutôt le vol d'Anderlues comme le signe que les Borains ont d'autres complices à l'extérieur qui tentent de leur fournir un alibi pour les faire sortir de prison. Certains enquêteurs vont même jusqu'à croire que des attaques plus violentes sont à prévoir parce que le butin du vol était mince et parce que le crime d'Anderlues avait été perpétré pour combler un besoin d'argent.

Pourquoi les auteurs de l'attaque d'Anderlues n'avaient-t-ils pas volé des objets beaucoup plus petits, plus faciles à transporter et plus lucratifs ?

Argent et diamants

Du fait que le butin soit si minime, certains penseront que le vol d'Anderlues n'était qu'un prétexte pour l'assassinat du bijoutier Szymusik. Il sera allégué que ce dernier aurait pu être impliqué dans un trafic illégal d'or, de bijoux et de diamants dans un réseau qui s'étendait d'Anvers à Milan en transitant par la Suisse. [210] Les bijoutiers belges étaient forcés de coopérer avec le réseau chapeauté par la mafia italienne. Selon cette hypothèse, Szymusik aurait refusé de suivre les règles du jeu et par conséquent, les truands en auraient fait un exemple. Szymusik aurait d'ailleurs été menacé peu avant l'attaque et avait senti le besoin de s'acheter une arme.[211] Cependant, pourquoi un tueur à gage aurait-il pris le risque de tuer une deuxième personne avant de s'en prendre à sa cible, alors qu'il aurait pu faire autrement ?

Westland New Post

En 1990, des membres du Westland New Post seront suspectés d'être responsables de l'attaque de la bijouterie d'Anderlues, mais des preuves concrètes pour appuyer cette hypothèse ne seront jamais offertes. Au fur et à mesure que le WNP gagnera en notoriété et que des anciens membres s'exprimeront davantage, des liens entre le WNP et des victimes des tueurs du Brabant seront découverts. Par exemple, un proche du WNP entretenait des liens avec la victime du meurtre du restaurant l'Auberge du Chevalier en décembre 1982 et avec le chauffeur de taxi retrouvé assassiné à Mons en janvier 1983. Un membre du WNP avait obtenu un gilet pare-balles similaire à ceux volés à Tamise, mais il semblerait qu'il l'ait acheté légalement. En 1989, un autre membre du WNP déclarera qu'on lui avait été demandé de noter la plaque d'immatriculation d'une Volkswagen Golf et de refiler le numéro à un autre proche du groupe. Ce numéro aurait été le même que celui utilisé sur la Golf repeinte, volée au restaurant Aux Trois Canards en octobre 1983. Les enquêteurs reviendront bredouilles en suivant cette piste.

BOIS DE HOURPES

Les tueurs du Brabant arrivent avec les horloges, les réveille-matins et les autres babioles dans leur Golf repeinte en noir dans le bois de Hourpes avoisinant. Ils abandonnent la Golf après l'avoir mise en feu. Selon certaines sources, ils auraient même laissé une partie du butin, enveloppé dans deux sacs à l'intérieur du véhicule.

La Golf repeinte

La banquette arrière de la Golf repeinte avait déjà été enlevée et abandonnée sur le parking du Delhaize de Beersel en octobre. Le numéro de la plaque d'immatriculation du véhicule est copié de la plaque d'une autre Golf semblable garée à Ixelles. Aucun indice n'indique si leur projet était toujours de brûler la voiture ou s'il s'agissait d'une action impulsive après le double meurtre. Le bois de Hourpes est l'endroit même où ils avaient précédemment déposé leur autre Golf volée à Lasne en juin 1983.

Si l'abandon de la Golf repeinte n'était pas prévu, ils devaient se sentir piégés et craignaient que les autorités resserrent l'étau autour d'eux. Ils ne sont pas aussi familiers avec les routes de la région qu'avec celles du Brabant Wallon ou d'Ixelles. Une autre hypothèse propose qu'une voiture de fuite les attendait ou qu'ils avaient un refuge à proximité.

Camp d'entraînement secret

Marcel Barbier, le membre du Westland New Post qui avait avoué le double assassinat de la rue de la Pastorale d'avril 1982, affirmera en 1989 qu'il avait été dirigé par Latinus de repérer les lieux où la Golf avait été abandonnée dans le bois de Hourpes. Il dira qu'à l'époque le WNP considérait y dissimuler des armes à feu ou d'y installer un camp secret du WNP.

Fin de la première vague

L'attaque d'Anderlues clôt la première vague d'attaques des tueurs du Brabant. Il faudra attendre presque deux ans avant que les tueurs fous ne réapparaissent. Aucun crime ne leur sera attribué durant cette « pause » qui durera toute l'année 1984 et la majeure partie de 1985.

En guise de rappel, les comparaisons balistiques des armes utilisées durant la première vague ne seront pas closes avant un long délai. En janvier 1983, la police française avait, la première, établi un lien entre l'attaque de Maubeuge en France en août 1982 et l'attaque de l'armurerie Dekaise en septembre 1982. Certains tests avaient été effectués en octobre 1983. Selon le juge d'instruction Wezel, les comparaisons balistiques ne seront achevées qu'au cours de l'année 1984.[212]

Des menaces

Autour des enquêtes sur les tueurs du Brabant, un climat de peur s'est installé. Des menaces ont été proférées contre des enquêteurs ou juges d'instruction, contre des témoins et victimes qui ont survécu ou même contre les familles des victimes. Toute personne qui donnait une information conséquente sur les crimes de la première vague s'ouvrait à de l'intimidation. Les menaces étaient systématiques, au point tel que la peur est devenue la toile de fond de l'enquête.

Lors de l'attaque de l'armurerie Dekaise en septembre 1982, un témoin qui avait assisté à la fusillade, a été menacé l'après-midi même. Un inconnu l'a directement appelé au restaurant où il travaillait comme cuisinier et lui a demandé s'il possédait un Range Rover vert.[213] L'homme au téléphone lui a alors dit : « On aura ta peau. »[214] Le propriétaire de l'armurerie Dekaise a lui-même été menacé de mort un an après l'attaque, le 30 juin 1983.

Après l'attaque de l'Auberge du Chevalier en décembre 1982, le fils du gardien assassiné a lui aussi reçu des menaces de mort. Au moment des menaces en début de 1983, le meurtre à l'Auberge restait encore un crime isolé ; aucune comparaison balistique ne le reliait à d'autres crimes. La presse n'avait même pas encore pris conscience qu'une bande appelée les tueurs du Brabant était impliqué dans plusieurs attaques violentes. Le fils de la victime a été tellement perturbé par les menaces qu'il a fini par quitter le pays.

À la suite de l'attaque du restaurant Aux Trois Canards en octobre 1983, la victime, Van Camp, se trouvait à l'hôpital dans un état critique et on essayait toujours de lui sauver la vie. Bien que Van Camp recevait des soins dans un hôpital non divulgué aux médias ou au public, un inconnu a appelé l'hôpital et l'a menacé moins de deux heures après l'attaque : « Il y a quelqu'un avec une balle dans le corps… Nous venons le tuer ».[215] Van Camp est mort deux heures plus tard. Quand une propriétaire de café a aidé la police dans son enquête après l'attaque, elle a également reçu des menaces de mort.

Le frère du propriétaire de la bijouterie Szymusik, assassiné en décembre 1983, a été menacé en 1984 : « On m'a dit qu'ils me feraient disparaître ; c'était au téléphone. » À une autre occasion : « J'ai été suivi dans ma voiture pendant la soirée. Il y avait une voiture qui me heurtait par l'arrière et ils klaxonnaient… Ça s'est passé trois fois comme ça. À trois endroits différents. » Le frère a adopté les jeunes filles de son frère.

Elles ont aussi été menacées. Il confie qu': « une de mes nièces allait à l'école et elle a dit : mon oncle, j'étais suivie par une voiture quand je suis allée dans l'autobus. Elle était effrayée. C'était une sorte de pression. » Le juge d'instruction Schlicker sera également menacé, ainsi que sa femme et ses enfants. Une enveloppe sera envoyée à ses enfants à l'école avec le message: « Cette fois, une enveloppe, la prochaine fois, une bombe... »[216]

Ce type d'intimidation reste une tactique chez certaines organisations de crime organisé, telles que la mafia italienne ou certaines bandes de motards. Ici, les menaces étaient particulièrement terrifiantes en raison du peu de temps après les incidents et l'utilisation d'informations confidentielles, telles que les coordonnées ou l'état des victimes et des témoins comme Van Camp. Est-ce qu'une bande de braqueurs de quartier avait la possibilité d'obtenir ces informations ? Peut-être la Sûreté de l'État était-elle impliquée ? Ou la gendarmerie ? Qui avait les moyens de faire de telles menaces ?

Ces menaces ont réussi à intimider des témoins qui cherchaient à aider les enquêtes. Le frère de Szymusik déclarera plus tard : « Je suis allé un peu trop loin et j'ai reculer. J'ai touché à quelque chose que je n'aurais pas dû. »

Martial Lekeu parle des tueurs fous

En décembre 1983, Francis V. déclare aux autorités qu'un « gendarme des Ardennes » avait reçu des gilets pare-balles et des armes à feu volées par les tueurs fous. Les articles provenaient du vol de Tamise en septembre 1983 et de l'attaque de l'armurerie Dekaise en septembre 1982. Le gendarme impliqué, Martial Lekeu, nie cette accusation en bloc mais en a long à dire aux enquêteurs sur l'affaire des tueurs du Brabant : « Je sais qui sont les tueurs du Brabant. Je ne peux pas le prouver, mais j'ai des soupçons très sérieux. »[217]

Il raconte aux gendarmes de Wavre qui s'occupent de l'affaire de l'armurerie Dekaise : « J'ai pensé que les [crimes des tueurs du Brabant] avaient pu être commis par un groupe formé par [le Front de la Jeunesse] et organisé par des gendarmes. » Pour rappel, le Front de la Jeunesse était l'organisation d'extrême droite qui avait constitué un vivier de candidats pour le Westland New Post. Contrairement au WNP, le Front opérait publiquement ; il avait été démantelé après avoir été poursuivi comme milice privée.

Plusieurs années auparavant, Lekeu avait été invité à participer à une nouvelle cellule constituée de gendarmes sympathisants du Front de la Jeunesse. Elle comportait une demi-douzaine de gendarmes. Lors d'une réunion à laquelle il avait assisté, Lekeu a jugé que certains membres avaient des idées dangereuses. On lui a montré des documents confidentiels de la gendarmerie illicitement détournés. Dégoûté, il a décidé de dénoncer l'existence du groupe à sa hiérarchie.

En lisant les titres des journaux sur les tueurs du Brabant, Lekeu était devenu convaincu que les tueries du Brabant étaient reliées à cette cellule d'extrême-droite. Il vide son sac devant les enquêteurs de Wavre. Bien qu'il admettra que les membres de la cellule responsable des tueries peuvent être différents de ceux qu'il avait connus en 1977, selon lui une cellule similaire est impliquée. Après avoir fait ces déclarations, Lekeu commence à avoir des ennuis : « C'est deux semaines plus tard que les menaces de mort ont commencé, qui venaient de gendarmes, parce que le langage était aisément reconnaissable. Je les ai pris très au sérieux... et je vous rappelle qu'il y avait déjà eu quelques tués à l'époque [par les tueurs fous] et j'ai eu peur... »[218]

Lekeu affirmera qu'en raison des menaces visant sa famille, il est contraint de quitter la gendarmerie le 1er avril 1984. Lorsque les menaces continuent après son départ, il décide de quitter la Belgique. Il déménagera aux États-Unis pour refaire sa vie bien qu'il ne parle pas l'anglais.

Moins d'un mois après le départ de Lekeu aux États-Unis, un rapport secret de la section Info de la gendarmerie de Bruxelles circulera en interne. Dans le rapport, une liste de gendarmes d'extrême droite est dressée. Le contenu du rapport semblera correspondre aux accusations provenant de Lekeu. Même si Bouhouche avait déjà quitté la gendarmerie en 1983, son nom sera sur la liste.

Extorsion comme mobile

En 1999, l'homme d'affaires Albert Mahieu affirmera que selon lui l'extorsion est le mobile des attaques de la première vague des tueurs du Brabant. Il soutient que trois des quatre supermarchés qui avaient été braqués faisaient partie de la chaîne Delhaize. Mahieu sera alors impliqué dans un litige juridique avec la société d'assurance Assubel. Il détient lui-même des actions de la société ; il accuse les membres du conseil d'administration d'Assubel de fraude.

Mahieu allègue que des membres du conseil de direction de Delhaize seraient impliqués dans un réseau criminel. Certains membres du conseil d'Assubel siègent également au conseil des supermarchés Delhaize ou d'une société associée. Dans sa plainte, Mahieu allèguera que deux de ces administrateurs auraient eu des relations avec des entremetteuses ou des prostituées d'un quartier chaud de Bruxelles. Il accusera particulièrement un certain « A. », PDG d'une succursale américaine de Delhaize. Selon Mahieu, « A. » aurait eu une relation avec « B. », une entremetteuse gérante des bordels. La relation de « A. » avec « B. » avait provoqué la première vague des attaques sur les Delhaize, c'est-à-dire les braquages de Genval et d'Uccle en février 1983 et de Beersel en octobre 1983.

La plainte accusera « A. » d'avoir financé l'achat de huit bars gérés par « B. ». Le crime organisé exploitait les autres bars du quartier. Ces nouveaux bars endommageaient les parts de marché du milieu. Le crime organisé aurait tenté de faire chanter « B. » grâce à l'intervention d'un général de gendarmerie. Cette démarche aurait échoué quand le membre du conseil du Delhaize aurait utilisé ses contacts dans le monde politique pour faire reculer le général. Ils auraient alors décidé de s'en prendre directement à la fortune personnelle de « A. », qui était intimement liée à son rôle de directeur et d'actionnaire de Delhaize. Les criminels auraient menacé d'attaquer les Delhaize jusqu'à ce que « A » débourse une prime de protection. Quand l'administrateur a refusé, le milieu aurait embauché une équipe de tueurs à gages pour attaquer les supermarchés Delhaize de Genval, d'Uccle et de Beersel.

Toutes les autres attaques de la première vague auraient été des crimes sans lien avec les Delhaize. Les concordances balistiques entre les crimes prouvaient uniquement que les crimes avaient été commis par un même groupe de tueurs à gages qui avaient réutilisé les mêmes armes. En mélangeant le tout, seules les personnes visées auraient compris le message. Selon Mahieu, les attaques de la première vague se sont arrêtées quand « A. » et son groupe ont payé.

Partie II:
La pause (1984)

Butte du Lion, Braine-l'Alleud

Chapitre 15

Le projet d'extorsion de la bande de Bouhouche

La bande de Bouhouche était également impliquée dans un projet d'extorsion de chaînes de supermarchés. Ils avaient créé un ambitieux projet, considérant tous les aléas. Ils ont obtenu le plan du réseau d'égout de Bruxelles. Ils cherchaient une propriété située directement au-dessus d'une branche du réseau. L'emplacement devait être à une courte distance des égouts ; creuser prend du temps, de l'argent et de la main-d'œuvre. En fin de janvier 1984, la bande de Bouhouche déniche un bâtiment vide de la rue de la Buanderie à Bruxelles.

Le bâtiment est loué en utilisant une fausse pièce d'identité avec le nom Miguel Lopez Garcia. L'homme se présente comme étant un vendeur de meubles en Espagne. Il remet au propriétaire 90 000 francs belges en espèces (environ 2 231 euros) comme acompte pour la location.

La bande suit un plan détaillé. Bouhouche avait pensé à tout : « Je savais qu'il était digne d'un film hollywoodien », déclarera une personne bien informée du projet, « pour toutes les questions de faisabilité, il a étudié la question et a eu une réponse à tout. »

Le plan avait d'abord été de menacer d'incendier les supermarchés, mais après avoir examiné le processus du paiement des assurances, ils décident de menacer d'attentats à la bombe.[219] Ils demanderont une somme considérable aux membres du conseil d'administration d'une chaîne de supermarchés, sans quoi ils feront exploser une succursale après l'autre. Ils envisagent également d'empoisonner des produits alimentaires sur les étagères.

Pour leurs bombes, ils ont volé des explosifs qu'ils cacheront dans de grandes boîtes de conserve. Ils commettront les attentats à la bombe durant les heures d'ouverture du supermarché pour engendrer un maximum de terreur. Cette stratégie incitera les médias à faire des reportages instaurant un climat de terreur propice à l'extorsion d'énormes sommes.[220]

Pour recueillir la rançon sous le nez des autorités, ils creusent sous l'ascenseur du bâtiment loué. Un bon endroit pour masquer la bouche de leur tunnel menant aux égouts. Une fois que les autorités feront leur entrée, elles perdront du temps à comprendre comment les arnaqueurs avaient fui le bâtiment.

Pleine vitesse

Bouhouche avait commencé à assembler son équipe en 1981 et avait promis une part de dix millions de francs belges (environ 250 000 euros) de la rançon d'extorsion à chacun. Comme il avait quitté la gendarmerie en début de 1983, il pouvait désormais consacrer toute son énergie sur le projet.

Les membres de la bande avaient quelques mètres à creuser entre le bâtiment et le réseau d'égouts. En fonction des effectifs utilisés, creuser peut prendre des semaines, voire des mois. Ils devront accumuler et se débarrasser des débris qu'ils retireront du trou. Pour creuser, la bande devra utiliser divers équipements comme des tenailles, des perceuses, des lampes de poche, des chalumeaux et des brouettes... Elle devra en outre se servir de sacs de ciment, de truelles, de pelles et de marteaux, ainsi que des tournevis, des lunettes de protection et des salopettes d'égout.

Pour réussir à s'échapper, via le réseau d'égouts, ils disposaient d'un canot pneumatique motorisé. Ils avaient des armes à feu légères et maniables en cas de fusillade dans les égouts. Les armes seraient préférablement munies de silencieux pour que les gens sur la surface ne puissent pas entendre le son des coups de feu et les localiser dans les égouts. Le risque de devoir en découdre avec les autorités est tel qu'il dissuade un associé de la bande de Bouhouche de continuer.

En 1983, la bande avait décidé de voler un canot pneumatique dans une cabane près du chalet de Bouhouche à Knokke, sur la côte de la mer du Nord. Pour ce vol, les participants avaient reçu l'ordre de tirer pour tuer si on les prenait en flagrant délit. La bande de Bouhouche ne voulait en aucun cas laisser des témoins.[221] Un détail qui pouvait mener à eux mettrait en péril leur plan d'extorsion de supermarchés.

Un convoi avait quitté Bruxelles et avait rejoint un complice à la périphérie de Knokke. Ils ont conduit jusqu'à la plage où se trouvait la remise où était entreposé le canot. Une fois sur place, ils ont cassé la porte de la remise. L'un d'eux s'occupait de couvrir ses complices pendant qu'ils chargeaient le canot pneumatique dans leur camionnette Toyota. Ils ont utilisé une machine pour brouiller les communications de la gendarmerie dans leur voiture de fuite. La camionnette a été escortée jusqu'à Bruxelles puis cachée dans un box du complexe d'Ixelles.

Affiner le plan

Les éléments logistiques du plan de fuite étaient aussi fixés. La personne venant apporter la rançon serait prise en otage, ce qui retarderait l'intervention de la gendarmerie étant donné qu'elle devait suivre des protocoles précis dans de telles situations.[222] Des membres de la bande sont des policiers ou d'anciens policiers. Ils sont au courant des procédures de la brigade d'intervention de l'ESI lors des prises d'otages.

Ils fuiraient alors dans le système d'égout dans le canot pneumatique motorisé. Ils auraient une longueur d'avance parce que les poursuivants seraient à pied. À la sortie des égouts qui se jettent dans la Senne, ils s'échapperaient dans une voiture avec des plaques diplomatiques, un autocollant diplomatique et un chauffeur à l'apparence étrangère ce qui compliquerait la recherche. Ils utiliseraient leur équipement pour brouiller les communications de la police.²²³ Ils seraient bien loin avant que les autorités ne se rendent compte de quoi que ce soit.

Normalement, un plan si élaboré doit être financé par le crime organisé. Toutefois, la bande de Bouhouche fonctionne en autarcie, elle ne traite pas avec le milieu. Ses membres avaient dû se débrouiller pour rassembler les fonds eux-mêmes. Ils avaient financé un réseau pour entreposer les véhicules et l'équipement nécessaire sans attirer l'attention.

Les médias trouveront louche que la bande de Bouhouche ait essayé d'extorquer une chaîne de supermarchés en même temps que les tueurs du Brabant se concentraient sur des braquages de supermarchés. Mais la bande de Bouhouche n'avait jamais fait de menaces ou exigé des paiements d'une chaîne comme les allégations d'extorsion de Mahieu.

Sur le plan opératoire, la bande de Bouhouche avait des similitudes avec les tueurs du Brabant : ils tiraient pour tuer s'ils étaient pris en flagrant délit lors de leurs vols, même sur des gendarmes. Deux membres de la bande de Bouhouche confirmeront ce mot d'ordre.

BOUHOUCHE

Bouhouche avait commencé sa vie de truand à un jeune âge. Il avait déjà un comportement criminel lors de son entrée dans la gendarmerie.

Lors d'un voyage d'un mois aux États-Unis en 1978 pour des gendarmes de la division des stupéfiants, le groupe avait mis en commun tout leur argent de poche. Peu après, les gendarmes se sont rendu compte que l'argent avait disparu. Ils suspectaient que l'un d'eux avait commis le vol. Lorsque les gendarmes se sont rendus à Las Vegas, ils ont alors remarqué les liasses de dollars que Bouhouche dépensait. Bien que personne n'ait pu le prouver, ils ont toujours soupçonné Bouhouche du vol.²²⁴

Plus tard cette même année, Bouhouche volait deux armes à feu : une à l'académie de gendarmerie et une autre au poste de gendarmerie où il travaillait. Il volait deux écussons officiels d'un collègue. Il s'était introduit dans une voiture à Ixelles et y avait volé le contenu comprenant des pièces d'identité du propriétaire. En 1979, Bouhouche avait déjà amassé plusieurs pièces d'identité volées. Certains collègues de travail savaient déjà qu'il était impliqué dans des crimes de petite envergure. Il partageait d'ailleurs ses idées de projets criminels avec certains collègues.

Un de ses collègues au département des stupéfiants de la Gendarmerie décrira un entretien avec Bouhouche : « Fin 1979, au cours d'une conversation ou plutôt en rentrant un jour de service, j'ai informé Bouhouche, Beijer et d'autres qui se trouvaient au bureau que je venais de rencontrer la cinquième richesse de Belgique, qu'il était inconcevable que de telles fortunes puissent encore exister de nos jours, que j'étais bête de rester à la gendarmerie alors qu'il était possible de gagner davantage en prenant les poussières chez des milliardaires. »[225]

« Quelques jours plus tard, alors que Bouhouche et moi étions en patrouille non loin de l'avenue Louise où habite la milliardaire en question, nous avons été amenés à reparler d'elle et mon ami m'a demandé où elle habitait exactement... » Bouhouche a demandé des détails de son collègue. Selon ce dernier : « Les questions m'ont semblé un peu suspectes et j'ai refusé de lui communiquer les renseignements qu'il souhaitait obtenir. » Il ajoutera : « À ce moment-là, j'ai commencé à me poser des questions et je me suis dit que pour un policier, ses réactions étaient assez bizarres. Deux ou trois jours plus tard, Bouhouche m'a proposé de faire un coup chez la vieille. Il me proposait de faire le coup à deux vu que cette dernière m'aurait ouvert la porte facilement. De plus je lui avais dit qu'elle vivait seule. À ce stade, je n'étais pas totalement sûr que Bouhouche parlait sérieusement mais ma conviction s'est faite quelques jours plus tard lorsqu'il m'a proposé un plan pour faire le coup. »

Rassembler le nécessaire

En 1979, Bouhouche confiait à un collègue son ambitieux projet d'extorquer des supermarchés : « Fin 1979, Dany [Bouhouche] me proposa de collaborer à un racket contre des supermarchés. Le but était de mettre le feu après avoir exigé une rançon et puis de fuir en canot pneumatique par les égouts de Bruxelles. »[226]

L'équipe de Bouhouche a commencé à rassembler le nécessaire en 1981. Ils ont volés des explosifs dans la région de Namur. Quand ils les ont dérobés, les membres de la bande de Bouhouche ont reçu l'ordre de tuer si un gêneur les prenait en flagrant délit lors du vol. La bande avait besoin d'apprendre comment mettre au point des bombes. En juin 1981, en utilisant un prétexte, ils ont obtenu des recettes d'un agent de la Sûreté, Gérald Damseaux, qui avait reçu une formation d'ingénieur militaire et avait toujours son manuel de cours.

Lorsque Bouhouche a reçu sa peine disciplinaire de la gendarmerie pour écoute illégale en octobre 1981, sa bande a utilisé les explosifs volés pour prendre sa revanche contre la gendarmerie. L'attentat à la bombe contre Goffinon a échoué mais ils ont appris des leçons précieuses pour leur projet d'extorsion de supermarchés. Désormais, ils n'achèteront plus d'équipement et des pièces permettant aux autorités de les retracer. Ils allaient voler les articles nécessaires, en n'achetant en petites quantités que des articles qui n'éveillent aucun soupçon.

CHAPITRE 16

LA MORT DE PAUL LATINUS

Le 24 janvier 1984, Michel Libert, le numéro deux du Westland New Post est libéré de prison. Il avait été détenu à l'occasion de l'affaire WNP. Marcel Barbier et Éric Lammers sont toujours détenus pour le double meurtre de la rue de la Pastorale.

Libert reste furieux contre Latinus et lui reproche ses difficultés juridiques ainsi que les arrestations de Barbier et Lammers. Latinus les avait dénoncés et avait incité Barbier à avouer sa participation dans le double meurtre. Barbier faisait confiance à Latinus. Il croyait que l'aveu constituait une astuce de Latinus et qu'il ne serait pas en prison pour longtemps. Il s'était trompé.

Libert prend la tête d'une faction anti-Latinus du WNP. Le groupe considère que Latinus et ses fidèles sont des traîtres.[227] Lammers dira de Latinus : « Il a tout dénoncé pour se sortir du truc, il s'est comporté comme un petit rat. Une espèce de balance minable. Qui enfonce ses potes pour se sortir la tête un peu plus de l'eau. Et voilà. Moi personnellement, moi j'étais en prison, je ne pensais qu'à une seule chose chaque fois que je m'endormais. C'était de le suspendre à un crochet de boucher et lui enlever toute sa peau petit bout par petit bout. »[228]

RUINER SA VIE

Bien que le commissaire de la Sûreté Canard avait été en bons termes avec Latinus au début, leur relation s'était rompue au milieu de 1982, deux mois après le double meurtre de la rue de la Pastorale. La cause de la rupture demeure floue, mais Latinus devenait de plus en plus amer à l'encontre du Canard et du directeur général de la Sûreté Albert Raes. Latinus semblait croire que le Canard avait beaucoup plus profité que lui de leur relation.

À cette époque, Latinus commençait à croire que le Canard l'avait manipulé dès le début quand Latinus avait commencé à être un informateur de la Sûreté en 1979. Il venait alors de joindre le Front de la Jeunesse. Après avoir refilé des renseignements à la Sûreté pendant des mois, Latinus semblait avoir une ambition : être engagé un jour par la Sûreté comme agent. On ignore comment la Sureté avait réagi à l'idée d'embaucher un militant d'extrême droite, mais Latinus avait eu l'occasion de participer au premier des deux examens d'entrée. En tant qu'ingénieur nucléaire, Latinus possédait l'intelligence nécessaire et il a facilement réussi le premier examen.

Malheureusement pour Latinus, son nom a fait la une des journaux en décembre 1980 à l'occasion des reportages sur l'attaque raciste de Laeken. L'incident causant un mort et une victime grièvement blessée avait sonné le glas du Front de la Jeunesse. Latinus n'était pas impliqué directement dans l'incident, mais il connaissait bien le membre du Front de la Jeunesse ayant déchargé son arme sur le groupe de travailleurs algériens. Les autorités avaient investigué la possibilité que Latinus ait pu donner refuge à l'assassin.

Après sa rupture avec le Canard en milieu de 1982, Latinus était convaincu que ce dernier avait été la source des révélations à son sujet dans les médias à l'occasion de l'affaire de Laeken. Il a déclaré : « Je soupçonne la Sûreté de l'État d'avoir fait parvenir à l'hebdomadaire *Pour* un dossier destiné à me saborder. » Les gros titres avaient été un drame personnel pour lui. Ils lui avaient notamment coûté son emploi.

Sentant le besoin de tout effacer pour mieux recommencer, Latinus avait quitté la Belgique pour le Chili. Son deuxième examen de la Sûreté était prévu durant la période où il vivait à l'étranger. Selon Latinus : « J'ai compris qu'un homme, le commissaire pour lequel j'avais déjà travaillé auparavant, avait saboté ma candidature [à la Sûreté]. »[229]

Latinus ne semble même pas avoir été prévenu du double assassinat de la rue de la Pastorale avant qu'il ne se produise. En fait, Latinus aurait été secoué par l'incident, ne pouvant croire que des membres de son groupe avaient pu commettre de tels actes. Alors que Latinus préconisait des incendies criminels et des passages à tabac, il n'avait jamais commandité un meurtre.

Il a répandu l'histoire selon laquelle le double meurtre avait été commandité par le Canard pour détruire le WNP. Les membres du WNP suspectés d'être les auteurs du double meurtre de la rue de la Pastorale n'auraient pas dissipé les soupçons de Latinus contre le Canard.

Vengeance

En 1984, Latinus vient de saborder le WNP et deux membres sont en prison à cause de lui. Plusieurs membres lui en veulent. Le public quant à lui ne comprend pas pourquoi la Sûreté avait infiltré un mouvement d'extrême droite qui commettait des meurtres sous son nez. Il s'agit d'une cause d'embarras pour le gouvernement.

Le dernier repas

Latinus convoque une réunion spéciale de ses derniers fidèles. Il confie au groupe qu'il soupçonne que des membres de la faction ennemie sont impliqués dans les tueries du Brabant. Cette faction compte les suspects du double meurtre de la rue de la Pastorale. En guise de rappel, Latinus aurait été surpris par la gravité du crime après coup. N'auraient-ils pas aussi été capables de commettre les tueries du Brabant ? Il confie à son auditoire qu'il suspecte notamment Éric Lammers d'être impliqué dans l'attaque du Colruyt de Nivelles.

Selon un membre présent à la réunion : « il nous a fait part de ses soupçons sur quelqu'un qui faisait partie du Westland New Post, sans nous dire comment il est arrivé à cette conclusion, simplement en nous démontrant que cette personne était capable de faire partie de cette bande ou d'être un tueur. » Le membre ajoute : « Nous avions eu, nous, déjà par le comportement, à ce qui avait été relaté dans la presse, certaines appréhensions, certaines intuitions qui nous ont fait penser que ça pouvait être des membres WNP que nous connaissions plus ou moins bien. »

Les auditeurs quittent la réunion avec l'impression que Latinus croit que le mouvement a été détourné de sa mission originale. Latinus ne dévoile pas comment ni pourquoi.

La fin

Le 24 avril 1984, Latinus téléphone à un contact dans la police pour prendre un rendez-vous. Il veut faire des révélations. Deux jours plus tard, avant de pouvoir parler à la police, Latinus est retrouvé pendu au sous-sol de sa maison du Brabant Wallon. La cause de son décès est officiellement déclarée un suicide. Cependant, des magistrats suspecteront que Latinus a été tué.

Une autopsie déterminera que le fil téléphonique qu'il a utilisé pour se pendre pouvait à peine retenir son poids ; un coup sec aurait suffi pour briser le fil. De plus, la distance entre le sol et le plafond mesurait si peu que Latinus n'aurait pu se pendre sans que ses pieds n'aient touché le sol lors de la pendaison. L'affaire sera néanmoins classifiée sans suite.

Bien que Latinus soit mort et que le WNP n'existe plus, les soupçons quant à implication de cette milice dans les tueries du Brabant ne font que commencer.

Vielsalm

À 2 h 00 du matin le 13 mai 1984, trois intrus coupent des fils de fer barbelés et s'introduisent dans l'armurerie militaire de Vielsalm dans les Ardennes. Ils surprennent le garde de service Carl Freches et tirent sur lui une salve d'une mitraillette Thompson. Freches est touché à quatre reprises avec des balles de calibre .45 ACP. Il est grièvement blessé et laissé pour mort. Les intrus volent plusieurs armes à feu, dont vingt Faul, cinq Vignerons, une paire de mitrailleuses Falo et trois Lee Enfield. Ils chargent les armes volées dans une Jeep et quittent les lieux dans deux véhicules. Freches survit à l'attentat.

L'incident cause des remous dans le contexte de la guerre froide Les principaux suspects sont des militants d'extrême gauche. L'attaque pourrait être aussi l'œuvre d'extrémistes de droite et faire partie de la « stratégie de la tension ». Les concepteurs de cette stratégie croient que, peu importe les auteurs, la gauche serait blâmée pour les attaques terroristes. La peur et l'insécurité augmenteraient au sein du pays. La population verrait poindre la menace communiste et se tournerait vers un gouvernement de droite plus autoritaire.

La gauche soupçonnera l'OTAN ou les Américains d'être responsables de l'attaque. Les agences de renseignement occidentales avaient été soupçonnées d'armer et de financer ces groupes d'extrême droite afin de les inciter à commettre ces attaques pour manipuler la population.[230] D'autres attaques des groupes d'extrême droite en Italie et en Allemagne sont d'abord imputées à la gauche. Quelques années plus tard, on accusera les vrais responsables, des extrémistes de droite.

Est-ce que l'attaque de Vielsalm fait partie de la stratégie de la tension ? Qu'en est-il des tueurs du Brabant ? Ont-ils pu participer à l'attaque de Vielsalm ? Un officier supérieur de Freches, croient voir le modus operandi des tueurs fous dans l'attaque de Vielsalm. Il croit en outre que les auteurs ont agi comme des professionnels ce qui pourrait être un indice de l'implication de services secrets occidentaux.

La nuit de l'attaque de Vielsalm, l'OTAN devait d'ailleurs faire des exercices militaires dans la région sous le nom de code d'Oesling 84. Elle menait une opération conjointe comprenant trois douzaines de commandos américains et des soldats de l'armée belge. Des mercenaires locaux s'occupaient de la logistique.

Certains soupçonnent que l'attaque de Vielsalm était une opération utilisant de vraies balles sous le couvert d'exercices militaires. Les soldats devait s'emparer de l'arsenal de Vielsalm, le but étant de simuler une attaque des Pays de l'Est contre la Belgique de la manière la plus réaliste possible. Certains soldats auraient utilisé des mitraillettes Thompson de calibre .45 ACP. Freches n'était qu'une perte regrettable.

Des armes volées à Vielsalm seront retrouvées dans des cachettes du groupe terroriste français d'extrême gauche Action Directe. Le groupe transitait parfois par la Belgique et avait noué des liens avec l'extrême gauche locale. En août 1985, les autorités découvriront un fusil et une mitrailleuse Falo de Vielsalm dans un appartement de Bruxelles. Les empreintes digitales de trois dirigeants d'Action Directe sont décelées sur les lieux. En 1987, une autre arme à feu de Vielsalm sera retrouvée dans une ferme utilisée comme une de leurs caches.

À l'époque, les Cellules Communistes Combattantes (CCC), la contrepartie belge du groupe français Action Directe, commençaient leurs activités. Ils seront aussi considérés comme suspects dans l'attaque de Vielsalm. Un membre fondateur du groupe, Bertrand Sassoye, effectuait son service militaire à Vielsalm, mais avait déserté en mars 1982 et était entré dans la clandestinité. Il connaissait bien le site. Cependant, aucune empreinte digitale ne le reliera à l'attaque.

Bien qu'étant officiellement des militants d'extrême gauche, les CCC susciteront la méfiance quant à leur véritable indépendance politique. Quand les tueurs du Brabant arrêtaient leur première vague d'attaques, les CCC commençaient leurs attentats. La violence continuait sans répit en Belgique. Les mêmes commanditaires tiraient-ils les ficelles des deux groupes ?

Quand les armes seront retrouvées chez Action Directe, on se demandera si les soldats américains et belges n'avaient pas volé les armes de Vielsalm pour fabriquer de fausses preuves pour incriminer l'extrême gauche. Selon la doctrine de la « stratégie de la tension », le public y verrait un péril pour la stabilité du pays et un gouvernement de droite en ressortirait renforcé.

Les CCC

En octobre 1984, une bombe pulvérise les fenêtres de la façade d'un bâtiment de la société Litton. La société fabrique des systèmes de guidage de précision pour les missiles de l'OTAN. Les CCC revendiquent l'attentat. Leur mode d'opération consiste à poser des bombes sur des cibles reliées à l'OTAN et aux États-Unis. Ils visent à susciter une réaction auprès du public, pas de faire des victimes. Contrairement aux tueurs du Brabant, les CCC ne tuent jamais avec préméditation. Ils envoient des tracts aux médias avec leur manifeste politique. Les tueurs du Brabant ne revendiquent jamais leurs attaques.

Quelques jours plus tard, une bombe endommage des camions de la société Man. Ensuite, le bâtiment de Honeywell est démoli. Honeywell fabrique du matériel électronique pour des armes de l'OTAN. Les CCC s'attaquent ensuite à la droite belge. Ce sont les quartiers généraux de trois partis politiques belges qui sautent. Un bâtiment a sa façade anéantie. Trois étages d'un autre s'effondrent.

Opération Mammouth

Les attaques des tueurs du Brabant et des CCC inquiètent la population belge. Le gouvernement exerce des pressions grandissantes pour mettre un terme à la violence. Le ministre de la Justice du gouvernement de droite, Jean Gol, crée une agence inter-police en septembre 1984. L'agence vise particulièrement les CCC et elle va utiliser des tactiques extrêmes en vue d'atteindre son objectif.

Le 19 octobre 1984, une opération d'envergure est déclenchée par le ministre Gol. L'opération baptisée Mammouth fait des saisies et des détentions préventives chez de nombreux militants de gauche. L'opération ne fait pas dans la dentelle. Deux députés du Parti Vert et du Parti Socialiste qui siègent au parlement font l'objet d'une perquisition à leur domicile. Les partis de gauche sont furieux et dénoncent cette atteinte à leurs libertés individuelles.

L'opération Mammouth ne fera pas progresser l'enquête sur les CCC. Elle donnera toutefois au gouvernement en place une mine de renseignements sur nombre de militants de gauche.

Les CCC sont-elles une autre supercherie pour faire croire que l'extrême gauche constitue une menace pour la stabilité du pays ? Pourquoi le gouvernement utilise-t-il des moyens aussi considérables pour s'attaquer aux milieux de gauche sous prétexte de s'en prendre aux CCC alors qu'il n'a pas prêté attention à la violence des tueurs du Brabant ?

Le sénateur Roger Lallemand, chargé de l'enquête parlementaire belge sur Gladio, observera qu'il : « s'était développé un terrorisme de type médiatique, qui utilisait les médias pour provoquer un choc dans l'opinion et dans la classe politique. Alors, ce terrorisme pourrait avoir deux origines, soit du terrorisme d'extrême gauche ou d'extrême droite. Il pourrait être le fait de gouvernements étrangers ou de services de renseignement étrangers. Un terrorisme qui vise à déstabiliser la société démocratique. »[231]

Les mesures draconiennes de l'opération Mammouth ne ralentissent pas les CCC. En novembre 1984, à la base militaire de Bierset, ils dynamitent deux pylônes de communication. Les pylônes avoisinent l'emplacement des avions Mirage 5 de l'OTAN. En décembre, des gazoducs de l'OTAN dans cinq villes différentes sont détruits. D'autres attentats à la bombe paralysent l'approvisionnement en carburant de l'OTAN pendant trois jours. En janvier 1985, la façade du bâtiment du Commandement militaire allié en Europe (Shape) est détruite.

CHAPITRE 17

DES DIFFICULTÉS POUR LA BANDE DE BOUHOUCHE

En avril 1984, la bande de Bouhouche creuse un trou sous la cage d'ascenseur pour son projet d'extorsion de supermarchés. Ils volent d'autres articles dont ils ont besoin pour mener leur plan à bien. Le 6 avril, ils volent à Etterbeek une voiture break de couleur argent métallique. Ils apposeront une fausse plaque diplomatique sur la voiture. Selon le plan, la voiture attendra à la sortie des égouts avec un chauffeur à l'apparence étrangère au volant et sera utilisée pour fuir les lieux.

Mais les problèmes reliés au projet d'extorsion s'accumulent ; creuser se montre plus difficile que prévu. Parce que la bande utilise peu de main-d'œuvre afin de garder le projet le plus discret possible, les membres sont contraints d'effectuer un travail physique considérable. Dégager une grille d'égout devient un calvaire.[232] À la mi-mai, la bande de Bouhouche n'a creusé qu'un trou avec une bouche de 70 X 70 centimètres et de deux mètres de profondeur sous la cage d'ascenseur. Les problèmes de faisabilité de l'ambitieux projet sont devenus évidents. Les membres abandonnent le projet devenu trop coûteux le 22 mai. L'argent et les efforts physiques n'ont mené à rien. Bouhouche quitte officiellement l'agence de détectives ARI qu'il utilisait comme couverture pour ses activités illicites le 1er octobre 1984.

Juan Mendez

Bouhouche se tourne vers ses activités de trafic d'armes. Il utilise son permis de négociant d'armes obtenu après avoir quitté la gendarmerie. Il a accumulé jusqu'à présent une importante collection d'armes à feu. Il ouvre une armurerie à Jette appelée Practical Guns Store. Fait digne d'être mentionné, malgré avoir quitté ARI, Bouhouche se présente toujours comme étant détective et non marchand d'armes... Il tente de faire fructifier davantage sa relation avec Juan Mendez, le représentant des ventes de la société Fabrique Nationale pour le marché sud-américain et espagnol.

Mendez a également accumulé une imposante collection d'armes à feu. Il l'entrepose dans le sous-sol de sa maison à Overijse. Bien que Mendez soit dans la trentaine et ne gagne que son salaire de représentant des ventes, sa collection est évaluée à 2,3 millions de francs belges (environ 57 000 euros), voire plus. Elle compte des armes défensives, des fusils de chasse et même des armes historiques.

Le joyau de sa collection est son pistolet-mitrailleur HK. Il ne peut être obtenu légalement et n'est vendu qu'à des unités spéciales de la police. En Belgique, seule l'ESI, l'équipe d'élite de la gendarmerie, peut s'en procurer.

Des pistolets-mitrailleurs HK avaient déjà été volés dans le bâtiment de l'ESI par la bande de Bouhouche en janvier 1982. La revente d'une telle arme sur le marché noir reste dangereuse. Néanmoins, Bouhouche accepte de vendre à Mendez un exemplaire provenant du vol de l'ESI. Mendez cherchait à se procurer l'arme depuis des mois. Il avait notamment insisté auprès d'un officier de marine péruvien, rencontré à l'occasion de son travail à la FN de lui revendre le sien.

Bien que Mendez et Bouhouche soient des amis et trafiquent des armes volées de la FN, le vol de l'ESI demeure un crime national majeur et Bouhouche prend un risque énorme. Mendez sait que Bouhouche est impliqué dans des activités criminelles beaucoup plus graves que le simple recel d'armes à feu.

Peut-être Bouhouche a-t-il un urgent besoin d'argent après l'échec du plan d'extorsion de supermarchés. ? Mendez paye probablement le gros prix pour le risque auquel Bouhouche s'expose en lui vendant le HK...

Mendez exhibe le pistolet-mitrailleur à des amis, à des collègues et à des marchands d'armes. Il ne se gêne d'ailleurs pas de se vanter à ses interlocuteurs que seules les forces spéciales de l'ESI ont accès à ces types d'armes. Il ne semble pas se soucier de son indiscrétion.

Collection

Le 15 mai 1985, des membres de la bande de Bouhouche se présentent en plein jour chez Mendez à Overijse. Ils se garent sur la pelouse devant la maison. Ils se rendent à l'arrière et forcent le panneau du bas de la porte pour pénétrer dans la cuisine. Ils volent sa collection d'armes au sous-sol. Ils prennent en outre un téléviseur, une chaîne stéréo hi-fi, un magnétoscope et un ordinateur. Ils volent des bijoux, deux talkies-walkies et un appareil photo Nikon avec bandoulière.

La femme de Mendez rentre chez elle à 14 h 15 et remarque que la maison a été cambriolée. Elle téléphone à Mendez à son travail. Mendez prend congé pour le reste de la journée et file chez lui. Quand il rentre à la maison, Mendez reste sous le choc.

Avant d'appeler la police, Mendez doit dissimuler des armes à feu volées que les voleurs n'ont pas dérobées. Il communique alors avec son ami Bouhouche pour préparer la maison avant l'arrivée des policiers. Mendez remet à Bouhouche un pistolet volé pour qu'il le garde pendant que la police demeure sur les lieux.

Mendez avait assuré sa collection. Toutefois, de nombreuses armes volées n'avaient pas été déclarées. Il lui manque aussi les documents et les numéros de série d'autres armes qu'il avait obtenues légalement. Et comment mettre un prix sur un pistolet-mitrailleur HK qui ne peut être acheté ? En fin de compte, Mendez ne récupère qu'une fraction de sa valeur.

Avant le cambriolage, Mendez se préparait à mettre en place une porte blindée pour protéger sa précieuse collection. Les rénovations étaient prévues pour le 17 mai. Bouhouche connaissait la date. Il ne s'agit probablement pas d'un hasard que le vol ait eu lieu deux jours seulement avant l'installation prévue de la porte blindée.

Mendez est censé être un proche de Bouhouche. Le vol concerne-t-il le HK ? Peut-être que Bouhouche a accepté de le vendre à Mendez en sachant qu'il allait le récupérer bientôt par cambriolage ? Bouhouche n'est-il qu'un psychopathe capable de voler n'importe qui, même un ami ? Est-ce que Mendez a nui aux affaires de la bande ? Est-ce que l'échec de l'ambitieux projet d'extorsion de supermarchés de la bande quelques mois plus tôt a mis la bande dans une situation financière si précaire qu'ils ont commis un crime d'opportunité ?

Après le cambriolage, la bande recèle sur le marché noir les armes qui n'avaient pas été déclarées avec les assurances par Mendez.

Missiles de croisière

Le 14 mars 1985, le gouvernement autorise l'installation de seize missiles de croisière de l'OTAN. La décision suscite des désapprobations de la part du mouvement anti-nucléaire. Des manifestations publiques sont organisées. Environ 150 000 personnes descendent dans les rues pour exiger le retrait des missiles. Le gouvernement de droite chute dans les sondages et se dirige vers une accablante défaite électorale. Le mouvement pacifiste et la gauche ont le vent dans les voiles.

Puis l'extrême gauche entame un nouveau cycle d'attaques terroristes. Certains voient les attentats comme une manipulation de l'opinion publique pour sauver la droite de la débâcle. En avril 1985, un bâtiment de l'OTAN est détruit lors d'un attentat à la bombe. L'attaque est revendiquée par un groupuscule s'appelant le FRAP. En même temps, les CCC préparent une nouvelle campagne d'attentats à la bombe.

Les CCC ont pour premier objectif la Fédération belge des Entreprises (FEB). Ils garent une camionnette remplie d'explosifs à côté de l'immeuble de la FEB. Comme à leur habitude, les CCC prennent des précautions pour éviter des pertes humaines. Ils laissent le message suivant sur les lieux : « Danger. - Voiture piégée. Prévenez vos collègues et fuyez immédiatement sur la rue, et au plus loin ! Ne touchez surtout pas au véhicule ! » Ils téléphonent également aux autorités pour les alerter.

En raison d'un problème de communication, le message n'est jamais transmis aux premiers intervenants. Lorsque les pompiers se rendent sur les lieux, ils ignorent que la camionnette est piégée. Quand ils tentent de sécuriser le véhicule, la bombe se déclenche. Deux pompiers sont tués sur le coup et deux autres sont grièvement blessés. L'attentat fait les gros titres. Les CCC deviennent l'ennemi public numéro un. Le gouvernement de droite promet des mesures vigoureuses pour combattre le groupuscule.

Chapitre 18

Les nouvelles bandes d'Haemers et De Staercke

Après un long séjour en prison, Patrick Haemers saute à pieds joints dans une vie de criminel. Il avait été initié aux braquages par son père fortuné. Il a trouvé sa vocation. Il avait réuni une bande de criminels qu'il avait rencontrés dans des boîtes de nuit. Avec sa grande taille, son look de beau gosse aux cheveux blonds, Haemers deviendra le visage public de la bande. Le vrai cerveau de la bande demeure toutefois son complice Philippe L. Ce dernier est moins grand qu'Haemers mais plus costaud. Le conducteur, Thierry S., est petit, maigre et a une allure nerveuse.

La bande d'Haemers se spécialise dans le braquage des camionnettes de la Poste, une cible lucrative à l'époque. Selon Haemers : « Je ne vole que les banques et la Poste. Ceux-là ne risquent pas de manquer de liquidités. »[233] La Poste est intéressante parce qu'elle transporte des chèques négociables et des pensions du gouvernement à des dates fixes et à intervalles réguliers.

Un mois après le bain de sang du Colruyt de Nivelles de septembre 1983, la bande d'Haemers attaque le bureau de poste à Herstal. À 6 h 20 du matin, le 2 novembre 1983, ils entrent avec des armes à feu dans le bâtiment, portant des cagoules et des gants. Sous la menace, ils détiennent quelques dizaines de personnes dans le bureau de poste.

Quand ils tentent d'ouvrir le coffre-fort, il se pose un problème : il faut deux clés pour débarrer le coffre-fort et l'employé avec la deuxième clé est en retard. Au lieu de partir bredouille, la bande prend le risque de rester le temps qu'il faut. Ils attendent patiemment avec les otages une demi-heure supplémentaire. Finalement, l'employé avec la deuxième clé se présente. Les employés leur ouvrent le coffre-fort.

Leur patience en a valu la peine : la bande repart avec 9 480 000 francs belges (environ 235 000 euros). Haemers se vantera après coup de ce fait d'arme : « Nous y avons pris vingt-neuf personnes en otage pendant une demi-heure. Il n'y a eu aucun blessé. Ça, c'est la classe ! »[234]

La bande d'Haemers effectue des préparations minutieuses avant leurs braquages : « Tous les endroits sont explorés pendant des semaines à l'avance et les itinéraires étudiés à fond. Nous déterminons qui doit tirer en premier en cas de nécessité, qui doit veiller à la couverture, qui prend le volant. Chacun de nous a un rôle défini. »[235] Ils se réveillent des heures avant l'aube. À 4 h 00 du matin, ils étudient les itinéraires des camionnettes. Combien d'employés de la Poste sont à l'intérieur ? La camionnette est-elle blindée ? Y a-t-il une escorte de police ? Quand ils braquent une cible, ils chronomètrent la durée du braquage, s'assurant d'être déjà loin quand la police arrive : « Tout était fini en 45 secondes, j'ai toujours chronométré les trucs. »[236]

En début de 1985, ils passent des semaines à étudier les allées et venues de la camionnette de Louvain. Ils remarquent que la Poste a augmenté les effectifs de sécurité. Un fourgon de la gendarmerie est désormais affecté à chaque camionnette. Le 1er mars 1985 à 6 h 00 du matin, la bande tend son embuscade. Lorsque la camionnette fait un arrêt au bureau de poste de Wilsele, elle se gare à gauche et le fourgon de la gendarmerie s'arrête à droite. La BMW de la bande arrive sur les lieux. Ils tirent des salves d'UZI sur la carrosserie du fourgon de la gendarmerie. Les bandits portant des cagoules tiennent le gendarme en joue pendant qu'ils vident la camionnette de la Poste.

Après chaque braquage, les membres de la bande d'Haemers prennent une pause. Ils s'amusent, voyagent et dépensent beaucoup. Quand ils manquent d'argent, ils attaquent de nouveau... Le 20 mai 1985, ils braquent une camionnette postale à Neufvilles. Ils arrivent sur les lieux dans une Golf Cabriolet. Ils portent des cagoules et Haemers est sous l'influence de la cocaïne. Le coup réussit et ils se sauvent avec la rondelette somme de 10 520 000 francs belges (environ 260 783 euros). Une fois de retour dans leur cache, ils s'assoient par terre à côté de la cheminée et trient les billets en s'assurant qu'il n'y en a pas de numérotés. Les mauvais billets sont jetés dans le feu.

La bande de Baasrode

Le 13 mars 1985, Johnny De Staercke reçoit une autorisation de sortie de prison pour quarante-huit heures. Il purge une peine de prison depuis la fin de 1983 ; il avait alors été arrêté après son évasion de la prison de Tournai. Il en a assez d'être emprisonné. Il saisit l'occasion pour partir en cavale.

De Staercke communique avec trois ex-détenus qu'il avait rencontrés durant son dernier séjour en prison. Il était prévu qu'à leur sortie, ils commettraient des braquages armés ensemble. Les trois autres avaient été remis en liberté beaucoup plus tôt. Ils avaient déjà commis des coups avant sa sortie.

Un des nouveaux complices de De Staercke, Dominique S., avait réussi à pénétrer par effraction dans deux douzaines de supermarchés Delhaize. Il repérait le supermarché pendant les heures d'ouverture et cherchait l'emplacement du comptoir des cigarettes. Le soir tombé, il volait des cartouches de cigarettes et des bouteilles d'alcool. Selon un de ses complices : « En cinq minutes, nous enlevions facilement 20 boîtes contenant chacune 25 cartons. »[237] Il gagnait de 150 000 à 200 000 francs par vol (entre 3 718 et 4 958 euros). En deux ans, il vole plus de cinq millions de francs belges (environ 125 000 euros) en cigarettes. Il exploite aussi un magasin d'occasion.

Ses deux autres complices sont Léopold Van Esbroeck et Stéréo P.[238] Ils sont les hommes forts de la bande. Comme De Staercke, Van Esbroeck aime les jeux de hasard et va souvent à l'hippodrome.[239] Van Esbroeck se spécialise dans des coups non violents, comme de la fraude. Stéréo, quant à lui, est très grand et massif, il a les cheveux blonds et il est le meilleur ami de De Staercke. Il avait déjà fait de la prison pour avoir participé à une série de cambriolages avec une autre bande.

Le dossier criminel de De Staercke et sa réputation feront que la bande lui sera identifiée. Toutefois, Dominique S. planifie les coups. Selon Van Esbroeck, « Johnny (De Staercke) n'organisait rien, absolument rien. »[240] L'ajout de De Staercke dans le groupe modifie la nature des activités criminelles de la bande. La bande se concentre alors sur des opérations plus risquées et plus profitables. Leur créneau devient les braquages de bureaux de poste en Flandre, ce qui les distingue de la bande d'Haemers qui préfère les hold-up de camionnettes de la Poste.

Le 26 juin 1985, le groupe fait un braquage à Baasrode. Ils utilisent des mitrailleuses et des carabines mais aucun coup de feu n'est tiré. La bande se sauve avec 1,4 million de francs belges (environ 34 705 euros). La presse les baptise « la bande de Baasrode ».

Chapitre 19

Parc d'attractions de Walibi

Le 15 août 1985, 15 000 clients visitent le parc d'attractions de Walibi en cette chaude journée d'été. La société Intergarde est chargée de faire des allers-retours entre le parc et la banque avec le contenu des caisses.

L'agent Willy Pans conduit sur la route d'accès menant à l'arrière du parc d'attractions. Il est chargé d'effectuer la troisième collecte d'argent de la journée. Une Honda Quintet est garée le long de la route d'accès près d'un parking pour le personnel. Trois hommes sont assis et font un pique-nique à proximité de la Honda.

À 14 h 15, Pans gare son véhicule dans le parking. Il traverse l'entrée arrière du parc et ramasse 1,3 million de francs en espèces (32 500 euros) du coffre-fort. En revenant sur le parking, un des pique-niqueurs le surprend et tire sur lui à bout portant. Une balle lui touche le cœur et le foie. Il s'écroule sur le sol. Une balle perdue fracasse la vitre arrière d'une voiture stationnée. Le tueur lui tire alors quatre balles de 9 mm dans la tête. Il prend l'argent à côté du cadavre de Pans et retourne à la Honda Quintet. Les trois hommes quittent les lieux.

Un voyage au Luxembourg

Certains voient des similarités du mode opératoire entre les auteurs de l'attaque de Walibi et les tueurs du Brabant. La deuxième vague d'attaques va bientôt commencer. L'argent du vol aurait pu aider à financer cette vague. Malgré tout, Walibi n'est pas inclus dans la liste des crimes des tueurs fous parce qu'une correspondance médico-légale n'a jamais été établie.

La bande de Bouhouche a été soupçonnée d'être responsable de l'attaque de Walibi. Les membres ne seront jamais accusés et n'avoueront jamais leur participation. En principe, l'affaire est prescrite.

Avant l'attaque, deux gendarmes s'étaient présentés au parc d'attractions et avaient posé des questions sur les mesures de sécurité.[241] Ils ne seront jamais identifiés.[242] L'assassin a abattu Pans avec un rare pistolet HK P7. Une arme semblable dont le numéro de série avait été effacé sera découverte plus tard chez un proche de Bouhouche. Ce dernier prétendra qu'un ami lui avait refilé le pistolet. L'ami quant à lui refusera de dire où il l'avait obtenu.

Des enquêteurs présument que le pistolet provient d'un lot livré à l'armurerie Lorang au Grand-Duché du Luxembourg. La bande de Bouhouche sera soupçonnée d'y avoir acheté des armes avec un faux permis. Deux HK P7 avaient notamment été achetés chez Lorang par un dénommé Roger Van Vliet, le même faux nom souvent utilisé par la bande de Bouhouche depuis 1984. Elle venait d'ailleurs d'utiliser ce même pseudonyme pour louer un box six jours précédant l'attaque de Walibi. Les fausses coordonnées de Van Vliet figuraient dans l'agenda et dans une liste des clients d'un ami de Bouhouche. La pièce d'identité falsifiée de Van Vliet avait été fabriquée utilisant les articles provenant du cambriolage de la bande de Bouhouche de la mairie de Chaumont-Gistoux en 1981.

Le 9 août 1985, la semaine précédant l'attaque de Walibi, la bande de Bouhouche entre par effraction dans le Palais de justice de Bruxelles et se rend à la greffe au niveau 1. Ils forcent les serrures de sécurité de plusieurs portes en bois et en métal. Ils cherchaient probablement à voler de l'argent comptant de la greffe comme ils l'avaient fait en 1981. Ils sont partis avec au moins une horloge Jaeger-LeCoultre et un magnétoscope.

Sur le parking devant le parc d'attraction de Walibi, la police trouve une Renault 4 qui avait été volée à Bruxelles en novembre 1984. La

Renault devait servir de voiture de secours en cas de difficultés avec la Honda Quintet. Elle dispose d'une antenne sur le toit, tout comme la Ford Taunus utilisée par la bande de Bouhouche pour leur braquage de Zaventem en 1982.[243] Elle est aussi munie des fausses plaques pressées avec le même moule que les fausses plaques utilisées lors des crimes de la bande de Bouhouche.[244] La bande conduira notamment une Mercedes 4X4 volée à la fin de 1985 et au début de 1986 munie d'une plaque pressée avec le même moule.

La Honda Quintet conduite par les pique-niqueurs avait été volée à Bruxelles en décembre 1983. Elle est retrouvée sur un parking de l'Université Catholique de Louvain, dans la même zone de Woluwe que les boxes loués par la bande de Bouhouche.

Un des gendarmes proches de Bouhouche mène sa propre enquête privée sur l'attaque de Walibi et le meurtre de Willy Pans bien que son poste soit située dans une autre région. Il suspecte que l'attaque soit en lien avec un employé du parc d'attractions et envoie ses conclusions aux enquêteurs. Le meurtre ne sera jamais résolu.

Enquête de l'équipe de Wavre

Le 14 août 1985, l'équipe de la gendarmerie de Wavre présente un rapport fracassant relié à l'affaire des tueurs du Brabant. Les auteurs sont les mêmes qui avaient investigué l'attaque de l'armurerie Dekaise dès septembre 1982, bien avant que les tueurs fous ne soient connus du public. Il s'agit de leur quatrième rapport issu de l'attaque chez Dekaise.

Leur premier rapport avait été écrit deux ans auparavant. Leur hypothèse de travail restait que les cambrioleurs avaient voulu voler le prototype de silencieux à Daniel Dekaise, parce que ce dernier n'avait pas respecté ses obligations dans un contrat international de vente d'armes. Ils avaient appliqué une méthode d'enquête selon laquelle ils suivaient toutes les pistes, même celles non reliées avec le crime original. La plupart des pistes qu'ils avaient suivies n'avaient aucun lien avec les tueurs du Brabant. Les enquêteurs s'étaient surtout concentrés sur des trafics d'armes internationaux.

Le quatrième rapport entraîne des conséquences explosives. Le rapport est décousu et comporte de nombreuses inexactitudes. Le propriétaire de l'armurerie Dekaise y prend une importance disproportionnée et est considéré comme une cible dans cette partie de l'enquête. Le rapport attaque frivolement des dignitaires et des personnalités de marque sans fournir d'éléments de preuve.

Les rédacteurs allèguent que l'armurerie Dekaise opérait dans une zone juridique grise. Une tranche non négligeable de son chiffre d'affaire provenait de transactions internationales avec l'approbation tacite des services occidentaux comme la Sûreté, la CIA ou MI6. Ils signalent par exemple que lorsqu'ils le pressaient sur ses contacts commerciaux avec une faction belligérante dans la guerre civile au Liban, il aurait répliqué : « Si vous savez cela, je suis foutu. »[245] Certains enquêteurs vont même jusqu'à considérer les tueries du Brabant moins cruciales que le trafic d'arme découvert lors de leur enquête. Un agent de la gendarmerie avait critiqué cette orientation de l'investigation : « Vous vous rendez compte, M. Bihay, si vous sortez ces affaires, nous allons avoir des chômeurs à la FN et, de toute façon, ces armes seront livrées par d'autres pays. Pourquoi voulez-vous contrecarrer ces raisons d'État ? »[246]

WESTLAND NEW POST

Le rapport reprend l'image du Westland New Post telle qu'elle était véhiculée par Paul Latinus peu avant sa mort. Il alléguait que la Sûreté était contrôlée par le KGB et que celui-ci, via le directeur-général et le commissaire Canard avait commandité le double meurtre de la rue de la Pastorale commis par des membres du WNP.

Le rapport confond souvent le WNP avec le Front de la Jeunesse. Par exemple, il énumère six gendarmes qui feraient partis du WNP. À vrai dire, le seul membre en règle est Lucien M. Martial Lekeu avait probablement constitué une source de cette partie du rapport. En guise de rappel, il avait fui en Floride après avoir reçu des menaces de mort de la part de gendarmes. En décembre 1983, Lekeu avait déclaré aux rédacteurs du rapport que les tueries du Brabant avaient été commises par un groupe de gendarmes. Quand Lekeu sera interrogé par la justice plusieurs années plus tard, il fera les mêmes erreurs que le rapport de la gendarmerie de Wavre et se référera au WNP et au Front de la Jeunesse de manière interchangeable.

Dani Bouhouche

Une partie du rapport à propos de Bouhouche comporte aussi des erreurs. Bouhouche serait un des six gendarmes du Westland New Post. Les rédacteurs s'appuient sur la liste interne des membres du WNP. Mais les enquêteurs lisent « Bouhouche » alors que le nom sur la liste est « Bouche », le vrai nom d'un autre membre. Ils s'enlisent dans leur erreur en notant que le nom de code de Bouhouche au WNP était « Titise », qui était en réalité le nom de code du membre « Bouche ». Outre la liste des membres, l'équipe de Wavre ne mentionne aucune autre source reliant Bouhouche au WNP.

En fait, aucune trace documentaire ne montre que Bouhouche ait été membre du WNP. Son implication alléguée deviendra une légende urbaine. Le seul lien documenté entre Bouhouche et le WNP demeure son ami Alain W., membre du WNP en 1981. Pour devenir membre, Alain W. avait été obligé de tremper dans une activité illégale. Il avait alors demandé à Bouhouche, qui travaillait encore à la gendarmerie, des dossiers de renseignement confidentiels. Bouhouche avait demandé à un collègue travaillant dans le département de l'information de la gendarmerie de lui fournir trois fichiers qui intéressaient particulièrement Latinus. Via Alain W., Bouhouche avait aussi fait la connaissance d'Éric Lammers, un autre membre du WNP.

En raison de sa relation avec ce même Alain W., la rumeur que Bouhouche agissait comme l'instructeur de tir du Front de la Jeunesse se répand. Bouhouche n'avait jamais été membre du Front de la Jeunesse, mais il côtoyait Alain W. au stand de tir. Ce dernier y militait activement et parfois, un autre ami qu'il s'était fait au Front l'accompagnait tirer.

Bouhouche corrigeait la technique des autres tireurs. Il s'est avéré que Bouhouche avait donné des conseils de tir à Jean-Marie Paul, un membre du Front de la Jeunesse, le jour même où il avait tiré sur des travailleurs algériens dans le café de Laeken en décembre 1981, tuant le premier et en blessant grièvement le second. L'affaire avait pris des proportions nationales.

Néanmoins, Bouhouche n'a jamais été un membre en règle du Front de la Jeunesse ou de quelque autre organisation d'extrême droite. Il ne semble même jamais avoir milité politiquement. En revanche, il existe des preuves anecdotiques qu'il avait des idées d'extrême droite.

Quelles que soient les idées politiques personnelles de Bouhouche, sa bande demeure une organisation criminelle ayant comme finalité l'enrichissement personnel de ses membres ; elle ne s'intéresse pas à la politique. Aucun autre membre de la bande de Bouhouche ne semble avoir été un sympathisant d'extrême droite. La bande compte des membres d'origines ethniques diverses. À part l'enrichissement personnel, la vengeance reste le seul autre mobile ayant motivé des attaques de la bande. Elle s'en était prise notamment à des gendarmes lors des attentats contre Goffinon et Vernaillen en 1981.

Le rapport de l'équipe de la gendarmerie de Wavre d'août 1985 indique que les enquêteurs n'ont aucune idée de l'étendue des activités criminelles de la bande de Bouhouche. Ils ne mentionnent pas l'implication possible de Bouhouche dans la tentative de meurtre de 1981 chez Vernaillen. Toutefois sur l'attentat de Goffinon en 1981, ils écrivent ce qui suit : « Concernant l'attentat de la Peugeot, Bouhouche est un ami du constructeur ou vendeur d'une partie du dispositif devant faire explosion dans la Peugeot. »[247] Ils ajoutent que Bouhouche avait été soupçonné d'être impliqué.

Faez Al Ajjaz

Bouhouche avait aussi été présumé d'être impliqué dans le WNP en raison de son lien avec la Mazda de Faez Al Ajjaz. Ce dernier avait été suspecté d'être associé au WNP. La bande de Bouhouche avait utilisé la Mazda 626 d'Al Ajjaz pour l'attaque contre Vernaillen.

Durant l'été 1981, le chef du WNP, Latinus, avait rencontré Al Ajjaz, via le rédacteur en chef d'un journal d'extrême droite anti-communiste. Le rédacteur connaissait Latinus du temps où il faisait partie du Front de la Jeunesse. Al Ajjaz travaillait officiellement comme un correspondant de journaux arabes. Il fournissait de surcroît des renseignements aux services secrets saoudiens.

Al Ajjaz avait noué une amitié personnelle avec le rédacteur en chef. Quand ce dernier avait appris que Latinus était fauché et qu'il cherchait du travail, il l'a présenté à Al Ajjaz qui était riche et bien branché. Al Ajjaz connaissait des politiciens belges et des ambassadeurs des pays arabes. Latinus n'avait pas eu de revenus depuis qu'il avait perdu son emploi quelques mois auparavant et vivait avec l'aide de sa mère.

Al Ajjaz accepte de payer Latinus pour recruter de la main d'œuvre pour divers menus travaux, tels que nettoyer sa maison, agir comme chauffeur personnel ou agent de sécurité ou faire du travail administratif à son bureau. Latinus sollicite des membres du WNP pour faire le travail. Al Ajjaz n'a jamais été membre du WNP. Il en ignorait probablement même l'existence.

Le 16 septembre 1981, Al Ajjaz a déposé une déclaration de voiture volée pour sa Mazda 626 au poste de police. Il a ensuite déposé une réclamation auprès de ses assurances.

En réalité, la Mazda n'aurait pas été volée. Al Ajjaz l'aurait cachée chez son garagiste André D. dont le garage se trouvait dans le même édifice que le complexe d'Ixelles où la bande de Bouhouche louait des boxes. Son complice André D. aurait alors prêté la Mazda à un de ses clients comme voiture de courtoisie.

Le 29 septembre 1981, le client d'André D. a arrêté la Mazda en double file sur l'avenue Louise à Ixelles pendant qu'il allait faire une commission dans un magasin. Il a laissé la clé sur le contact et le moteur tournait. Entre-temps, un membre de la bande de Bouhouche est parti avec la voiture... Le garagiste André D. se retrouvait alors dans une fâcheuse situation, car l'auto avait déjà été déclarée volée par son complice Al Ajjaz. La voiture ne pouvait être déclarée volée une seconde fois.

Réalisant qu'il n'avait pas d'autre possibilité que d'avouer la fraude, André D va présenter ses aveux au poste de police le 13 novembre 1981. En 1987, André D. et Al Ajjaz seront reconnus coupables de fraude à l'assurance.

Les membres de la bande de Bouhouche ont utilisé la Mazda volée pour se rendre à la résidence de Vernaillen pour l'abattre. Al Ajjaz ignorait probablement que la voiture avait été volée par la bande de Bouhouche.

Les réactions au rapport

Bouhouche découvre la teneur du rapport de la gendarmerie de Wavre d'août 1985. Il est furieux d'y voir son nom et décide de s'en prendre aux rédacteurs pour leur indiscrétion.

Le rapport avait aussi entraîné de fâcheuses conséquences pour le propriétaire de l'armurerie Dekaise. Son nom apparaît dans les journaux. Sa réputation est endommagée : « Mes voisins me demandaient quel homme odieux je pouvais être, mes relations dans les marchés officiels (les corps de police et corps officiels en Belgique) … ont été très difficiles. Cela m'a posé de sérieux problèmes. »[248] La bande de Bouhouche aurait manipulé l'armurier Dekaise pour s'en prendre aux rédacteurs du rapport.

Un proche de Bouhouche se serait rendu chez Dekaise et lui aurait proposé un marché… Il sait comment faire pour que l'équipe de Wavre le laisse tranquille. Il refile à l'armurier une enveloppe de la gendarmerie contenant deux canons de révolvers volés. Les canons avaient été volés par Bouhouche lors d'une perquisition chez un autre armurier quand il travaillait encore à la gendarmerie.

La bande s'assure ensuite qu'un gendarme se présente à l'armurerie. Le propriétaire remet au gendarme l'enveloppe avec les canons volés à l'intérieur. Il répète au gendarme les indications du proche de Bouhouche : il a reçu l'enveloppe des enquêteurs de Wavre. Le gendarme rédige un procès-verbal sur les canons volés qui incrimine l'équipe de Wavre.

Lorsque la direction de la gendarmerie obtient le procès-verbal, elle déclenche une procédure disciplinaire. Au bout du compte, la procédure au sujet des canons volés devient superflue. La direction n'a pas aimé la teneur de leur rapport d'août 1985. Elle avait déjà décidé de prendre des mesures contre eux, même sans l'histoire des canons volés.

Elle considère que leur rapport va dans tous les sens et beaucoup trop loin. Le rapport porte notamment atteinte à l'intégrité de plusieurs personnalités publiques sur base de ouï-dire. Les gendarmes de Wavre se font une longue liste d'ennemis et leur compétence est remise en question.

Ils sont accusés d'avoir diffusé le rapport sans prévenir la direction au préalable. Selon la gendarmerie : « Le problème est d'autant plus grave qu'il s'agit d'un rapport dont le contenu est délicat et qu'il met en cause d'une façon assez équivoque des personnalités en vue. »[249] Elle ajoute que : « Certaines des infos ne sont quant à elles que la reproduction sans précaution de simples ragots ou autres non enregistrés, non signés, non vérifiés, non évalués qui, dans un rapport de synthèse prennent une toute autre valeur. »[250] L'un des gendarmes de Wavre recevra quatre jours de suspension comme punition. Les deux autres subiront des transferts administratifs.

La bande de Baasrode

Au cours de l'été 1985, la bande de Baasrode de Johnny De Staercke attaque les bureaux de poste d'une douzaine de villes en Flandre. Avec un chronomètre à la main, ils entrent et sortent rapidement. Malgré la réputation de violence de De Staercke, la bande ne tire sur personne. Ils braquent en outre un transport de fonds et un stand de hamburgers dans l'agglomération bruxelloise.

Le 7 août, ils utilisent une BMW volée pour braquer un bureau de poste près d'Anvers. Trois d'entre eux s'introduisent dans le bureau de poste tandis que le quatrième reste derrière dans la voiture. Armés de mitrailleuses et de révolvers, ils quittent les lieux avec 800 000 francs belges (environ 19 831 euros). Le 24 septembre, la bande revient au bureau de poste de Baasrode qui les a rendus célèbres. Deux hommes masqués pénètrent à l'intérieur alors qu'un complice reste dans la voiture. Ils dérobent 200 000 francs belges (environ 4 958 euros). Au début de l'automne, ils volent plusieurs autres bureaux de poste en Flandre.

Jeep

Le 10 septembre 1985, Bouhouche et un complice se rendent chez un concessionnaire automobile Mercedes au nord de Bruxelles. Le complice remplit la documentation pour louer une Mercedes Jeep à quatre roues motrices. Il utilise une carte d'identité volée et un faux permis de conduire au nom de Wilfried Gees. Il remet à l'employé du bureau de location 10 000 francs belges (environ 248 euros) que Bouhouche lui a refilé comme une caution pour la location.

Ils partent avec la Jeep sans aucune intention de la ramener.

Bouhouche fixe une fausse plaque d'immatriculation à la Jeep. Le numéro est copié d'une Jeep similaire. Les plaques sont pressées avec le même moule que les plaques d'une Renault 25 volée par la bande. Ils remplacent le certificat de licence et les papiers d'enregistrement de la Jeep volée par de faux documents.

Les bandits modifient la Jeep pour permettre l'utilisation d'un scanner radio. Les modifications sont semblables à celles de la Ford Taunus qu'ils avaient utilisée pour leur braquage de 1982 à l'aéroport de Zaventem. Les deux ont un trou de deux centimètres percés dans le toit au même endroit où les antennes radios sont généralement fixées sur les véhicules de gendarmerie. Ils garent la Mercedes Jeep à Woluwe-St-Lambert, à proximité du campus de l'UCL et de l'hôpital St-Luc. Ils ont l'habitude de garer un véhicule dans cette zone quand leurs boxes de location de Woluwe sont pleins.

En fin de septembre 1985, la gendarmerie y découvre un break Renault 18 volé par la bande de Bouhouche en 1984. La voiture est garée à proximité immédiate de trois boxes loués par la bande de Bouhouche dans le complexe d'Ixelles.

Partie III:
Deuxième vague (1985)

Défilé à Alost

Chapitre 20

Vol d'une Golf à Erps-Kwerps (22 septembre 1985)

Les tueurs fous du Brabant, qui n'ont pas été actifs depuis plus d'un an et demi, rassemblent le nécessaire pour leur deuxième vague d'attaques. Ils ont besoin de voler une voiture pour une nouvelle vague de crimes. Leur dernière voiture avait été brûlée dans le bois de Hourpes en décembre 1983.

Le 22 septembre 1985, après 4 h 00 du matin, les tueurs du Brabant entrent par effraction par la clôture du parking extérieur chez un concessionnaire de voitures Volkswagen à Erps-Kwerps. Ils utilisent des pinces pour couper la clôture et accéder au lot.

Les voitures dans le lot ne sont pas verrouillées et les clés sont sur le contact. Ils déplacent deux voitures pour se frayer un passage pour retirer une Golf GTI gris anthracite à trois portes.

Le parking est surveillé électroniquement par la société Securitas. Pour éviter une patrouille de sécurité, ils terminent l'opération dans un délai de cinq minutes.

CHAPITRE 21

SUPERMARCHÉS DELHAIZE DE BRAINE ET D'OVERIJSE (27 SEPTEMBRE 1985)[251]

Le 27 septembre, à 20 h 10, les tueurs du Brabant conduisent la Golf gris foncé et s'arrêtent sur un petit parking réservé à une pizzeria de la commune de Braine-l'Alleud. Trois hommes masqués sortent de la voiture et descendent un petit chemin qui mène à un autre parking pour le supermarché Delhaize de Braine-l'Alleud. Ils portent des vestes militaires sombres ; deux d'entre eux portent des masques de politiciens français et transportent des riot-guns. Le « Géant » est armé d'un pistolet-mitrailleur.

Un garçon de douze ans traîne sur le parking à vélo.[252] Le « Géant » saisit le garçon sur le vélo par les cheveux. Il presse alors son arme contre le garçon et le tient par le col.[253] Il le traîne violemment jusqu'à la porte du supermarché. Ses deux complices transportent des sacs à ordures.[254]

L'un des tueurs remarque une camionnette rouge à quelques mètres, avec Bozidar Djuroski et son fils de dix-sept ans à l'intérieur. Djuroski attend sa femme et sa fille, qui achètent de l'alcool à l'intérieur du Delhaize.[255] Quand il remarque que les hommes masqués se rapprochent de la camionnette, il crie à son fils : « Couche-toi ! »[256] L'un des tueurs du Brabant tire son arme qui fracasse le pare-brise de la camionnette rouge et le père s'effondre sur le volant. Le fils est touché à la poitrine et sur le dessus de l'épaule. Le père, qui est grièvement blessé, mourra plus tard cette nuit-là. Le fils perdra un poumon mais survivra.[257]

Aux portes du supermarché Delhaize, le client Roger Engelbienne reconnaît le jeune otage. Il dit aux voleurs armés : « Lâche le gosse ! »[258] L'un des tueurs tire son riot-gun sur lui et dit : « Ça t'apprendra à te mêler de ce qui ne te regarde pas. »[259] En entendant les coups de feu, des clients tentent de s'enfuir par l'arrière du magasin et d'autres se cachent dans les allées.

Les bandits lourdement armés entrent dans le magasin. Le « Géant » mène son otage de douze ans avec une main, tenant son pistolet-mitrailleur dans l'autre. Les deux autres assaillants se dirigent sans aucune hésitation vers les bureaux du magasin. Le « Géant » se dirige vers les caisses et crie : « Tous par terre, couchés, ou je vous crève. »[260] La plupart des clients s'exécutent. Ghislain Platane, un client d'âge moyen qui ne réagit pas assez vite au goût du « Géant » est tué. À l'autre bout du magasin, des clients cherchent une meilleure cachette.[261]

Le « Géant », qui tient toujours les cheveux du jeune otage, ordonne à une caissière : « Fais vite, sinon je tue le gosse... »[262] Il se déplace ensuite d'une caisse à l'autre, en vérifiant que les caissières ont bien vidé le contenu dans son sac.

Entre-temps, les deux autres voleurs marchent vers le bureau qui abrite le coffre-fort du magasin. Ils croisent le gérant du magasin qui dit aux hommes armés de prendre ce qu'ils veulent et qu'il allait tout leur donner. Ils entrent dans le bureau et arrachent les câbles téléphoniques. Le directeur leur montre que la majeure partie de l'argent se trouve dans un coffre-fort que seuls les agents de sécurité peuvent ouvrir. L'un des hommes masqués se met en colère, car le responsable ne peut leur donner que du petit change et des chèques, provenant d'un autre coffre. Les criminels fourrent le butin dans un sac de voyage ; ils portent des gants. Un des assaillants dit alors : « Nom de Dieu, on est venu pour rien, on va tirer dans le tas ! »[263] Il déchire les chèques devant le gérant et dit : « On est venus pour rien ! » Il tire sur le téléphone et quitte le bureau.[264]

Les bandits n'hésitent pas à ouvrir le feu sur n'importe quel client qui, sans le vouloir, attire l'attention sur eux. Au moment où ils quittent le bureau avec leur butin, le « Géant » a fini de vider les caisses en traînant toujours le jeune otage. Il observe les allées du magasin une dernière fois avant de quitter les lieux avec ses complices. Sur le parking, le « Géant » laisse partir son otage. Le garçon de douze ans reste en état de choc mais est physiquement indemne. Les tueurs fous laissent trois morts derrière eux et quittent le magasin avec un total de 388 000 francs belges (environ 9 618 euros).

Les tueurs du Brabant traversent le parking et remontent le sentier qui mène à leur voiture garée à la pizzeria. Ils embarquent dans leur Golf et quittent les lieux vers la commune d'Overijse, avec le hayon toujours ouvert.

Des choses et d'autres

Juste avant l'attaque de Braine-l'Alleud, une Opel de couleur sombre s'est arrêtée près de la pizzeria où ils se sont par la suite garés. Un grand type d'âge mûr aux favoris grisonnants est au volant et regarde autour de lui. Il s'attarde un peu puis s'en va. Son identité ne sera jamais établie.

DELHAIZE D'OVERIJSE[265]

Le long de la route de dix-huit kilomètres entre Braine-l'Alleud et Overijse, un conducteur remarque un homme agité assis sur la banquette arrière d'une Golf sombre ; il ne réalise pas sur le coup que ce sont les tueurs du Brabant. Le passager à l'arrière fait signe au conducteur de rester à l'écart de la Golf. Lorsque le conducteur essaie de dépasser de nouveau la Golf, il remarque que le passager sur la banquette arrière porte maintenant un masque de carnaval. Le voyage des tueurs fous pour se rendre à Overijse aura duré quinze minutes.

À 20 h 27, les tueurs du Brabant arrivent avec leur Golf sur le parking du centre commercial connexe au supermarché Delhaize d'Overijse.[266] Les assaillants lourdement armés stationnent à l'extrémité du parking du centre commercial. Ils portent les mêmes masques d'hommes politiques français et les mêmes chapeaux et les mêmes longs manteaux militaires foncés qu'ils portaient à Braine-l'Alleud. Les tueurs du Brabant marchent calmement vers les portes du supermarché Delhaize.

Un garçon de quatorze ans nommé Stefaan Noté fait du vélo sur le parking. Quand il remarque les hommes masqués, il se met à crier. L'un des tueurs lève le bras et tire son riot-gun de calibre 12 sur le garçon terrifié. L'enfant s'écrase sur le trottoir. Son corps sans vie gît dans une flaque de sang. Un autre tueur du Brabant prend Luc Bennekens en otage. Bennekens se tenait sur le parking avec quatre autres poseurs d'affiches occupés à mettre en place des affiches politiques pour les prochaines élections.

Un client du centre commercial, Léon Finné, se dirige vers une boutique pour acheter un journal. Lorsque Finné se rend compte de ce qu'il se passe, il se dépêche vers sa voiture, dans laquelle se trouve un téléphone fixe. Un des tueurs fous remarque Finné et tire deux fois avec son riot-gun, le touchant à la tête et aux poumons. Finné tombe sur le trottoir à côté de sa voiture. Le meurtrier s'approche alors de Finné qui est étendu, retourne son corps avec sa botte et lui donne le coup de grâce avec une autre décharge de son riot-gun.

Deux des tueurs fous pénètrent dans le supermarché Delhaize tandis que le troisième s'arrête devant les portes et fait le guet.[267] Environ deux cents clients sont à l'intérieur du Delhaize.[268] Les deux tueurs qui sont entrés tirent des coups de semonce et l'un d'eux s'écrie alors : « Tout le monde au sol ! L'argent ou nous tuons tout le monde ! » Les clients à l'avant du magasin se dépêchent pour s'allonger à plat ventre. Le « Géant » marche ensuite lentement jusqu'aux caisses en ordonnant : « Vous ! Donnez-moi l'argent ! ». Les caissières ouvrent les caisses avec une arme sur la tempe.

Une des caissières, Rosa Van Kildonck, peine à ouvrir sa caisse. Elle semble bloquée. Avant qu'elle ne puisse l'ouvrir, elle est tuée à bout portant. Le « Géant » vole 590 000 francs belges dans les caisses (environ 14 625 euros). Jean-Pierre Busiau, un client près des caisses enregistreuses, est abattu sans raison apparente. Les assaillants tirent alors des coups de feu au hasard vers les autres clients du magasin. Des balles ricochent sur des charriots pleins, tandis que d'autres heurtent les étagères.

L'autre tueur fou se rend au bureau où se trouve le coffre-fort du supermarché. Trois employés sont dans le bureau. Le brigand oblige le directeur adjoint du magasin à ouvrir le coffre-fort pour lui donner le contenu, mais le directeur adjoint répond qu'il n'a pas accès au coffre-fort principal, comme à Braine-l'Alleud.[269] Cela exaspère le tueur fou, qui se calme lorsque l'employé lui montre le document avec la politique.[270] Il détruit le téléphone à coups de feu.

En sortant, les criminels tirent encore au hasard dans le magasin, en bousculant leur otage Bennekens. Un des tueurs aurait crié : « Allez, fini. On part. » Une fois à l'extérieur, ils remarquent sur le parking un client venant de se stationner devant le Delhaize et qui semble inconscient de la situation. Lorsque le client se rend compte du braquage, il s'enfuit pendant que les tueurs tirent sur sa voiture. L'homme n'est que légèrement blessé et survivra.

Les tueurs du Brabant obligent leur otage à traverser l'étendue du parking avec eux. Rendu au bout du parking, il est abattu avec un tir de riot-gun et s'écrase sur le trottoir.[271] Les tueurs fous rentrent dans la Golf et quittent les lieux. Le « Géant » tire en direction d'un passant qui note leur numéro de plaque. Le témoin remarque que le « Géant » perd ses cheveux.

Pire que jamais

Les tueurs fous sont de retour pour leur deuxième acte. Ils font en sorte que la police, le public et les médias n'aient aucun doute que ce sont bien eux. Selon le rapport du 3 octobre 1985 de la gendarmerie : « Il y a de très fortes similitudes avec les faits du Brabant Wallon (' 83). » Le rapport énumère une liste de similitudes avec leurs attaques de la première vague. Sur certains points, le rédacteur aurait pu copier et coller des procès-verbaux de la fin de 1983. Les deux similitudes les plus évidentes sont les Volkswagen Golf et les supermarchés Delhaize. Le rapport mentionne aussi la présence d'un « Géant » et l'habitude de détruire des téléphones. Durant la deuxième vague, le « Géant » a une calvitie précoce en haut du front et un physique de culturiste. Il marche en boitant…

Les assassins avaient créé leur « image de marque » de « tueurs fous du Brabant » par hasard. Des gestes aléatoires sont devenus des caractéristiques associées à eux lors de la première vague. Deux ans plus tard, ils rentabilisent sciemment cet actif intangible. Ils redonnent au public et aux autorités ce qu'ils attendaient d'eux.

Ils attaquent des supermarchés Delhaize parce qu'il s'agit d'un lieu commun, d'une habitude, pour les « tueurs du Brabant ». À vrai dire, deux des cinq supermarchés qu'ils ont attaqués durant la première vague étaient des Colruyt. Mais l'image associée aux tueurs du Brabant reste celle de bandits entrant dans un supermarché Delhaize. Le fait qu'ils attaquent alors non seulement un, mais deux magasins Delhaize dans une même soirée est significatif. Les tueurs du Brabant n'ont même pas prêté attention aux supermarchés situés entre les deux magasins Delhaize, y compris un supermarché Colruyt. Les Delhaize sont ciblés tout simplement parce que leur réputation exige qu'ils s'attaquent à des Delhaize.

Pour la même raison, ils utilisent une Volkswagen Golf sombre. Le public se souvient de l'impressionnante chasse à l'homme ciblant une Golf à la suite de l'attaque du Delhaize de Beersel en octobre 1983. En fait, ils avaient utilisé d'autres voitures que des Golf durant la première vague. Ils s'étaient servis d'une Santana, d'une Saab, d'une Allegro et d'une Audi ; seulement deux des six voitures qu'ils ont utilisées avaient été des Golf. Et il n'est pas exclu qu'ils voulaient la Porsche et non la Golf quand ils ont attaqué le restaurant Aux Trois Canards en octobre 1983… Mais si on examine les articles de presse de 1983 et 1984, les médias et le public avaient retenu l'image des tueurs fous conduisant une Golf sombre. En fin de 1983, toutes les Golf se faisaient contrôler, mais pas les Santana ou les Saab.

La liste de la gendarmerie mentionne en outre que les tueurs du Brabant ont l'habitude de porter des masques de carnaval. Ceci est inexact. Ils en portaient plus souvent depuis qu'ils étaient devenus un phénomène public après l'attaque du Colruyt de Nivelles en septembre 1983. Ils ont porté des masques de carnaval deux fois sur trois avant la fin de la première vague : au restaurant Aux Trois Canards et au Delhaize de Beersel en octobre 1983.

En fait, pour couvrir leur visage, les tueurs du Brabant changeaient de méthode d'une attaque à l'autre. Ils portaient parfois de simples cagoules ou aucun masque. Selon le procureur général Georges Demanet : « la tendance actuelle des auteurs [est] de ne plus porter de masques mais de se maquiller (rides, perruques, moustaches…) »[272] Jusqu'à leur attaque du Colruyt de Nivelles en septembre 1983, ils n'avaient porté des masques de carnaval qu'une seule fois.

Des éléments de leur « image de marque » plus subtils mentionnés sur la liste de la gendarmerie étaient la destruction des téléphones et la prise d'otage. Les tueurs du Brabant arrachaient méthodiquement les fils téléphoniques durant la première vague. Le geste était sans doute inconscient à l'origine. Mais au moment de l'attaque du Delhaize de Beersel en octobre 1983, ils savaient que les autorités avaient remarqué cette habitude.

L'attaque du Delhaize de Beersel cherchait à établir un lien juridique entre tous leurs crimes de la première vague, pour qu'il n'y ait qu'une seule enquête au lieu de deux. Le but premier n'était pas de voler l'argent des caisses. Lors de l'attaque, ils avaient utilisé une longue hache. Au lieu d'apporter le plus de puissance de feu possible comme ils le faisaient habituellement, ils avaient signalé avec la hache qu'ils allaient couper les fils. Ils avaient fait le travail des enquêteurs en signant leur crime.

Durant la double attaque des Delhaize de Braine-l'Alleud et d'Overijse, les tueurs du Brabant optent pour revenir à une puissance de feu maximale au lieu d'une hache pour couper les fils téléphoniques. Mais ils soulignent l'importance du geste d'arracher les fils téléphoniques en faisant feu sur les téléphones.

Une autre caractéristique mentionnée dans le rapport est leur utilisation de riot-gun. Ils ne les utilisent peu ou pas au début de la première vague. Un riot-gun est tiré à Tamise et au Colruyt de Nivelles en septembre 1983 et au Delhaize de Beersel en octobre 1983. Après l'attaque de Nivelles en septembre 1983, les ventes de riot-guns avaient augmenté considérablement. Ils pouvaient être achetés sans cartes d'identité pour une somme de 15 000 à 30 000 francs (environ 375 à 750 euros).

La violence extrême dégénère

La première et la deuxième vague des crimes diffèrent sur le degré de violence. Le rapport de la gendarmerie mentionne l'« assassinat de sang-froid sans provocation des victimes ». Cette description décrit la deuxième vague qui sera marquée par une escalade de violence. Dans la première vague, une description plus appropriée est tirée de la revue Het Nieuwsblad, qui notait en 1983 qu'ils « agissaient et tuaient d'une manière particulièrement brutale. »[273] Lors de la première vague, ils éliminaient des témoins, ils tiraient sur les personnes qui les importunaient et ils donnaient un coup de grâce à certaines victimes au sol.

Dans la seconde vague, les tueurs du Brabant utilisent toujours cette même violence extrême, mais ils abattent même des victimes qui ne les importunent pas. Les meurtres sont gratuits et ils semblent plutôt être une fin en soi ; le butin du vol à main armée devient secondaire.

Pour la première fois, ils tuent des clients d'un supermarché. Même ceux qui n'offrent aucune résistance, comme Ghislain Platane à Braine-l'Alleud et Jean-Paul Busiau à Overijse. Pour la première fois, ils assassinent une caissière. La victime Rosa Van Kildonck n'aurait pas réussi à ouvrir sa caisse assez vite à Overijse. Pour la première fois, ils tuent leur otage. À Overijse, ils assassinent l'otage bien qu'il ait obéi aux ordres durant l'attaque.

À la fois à Braine-l'Alleud et à Overijse, ils tuent maintenant des clients sur le parking avant même d'entrer dans le supermarché. Il s'agit d'une décision consciente de leur part. On a l'impression qu'ils cherchent à atteindre rapidement un quota de victimes. Les tueurs fous sont particulièrement brutaux à Overijse, peut-être parce qu'ils estiment ne pas avoir suffisamment tué à Braine-l'Alleud.

Au cours de la première vague, des clients se tenaient sur le parking des supermarchés, mais les tueurs fous ne leur avaient pas prêté attention. Ils pointaient parfois leurs armes à feu vers des clients à proximité de façon menaçante sans tirer. Un des seuls exemples de tir sur le parking s'est passé après le vol de Delhaize de Genval en février 1983. Ils ont tiré sur une voiture qui aurait pu les entraver, mais le conducteur en est sorti indemne.

Pour la première fois, ils s'en prennent aux enfants, ce qui semble être une décision consciente. À Braine-l'Alleud, le « Géant » saisit comme otage un enfant de douze ans par les cheveux sur le parking. À l'intérieur, le « Géant » dit aux caissiers qu'il va tuer le garçon s'ils ne se pressent pas. À Overijse, les tueurs remarquent un enfant de quatorze ans, Stefaan Noté, en train de traîner sur le parking ; il est achevé quand il se met à crier.

Faire semblant

De plus, ils semblent avoir des réactions excessives et exagérées durant la seconde vague. Dans la salle du coffre-fort à Braine-l'Alleud, ils exagèrent leur réaction de colère. Ils déchirent des chèques et crient : « Vous rigolez ! Nous sommes venus pour ça ! Quelqu'un va payer ! », « Nous sommes venus pour rien ! »[274] À Overijse, après leur entrée dans le magasin, l'un des tueurs crie : « Nous allons tuer tout le monde ! » Ils tirent et tuent un client et une caissière. Pour rappel, ils n'avaient jamais auparavant tué un seul client lors d'un raid de supermarché et maintenant ils en tuent plusieurs ! Leur nuit de travail comptabilise six clients assassinés, dont quatre tués sur le parking, deux clients à l'intérieur et une caissière assassinée.

Dans le rapport de la gendarmerie du 3 octobre, on écrit : « L'attitude des auteurs : calme, bien organisée, militaire. » La première vague et la deuxième vague sont à vrai dire différentes sur ce point. Les trois attaques de supermarchés en début de 1983 avaient l'allure d'un braquage classique - avec davantage de violence. Ils entraient, prenaient l'argent et sortaient. La seule attaque de supermarchés de la première vague qui s'était déroulé de manière structurée demeurait l'attaque du Delhaize de Beersel en octobre 1983, lors de laquelle chaque homme marchait à une certaine distance de l'autre et ils se couvraient mutuellement. Ils font de même à Overijse et à Braine-l'Alleud.

À Braine-l'Alleud comme à Overijse, les tueurs fous tirent des balles de 9 mm avec un pistolet-mitrailleur Ingram. Ils ne s'étaient jamais servis de l'Ingram pendant la première vague. Les munitions utilisées sont des FN 9 mm Parabellum 1959. Ils utilisent enfin le riot-gun RG-1 dans les deux supermarchés, et le RG-2 seulement à Overijse. Pendant leur trajet entre les deux Delhaize, ils font un détour. Ils conduisent à toute vitesse mais n'utilisent pas le moyen le plus rapide d'y arriver ; une maneuvre inusitée car personne n'aurait pu deviner qu'ils se rendaient à Overijse.

D'autres caractéristiques des tueurs du Brabant ont été omises du rapport de la gendarmerie. Par exemple, ils avaient l'habitude de se garer loin de la porte avant du supermarché ciblé. À Braine-l'Alleud, ils ne stationnent pas sur le parking du supermarché et à Overijse, ils se garent à l'extrémité du parking. Ils attaquent aussi les supermarchés au cours de soirées de week-end.

Groupe d'intervention spécial

Après les attaques de Braine-l'Alleud et d'Overijse, la population est agitée et les autorités renforcent les patrouilles de police à l'extérieur des supermarchés. Un groupe d'intervention sur les tueurs du Brabant est créé le 1er octobre 1985. Il est composé de deux douzaines de policiers de Nivelles et de Bruxelles.[275] Le groupe d'intervention tient des réunions hebdomadaires afin de partager des renseignements recueillis sur les tueurs fous. Il organise en outre des mesures de sécurité pour protéger la population. Bien qu'Amory ne soit pas de Nivelles ou de Bruxelles mais de Mons, il réussit à devenir un membre du groupe d'intervention.

Le groupe d'intervention décide de muscler la sécurité d'une cinquantaine de supermarchés durant les week-ends.[276] La police locale et la gendarmerie patrouillent tous les supermarchés du pays avec des riot-guns. À partir du 21 octobre, les magasins Delhaize situés à proximité d'une autoroute ont des tireurs embusqués sur les toits portant des lunettes infrarouges pour vision nocturne. La sécurité varie cependant d'un supermarché à l'autre.

La presse va dans les supermarchés de la Région de Bruxelles afin d'évaluer leurs mesures de sécurité. Le Delhaize de Louvain a six gendarmes à pieds, trois tireurs d'élite sur le toit et trois gardes de sécurité à la porte. Au Delhaize de Malines, aucune sécurité n'est détectée. Le Delhaize d'Overijse qui vient d'être attaqué a cinq agents sur le parking et deux sur le toit. À un Colruyt à Bruxelles, quatre agents patrouillent sur le parking et un est positionné sur le toit, alors qu'au Delhaize d'Auderghem, seize gendarmes avec des casques spéciaux surveillent les environs. Au GB Maxi d'Auderghem, trois policiers locaux protègent la zone des caisses avec des mitrailleuses, des riot-guns et des radios.[277]

Westland New Post

En 1989, les anciens membres du Westland New Post, Michel Libert et Éric Lammers, affirmeront avoir été invités à faire des plans d'étage de supermarchés comme le Delhaize. Ils préciseront que cela leur avait été demandé en 1981 et 1982, lorsque le commissaire de la Sûreté de l'État, le Canard, était toujours impliqué avec le WNP et Paul Latinus. Les deux ex-membres allégueront qu'ils recevaient des ordres anonymes et ignoraient d'où provenaient les ordres, mais insisteront qu'ils devaient absolument suivre les directives.

Informations confidentielles

L'agent de Mons, Christian Amory, est très occupé durant la période suivant la double attaque. Non seulement garde-t-il un œil sur les Borains qui sont de sa région, mais il fait aussi partie du groupe d'intervention sur les tueries du Brabant qui se regroupe dans une autre région. Il est de surcroît chargé d'obtenir les plans d'étage pour les Colruyt et Delhaize locaux pour la gendarmerie de Mons. Il est enfin impliqué dans la coordination des tireurs d'élite et l'organisation de la surveillance. Il effectue même des rondes en tant que tireur d'élite dans les supermarchés. Amory affirmera que Bouhouche l'a approché : « Bouhouche m'a téléphoné en me demandant si des surveillances et des protections étaient toujours organisées dans les grands magasins. »[278] Bouhouche demande spécifiquement à Amory des détails sur la sécurité et la surveillance dans les magasins Delhaize. Par exemple, Bouhouche veut savoir comment les tireurs d'élite sont positionnés sur les toits des supermarchés. En octobre, Amory remet les plans de sécurité confidentiels du groupe d'intervention pour les magasins Delhaize à Bouhouche. Il ne le dit à personne.

Les suspects

Le groupe Haemers attaque une camionnette postale à Casteau-Neufvilles le 1er octobre 1985. Le braquage échoue et ils repartent les mains vides. Haemers se retrouve parmi l'un des suspects pour Casteau-Neufvilles. Les autorités organisent des perquisitions et des saisies dans les maisons des membres de la bande d'Haemers. Ils découvrent un riot-gun qui est testé afin de vérifier s'il a été utilisé lors des attaques des tueurs fous, mais aucune concordance balistique n'est décelée. Aucune arrestation n'est effectuée pour les autres braquages de la bande d'Haemers.

La bande de Bouhouche semble peu active durant cette période ; ils n'ont pas de braquage connu. Bouhouche se présente à un poste de police le 11 octobre 1985 et donne à la police une fausse déclaration au nom de sa femme. Bouhouche affirme que la Volvo enregistrée au nom de sa femme a disparu. Bouhouche veut recueillir l'argent de l'assurance. Il laisse la Volvo sur un parking public près de leur base de Woluwe. L'endroit est situé sur le campus de l'UCL, à proximité d'où ils avaient laissé la Mazda avec laquelle ils avaient attaqué la famille Vernaillen. Il s'agit de la zone où sa bande laisse les voitures qu'ils ne peuvent cacher dans leurs boxes de location.

La compagnie d'assurance donne un chèque de 125 000 francs belges (environ 3 100 euros) le 27 décembre 1985 pour la voiture volée. Les autorités ne trouveront la Volvo abandonnée qu'en juin 1987. Elle restera sur le parking pendant deux ans. Les pneus auront une faible pression et la batterie sera complètement déchargée. Les plaques d'immatriculation avaient été enlevées.

Quant à la bande de Baasrode de Johnny De Staercke, elle vole un bureau de poste à Malderen-Londerzeel le 3 octobre 1985 et un bureau de poste à Luttre le 8 octobre. Le 21 octobre, elle vole le centre de tri postal de Ternat. Le conducteur, Dominique S., attend dans le véhicule arrêté devant les portes du centre. Ses trois complices, portant des cagoules, entrent dans les locaux, sautent derrière le comptoir et forcent un employé à ouvrir le coffre. Stéréo P. vide le butin dans une mallette. Il entend le klaxon de la voiture de Dominique S. à l'extérieur. Ce dernier croit à tort avoir vu une voiture de police. Stéréo, Van Esbroeck et un autre complice se sauvent à l'extérieur. Selon Van Esbroeck : « À l'avertissement de Dominique S., nous nous sommes immédiatement précipités dehors. Stéréo parvint encore à s'enfuir avec la valise, mais elle n'était pas fermée et l'argent en tomba. Une pluie de billets de 5 000 francs belges (environ 125 euros) se répandit de tous côtés. Le sol en était jonché. C'est en jurant que nous sommes rentrés chez nous avec quelques coupures de consolation. »[279] Ils perdent un butin d'environ un million de francs belges (environ 25 000 euros).

Le vol qualifié de Ternat utilise un modus operandi typique de la bande de Baasrode. Aucun coup de feu n'est tiré et personne n'est blessé. Selon le procureur du Roi Guido De Saeger : « Au cours de la série d'agressions commises par cette bande, des coups de feu n'ont été tirés qu'à deux endroits. »[280] Les membres de la bande de Baasrode utilisent toujours une voiture de fuite avec un conducteur désigné qui attend à l'extérieur pendant un braquage. Ils se limitent à des braquages sur des bureaux de poste et ne visent jamais des supermarchés. Le 2 novembre, la bande de Baasrode vole une BMW 535i à Zaventem. La BMW reste leur voiture préférée pour leurs vols à main armée et leurs cambriolages. Le 6 novembre 1985, Stéréo P. est arrêté pour une toute autre histoire, distincte de leurs dernières attaques de bureaux de poste. Quand Stéréo sortira de prison, la bande n'existera plus.

Jean Bultot

Un membre de la bande de Baasrode, Léopold Van Esbroeck, est arrêté dans une affaire de revente de chèques volés. Jean Bultot, une connaissance de Van Esbroeck et directeur adjoint d'un établissement pénitentiaire est aussi arrêté. Bultot est aussi accusé d'avoir revendu du matériel vidéo volé chez un ami qui gérait un magasin.

Bultot aimait sortir au club Jonathan, un bar ayant mauvaise réputation. Il y a rencontré Francis Dossogne, le leader du Front de la Jeunesse, qui dirigeait une firme privée de détectives et de sécurité. Dossogne gérait les portiers pour le bar Jonathan. Bultot et Dossogne sont alors devenus amis et partageaient les mêmes convictions d'extrême droite.

Lorsque le Front de la Jeunesse avait commencé à faire les gros titres des journaux, il était devenu une cible du gouvernement en vertu de la loi sur les milices privées. Dossogne a été condamné à trois mois de prison. Il était détenu dans la prison où Bultot travaillait comme directeur adjoint.

Lorsqu'une amnistie a été accordée aux détenus ayant moins de six mois à leur peine, Dossogne n'avait pas été inclus en raison de la nature politique de son infraction. Bultot, qui avait une grande gueule, avait fait du bruit au nom de Dossogne afin d'obtenir une amnistie inconditionnelle pour lui comme pour les autres. Il avait réussi, mais ce faisant, s'était mis à dos des personnes clés au sein du gouvernement. Lorsqu'il présente par la suite sa candidature pour des postes de directeur de prison, il est refusé partout. Première imprudence.

Bultot pratique le tir de compétition ; il avait fait les gros titres des journaux en tant que directeur de prison qui tirait plus vite que son ombre, photo à l'appui. Deuxième imprudence.

Il accumule des dettes personnelles et fait des petites faveurs pour des ex-détenus. Il se fait prendre dans l'histoire de chèques volés avec Van Esbroeck de la bande de Baasrode. Bultot réagit à l'arrestation en envoyant une lettre ouverte aux médias, affirmant qu'il est la victime d'une chasse aux sorcières de la part du ministre de la Justice, Jean Gol. Troisième imprudence.

Bultot réussit à se bâtir une liste impressionnante d'ennemis à l'intérieur et à l'extérieur du gouvernement. Toutes les polices du pays se mettent à le traquer. La bande de Baasrode en fait aussi les frais.

Le suspect de Mendez

Juan Mendez reste au courant des dernières nouvelles de l'enquête sur le vol de sa collection d'armes. Il estime qu'elle tourne en rond et il décide de mener sa propre enquête. Il se rend chez des armuriers et dans des boîtes de nuit afin de vérifier si les armes à feu volées sont revendues sur le marché noir. Il fait passer le message qu'il est même prêt à racheter sa collection aux voleurs au prix coûtant.

Mendez est surpris quand il jette un coup d'œil au registre d'armurier de Bouhouche. Il remarque des munitions qu'il croit provenir du vol de sa collection. Il se tait, mais considère à partir de ce moment-là Bouhouche comme son suspect numéro un. Selon le frère de Mendez : « Son soi-disant ami avait déclaré une série de munitions rares qu'il détenait dans les mêmes quantités que celles volées chez mon frère. »[281] Mendez estime qu'il a besoin de preuves plus tangibles afin de prouver que Bouhouche est impliqué.

Mendez se souvient que Bouhouche connaissait la date exacte à laquelle la porte blindée allait être installée afin de sécuriser sa collection d'armes. Il se souvient aussi d'une conversation étrange que lui et sa femme avaient eue avec Bouhouche ; ce dernier avait dit que si jamais il cambriolait leur maison, il pourrait facilement défoncer le bas de la porte de la cuisine. Les cambrioleurs avaient utilisé la même stratégie.

En novembre 1985, Mendez annonce à des amis et connaissances qu'il connaît le responsable du vol et qu'il est sur le point de se faire justice lui-même et de récupérer sa collection d'armes.

ÉLECTIONS

Les autorités se préparent pour les élections nationales du 13 octobre 1985. Compte tenu des attaques de Braine-l'Alleud et d'Overijse et des activités des CCC, les autorités étudient des plans d'urgence... Avant les élections, le 8 octobre, les CCC font exploser le bâtiment de l'entreprise Sibelgaz, fracassant quatre cents fenêtres. La veille des élections, le 12 octobre, une autre bombe des CCC détruit le premier étage de l'immeuble de l'entreprise Fabrimétal. Ces événements ont comme résultat que le jour des élections, le gouvernement dépêche près de trente mille policiers afin de patrouiller autour des bureaux de vote.

Au début de la campagne électorale, le déploiement des missiles nucléaires de l'OTAN avait dominé les discussions politiques ; l'installation de ces seize missiles de croisière avait causé beaucoup de résistance et 150 000 manifestants anti-nucléaires étaient descendus dans les rues afin de protester. L'opinion publique semblait marquée d'un vent pacifiste et anti-nucléaire, ce qui faisait pencher les sondages populaires en faveur de la gauche, présage d'une défaite historique pour le gouvernement de droite.

Mais la violence et l'insécurité causées par les tueurs du Brabant et les CCC avaient supplanté la question des armes nucléaires. Les partis de droite marquent alors des points politiques auprès de l'électorat en présentant une plateforme d'ordre et de sécurité.[282] Les sondages se montrent plus favorables pour eux. Après le scrutin, quand les bulletins sont comptés, la droite remporte une victoire électorale écrasante. La question des missiles nucléaires est résolue une fois pour toutes. Les résultats virent au cauchemar pour l'opposition de gauche, ce retournement radical de l'opinion menant à la victoire de la droite apparaît troublant pour de nombreux observateurs. Les cyniques affirment que la violence constituait un leurre dans le but de faire pencher l'élection vers un gouvernement de droite. Le gouvernement, l'OTAN ou les États-Unis auraient-ils pu inciter la violence afin d'influencer les élections ?

Les élus doivent à présent se réunir autour de la table des négociations afin de déterminer la composition du prochain gouvernement. Durant cette période, le public et les médias pressent les partis à parvenir à une entente. Ils négocient notamment sur les questions d'ordre et de sécurité publique. Deux semaines après le début des délibérations après le scrutin du 13 octobre, les élus ne parviennent toujours à aucun terrain d'entente.

Les suspects

Le mois de novembre 1985 sonne le glas de la bande de Baasrode. Stéréo P. est déjà en prison pour des accusations sans rapport avec leurs récents braquages. Johnny De Staercke, quant à lui, a un désaccord majeur avec le reste des membres de la bande et urine sur de l'équipement que la bande utilise pour leurs crimes. Ainsi, les seuls deux membres restants doivent recruter des nouveaux complices afin de les remplacer pour des braquages. Comme Dominique S. est spécialisé dans le vol de cartons de cigarettes, il se concentre sur des entrées par effraction nocturnes dans des supermarchés.

Le 1er novembre 1985, la bande de Bouhouche vole une Renault 25 GTX. L'enquête détermine qu'une copie des clés avait été conservée au siège de la firme Renault à Ixelles. Un employé utilisait cette copie des clés pour que des journalistes et des potentiels clients puissent essayer la voiture. Cet employé avait interagi avec un proche de Bouhouche et les clés ont probablement été dérobées à ce moment-là. La bande utilise la Renault volée pour ses activités criminelles.

Le mois de novembre 1985 marque aussi un tournant majeur dans l'histoire de la bande d'Haemers. Ils préparent un vol à main armée sur un fourgon blindé. Après leur dernier vol, les autorités ont renforcé la sécurité en remplaçant les camionnettes postales par des fourgons blindés, escortés par une voiture de police. Afin de réussir le crime, ils ont besoin d'obtenir une charge qui ne ferait exploser que les portes du fourgon blindé. Pour ce faire, ils communiquent avec un expert en explosifs du milieu criminel, Jean-Claude D.

La bande d'Haemers fournit les détails du fourgon blindé à Jean-Claude D. Selon Haemers : « Nous avions calculé la charge, nous avons cherché à savoir quel type d'armure le camion blindé avait. Nous avions été informés qu'entre les doubles murs du camion, il y avait du sable. » En utilisant les informations fournies, Jean-Claude D. prépare le dispositif explosif.

Le 4 novembre 1985, à 9 h 00 du matin, les membres de la bande d'Haemers conduisent leur BMW jusqu'au fourgon postal alors qu'il s'arrête dans la ville de Verviers. Après avoir tiré avec leur UZI sur le véhicule de la gendarmerie accompagnant le fourgon blindé, les trois gangsters, qui portent des cagoules, sortent de la BMW et obligent le gendarme à sortir de son véhicule. Ils l'attachent à un poteau de circulation avec ses propres menottes, puis se concentrent sur le butin du fourgon blindé. Trois postiers sont barricadés à l'intérieur du fourgon.

Les membres de la bande fixent un kilo et demi de dynamite sur la porte arrière du fourgon blindé. Après que Philippe L. et Haemers se sont mis à l'abri, le conducteur Thierry S. presse sur le bouton de la télécommande pour faire exploser la porte. Une explosion massive, beaucoup plus importante que prévue, pulvérise l'intérieur du fourgon. Deux employés à l'intérieur, Henriette Genet et Yves Lambiet, sont tués sur le coup. Le troisième employé, le chauffeur Jean-François Pirlot, est gravement blessé mais survivra. La bande a commis une grave erreur logistique. Ils ont cru que les murs blindés du fourgon étaient remplis de sable, mais il s'agissait en fait de frigolite. Ils ont utilisé la mauvaise charge explosive.

Les bandits remarquent l'étendue du carnage, mais ils continuent leur vol malgré tout. Haemers marche dans le fourgon et enlève les sacs avec un butin de 7 249 000 francs belges (environ 180 000 euros). Lorsqu'ils retournent à leur cachette, ils réalisent l'étendue de leur bavure. En plus d'avoir tué brutalement les deux employés de la Poste, une des armes qui a été tirée est reliée à trois de leurs autres braquages.

L'attaque de Verviers est le début de la fin pour la bande originale d'Haemers, opérant avec ses trois membres fondateurs. Le conducteur Thierry S., qui a appuyé sur le bouton pour déclencher les explosifs, est rongé par un fort sentiment de culpabilité et tombe dans une profonde dépression. Haemers et Philippe L. le renvoient de la bande. Quelques mois plus tard, Thierry S. meurt à la suite d'un suicide aux circonstances suspectes.

Chapitre 22

Supermarché Delhaize à Alost (9 novembre 1985)

Durant l'après-midi du 9 novembre 1985, dans le bois de la Houssière, des promeneurs découvrent dans les débris d'un petit feu des restes de plusieurs liasses de chèques partiellement brûlés.[283] Ils avaient été volés lors des doubles raids de Braine-l'Alleud et d'Overijse ; il s'agit d'un signe indéniable que le feu dans cette grande forêt du Brabant Wallon a été allumé par les tueurs fous du Brabant.[284]

Quelques minutes avant cette découverte, une Mercedes blanche transportant des hommes est aperçue, conduisant à proximité. Au début de la soirée, une Mercedes blanche semblable et une Golf de couleur foncée sont encore repérées près des débris.[285]

Des cendres de reçus de restaurants, des mégots de cigarettes et un masque de carnaval sont aussi trouvés dans le feu, ainsi que d'autres bouts de papiers. Parmi ces derniers, se trouvent des notes manuscrites comportant environ vingt mots : « ventre », « genou », « centre de doul… », etc. Des objets se trouvent dans un sac Jokire, une boutique située à Ixelles. Tout cela renforce la connexion des tueurs fous avec Ixelles.

Des télécommandes vidéo, un billet de train pour un voyage de Bruxelles à Ostende et une photo de cheveux blonds sont aussi récupérés sur les lieux.[286]

L'homme le plus détesté de Belgique

De prime abord, les tueurs fous ont essayé de se débarrasser des articles dont ils n'avaient plus besoin. Mais des enquêteurs verront des liens avec Jean Bultot, l'assistant directeur de prison, menant à une hypothèse que les tueurs fous avaient laissé des preuves pour créer une fausse piste vers Bultot, l'homme le plus détesté de Belgique.

Puisque Bultot a déjà été arrêté pour trafic de chèques volés avec Van Esbroeck de la bande de Baasrode, peut-être que les chèques de Braine-l'Alleud et d'Overijse transitent par lui ? Les documents brûlés proviendraient alors de notes personnelles tirées d'un discours discutant du Kevlar donné par Jean Bultot en 1984 auprès de la communauté des tireurs et des membres des forces de l'ordre. Enfin, les notes auraient pu être manuscrites dans l'écriture de sa secrétaire, mais un expert en écriture contredira cette version des faits.

Lors de son arrestation dans l'affaire de vol de chèques, en début de 1985, avec Léopold Van Esbroeck de la bande de Baasrode, Jean Bultot avait aussi été accusé d'avoir revendu du matériel vidéo. Ceci expliquerait les télécommandes vidéo trouvées. Mais les télécommandes trouvées correspondent à des postes de télévision et Bultot n'avait pas volé de télévision. La présence de la photo des cheveux blonds suggère aussi un lien avec Bultot, en effet, il a un fils aux cheveux blonds.

L'implication de Bultot demeure curieuse... Pour rappel, il reste l'un des hommes les plus traqués de Belgique. Deux informateurs rémunérés de la Sûreté de l'État ont reçu comme charge principale de suivre chacun de ses mouvements.[287] Un de ceux-ci fait partie de la vie quotidienne de Bultot : Antoine D. qui, comme sa cible, se passionne des armes à feu et pratique le tir. D'autres agences de police épient ses mouvements. Comment aurait-t-il pu faire partie des tueurs du Brabant sans avoir été détecté ?

Après examen approfondi des objets trouvés, aucun d'entre eux ne pourra être absolument relié à Bultot. Ils sont plutôt de nature circonstancielle. Une dernière hypothèse proposera que Jean Bultot avait lui-même déposé les objets, mais plus personne ne semble y croire aujourd'hui.

La Saint-Martin

Ce même 9 novembre 1985, à environ soixante kilomètres au nord du bois de la Houssière, les habitants néerlandophones de la ville flamande d'Alost se préparent pour la Saint-Martin, leur plus important jour férié de l'année qui inclut un long défilé dans le centre de la ville. Saint-Nicolas reste l'attraction centrale, accompagné de son acolyte le Père Fouettard. Les enfants marchent dans les rues avec des lanternes et chantent pour recevoir des pâtisseries et autres friandises.

Les restaurants et les cafés sortent, pour cette journée clémente, les tables et les chaises sur la place centrale d'Alost. En soirée, la ville est animée avec des gens qui marchent dans les rues et qui font la fête. Les clients font leurs courses au supermarché Delhaize local, en essayant de ne pas avoir trop peur des tueurs du Brabant, bien qu'Alost se situe beaucoup plus au nord que le lieu des autres attaques.

Bien que le Delhaize d'Alost se situe à l'extérieur de la zone de protection renforcée par le groupe d'intervention créé pour lutter contre les tueurs du Brabant, la gendarmerie avait mis en place des mesures de sécurité supplémentaires. Une équipe de la gendarmerie armée de pistolets-mitrailleurs UZI et portant des gilets pare-balles est supposée faire le guet jusqu'à 20 h 00, heure à laquelle elle doit être remplacée par la police locale qui est chargée de veiller à la sécurité pour le reste de la nuit.

Ce supermarché est construit différemment des autres magasins Delhaize, notamment parce qu'il a deux entrées aux deux extrémités : une entrée accessible sur le devant du magasin et une entrée donnant sur le parking à l'arrière. Le parking est situé au bout d'une longue ruelle qui est accessible depuis une rue latérale. La zone de parking, quant à elle, est une impasse faisant face à une grande forêt traversée d'un sentier pédestre.

DELHAIZE D'ALOST[288]

Peu avant 19 h 30, l'équipe de gendarmerie en poste dans le magasin Delhaize d'Alost termine de façon inattendue sa patrouille et quitte le parking arrière du Delhaize. Cela laisse une période d'une demi-heure sans protection jusqu'à ce que les policiers de la ville se présentent à 20 h 00.

Dès que les gendarmes quittent le parking dans leur véhicule, les tueurs fous entrent avec leur Golf GTI noire dans la longue ruelle qui mène au parking arrière du Delhaize. Le côté arrière des magasins voisins où ont lieu les livraisons bordent la ruelle.

Les tueurs fous stationnent à l'extrémité du parking Delhaize près de la forêt et à l'arrière d'une quincaillerie. À 19 h 33, les assaillants se dirigent vers le Delhaize alors que des clients vident leurs chariots d'épicerie dans leurs véhicules. Les tueurs fous portent de longs manteaux foncés et sont armés de riot-guns et d'un pistolet-mitrailleur. Le « Géant » porte du maquillage pour assombrir son visage et une perruque afro. Les deux autres portent des cagoules.

Les membres de la famille Van de Steen viennent de sortir par la porte arrière du magasin pour se diriger vers le parking, leur chariot d'épicerie rempli de courses. Les parents Gilbert et Marie-Thérèse Van de Steen sont avec leur fille Rebecca, quatorze ans, et leur fils David, neuf ans. Ils entendent du bruit à côté d'eux. Rebecca se retrouve soudainement face à un des agresseurs armés ; elle crie : « Ne tirez pas, c'est mon papa ! »[289] Elle se cache derrière son père. L'un des tueurs tire sur le père et la fille et ils meurent sur le coup. Les tueurs fous se tournent alors vers la mère et l'abattent.

David, le fils de neuf ans, terrifié, retourne dans le magasin en courant alors que des balles sifflent à la hauteur de ses oreilles et fracassent une vitrine. Une balle touche le client George De Smet à la tête. Il s'effondre devant la porte et David doit sauter par-dessus son cadavre pour se trouver une cachette.[290]

Deux des tueurs du Brabant marchent alors vers la porte arrière du magasin, à une distance d'environ trois mètres l'un de l'autre. Celui à l'arrière couvre celui marchant devant. Le troisième assaillant reste sur le parking où il devrait normalement faire le guet mais part plutôt à la recherche d'autres victimes alors que ses deux complices poursuivent leur braquage à l'intérieur du magasin. Donald Roelandt attend dans sa voiture sur le parking du magasin avec son fils de quatorze ans, Philip, assis sur la banquette arrière. Le fils se lance sur le plancher avant qu'une balle ne brise la vitre et frôle la tête de son père. Roelandt parvient à s'enfuir au volant de sa voiture malgré des saignements à la tête.

Jan Palsterman est allé mettre de l'essence pendant que ses enfants font leurs courses dans le Delhaize. Le tueur fou s'approche de Palsterman et lui tire dessus, le tuant de cinq balles à la tête. Au fond du parking, Dirk Nijs est assis dans sa BMW avec sa fille de huit ans, Elsie. Ils attendent pendant que sa femme fait les courses dans le supermarché. Le tueur s'approche de la voiture et fait feu ; l'impact des tirs décapitent le père et atteignent la fillette à la tête. [291]

À l'intérieur du Delhaize, les clients et les caissiers ont entendu l'agitation et les coups de feu venant du parking. Certains courent se cacher derrière les étagères et d'autres essayent de s'enfuir par la porte à l'avant du magasin. Lorsque les deux tueurs fous entrent par les portes automatiques à l'arrière du magasin, le « Géant » abat deux femmes qui se trouvent côte à côte, ce qui crée la panique dans le magasin.

Un des tueurs reste aux caisses tandis que le « Géant » se rend aux bureaux. L'assaillant qui reste sur place ordonne alors aux clients de s'allonger à plat ventre alors qu'il vole de l'alcool et des cigarettes ; il met le tout dans un sac avec le logo de la Poste. Quand une caissière ne remet pas l'argent assez rapidement à son goût, il n'hésite pas à tirer sur elle une salve de riot-gun. Elle survivra à ses blessures. Un client qui se trouve à proximité est aussi fusillé de sang-froid. Lui aussi survivra.

Le « Géant » se dirige vers les bureaux à l'arrière. Sous son imperméable, le « Géant » porte un pull kaki, couvert d'un gilet de ski sans col. Il porte un pantalon foncé avec des poches sur les jambes à l'avant et une ceinture avec un autre pistolet et des grenades, ainsi que deux couteaux accrochés autour du cou. Une fois dans les bureaux, il retrouve le directeur adjoint et lui ordonne en français d'ouvrir le coffre-fort. Le « Géant » crie alors en néerlandais : « L'argent, vite ! » Le directeur adjoint vide le contenu dans le sac du « Géant », qui saisit en outre une boîte métallique de petites coupures. Il prend le directeur adjoint en otage et le ramène aux caisses.

En voyant le « Géant » revenir, un client pousse sa fille à terre et crie à sa femme : « Baisse-toi ! » Le « Géant » lui donne un violent coup de pied, mais elle reste immobile. Il la saisit par le haut du cou. Elle crie : « Laisse-moi partir ! »[292] Le directeur adjoint dit aussi : « Lâche-la. »[293] Le « Géant » rétorque en néerlandais, « Mettez-vous de côté alors. »[294] Pendant un moment où le « Géant » est distrait, le directeur adjoint s'enfuit. Le tueur le poursuit sur un ou deux pas puis tire vers lui, mais le directeur adjoint réussit sa fuite. En même temps, l'un des tueurs remarque David, le garçon de 9 ans dont la famille était tombée sous les balles plus tôt. Malgré le fait qu'il soit couché au sol, il lève la tête pour regarder le « Géant ». Ce dernier lui tire une balle qui se loge dans son aine. Deux autres enfants près des sorties sont pris pour cibles. Ils sont tous deux touchés, le premier avec des ballettes dans les jambes et le second par des débris de verre.[295]

Marie-Jeanne Mulder reste allongée par terre près de la porte vitrée de la sortie. Quand les deux tueurs fous quittent par la porte arrière, Mulder fait un mouvement qui ouvre et ferme les portes automatiques, ce que l'un des tueurs remarque. Elle essaie de s'enfuir à quatre pattes, mais avant qu'elle ne soit hors de portée, il glisse son arme dans la fente de la porte et lui tire une balle dans la gorge, la tuant. Son sang coule sur son neveu Andy Mulder qui a dix ans et sur son petit frère qui a six ans.

Les tueurs fous s'éloignent ensuite du magasin calmement à quelques mètres l'un de l'autre. Le premier porte des sacs, le second la boîte en métal avec les petites coupures. En sortant du magasin, les policiers de la ville arrivent au coin de la ruelle et de la rue lui donnant accès et voient les tueurs à l'autre bout. Les balles volent de partout, frappant une porte en métal, les murs et un signe de Delhaize. Le troisième tueur fou couvre la sortie de ses deux complices durant leur traversée du parking. Le « Géant » y laisse son chapeau de safari sombre.

Les criminels atteignent la Golf et y déposent leur butin. Les trois brigands attendent quelques minutes dans la Golf avec le hayon toujours ouvert. Les agents à l'autre bout de la ruelle - apparemment la seule issue pour les tueurs - sont à pied. Les agents se tiennent entre les tueurs et leur seule voie de sortie. Les tueurs du Brabant s'avancent avec le hayon ouvert puis la voiture se retourne et passe soudainement en marche arrière. La Golf accélère et l'un des tueurs fous tire sur la police depuis le hayon ouvert. Alors que les agents tirent à leur tour, le véhicule tourne dans la rue. Les policiers tirent quelques fois vers la Golf, mais ils ne réussissent pas à arrêter les tueurs en fuite. Un fourgon de police et une R4 arrivent et essaient de les poursuivre, en vain. Ils sont déjà loin et ils ne peuvent rattraper leur retard. La Golf s'élance à 200 km/h à travers les feux rouges.

Ils s'enfuient avec 490 000 francs (environ 12 146 euros) en espèces et 239 000 francs (environ 5 925 euros) en chèques dans un sac en plastique blanc pour légumes frais ou congelés avec un lettrage bleu.

IMAGE DE MARQUE

Tout comme pour les attaques de Braine-l'Alleud et d'Overijse, les tueurs fous du Brabant veulent que le public sache qu'ils sont de retour. De nouveau, ils utilisent une Volkswagen Golf et ciblent un supermarché Delhaize. Le « Géant » est présent et s'affaire à terroriser les gens qui font leurs achats. Ils arrachent les fils téléphoniques et prennent un otage. Ils se garent loin des portes du magasin et attaquent un soir de week-end.

Le « Géant » porte une perruque et met du fond de teint foncé sur son visage. Il marche lentement comme s'il avait de la difficulté à se dépêcher. Il menace verbalement des clients. Ses deux complices, quant à eux, portent des cagoules avec des trous pour les yeux et la bouche.

Comme pour les autres attaques de la seconde vague, chaque tueur fou couvre celui devant lui. Chaque mouvement se fait selon un modèle prédéterminé et chaque tueur a un rôle spécifique à jouer. Alors que deux d'entre eux entrent par la porte arrière du magasin, en marchant avec une distance de quelques mètres entre eux, le troisième reste à l'extérieur du supermarché pour couvrir l'arrière, selon la même stratégie adoptée à Overijse. Une fois qu'ils finissent le braquage, ils partent calmement du magasin tandis que le troisième homme couvre leur traversée du parking.

Comme à Overijse et Braine-l'Alleud, ils utilisent une violence extrême sans pourtant avoir été provoqués. Ils vont aussi plus loin que leurs attaques de la première vague en tuant les clients sur le parking avant même d'entrer dans le magasin. Ils ont alors plusieurs victimes à leur actif, incluant toute la famille Van de Steen et George De Smet. Le troisième tueur, qui fait le guet à l'extérieur, poursuit ensuite les victimes innocentes même dans les parties les plus éloignées du parking. À l'intérieur également, les tueurs tirent sur les gens, même ceux qui ne présentent aucune résistance, comme deux femmes qui tentent de ne pas se faire remarquer ou une caissière qui ne va pas assez vite à leur goût.

Leur violence devient impitoyable. Le « Géant » va même jusqu'à tabasser une femme qui est allongée sur le sol et tire sans distinction sur les autres clients. Les tueurs s'arrêtent afin de tuer de sang-froid une femme qui essaie de s'enfuir, rampant à quatre pattes, la laissant se vider de son sang sur deux jeunes garçons qui sont avec elle.

Les tueurs ciblent aussi de façon délibérée les enfants lors de l'attaque à Alost, sans hésitation. Encore une fois, il s'agit d'une décision consciente, mais la violence contre les enfants s'aggrave et mène à plus de victimes. Il faut croire qu'ils considèrent qu'ils n'en ont pas fait assez à Braine-l'Alleud et à Overijse. L'enquête révèle même que le « Géant » a souri à David, âgé de neuf ans, avant de tirer dans son aine. Parmi les jeunes victimes se trouvent Elsie qui a huit ans, et Marie-Thérèse qui a quatorze ans, touchée alors qu'elle tente de se cacher derrière son père. Enfin, deux autres enfants sont attaqués et blessés près de la sortie.

Le départ

Les tueurs du Brabant utilisent les mêmes deux riot-guns de calibre 12 utilisés à Braine-l'Alleud et à Overijse (RG-1) et (RG-2), chargés de munitions Legia, et un pistolet-mitrailleur Ingram, dont les munitions de 9 mm Gevelot SFM 1978 ont été rechargées. Leur intention semble être de terroriser la population, bien qu'ils ne tentent pas de tuer le plus grand nombre de personnes possible. S'ils l'avaient voulu, ils auraient pu utiliser plusieurs armes automatiques et semi-automatiques avec des chargeurs à grande capacité et tirer sans arrêt sur tout le monde. Ils auraient alors maximisé le nombre de leurs victimes.

Lors d'une des commissions d'enquête parlementaires, le témoin expert Jan Cappelle notera que : « L'attaque a duré 13 minutes alors qu'un hold-up « normal » ne dure que 3 à 4 minutes. »[296] À l'heure du braquage, les Delhaize ont déjà vidé la majeure partie des revenus de la journée ; il ne reste qu'une fraction de l'argent du jour dans les caisses. Contrairement à leurs autres raids sur des Delhaize, les tueurs fous volent de l'alcool et des cigarettes et mettent le tout dans un sac avec un logo du service postal. Sur le parking, le « Géant » laisse derrière lui un chapeau safari sombre de la même marque que celui laissé dans la Saab après l'une de leurs attaques de la première vague, ce qui suggère qu'il a abandonné le chapeau là délibérément.

Contrairement aux autres Delhaize qu'ils avaient attaqués, le parking ne dispose que d'une sortie par une ruelle. Si la police avait bloqué la sortie, ils auraient été pris dans une souricière ; à moins qu'ils ne se soient sauvés par la forêt. Les observateurs sont divisés en deux camps quant à la viabilité d'un autre moyen d'évasion. Selon Cappelle : « Les malfaiteurs ont choisi celle des deux entrées qui ne disposait que d'un chemin de sortie ; comme s'ils voulaient s'enfermer dans une souricière. »[297] Quant au journaliste René de Witte, il déclarera : « Ils pouvaient fuir par l'arrière, courir 200 à 300 mètres le long du parc Osbroek et sauter dans une voiture. »[298]

Selon Cappelle : « Après l'attentat, les tueurs sont restés délibérément cinq minutes dans leur voiture en attendant l'arrivée de la police et ont alors forcé les barrières. »²⁹⁹ Cela fut corroboré par le journaliste Walter De Bock, qui dira : « Le parking ne dispose que d'une sortie, et l'évacuation de cette souricière s'est déroulée en deux phases : les tueurs ont d'abord attendu trois à quatre minutes dans leur voiture et sont ensuite passés à l'offensive en anéantissant le dispositif d'alarme de la police. »³⁰⁰

Le policer sur place n'a pas assez de puissance de feu pour réagir. Selon le procureur du Roi De Saeger : « La portée de son arme était inférieure à la distance de 30 à 40 mètres qui le séparait des gangsters. »³⁰¹

L'attaque du Delhaize d'Alost demeure la dernière attaque de supermarchés connue des tueurs fous du Brabant.

AGISSEMENTS SUSPECTS

Selon De Saeger : « L'attaque d'Alost avait été bien préparée. La configuration des lieux ainsi que l'itinéraire de fuite avaient été étudiés au préalable. »³⁰² Cela nous amène à examiner des activités suspectes qui ont été remarquées autour du Delhaize avant l'attaque.

Quelques semaines précédant l'attaque du Delhaize, des enfants qui jouaient le long d'un sentier à l'arrière du supermarché ont découvert un sac. À l'intérieur se trouvait un riot-gun, deux révolvers chargés et plusieurs cagoules. Les armes à feu contenaient des munitions rechargées. Une concordance balistique ne reliera pas les trois armes aux autres crimes des tueurs du Brabant, mais les munitions rechargées et le type d'armes suggèrent qu'elles avaient été placées là par les tueurs du Brabant. Ils avaient probablement préparé une cache au cas où ils auraient été forcés de se sauver par la forêt durant l'attaque.

Le soir du vendredi 31 octobre 1985, quelques jours précédant l'attaque, un couple en train de faire du jogging autour d'une piste d'athlétisme près du supermarché, a remarqué des agissements suspects. Ils ont vu un grand type qui montait et descendait la rue longeant la forêt. La rue sépare le parc d'athlétisme et la forêt menant à l'arrière du supermarché Delhaize. Un des témoins décrit l'homme marchant dans la rue comme ayant un début de calvitie partant du haut du front comme le « Géant ». Il avait l'air d' : « une armoire à glace. »³⁰³ Il portait un gilet en cuir noir et des bottes. Il semblait être en train de mesurer des distances.

Une Ford Taunus de couleur claire est apparue ensuite dans la rue. Le conducteur avait : « une apparence méditerranéenne (italienne)... avec des cheveux noirs et une moustache épaisse. »³⁰⁴ Il s'est arrêté et a parlé au colosse avant qu'il ne sorte de la voiture ; il est entré dans la forêt. Un troisième homme avec un visage pointu est sorti du sentier, ce qui a surpris les joggers qui se préparaient à quitter les lieux. Le témoin a confronté le troisième homme en lui demandant : « Tu veux que je te démonte ? »³⁰⁵ en néerlandais. L'homme n'a pas répondu. Il s'est retourné et est parti. Lorsque le couple s'est éloigné, les trois hommes se tenaient près de la Taunus.

Les joggers sont allés directement au poste de police. L'agent au comptoir a immédiatement appelé des agents à moto près du bois. Les agents se sont rendus dans la rue longeant le bois et ont vu la Taunus et les trois hommes. Mais avant de pouvoir faire quoi que ce soit, la Taunus quittait les lieux. Les policiers à moto n'ont même pas noté le numéro de plaque de la Taunus.

À 9 h 00 le matin de l'attaque d'Alost, des clients ont remarqué deux personnes à l'allure suspecte dans le supermarché. Le midi, une Mercedes suspecte a été aperçue près des portes. Aussi, à la même heure, à des dizaines de kilomètres de là, la gendarmerie est alertée que des gens tirent des coups de feu sur une propriété abandonnée à Woluwe-Saint-Étienne. La police voit deux voitures quitter les lieux : une Ford Taunus et une Ford Escort blanche à rayures jaunes. Ils ont déterminé que les suspects tiraient des munitions de calibre 12 Legia et de calibre .22.³⁰⁶ À 16 h 00, un témoin a vu une Mercedes et une Audi suspecte sur l'avenue Parklaan devant le Delhaize d'Alost. Enfin, à 18 h 45, une Mercedes suspecte a été aperçue sur le parking arrière du Delhaize.

En début de soirée, la station de radio locale Radio Amigo a reçu une demande de chanson. L'appelant insiste que la chanson devait être jouée à 19 h 15 pile sinon il serait trop tard. Il ajoute que la demande vient de la bande de Nivelles (le nom néerlandais des tueurs fous) pour la bande de Hofstad[307]. À 19 h 15, dans un café d'Alost, un témoin a vu un très grand type avec un homme plus petit. Ils parlaient français, ce qui était rare dans ce café à la clientèle régulière, au milieu de la Flandre profonde.[308] À 19 h 15 à Grand-Bigard, un village le long de la route entre Bruxelles et Alost, un suspect dans une Golf est aperçu dans une station-service Texaco.[309] À la même station, une arme à feu serait tombée de l'imperméable d'un client. Le client aurait ramassé l'arme et quitté les lieux. À 19 h 20, une Mercedes et une Golf ont enfin été aperçues sur l'autoroute entre Bruxelles et Alost près de la commune de Ternat.

RONQUIÈRES

Dans la nuit du 10 novembre 1985, une journée après l'attaque du Delhaize d'Alost, deux voitures s'arrêtent le long du canal Bruxelles-Charleroi à la hauteur de Ronquières. L'endroit est situé à une courte distance de marche du bois de la Houssière où des objets appartenant aux tueurs du Brabant ont été trouvés peu avant l'attaque d'Alost. Deux hommes sortent de la voiture. Un des hommes se rend au bord du canal. Il lance des petites roches sur un sac qui flotte sur l'eau. Le nom « Daniel » est entendu.[310] Un des véhicules est une Golf sombre et l'autre est un plus grand véhicule de couleur claire. Les deux véhicules ont les phares éteints. Les hommes s'affairent à substituer les plaques d'immatriculation des voitures.[311] Une encyclopédie sur les munitions et des revues sur les armes à feu sont trouvées plus tard au même endroit. Les articles sont soupçonnés d'avoir appartenus aux tueurs fous du Brabant.

DÉCLARATIONS DES TÉMOINS

Deux témoignages sont recueillis par la gendarmerie locale de Soignies à propos de l'incident sur la rive. Le propriétaire d'un snack-bar à proximité s'est rendu au poste après l'incident. Il déclare que vers 00 h 20 du matin, il a été réveillé par un moteur en marche et a vu la Golf GTI sombre et deux hommes en vestes militaires.

La deuxième déclaration vient d'un témoin rencontré par les agents quand ils se rendent ensuite sur les lieux. Il confirme partiellement les dires du premier témoin et déclare que : « Vers 00 h 20 ou 00 h 30... j'entends le bruit d'une porte de voiture qui se ferme. Je vois deux voitures. Elles sont arrêtées et ont les phares éteints. Trois personnes se promènent. Une personne est au bord de l'eau près des marches de ciment. Peu de temps après, je vois à la lumière un sac flottant de la taille d'un sac-poubelle. »[312] La couleur de la Golf correspond à une voiture qui est trouvée dans le bois de la Houssière quelques heures après. La police pense que la deuxième voiture était une Renault 20 ou 30 ou une Passat.[313]

Sur la base de ces deux déclarations de témoins, les enquêteurs enverront des plongeurs dans l'eau pour voir s'ils pourraient retrouver ce que les suspects avaient jeté. Ils rentreront bredouille.

BOIS DE LA HOUSSIÈRE

Le 11 novembre 1985, les restes carbonisés d'une Golf GTI sont découverts dans le bois de la Houssière. Il s'agit de la Golf volée par les tueurs fous à Erps-Kwerps en septembre. La voiture a été incendiée moins d'une heure après que les suspects ont été repérés en train de changer de plaque d'immatriculation à Ronquières. La banquette arrière et le cadre de la Golf ont été retirés.[314] Des munitions de calibre 12 sont trouvés à l'intérieur.

Golf

Après avoir changé leurs plaques d'immatriculation à Ronquières, les tueurs du Brabant ont probablement conduit la Golf au lieu de l'incendie. Ils seraient repartis avec la Renault 20 ou 30 de couleur claire. Certaines sources soupçonnent que la Golf GTI d'Erps-Kwerps n'était pas la voiture utilisée à Alost. Les tueurs fous y auraient utilisé une Golf différente.

Scanners radio

L'attaque du Delhaize d'Alost suggère que les tueurs fous utilisent un scanner radio. Peu avant l'attaque du Delhaize d'Alost, vers 19 h 30, la patrouille de la gendarmerie chargée de la sécurité du supermarché jusqu'à 20 h 00 a quitté prématurément le parking arrière du Delhaize. Quelques instants après, la Golf GTI des tueurs fous est entrée dans la ruelle qui mène jusqu'au parking arrière. Plusieurs possibilités alors : soit ils avaient été avertis par un collègue sur le parking qui leur a relayé le message, soit ils avaient écouté les fréquences de la gendarmerie, ou peut-être encore avaient-ils eu une chance inouïe.

Après l'attaque d'Alost, les tueurs du Brabant ont quitté le parking du Delhaize à 19 h 49 et ont tourné à gauche pour aller vers le sud sur la vieille route N405, en direction de la ville de Ninove. Deux véhicules des forces de l'ordre étaient à leurs trousses. Quand la Golf est arrivée au premier carrefour majeur, ils ont dû faire un choix : ils pouvaient soit aller à droite vers la nouvelle autoroute N45, soit à gauche pour continuer sur la vieille route N405. La nouvelle autoroute N45 était une autoroute moderne à quatre voies qui n'était ouverte à la circulation que depuis quelques mois. Les tueurs ont décidé d'aller à gauche et de rester sur l'ancienne route N405 traversant Ninove.

Selon le gendarme Luc Boeve qui se tenait sur les lieux à Alost, les équipes de la gendarmerie transmettaient sans cesse leurs positions sur les ondes radios : « Pendant ce temps, notre radio a continué à vibrer. Une équipe va ici, une équipe va là-bas. »[315] À 19 h 50, la gendarmerie de Ninove a été alertée sur les ondes que les tueurs fous filaient à toute allure vers eux sur l'ancienne route N405. Ils ont donc immédiatement mis en place un barrage routier le long de l'ancienne route.

Peu après cette alerte sur les ondes, un témoin a remarqué une Golf avec ses phares éteints conduisant à 200 km/h. La Golf a fait un énorme détour retournant vers le nord-ouest, ce qui la ramenait tout près du carrefour qu'elle avait déjà traversé quelques instants plus tôt. Une fois sur place, la Golf s'est retournée pour embarquer cette fois sur la nouvelle autoroute N45 qui allait la mener encore vers le sud.

Les tueurs fous filaient sur l'ancienne N405 et dès que le barrage routier sur le N405 a été mentionné sur les ondes, ils ont fait un énorme détour pour rebrousser chemin. La gendarmerie de Ninove a mis sa barricade sur l'ancienne N405 au plus tard à 19 h 55. Lorsque les tueurs fous sont enfin passés par Ninove, ils l'ont alors fait par la nouvelle autoroute N45 qui passait à l'arrière du barrage routier de la gendarmerie de Ninove. Pour la deuxième fois cette nuit-là, ils ont pris une décision critique en anticipant ce qu'allait faire la gendarmerie.

L'utilisation des scanners par des criminels demeurait une préoccupation de la police aux États-Unis dans les années 80. Par exemple, la bande du caïd de Boston Whitey Bulger écoutait les fréquences de la police durant leurs crimes. N'importe qui pouvait acheter un scanner dans un magasin comme Radio Shack et écouter les fréquences de police. Tout était analogique, rien n'était codé.

Radios ôtées

Dans les voitures abandonnées par les tueurs, l'autoradio avait été supprimé, parfois même avec les antennes. Il s'agit de d'indices supplémentaires indiquant que les tueurs du Brabant utilisent des scanners pour échapper à la gendarmerie.

Lors de la double attaque de Braine-l'Alleud et d'Overijse, la gendarmerie avait mis en place un barrage routier sur la N27, la principale autoroute entre Nivelles et Bruxelles. Vingt minutes plus tard, un membre de la gendarmerie ordonnait d'enlever le barrage routier et de le déplacer vers une petite route secondaire. Quelques minutes après, le barrage était redéplacé de la route secondaire à la N27. Les tueurs fous se sont faufilés en évitant le barrage routier. Ils ont joué à la roulette russe avec une chance sur deux de perdre et ont gagné encore une fois.

Ces évasions miraculeuses s'étaient aussi produites pendant la première vague d'attaque. À la suite de l'attaque de l'armurerie Dekaise en septembre 1982, l'information circulant sur les ondes de la gendarmerie était que la voiture en fuite portait des plaques françaises, puis ils annonçaient le numéro de la plaque. Les tueurs du Brabant se sont alors arrêtés, se sont cachés et ont remplacé les plaques françaises par des plaques belges avec un numéro différent.

Après leur fusillade avec la gendarmerie au carrefour d'Hoeilaart, ils ont emprunté l'avenue Groenendael, la seule qui n'était pas bloquée par la police.[316] Plus tard dans la journée, les autorités bruxelloises ont lancé une alerte générale dans toute la région. Ils ont annulé l'alerte un peu plus tard quand ils ont arrêté d'autres suspects. Les tueurs fous ont eu assez de sang-froid pour sortir de leur cachette et se rendre jusqu'à la forêt de Soignes au sud de Bruxelles, où ils ont ont fait brûler leur véhicule. Il fallait qu'ils soient presque sûrs que la voie était libre pour prendre un tel risque.

Après avoir quitté le Colruyt de Nivelles en septembre 1983, les tueurs fous ont filé dans deux voitures sur la chaussée de Nivelles à Braine-l'Alleud. Ils ont été surpris par une voiture de la gendarmerie à hauteur de l'avenue Alphonse Allard. Cette dernière se rendait à un barrage routier avec la police de Waterloo. Les gendarmes avaient été informés que la voiture qu'ils devaient suivre était une Mercedes. Aucune mention n'avait été faite d'une Saab. Ils ont repéré la Mercedes suivie d'une autre voiture et se sont mis à leur poursuite.

Les tueurs se sont arrêtés et ont tendu une embuscade aux gendarmes qui les poursuivaient. Ils auraient vu des gyrophares de la police les forçant alors à s'arrêter près du club de nuit le Diable Amoureux... Mais l'explication est plus complexe, car les tueurs avaient pris plus d'une décision. D'abord, ils ont décidé de s'arrêter, évitant ainsi le prochain barrage routier. Ensuite, ils ont tiré sur la voiture banalisée de la gendarmerie. Ils n'ont pas tiré quand une autre voiture est passée. Cette deuxième voiture de couleur blanche comportait une bande orange, comme les voitures de la gendarmerie. Finalement, avant de se diriger dans la direction opposée vers Nivelles, ils ont pris une décision majeure : ils ont abandonné la Mercedes, même si elle n'était pas endommagée et que leur butin s'y trouvait toujours. La Mercedes restait la seule voiture bien identifiée sur les ondes avant l'embuscade. Les trois hommes ont fui dans la Saab.

Vols

Le vol reste le mobile le plus simple pour expliquer les tueries du Brabant. L'objectif des tueurs fous ne serait que l'argent. Même les attaques de Braine-l'Alleud, d'Overijse et d'Alost avaient comme but le vol d'argent dans les caisses et le coffre-fort. Rien d'autre. Les tueurs fous auraient simplement fait plus de victimes qu'un braqueur typique.

Le professeur Georges Kellens décrira l'hypothèse du vol de la façon suivante : « Les moyens utilisés en Belgique par les délinquants en question sont simples, voire simplistes et tendent à une brutalité gratuite. Ce phénomène n'est pas nouveau et se situe dans le contexte d'une évolution du banditisme vers une plus grande violence. » Il ajoutera que, « il se pourrait donc que ces criminels, pris dans l'engrenage de la violence, soient en fait de simples « desperados » employant des méthodes simples et stupides mais momentanément efficaces, la brutalité grossière de leurs opérations paralysant le travail policier classique. »[317]

Les trois braquages de supermarchés au début de 1983 (à Uccle, Hal et Genval) semblaient effectivement être motivés par l'argent ; le butin était décent. Des braquages avaient déjà mené ailleurs à des blessés ou la mort d'un employé.

Les cambriolages de l'épicerie de Maubeuge en août 1982 et du restaurant l'Auberge du Chevalier de Beersel en décembre 1982 semblaient, quant à eux, avoir été menés pour voler de l'alcool. Les quantités volées étaient comparables à des cambriolages de même type. Les tueurs du Brabant ont été surpris à deux reprises et ces vols ont mal tourné. Est-il possible qu'ils aient fait beaucoup d'entrées par effraction similaires sans aucune complication ? Un vol d'alcool fait rarement les gros titres de la presse.

Certaines attaques avaient pour but de voler les outils de métier de braqueurs professionnels. Par exemple, pour se procurer leurs voitures de fuite, ils avaient besoin de les voler, comme ils l'avaient fait pour la Golf du restaurant Aux Trois Canards d'Ohain en octobre 1983. Le but de l'attaque de l'armurerie Dekaise en septembre 1982 et le vol du fusil de chasse à l'armurerie de Dinant en avril 1982 était d'obtenir des armes à feu. L'attaque de Tamise en septembre 1982, quant à elle, aurait permis à la bande de se procurer des gilets pare-balles. Alors que généralement, des gangsters se procuraient leurs armes sur le marché noir, les tueurs fous restaient à l'écart du milieu. Un signe d'amateurisme, ou alors ils craignaient de se faire prendre en y étant actifs.

L'extrême violence pouvait s'expliquer par le fait que la bande comportait peut-être un ou plusieurs psychopathes, comme en témoigne le meurtre du chauffeur de taxi de Mons de janvier 1983. Les tueurs espéraient peut-être de trouver plus d'argent dans son portefeuille ?

L'histoire du vol comme seul motif se complique lorsque l'on se penche sur les attentats du Colruyt de Nivelles en septembre 1983 et du bijoutier d'Anderlues en décembre 1983. Pour ce faire, il faut accepter que les trois truands aient complètement mal évalué la valeur des articles volés. Au Colruyt de Nivelles, au lieu de commettre un cambriolage typique d'alcool ou de cigarettes, les tueurs fous ont volé de l'huile de cuisine, du café et des chocolats. À Anderlues, au lieu de voler de l'or ou des diamants, ils ont ciblé des horloges, des réveille-matin et des bibelots bon marché qui étaient plus volumineux et moins portables.

La bande d'Haemers

Plusieurs bandes seront dans la ligne de mire des enquêteurs en tant que suspects des trois attaques des supermarchés de la deuxième vague. En 1989, la police découvrira une cache de la bande d'Haemers dans le complexe de boxes de location Apollon. Ils y trouveront des armes à feu, des munitions et des masques de carnaval.

Les armes à feu comprennent quatre révolvers, quatre mitraillettes et quatre pistolets, ainsi qu'un Fal 7.62 et une carabine FN. Certaines armes provenaient du cambriolage de chez Mendez, ce qui amènera des ennuis à la bande. L'enquête révélera qu'ils les avaient achetées d'un armurier qui les aurait acquises en septembre ou octobre 1985 de la bande de Bouhouche. Un gérant de bar aurait agi comme intermédiaire entre l'armurier et la bande d'Haemers.

Des munitions semblables à celles utilisées par les tueurs du Brabant se trouveront aussi dans la même cache. Les masques de carnaval ressemblent aux masques des tueurs fous lors de leur double attaque d'Overijse et de Braine-l'Alleud. Cependant, si l'on retrace la carrière criminelle de la bande d'Haemers, on remarque qu'ils n'ont jamais utilisé de masques de carnaval.[318] Si la bande compte un géant, il s'agirait d'Haemers lui-même, bien qu'il semble plus élancé que les descriptions des témoins et qu'il n'a pas de calvitie.

LA BANDE DE BAASRODE

L'enquête cible la bande de Baasrode. La Golf incendiée, trouvée dans le bois de la Houssière durant la deuxième vague, avait été volée à Erps-Kwerps en septembre 1985. Un des membres de la bande, Dominique S., était soupçonné d'avoir déjà volé, à la fin des années 70, une voiture chez le même concessionnaire en utilisant la même technique que les tueurs fous, ce qu'il. a toujours nié.[319]

Si la bande de Baasrode a compté un géant, Stéréo P. aurait pu l'être. Il avait été un suspect des attaques d'Overijse et de Braine-l'Alleud. Alors qu'il était en prison, il a été montré à des témoins, qui croyaient qu'il possédait le physique du « Géant ». Cependant, Stéréo P. n'aurait pas pu être à Alost puisqu'il était en prison. En revanche, une autre théorie se développera selon laquelle l'attaque d'Alost aurait été conçue pour fournir un alibi à Stéréo P.

D'autres témoins avaient remarqué qu'une personne suspecte correspondait à la description physique de Johnny De Staercke à Alost. Cependant, ce dernier ne faisait partie de la bande de Baasrode qu'uniquement pendant une période couvrant l'attaque de Braine-l'Alleud et d'Overijse. Peu après, De Staercke avait fait une crise de colère, s'était rendu à un box de garage loué par la bande et avait uriné sur les effets du groupe avant de couper les ponts.[320] Si De Staercke était bien présent à Alost le jour de l'attaque, cela n'était probablement pas avec les membres d'origine de la bande de Baasrode.

Un homme ressemblant à Dominique S. aurait aussi été aperçu au volant d'une Golf avant l'attaque d'Alost. Cependant, Dominique S. fournit un alibi en béton pour cette nuit-là. Toutefois, certains estiment suspect que lui et le seul autre membre fondateur restant de la bande de Baasrode, Léopold Van Esbroeck, passent des vacances dans le sud de la France le week-end après l'attaque d'Alost.

La nuit du 5 décembre 1985, Dominique S. et Van Esbroeck entrent par effraction dans un Delhaize à Lokeren. L'alarme du supermarché se déclenche et les autorités sont alertées. Les deux membres restants sont déjà loin, transportant l'équivalent de 165 000 francs (environ 4 000 euros) en cigarettes et en bouteilles de vin dans leur BMW.

Sur leur chemin du retour, la BMW tombe en panne avec les marchandises volées toujours dans le coffre. Dominique S. et Van Esbroeck doivent abandonner la voiture dans un fossé et s'enfuient à pied. À 5 heures du matin, une patrouille de la gendarmerie remarque la voiture abandonnée.

Les gendarmes scrutent les alentours et remarquent alors une autre voiture qui émet des appels de phare suspects. Les deux personnes dans la voiture suspecte sont interpellées et interrogées. La police ouvre le coffre de la BMW et trouve les cigarettes et le vin volés. Les détenus avouent être des revendeurs pour les biens volés dans le coffre. Ils donnent aux agents les noms de Van Esbroeck et Dominique S.

La police procède ensuite à des perquisitions et à des saisies au domicile des deux criminels. Van Esbroeck et Dominique S. se sauvent en voiture dans le sud de la France. Il s'agit de la deuxième fois qu'ils parcourent ce long trajet en un mois.

Outre les cigarettes et le vin volés, d'autres objets dans la BMW piquent l'intérêt des autorités. Ils trouvent une douzaine de cartouches Legia de calibre 12, la même marque que celles utilisées à Alost par les tueurs du Brabant. Ils remarquent aussi que la bande de Baasrode avait enlevé la banquette arrière, ce que les tueurs fous du Brabant font régulièrement. La BMW est modifiée : un système pour ouvrir le coffre arrière de l'intérieur avait été ajouté, le numéro de la plaque d'immatriculation est copié d'une autre plaque de BMW et les feux d'arrêt arrière avaient été désactivés. Une de leurs BMW avait aussi été incendiée d'une manière rappelant les tueurs fous. Selon le juge d'instruction De Saeger : « Après que cette bande eut ouvert le feu lors d'une attaque perpétrée à Zellik, la voiture des agresseurs a été retrouvée complètement calcinée. Le même scénario a pu être constaté après l'attaque d'Alost. »[321]

Néanmoins, alors que les tueurs fous volent les voitures avec les clés, cette BMW l'avait été en trafiquant les fils. Dominique S. volait aussi des voitures pour la revente. Et bien sûr, la voiture est une BMW et non une Golf.

Théorie des contrats

Des témoins avaient signalé avoir vu des personnes suspectes ressemblant à Johnny De Staercke et à Philippe Haemers lors de l'attaque d'Alost. Cela donne naissance à la théorie du contrat, selon laquelle des gangsters endurcis comme Haemers ou De Staercke avaient été engagés par contrat pour participer aux attaques de la deuxième vague. Des commanditaires auraient loué leurs services en tant que mercenaires. Les commanditaires auraient pu faire partie du secteur privé, du gouvernement ou d'une puissance étrangère.

Cette théorie implique que des criminels aguerris aient opéré dans une unité avec des militaires ou des gendarmes spécialisés pour commettre les attaques de la deuxième vague. Le professeur Kellens « n'exclut pas l'hypothèse de drogués qui pourraient être téléguidés. »[322] Ce mélange d'éléments criminels et militaires expliquerait que les tueurs fous aient pu mélanger méthode et sauvagerie lors la deuxième vague. Cela expliquerait aussi pourquoi les enquêtes se tourneront vers Haemers ou De Staercke, alors que les pistes sont limitées sur les autres membres des bandes d'Haemers ou Baasrode. Il pourrait donc y avoir eu durant les deux vagues des dizaines de tueurs du Brabant, qui étaient remplacés d'une attaque à l'autre par les commanditaires.

Haemers à Alost

Quelques pistes relient Patrick Haemers au Delhaize d'Alost. En effet, une caissière du Delhaize pensait avoir vu Haemers faire une reconnaissance des lieux le jour de l'attaque. David Van De Steen, la victime de neuf ans dont la famille a été assassinée ce soir-là, estimera qu'il s'agissait d'Haemers qui avait tiré sur lui et l'avait estropié à vie. Il reconnaitra Haemers à la télévision quelques années plus tard et sera convaincu que Haemers était le « Géant ».

Un couple affirmera aussi en 2004 que la nuit du raid d'Alost, ils avaient vu un homme grand de taille qui ressemblait à Haemers dans le bois de la Houssière. En conduisant, ils avaient vu deux personnes à côté d'une Golf sombre. Ils avaient pensé que l'un des deux hommes était Haemers. Ils avaient en outre remarqué qu'il semblait y avoir quelqu'un d'allongé par terre, blessé ou mort, à côté des deux hommes. Les deux hommes étaient agités quand ils ont vu le couple, ce qui leur avait fait suffisamment peur pour s'enfuir en vitesse.

Les déclarations de ces deux témoins mèneront à de nouvelles hypothèses chez les enquêteurs. Si le « tueur » avait été grièvement blessé par le policier qui avait tiré vers la Golf quittant Alost, peut-être que ces complices l'avaient achevé et enterré dans le bois de la Houssière ? Cela expliquerait qu'Alost avait été le dernier raid des tueurs fous. Cependant, on creusera les lieux et le corps ne sera pas retrouvé.

Quelques mois après l'attaque d'Alost, les enquêteurs vérifieront l'alibi d'Haemers. Selon Haemers : « Heureusement, ma femme a trouvé mon alibi, un reçu qui prouvait que le soir de l'attaque, j'avais mangé au restaurant Le Pagalo. Je ne m'en souvenais même pas. »[323]

DE STAERCKE À ALOST

Plusieurs témoignages affirmeront qu'une personne ressemblant à De Staercke avait été vue à Alost. Un témoin interrogé à l'occasion du programme Terzake sur BRTN en février 1992, sera certain à 80 % d'avoir vu De Staercke sortir du Delhaize dans une Mercedes beige avant l'attaque.[324]

Plusieurs mois après l'attaque, l'ex-petite amie de De Staercke fera une déclaration à la police, affirmant qu'elle et De Staercke étaient allés faire les courses au Delhaize d'Alost le jour de l'attaque. Ce témoignage sera considéré comme critique pour les enquêteurs. Elle affirmera qu'elle s'était rendue là avec son fils et De Staercke, entre 16 h 00 et 18 h 00. Elle décrira comment De Staercke scrutait l'intérieur du supermarché et se souviendra qu'il accordait une attention particulière aux mesures de sécurité. Elle ajoutera que lorsqu'elle avait regardé une émission avec De Staercke sur l'attaque d'Alost, il lui aurait affirmé qu'il avait déjà fait des trucs comme ça. Face aux enquêteurs, De Staercke ne niera pas être allé faire des courses au magasin d'Alost, mais il insistera qu'il y était allé la veille et non le jour de l'attaque.

Un second témoignage déterminant pour les enquêteurs était qu'à 21 h 00 la nuit de l'attaque d'Alost, De Staercke aurait déposé une lourde valise bleue Samsonite dans une de ses caches habituelles, puis serait parti. La cache était le domicile du frère de Stéréo P. qui se situait dans la banlieue de Bruxelles. Le frère n'a jamais ouvert la Samsonite pour voir ce qu'elle contenait. Il avait supposé qu'il s'agissait d'armes à feu à cause du poids de la valise.

De Staercke était revenu plus tard pour ramasser la valise et l'enterrer dans la cour de sa maison. Le lendemain, il avait déterré la valise et l'avait enterrée de nouveau dans un autre endroit. La valise avait ensuite été laissée là pendant des jours avant d'être déterrée et transférée à son frère, Julien. Des mois plus tard, la valise sera retrouvée chez sa petite amie.

Les enquêteurs le confronteront avec l'histoire de la valise. Il affirmera qu'elle ne contenait que des diamants et des fausses pièces d'identité. La police fera tester la mallette par un laboratoire médico-légal, qui y décèlera des traces de poudre à canon. Pour les enquêteurs, cela contredit la déclaration de De Staercke et endommage sa crédibilité. Un costume kaki et un étui à munitions semblables à ceux vus sur les tueurs fous seront aussi trouvés chez des amis de De Staercke.

Plus tard, un détenu affirmera que De Staercke se vantait en prison d'avoir tué vingt-huit personnes. Johnny ne niera pas la déclaration, mais apportera une autre perspective sur le commentaire : « Je n'ai jamais déclaré ça officiellement mais bien à un camarade de cellule. Sans doute pour faire le dur, je n'en sais trop rien. Je le répète : je n'étais pas quelqu'un de sage mais je n'ai jamais tué personne. Je le jure. J'ai raconté bien d'autres choses autrefois que je n'aurais pas dû raconter. Mais que peux-tu ? » Johnny ne sera jamais reconnu coupable de meurtre.

LA BANDE DE BOUHOUCHE

Certaines pistes de la deuxième vague iront plutôt vers la bande de Bouhouche ... Un garde de sécurité, qui se tenait au supermarché Delhaize d'Overijse avant l'attaque, déclarera que le seul gendarme qu'il a vu sur place avant l'attaque était un proche de Bouhouche. À l'époque, ce gendarme était posté dans une autre région du pays... Quinze minutes avant l'attaque d'Alost, deux hommes murmuraient en français et sirotaient des boissons au café Christoffelken, non loin du Delhaize. Alost se situe dans une région néerlandophone. Les deux hommes auraient regardé la circulation à travers la fenêtre.

Le premier suspect a été décrit comme étant petit, mince, portant des lunettes et buvant de l'eau. Trois témoins identifieront Bouhouche dans une liste de photos.[325] L'autre homme apparaissait beaucoup plus massif. Des noms seront lancés mais il ne sera formellement identifié par aucun témoin.

Une photo du Delhaize d'Alost sera trouvée plus tard chez un proche de Bouhouche. Il affirmera avoir pris la photo alors qu'il travaillait pour une cliente de son entreprise sur un contrat sans rapport avec le crime brutal.

Comme la bande de Baasrode et la bande d'Haemers, certains des proches de Bouhouche était des grands gaillards. Un d'eux sera suspecté d'avoir le profil recherché. Il possède une démarche inhabituelle en raison de problèmes de genoux depuis sa jeunesse, aggravée plus tard par une mauvaise blessure. Il avait subi deux chirurgies, dont la seconde à la fin de l'année 1982. En 1983, l'homme boitait visiblement. Parfois, son genou lui faisait mal au point qu'il ne pouvait même plus le bouger.

La bande de Bouhouche modifie certaines voitures, tout comme les tueurs du Brabant. La Mazda 626 utilisée pour l'attaque de Goffinon avait l'autoradio enlevé, laissant un creux pouvant contenir un scanner ou un autre appareil électrique. Bien que la Mazda 626 était impliquée dans une tentative de meurtre ayant blessé deux personnes, un même autoradio avait été trouvé dans la propre voiture de Bouhouche avec le numéro de série gratté. La bande de Bouhouche enlève toujours les autoradios des voitures volées et volent toujours ses voitures avec les clés. La bande de Bouhouche possède aussi des scanners et des brouilleurs d'ondes.

Supermarchés Delhaize

L'extorsion demeure un autre mobile populaire pour expliquer les attaques de la seconde vague. Ce mobile clarifierait pourquoi les supermarchés Delhaize sont ciblés. À l'origine de cette affaire se trouvera la plainte d'Albert Mahieu contre les administrateurs de Delhaize en 1999. Mahieu sera impliqué dans une affaire de fraude contre Allianz-AGF/la compagnie d'assurance Assubel. Quelques directeurs d'Assubel agissaient aussi comme directeurs chez des entreprises reliées à Delhaize. Mahieu alléguera que ce groupe de directeurs était impliqué dans un réseau criminel. Il nommera cinq directeurs de ces deux compagnies dans sa plainte.

Les attaques de la première vague contre les supermarchés Delhaize auraient été reliées à une dispute au sujet de bordels du Quartier Rouge. Un des directeurs, qui finançait des bordels, aurait eu une liaison avec la maquerelle. Les bordels auraient réduit la fréquentation des bordels de la pègre, alors ils auraient attaqué les supermarchés Delhaize jusqu'à ce que le directeur leur paye une prime de protection. Cette hypothèse expliquerait la pause après la première vague d'attaques.

La seconde vague d'attaques serait reliée aux filiales américaines de Delhaize. Food Giant était une nouvelle filiale de Delhaize en Amérique. Il s'agissait d'une entreprise syndiquée et Delhaize n'arrivait pas à la restructurer. En février 1985, Supervalue a acheté la maison mère de Food Giant pour dix-sept millions de dollars. Delhaize aurait pris une mauvaise décision financière. La mafia qui contrôlait le syndicat aurait été mécontente de l'accord et aurait communiqué avec les tueurs du Brabant pour attaquer Delhaize de nouveau. Enfin, le 20 février 1986, Delhaize, le Lion, et Supervalue Stores parviennent à une entente. Supervalue va détenir 51 % de Food Giant. Les attaques s'arrêtent enfin. La situation financière de Food Giant s'améliore considérablement.

Mobiles politiques

L'attaque d'Alost marque les esprits. Le jour suivant, le 10 novembre 1985, les élus entament la phase finale des pourparlers pour former un gouvernement. Le 19 novembre 1985, sept cent quarante soldats para-commandos sont envoyés pour patrouiller dans les rues. Le 28 novembre, un nouveau gouvernement de droite est formé, dirigé par Wilfried Martens, avec Jean Gol comme numéro deux. Ils se sont accordés sur un programme musclé de sécurité et de maintien de l'ordre. Le programme est influencé par le climat de peur.

Le 30 novembre 1985, le président américain Ronald Reagan arrive à Bruxelles pour une visite officielle. Pour renforcer la sécurité durant la visite, huit cent cinquante gendarmes et des centaines d'agents de police sont placés dans les rues pour aider les cent cinquante agents des services secrets des États-Unis. Le même jour, les CCC, commettent un attentat à la bombe sur Motorola, un fournisseur de l'OTAN ; le bâtiment est pulvérisé. Après le départ de Reagan, les attaques du CCC se poursuivent sans relâche. En décembre 1985, ils font exploser l'immeuble de la Bank of America. Ils attaquent aussi des pipelines de l'OTAN, causant un déversement de dix mille litres de carburant. Ils attaquent encore l'Agence Centre-Europe d'exploitation (CEOA), qui contribue à l'entretien des pipelines.

Le 16 décembre 1985, le gouvernement fait une percée décisive dans le dossier des CCC. Son chef, Pierre Carette, et ses principaux lieutenants sont arrêtés dans un restaurant de Charleroi. Les membres des CCC sont inculpés pour la mort des deux pompiers, tués lors de l'explosion d'une de leurs bombes. Ils écoperont de plusieurs décennies en prison. Le mouvement des CCC meurt dans la foulée.

Partie IV:
La disparition (1986)

Canal Bruxelles-Charleroi,
Ronquière

Chapitre 23

Assassinat de Juan Mendez

Décembre 1985 sonne le glas de la bande de Baasrode. Plusieurs associés de la bande sont arrêtés et toutes les polices du pays sont à la trousse de De Staerke.

Le 23 décembre, la bande d'Haemers commet un vol à main armée sur un fourgon de transport de fonds de la société Securitas et se sauve avec un butin de dix-sept millions de francs (environ 421 450 euros).

Quant à la bande de Bouhouche, ils semblent peu actifs en décembre. Néanmoins, des incidents mineurs les impliquant auront des conséquences à long terme.

Le 5 décembre 1985, le représentant de la FN, Juan Mendez, rentre en Belgique d'un voyage aux États-Unis. Pendant son séjour à l'étranger, ses collègues l'avaient trouvé nerveux et agité ; il était obsédé par sa collection d'armes. Il est convaincu que son ami Bouhouche est responsable du vol de sa celle-ci.

Le 6 décembre, les gardes-frontières français arrêtent un ressortissant algérien, alors que ce dernier tente de franchir la frontière avec un GP 9 mm sans numéro de série. L'homme entretient des liens avec la bande de Bouhouche. Le GP 9 mm fait partie d'un accord entre la bande de Bouhouche et le groupe politique algérien MDA destiné à leur fournir des dizaines d'armes de calibre 9 mm non enregistrées.

Plus tôt en 1985, le ressortissant algérien avait reçu la visite de relations du MDA, un mouvement islamiste algérien établi en Europe. Le MDA cherchait à renverser le gouvernement algérien et de mettre en place un État islamique. Les visiteurs avaient besoin d'armes pour ce projet. L'Algérien affirme aux représentants du MDA qu'il pouvait leur en procurer.

La bande de Bouhouche obtiendrait des armes à travers Juan Mendez. À l'époque, Mendez ne suspectait pas Bouhouche du vol de sa collection d'armes. Le MDA a accepté une entente de principe pour la transaction. L'Algérien et un proche de Bouhouche iraient peu après à Paris, où étaient réunis les représentants du MDA.

Le proche a offert 200 GP 9 mm sans numéro de série, qu'il se procurerait via Mendez. Il croit que Mendez pourrait faire passer clandestinement les armes par les poubelles de son employeur, la FN. À l'époque, le gouvernement néerlandais s'inquiétait du grand nombre d'armes de la FN qui se retrouvait sur le marché noir. En septembre 1985, Bouhouche transmettait à l'Algérien un pistolet GP 9 mm sans numéro de série, qu'il apporterait en tant qu'échantillon pour la vente aux représentants du MDA.

Aux yeux de la Bande de Bouhouche, Mendez reste l'homme clé de cette transaction d'armes majeure L'Algérien dévoile aux gardes-frontières qui l'interceptent en décembre 1985 avec le GP 9 mm, que l'arme provient de Bouhouche. Toutefois, il ne mentionne pas la transaction avec le MDA.

Au moment de l'interception, Mendez se méfie de Bouhouche. Il avise ses connaissances qu'il « se ferait justice ». Mendez ne va pas à la police. Soit il craint que Bouhouche le fasse chanter, soit il craint pour sa sécurité physique.

Avant le cambriolage de sa collection, Mendez avait exhibé d'une manière indiscrète le pistolet-mitrailleur HK provenant du vol de l'ESI à plusieurs personnes. Il aurait peut-être été au courant de la location de la bande de Bouhouche de l'entrepôt de la rue de la Buanderie pour le projet d'extorsion de supermarchés. Mendez a en outre enterré des explosifs dans sa cour arrière.

Mendez demeure un rouage essentiel des trafics d'armes de Bouhouche. Ce dernier se fait beaucoup d'argent avec les armes de la FN volées par Mendez. Jusqu'à 20 % de l'inventaire officiel d'armurier de Bouhouche sont des armes volées par Mendez.

Pour l'énorme vente d'armes à la MDA, la bande de Bouhouche s'attend à ce que Mendez produise une grande quantité de GP 9 mm volés non enregistrés. Ils ont cependant un gros problème parce que Mendez montre des signes qu'il en a assez du commerce des armes ; il prend même des mesures pour changer de domaine professionnel. Il considère travailler dans la société de traduction de la famille Mendez et même de déménager en Amérique du Sud.[326] La vache à lait de Bouhouche disparaîtrait.

Malgré leur relation tendue, Mendez négocie un petit contrat d'armes avec Bouhouche. Mendez fait des rénovations chez lui et a besoin de liquidités. Il est prêt à vendre des armes qu'il lui reste après le vol. Le 30 décembre 1985, Bouhouche rend visite à Mendez afin d'examiner les armes offertes. Mendez montre à Bouhouche un pistolet GP Inglis, un fusil d'assaut MP43 calibre 7,92 et un fusil Mannlicher 9 mm. Bouhouche accepte de les acheter à crédit à court terme pour 130 000 francs belges (environ 3 223 euros). Il emporte les trois armes et promet de payer Mendez bientôt.

Le 3 janvier 1986, Mendez rencontre Bouhouche et ils discutent de la vente d'armes. Mendez veut son argent. Bouhouche demande un délai et promet de payer pour l'achat le 7 janvier 1986.

Assassinat

Le 7 janvier 1986, à 7 h 40 du matin, Mendez quitte sa maison dans sa Volkswagen Passat pour se rendre à son travail à Liège. Mendez s'y rend habituellement en covoiturage avec son ami et collègue Alain Coesens, mais Coesens voyage en Amérique du Sud pour affaires.

Avant de s'embarquer sur l'autoroute, Mendez arrête sa Passat sur le côté de la rampe d'accès. Il s'agit d'une longue rampe d'accès séparée de l'autoroute par une rangée d'arbres. Une autre voiture est garée devant lui, avec un assassin de la bande de Bouhouche. Mendez met son véhicule au point mort et tire le frein à main.

Quand l'assassin se dirige vers la voiture de Mendez, ce dernier ouvre la porte. L'assassin sort un Browning et tire deux balles, touchant Mendez dans le cœur. Il passe alors le Browning par la porte entrouverte et tire à deux autres reprises à bout portant, touchant Mendez à son œil gauche. La partie supérieure du corps de Mendez s'affaisse vers la droite ; le tireur tire une autre balle derrière l'oreille gauche de la victime. Du sang éclabousse l'intérieur des vitres et des gouttes de sang coulent sur la chaussée par la porte du conducteur. Le manteau que porte Mendez est ensanglanté.

Le meurtrier prend les clés de voiture de Mendez, mais il ne prend pas sa mallette. Il ferme la porte et retourne à sa voiture sur un sol légèrement couvert de neige. Il ne laisse aucune empreinte digitale.

Compartiment secret

Les balles tirées sur Mendez proviennent d'un Remington Peters, 9 mm Para, Hollow Point. La bande de Bouhouche est consciente que Mendez prend l'autoroute de Namur pour se rendre au travail et qu'il ne va pas conduire à son travail comme d'habitude avec son collègue ce matin-là. Les déclarations quant à la marque de la voiture de l'assassin sont contradictoires ; au moins un témoin indiquera qu'il s'agissait d'une voiture de gendarmerie.

Mendez cachait un pistolet FN Browning de 9 mm dans un compartiment secret par-dessus la boîte à gants. L'assassinat se passe si vite qu'il n'a pas le temps de saisir son Browning.

Répercussion

Son employeur, la Fabrique Nationale téléphone ensuite à l'épouse de Mendez parce que son mari ne s'est pas présenté au travail. Elle communique avec Bouhouche pour savoir s'il sait où se trouve son mari. Il répond qu'il ne le sait pas, mais propose d'aider Mme Mendez. Il se rend chez les elle. Entre-temps, les gendarmes retrouvent le cadavre de Mendez le long de la rampe d'accès de l'autoroute. Un groupe de gendarmes se rend à la maison de Mendez. Un des trois enquêteurs de l'équipe de Wavre qui venait de publier le célèbre rapport d'août 1985 est parmi eux. Le rapport indiquait que Bouhouche était un gendarme d'extrême droite. L'enquêteur de Wavre est surpris de voir Bouhouche déjà chez Mendez.

L'enquête révèle que Mendez a bien vendu trois armes à feu à Bouhouche peu avant le meurtre et que Bouhouche doit toujours cent mille francs belges (environ 2 479 euros) à Mendez. Lorsque les enquêteurs confrontent Bouhouche quant à cette dette, il nie tout. Il invente une histoire selon laquelle Jean Bultot, le directeur de prison adjoint qui faisait les gros titres des journaux, avait acheté les trois armes de Mendez. Il rajoute que Mendez voulait récupérer l'argent de Bultot le jour du meurtre. Entre l'assassinat et le moment où Bouhouche se rend chez les Mendez, il est allé au cinéma. Bultot est présent à cette même projection de film, mais il n'était pas avec Bouhouche qu'il connaissait à peine. Peut-être que Bouhouche avait remarqué que Bultot était présent au cinéma mais Bultot n'avait pas vu Bouhouche.

Les enquêteurs vérifient les affirmations de Bouhouche. Bultot fourni un bon alibi pour le meurtre de Mendez. De plus, bien que Bultot et Mendez pratiquent le tir et avaient participé à des compétitions de tir, rien ne contredit l'affirmation de Bultot qu'il n'avait jamais rencontré Mendez. Cependant, lorsque les autorités examinent la possible implication de Bultot, un détail leur fait passer beaucoup de temps sur cette piste... Les enquêteurs apprennent que Mendez avait caché le Browing pour se défendre dans sa Passat. Ils ont fouillé la voiture mais ne l'ont pas retrouvé.

Après avoir abattu Mendez, le meurtrier aurait pu s'emparer de son Browing. En outre, une arme à feu semblable est trouvée dans un panier à linge chez les Mendez. Il reste alors possible qu'il s'agisse de l'arme censée être dans la voiture de Mendez ; ce qui démontrerait que Mendez n'aurait eu aucun moyen de se défendre. Les enquêteurs cherchent à déterminer si l'arme avait été déposée dans le panier à linge après le meurtre pour donner l'impression que Mendez avait oublié de l'amener ce jour-là. En revanche, l'arme manquante n'innocente pas Bouhouche. Toutefois, l'enquête ne peut pas exclure que Bultot ait été un complice. Peut-être que Bultot avait donné l'arme qu'il aurait enlevée à Mendez pour la passer à Bouhouche au cinéma le jour du meurtre ? Peut-être que Bouhouche était ensuite allé déposer l'arme dans le panier à linge quand il s'était rendu chez Mendez ?

Ces hypothèses sont proposées au début de l'enquête, lorsqu'ils n'ont pas encore découvert le compartiment cachée de la boîte à gants de la Passat de Mendez. Une fois qu'ils découvriront l'arme à l'intérieur de ce compartiment, la question d'un transfert possible de l'arme au cinéma deviendra sans objet ; mais le délai pour retrouver l'arme se fera au détriment de Bultot. Puisque ce dernier était déjà considéré comme un ennemi public et qu'on soupçonnait que des articles trouvés dans le bois de la Houssière avant l'attaque d'Alost provenaient de lui, le nom de Bultot sera dès lors toujours associé à l'affaire des tueurs du Brabant.

Selon le frère de Mendez, la raison pour laquelle Mendez n'avait jamais parlé à la police de ses soupçons selon lesquels Bouhouche avait volé sa collection, était la suivante : « Je pense qu'il voulait faire un accord avec Bouhouche et avait négocié avec lui. Quelque chose du genre : « Soit tu ramènes mes armes, soit je vais à la police pour le vol des armes de l'ESI ou pour les tueurs du Brabant. » Quelque chose comme ça. Et Bouhouche n'avait pas le choix. Mendez a commencé à le soupçonner pour d'autres affaires reliées aux tueurs fous. »[327]

Equipe de Wavre

Deux enquêteurs de l'équipe de Wavre qui venaient de rédiger le rapport d'août 1985, émanant de l'attaque sur l'armurier Dekaise de septembre 1982, sont présents à l'enterrement de Mendez. Ils remarquent que Bouhouche y assiste aussi. Le rapport avait bien sûr mentionné le nom de Bouhouche. Dès lors, ils demandent à ce dernier de les suivre au poste de gendarmerie pour répondre à quelques questions. Arrivés au poste, Bouhouche les surprend en disant : « De toute façon, c'est [les tueurs du] Brabant Wallon que vous cherchez ? Ne vous tracassez pas. Il n'y aura plus rien. »[328]

La réponse de Bouhouche fera couler beaucoup d'encre. Pourquoi Bouhouche aurait-il spontanément énoncé cette affirmation ? Bouhouche n'est même pas à ce moment visé par l'enquête. Bouhouche suggère-t-il qu'il est impliqué dans les tueries du Brabant ? Le commentaire de Bouhouche semble tellement hors contexte, que nombreux auront des difficultés à accepter sa déclaration. Ils croiront que les deux enquêteurs tentaient de mettre Bouhouche dans l'embarras, quitte à inventer une confession... Mais les membres de l'équipe de Wavre faisaient face à des accusations d'indiscrétion et d'incompétence, pas de malhonnêteté, pour leur rapport de 1985...

Le contexte des remarques de Bouhouche aux enquêteurs est notable. En effet, le rapport d'août 1985 de l'équipe de Wavre était le premier rapport largement diffusé à la gendarmerie traitant des activités de Bouhouche et de ses associations douteuses... En guise de rappel, Bouhouche avait été tellement bouleversé d'y voir son nom qu'il avait envoyé un proche pour donner au propriétaire de l'armurerie Dekaise des canons volés dans une enveloppe de la gendarmerie, pour se venger de l'équipe de Wavre et détruire leur réputation.

Bouhouche est au courant des activités de l'équipe de Wavre. Il sait qu'ils avaient investigués sur les tueurs du Brabant et l'attaque de l'armurerie Dekaise. Il faut aussi se souvenir qu'à ce moment, Bouhouche prétend qu'il tente de résoudre lui-même le mystère des tueurs du Brabant. Ainsi, il convoite aussi la récompense offerte par l'association des supermarchés. Bouhouche avait même demandé au gendarme Christian Amory les détails confidentiels sur la sécurité dans les supermarchés Delhaize, car il essayait de trouver les tueurs fous. Est-il alors possible que quand Bouhouche affirme qu'il n'y aura pas quelque chose de plus, il fait savoir à l'équipe de Wavre qu'il a trouvé qui a commis les tueries et qu'il sait qu'elles sont finies ? Bien qu'il ne travaille pas pour une agence, Bouhouche s'identifie à l'époque comme détective, pas comme armurier.

Arrestation de Bouhouche

Les enquêteurs du meurtre de Mendez soupçonnent qu'il avait été tué par un proche. Ainsi, Bouhouche, qui était un bon ami de Mendez, devient un suspect principal.

L'expertise balistique de l'enquête est menée comme d'habitude par Claude Dery. Il constate que les balles qui avaient tué Mendez sont des Hollow-Points illégales. Elles sont identiques à celles tirées par Bouhouche dans l'affaire du taxi Giannakis de 1980, alors qu'il travaillait toujours à la gendarmerie. C'était aussi de Dery qui avait été chargé de l'expertise balistique pour cet incident.

Les autorités font alors une perquisition et une saisie à la maison de Bouhouche. Ils retrouvent les trois armes que Mendez lui avait vendues en décembre. Ils saisissent aussi quarante-huit pistolets, neuf révolvers et vingt-deux armes longues. Une arme volée de la collection Mendez est retrouvée, tout comme une bandoulière Nikon. Bouhouche l'utilise sur son appareil photo personnel.

Les enquêteurs trouvent aussi chez lui un pistolet GP 9 mm suspecté par les experts d'être l'arme utilisée pour tuer Mendez. Un expert décèle une tentative de modifier l'empreinte balistique du pistolet : le percuteur et le canon avaient été manipulés pour empêcher l'identification. Ils trouvent une boîte de cartouches Remington, type Para, Hollow-Point identiques à celles utilisées pour tuer Mendez.

Un panel de trois experts en balistique, dont Claude Dery, affirment que l'arme correspond aux cartouches laissées sur les lieux du crime. Le panel estime qu'il existe une « certitude pratique que les douilles et balles retrouvées sur les lieux ont été tirées au moyen de l'arme FN Browning no. 76 C 19693, appartenant à Bouhouche ». Une deuxième expertise balistique distincte aboutit à la même conclusion. Bouhouche est arrêté et mis en examen pour complicité d'assassinat de Juan Mendez le 26 janvier 1986.

Arrestation de Johnny De Staercke

En mars 1986, Johnny De Staercke est finalement arrêté par les autorités. Il s'était enfui lors d'un laissez-passer à court terme en début de 1985. Le reste de la bande de Baasrode était déjà en prison depuis la fin de 1985. La bande sera jugée en juin 1987. Ses membres seront accusés d'une vingtaine de vols à main armée et d'une série de vols par effraction, pour des voitures BMW, de l'alcool et des cigarettes. De Staercke sera reconnu coupable et condamné à vingt ans de prison. Le jour de sa condamnation, De Staercke sera accusé dans le dossier des tueries du Brabant, pour sa participation à l'attaque d'Alost.

Les enquêteurs accuseront De Staercke de l'attaque d'Alost pour plusieurs raisons… D'abord, il possédait un alibi fragile ; il a donné une première version aux enquêteurs, puis plus tard, il a prétendu qu'il ne se souvenait pas de ce qu'il avait fait. Deuxièmement, la valise Samsonite qu'il avait déposée dans une cache la nuit de l'attaque d'Alost comportait des traces de poudre à canon, contredisant ses déclarations. Les enquêteurs estimeront que De Staercke n'était pas franc. Troisièmement, son ex-compagne avait déclaré que De Staercke était allé faire des courses au Delhaize d'Alost entre 16 h 00 et 18 h 00 le jour de l'attaque. Enfin, des objets comme des munitions Legia ou un étui à munitions trouvés chez des connaissances de De Staercke ressemblaient à ceux utilisés par les tueurs fous.

En 1992, en utilisant un stratagème juridique sous les conseils de son avocat, De Staercke avouera les tueries du Brabant sans donner de détails ou preuves pour étayer ses aveux. De Staercke fera le pari que les autorités n'ont pas assez de preuves pour le traîner devant la cour d'assises. En raison de ses aveux, les autorités seront obligées d'agir. Elles devront l'envoyer aux assises ou le libérer. Pour des raisons de procédure, la manœuvre juridique mènera ultimement à sa libération, et sa participation dans l'attaque des tueurs fous ne sera jamais jugée devant la Cour.

Haemers arrêté

Le 17 mars 1986, la bande d'Haemers commet son premier vol à main armée important de l'année. Ils tendent une embuscade à un transporteur de fonds Securitas à Drogenbos. Un témoin remarque notamment la présence d'un homme grand de taille. Le butin s'élève à 27 650 000 francs belges (environ 685 424 euros). Le 21 mai 1986, l'ex-conducteur de la bande d'Haemers, Thierry S., est retrouvé mort avec une arme à feu à la main ; il avait été expulsé de la bande. Les autorités concluent qu'il s'agit d'un suicide même s'il est mort dans des circonstances suspectes. Haemers et Lacroix vont alors recruter des nouveaux membres pour le remplacer.

Patrick Haemers est finalement arrêté, mais sa bande montera une opération commando pour le sortir de prison en 1988. Haemers deviendra le gangster le plus célèbre de Belgique en 1989 après l'enlèvement de l'ex-Premier ministre Paul Vanden Boeynants afin d'obtenir une rançon, le croyant très riche. Pour recouvrer sa liberté, Vanden Boeynants organisera le paiement de la rançon. La bande ramassera la rançon en Suisse et fuira au Brésil. Haemers sera traqué et arrêté au Brésil. Il sera extradé en Belgique et finira par se pendre dans sa cellule en 1993. Comme toute histoire de suicide dans l'affaire des tueurs du Brabant, certains considéreront les circonstances de sa mort suspectes.

En prison

Alors que Bouhouche est en prison, les enquêteurs du dossier Mendez réunissent les preuves en vue d'un procès. L'ami de Bouhouche, le gendarme Christian Amory, fait partie de l'enquête menée par le capitaine Jacques Rousseau. Entre la fin du mois de janvier et le mois de juin 1986, Amory rencontre Bouhouche en prison à plusieurs reprises dans son rôle d'enquêteur. Selon le substitut du procureur du Roi à Nivelles Philippe Van Lierde : « M. Amory avait établi dans les jours proches du décès de M. Mendez plusieurs rapports internes à la gendarmerie qui ont été portés bien plus tard à la connaissance du magistrat-instructeur. »[329]

Bouhouche réalise le sérieux de ses problèmes juridique, ainsi que sa situation difficile : il ne va pas s'en sortir facilement. Il abandonne ses activités de chef de bande à l'extérieur et se concentre sur une autre mission : trouver un moyen de sortir de prison. Par conséquent, il commence à vendre l'équipement qu'il avait réservé pour des projets de sa bande. Des contacts à l'extérieur s'occupent de se débarrasser d'armes volées, d'explosifs, de faux documents et d'autres objets. Les explosifs et les autres objets ayant une valeur marchande sont des restes de leur projet d'extorsion sur les supermarchés de 1984. En premier lieu, ils tentent de vendre les bâtons de dynamite et les détonateurs, ensuite ils tentent d'écouler sur le marché noir des cartes d'identité volées et falsifiées.

Selon un proche de Bouhouche, en mars 1986, la bande jette dans un canal une série d'armes utilisées dans des crimes majeurs. Considérant que la bande décide de garder les armes volées de l'ESI et de la collection de Mendez, celles qui sont jetées sont probablement très compromettantes.

Complot d'assassinat

Pour se sortir du pétrin, Bouhouche planifie d'assassiner son ancien ami, l'expert en balistique Claude Dery, qui est chargé des comparaisons balistiques dans le dossier Mendez. Le plan consiste à faire en sorte que son meurtre ait l'air à un suicide. Des associés de Bouhouche se rencontrent régulièrement au bar le Toucan de Nivelles (Van der Valk) pour coordonner et planifier leur coup. La bande fabrique ainsi une fausse lettre de suicide. Dery y décrit son sentiment de culpabilité après avoir délibérément falsifié l'expertise balistique de Bouhouche pour le compte de la Sûreté de l'État. La bande obtient une copie de la signature de Dery. Ensuite, ils font des démarches pour recruter un tueur à gages. Cependant, les personnes intéressées demandent un prix trop élevé pour exécuter le contrat. L'idée d'assassiner Dery est abandonnée.

Ils essayent alors de voler au greffe des éléments de preuve accablants contre Bouhouche. Ils veulent notamment voler le GP 9 mm, mais la bonne occasion ne se présente jamais. Au cours de l'été 1986, ils étudient enfin un projet d'évasion. Leur plan est de transférer à Bouhouche en prison une arme de poing et une fausse carte d'identité qu'il pourrait utiliser pour s'enfuir. Une autre idée est d'engager un faux gendarme pour aller le chercher en prison avec un faux document. Un conducteur attendrait dans la voiture de fuite.

Pour le projet d'évasion, la bande loue un box supplémentaire et ils volent une Passat le 16 décembre 1986. Ils volent aussi la plaque d'immatriculation d'une autre voiture. Ensuite, les membres de la bande prennent un pistolet GP 9 mm de leur réseau de location. Ils mettent le GP 9 mm ainsi que des fausses identités dans un petit récipient de sauce bolognaise. Le récipient est ensuite remis à la femme de Bouhouche qui le met dans son congélateur. La première étape du plan d'évasion est qu'elle remette le récipient à Bouhouche lors d'une visite à la prison. Cependant, le plan est abandonné à la dernière minute.

CHAPITRE 24

DÉCOUVERTE À RONQUIÈRES (NOVEMBRE 1986)

En novembre 1986, des plongeurs découvrent des sacs reliés aux tueurs du Brabant dans un canal traversant Ronquières. Dans le procès-verbal numéro 2266, il est indiqué un inventaire de la découverte des plongeurs : « Un sac en plastique gris. On trouve dans ce sac : des munitions, des pièces de monnaie, deux bombes aérosols, des papiers - qui comprenaient des chèques provenant du supermarché Delhaize - un coffre en métal vert, des sacs avec la caisse enregistreuse 12 ». Un autre sac contient deux parties d'un gilet pare-balles et un troisième sac contient des rouleaux de pièces de monnaie.

On y trouve des morceaux d'armes à feu, tels qu'un pistolet 7,65 mm avec un numéro d'immatriculation effacé. Cette arme est soupçonnée d'avoir appartenu au gendarme Morue, assassiné lors de l'attaque du Colruyt de Nivelles en septembre 1983. Un fusil de chasse Centaure de calibre 10, provenait du vol à l'étalage à Dinant en mars 1982 ; les deux extrémités avaient été sciées. Un .357 Magnum ressemblait à celui qui avait tué le gérant du Delhaize de Beersel en octobre 1983 et un révolver Arminius calibre .38 avait été volé au bijoutier lors du vol de la bijouterie Szymusik en décembre 1983 à Anderlues. Les numéros d'identification avaient été supprimés.

Certains morceaux d'armes trouvées font penser aux armes volées chez l'armurier Dekaise à Wavre en septembre 1982 ; les morceaux d'un

Beretta, d'un Ingram et d'un Ruger. Il y a aussi un gilet pare-balles et des morceaux d'autres gilets pare-balles, soupçonnés d'avoir été volés lors de l'attaque de Tamise en septembre 1983, ainsi que le baby-coffre, un tiroir-caisse et des sacs d'argent provenant du Delhaize d'Alost. Il s'y trouve un imperméable en laine noire sans manches qui aurait été porté par un tueur fou. Enfin, une bouteille vide, un fusil de chasse Kriko de provenance inconnue, un couteau, une fourchette, un pistolet en silicone, une clé et des morceaux de boite de munitions Legia complètent la découverte.

Riot-guns manquants

Les fameux riot-guns (RG-1 et RG-2) ne font pas partie des trouvailles ; en revanche, des cartouches trouvées sur les lieux sont soupçonnées avoir été tirées par ces armes. Les riot-guns sont en vente n'importe où sans identification. Il manque aussi le pistolet-mitrailleur 9X19 mm utilisé à Alost, deux 7,65 mm utilisés plusieurs fois et le calibre .22 LR utilisé pour achever plusieurs victimes.

La clé trouvée aurait pu avoir un lien avec l'ancien gendarme Martial Lekeu avant qu'il ne parte pour les États-Unis. Les enquêteurs s'étaient demandé si la clé n'était pas celle de Lekeu à la caserne de Vaux-sur-Sûre. Mais Lekeu vivait en Floride depuis 1984 et n'était jamais rentré en Belgique depuis. Quelles sont alors les probabilités qu'une clé appartenant à Lekeu se retrouve là ? Comment les enquêteurs avaient-ils fait le lien avec Lekeu ? Est-ce un type de clé utilisé uniquement par la gendarmerie ? Aurait-il pu provenir d'un autre bureau de gendarme ? La clé aurait-elle pu être conservée par les tueurs fous pour pouvoir impliquer Lekeu plus tard ? Et s'il ne s'agit pas d'une clé particulière à la gendarmerie, comment les enquêteurs en sont-ils arrivés à faire le lien avec Lekeu ?

Plongée

La découverte de Ronquières devient une source de controverse. Pendant des années, l'histoire officielle sera que les tueurs fous avaient abandonné les armes parce qu'ils s'en débarrassaient. Se fondant sur les deux procès-verbaux de témoins datant du lendemain de l'attaque d'Alost, l'enquête déterminera que les sacs avaient été jetés en novembre 1985, juste avant que les tueurs fous n'aillent incendier leur voiture. Ces procès-verbaux mentionnent que deux voitures, dont une Golf, avaient été vues le long du canal à Ronquières. Les suspects remplaçaient des plaques d'immatriculation. L'un des hommes avait aussi été aperçu près du rivage, un sac flottant non loin de lui.

Après la rédaction des deux procès-verbaux de novembre 1985, une première équipe d'enquêteurs appelée la Cellule Info (CI) avait envoyé un plongeur pour fouiller le canal, mais celui-ci n'avait pas trouvé de sacs. Un an plus tard, une deuxième équipe appelée Delta relisait le dossier et les procès-verbaux des témoins. Ainsi, ils estiment que la plongée en 1985 a été trop sommaire et ils décident d'envoyer de nouveaux plongeurs pour y jeter un autre coup d'œil. Cette fois-ci, ils trouvent les sacs des tueurs du Brabant. Leur découverte presse la CI à expliquer leur première plongée un an plus tôt ; ils affirmeront avoir bien fouillé le fond du canal à cet endroit. Ils allégueront que les enquêteurs de la deuxième équipe (Delta) devaient avoir été avertis par une personne reliée aux tueurs fous. Delta répondra qu'ils avaient décidé de faire une nouvelle plongée seulement sur la base des deux déclarations de témoins et la relecture du dossier.

SCIENCE

Des dizaines d'années après, un rapport de l'INCC, corroboré par une deuxième équipe d'experts, conclura que les sacs n'avaient pu rester dans l'eau plus d'un à deux mois. Cette constatation sera fondée sur l'état des papiers et des pièces dans le sac. Depuis, des accusations seront échangées entre les anciens enquêteurs de la CI et ceux de Delta. Delta argumentera que les techniques scientifiques utilisés par l'INCC étaient mauvaise.

HISTORIQUE

À la fin de 1985, un plongeur de la CI a cherché des sacs dans le canal de Ronquières. Selon la source, le plongeur avait soit cherché quatre jours, soit seulement deux heures. Quoi qu'il en soit, le CI insistera en affirmant avoir mené une plongée exhaustive.

En début d'année 1986, l'enquête a été divisée en deux équipes distinctes : Delta enquêtait sur les attaques d'Alost de novembre 1985 et de Tamise de septembre 1983, tandis que la CI enquêtait sur le reste des attaques. Comme ils recherchaient les mêmes suspects, leurs enquêtes se chevauchaient. Des discussions préliminaires avaient été amenées concernant la suppression de l'enquête séparée d'Alost et de Tamise pour tout centraliser à la CI. Entre-temps, les deux équipes devaient négocier le partage des responsabilités.

En plus d'Alost et de Tamise, Delta était chargé de l'intégralité du dossier de la bande de Baasrode... Les enquêteurs examinaient notamment si cette bande était impliquée dans les attaques des tueurs du Brabant. Les enquêteurs de Delta pensent alors que Johnny De Staercke était présent à Alost. En même temps, les principaux suspects de la CI demeuraient toujours les Borains... Pour renforcer leurs effectifs, l'équipe de Delta recrute au mois de mars 1986 un agent spécialisé dans le traitement des informateurs dans les affaires de drogue.

Toujours en mars 1986, une entente est conclue entre CI et Delta : Delta pouvait sonder les plans d'eau pour trouver des preuves. Une liste de canaux à explorer est établie. En septembre 1986, Delta commence ses fouilles. Ils utilisent un bateau des Travaux Publiques pour balayer le fond avec un sonar. Ils partent le 11 septembre et fouillent le canal tous les jours, pendant des semaines.

Le nouvel agent spécialisé dans le traitement des informateurs de l'équipe Delta a eu l'idée de replonger à Ronquières. Sa tâche à Delta se limitait presque exclusivement à recevoir les tuyaux d'informateurs. L'équipe de CI considérera que les circonstances de la découverte sont suspectes. Comment était-ce possible que la personne dont la tâche consistait à collecter des tuyaux ait fait une découverte miraculeuse n'ayant rien à voir avec ses informateurs ? Le spécialiste avait reçu d'un agent du CI deux documents relatant la première plongée de novembre 1985. En revanche, les circonstances de ce transfert sont nébuleuses.

Mobile

Si la découverte de Ronquières est le fruit d'une manipulation, quel peut être le mobile ? Pourquoi les tueurs fous auraient-ils remis des preuves aux enquêteurs, même s'ils peuvent décider quoi donner ? On présumera pendant longtemps qu'en cas de manipulation, les tueurs fous cherchaient à lier la première et la deuxième vague d'attaques... Mais, à la lecture des articles de journaux durant la période entre Alost et Ronquières, il n'existait aucun doute que la première et la deuxième vague étaient reliées aussi bien par comparaison balistique qu'en ce qui concerne le mode opératoire. Ronquières ne fait que reconfirmer les concordances balistiques entre les deux vagues.

Les tueurs auraient-ils participé à une manipulation, n'obtenant rien en retour ? Dans le cas d'une manipulation, ils auraient soigneusement choisi ce qu'ils mettaient dans les sacs. On y trouve de nombreuses armes sciées en petits morceaux, mais qui ont été maintenues en très bon état ; elles sont bien huilées et prêtes à être utilisées quotidiennement avant d'être découpées. Pourquoi des bandits découperaient soudainement des armes à feu en parfait état, après les avoir gardées pendant des années à la suite de leurs crimes ? La plupart des armes trouvées à Ronquières sont soupçonnées d'avoir été utilisées par les tueurs fous parce que les calibres correspondent, mais sans certitude, car elles ne peuvent pas être testées. En outre, aucune des armes utilisées dans la deuxième vague ne font partie du lot, juste des vielles cartouches tirées pas ces armes. Cela donne à la personne qui a largué les armes un démenti plausible qu'il n'était pas l'un des tueurs du Brabant, s'il venait à se faire prendre.

Comment est-ce possible qu'une découverte si riche en preuves ne fasse pas progresser une enquête criminelle ? La seule conséquence pratique de la découverte semble être que les enquêteurs Delta, qui se sont alors concentrés sur la bande de Baasrode et Johnny De Staercke, puissent garder les dossiers d'Alost et de Tamise. Le discours sur leur retrait des deux dossiers afin de les centraliser avec la CI s'est tu à la suite de Ronquières. Les tueurs fous auraient pu voir un avantage pratique à ce que l'enquête continue telle quelle. En effet, même si le CI faisait n'avance pas dans leur enquête sur les Borains, il vaut mieux pour les véritables tueurs que deux cellules d'enquête travaillent en parallèle. S'il s'avère que Johnny De Staercke n'avait en effet pas été impliqué dans les tueries du Brabant, peut-être estimaient-ils qu'avoir deux enquêtes distinctes ne cherchant qu'une seule bande mais devant se démener pour justifier leurs propres suspects pourrait leur être avantageux ?

Ronquières n'aurait pas été le premier soupçon de manipulation dans l'enquête sur les tueurs du Brabant. De précieux éléments de preuve ont disparu ou ont été détruits. Par exemple, l'intégralité du dossier d'Angelou, le chauffeur de taxi assassiné, disparait lors d'un transfert entre Mons et Nivelles et a dû être reconstitué à l'aide de photocopies. Des verres et objets étant potentiellement porteur de traces ADN ont disparu de l'enquête sur le meurtre du restaurant l'Auberge du Chevalier. La plaque d'immatriculation de la Saab utilisée pour les attaques du Colruyt de Nivelles a aussi disparu.

Menacer les témoins

Au moment où les événements se sont produits au début et au milieu des années quatre-vingt, le concept d'aide aux victimes n'était pas très développé et les circonstances ont été éprouvantes pour nombre d'entre elles. Des victimes ont peiné à obtenir des compensations financières et plusieurs ont aussi subi des menaces. Comme lors de la première vague, des menaces ont été proférées à l'encontre de témoins de la deuxième vague.

Au cours de l'attaque de Braine-l'Alleud, la veuve de Bozidar Djuroski a perdu son mari et son fils est devenu handicapé à vie. Lorsqu'elle s'est impliquée dans l'affaire des tueurs fous, elle a reçu plusieurs appels téléphoniques anonymes. Elle était convaincue que sa ligne téléphonique avait été sur écoute pendant des semaines parce qu'elle pouvait entendre un clic sur la ligne. Le lundi après l'attaque d'Alost, un faux gendarme a essayé de parler à son fils à l'école. Elle cache alors son nom à la presse parce qu'elle avait peur pour sa vie et celle de son fils.

À la suite de l'attentat d'Overijse, la fille de la victime Léon Finné, qui était mort sur le parking du Delhaize, a reçu des appels téléphoniques pendant des mois. Lors du dernier appel, elle a entendu un bang retentissant, comme un coup de fusil. Elle estimait que sa ligne téléphonique était mise sur écoute. Chaque fois que la fille de la victime Finné ou la veuve de la victime Djuroski se faisaient interviewer dans les médias, elles recommençaient à avoir des problèmes avec leur téléphone. Cela a duré du mois de septembre 1985 à au moins mi-1986. Selon Finné : « Après les articles dans la presse, moi j'en recevais de l'ordre de deux à trois fois par semaine, à raison de cinq à huit fois par soirée. »[330]

Au cours du raid à Alost, presque toute la famille Van de Steen, notamment les parents et leur fille de quatorze ans, ont été assassinés par les tueurs fous. Le seul survivant est David Van de Steen, leur fils de neuf ans. Son grand-père maternel, Albert Van den Abiel, a averti la gendarmerie qu'il croyait que les auteurs faisaient partie du système. Peu de temps après, il a reçu des appels téléphoniques : « Monsieur, vous devez être prudent avec ce que vous racontez au sujet de la Gendarmerie. Arrêter ou il vous arrivera la même chose qu'au Colonel Vernaillen. »[331] Pour rappel, Vernaillen avait été attaqué à son domicile par la bande de Bouhouche en octobre 1981. Au moment de l'appel téléphonique, le crime n'était toujours pas résolu. Le message a été efficace puisque la tentative d'assassinat de Vernaillen a eu lieu à Hekelgem, à quelques minutes d'Alost. Toutes deux étaient des villes néerlandaises de Flandre et les affaires étaient largement suivies dans les journaux locaux. De plus, Vernaillen avait été hospitalisé à Alost après l'attaque.

Nouvelle cellule

Le 2 février 1987, les autorités créent une nouvelle équipe d'enquête pour se consacrer aux tueurs fous du Brabant. La cellule appelée Cellule Brabant Wallon (CBW) réunit douze gendarmes et treize membres de la police judiciaire. Lorsque le gendarme Christian Amory de Mons apprend la création de l'équipe, il s'assure encore d'en faire partie. Selon le juge d'instruction Lacroix : « M. Amory avait proposé lui-même de rejoindre la cellule d'enquête de Jumet. »[332] Il obtient une lettre de recommandation du commandant de la gendarmerie de Mons pour joindre à sa candidature.

Il participe à la première réunion de l'équipe d'enquête. Son travail consiste à vérifier les alibis des suspects. Il apporte chez lui une copie d'un procès-verbal de la CBW sur le Borain Adriano Vittorio qu'il ne rapportera jamais à la cellule. Mais peu après, Franz Reyners, le chef de la police judiciaire, apprend qu'Amory est un ami intime de Bouhouche. Il utilise cette information pour mettre Amory dehors.

Amory se tourne alors vers l'enquête sur le meurtre de Mendez. En mars 1987, Amory suggère à l'enquêteur Rousseau chargé de l'affaire Mendez d'entamer des démarches auprès de Bouhouche. Il estime qu'il est la bonne personne pour interroger Bouhouche puisqu'il en est un ami et qu'il pourrait amener Bouhouche à craquer. Les enquêteurs de la cellule Mendez acceptent l'offre d'Amory en vue d'apporter le climat de confiance manquant lors des interrogatoires. Amory ne réussit jamais à obtenir quoi que soit de Bouhouche.

Durant cette même période, la bande de Bouhouche prend la décision de se débarrasser des armes les plus compromettantes encore présentes dans leurs boxes, c'est-à-dire les armes du vol de l'ESI de janvier 1982 et du cambriolage de la collection de Mendez en avril 1985. Mais la bande de Bouhouche a une approche novatrice : ils ne les détruisent pas ou ne s'en débarrassent pas tel qu'on pourrait s'y attendre. Ils vont monnayer les armes.

Le 1er mars 1987, le ressortissant algérien en lien avec la bande de Bouhouche et impliqué dans la transaction d'armes avec la MDA rend visite à la police judiciaire française. Il prétend qu'il a un tuyau secret sur une vente d'armes qui « pourrait être » reliée aux tueurs fous. Il s'agit du même poste de la police judiciaire française qui l'avait arrêté pour traverser la frontière avec une arme à feu non autorisée pour la MDA en décembre 1985.

L'Algérien, qui vit en Belgique depuis des années, ne s'est jamais adressé aux autorités belges avec le tuyau. Il n'a jamais non plus tenté d'obtenir la prime promise par l'association des supermarchés pour des informations pouvant mener à l'arrestation des tueurs du Brabant. Au lieu de cela, l'Algérien se rend jusqu'à Lille, en France afin de rencontrer une division de police qui n'est pas impliquée avec les enquêtes. Il expliquera son comportement de la façon suivante : lors de son arrestation d'août 1985, il avait discuté avec la police française des tueurs du Brabant et de l'attaque d'Alost qui s'était passée le mois précédent. À ce moment-là, il a senti que les policiers français l'avaient écouté attentivement...

Il déclare à la police française qu'un contact secret lui a demandé de receler des armes volées ; il pense qu'elles ont été utilisées dans les attaques des tueurs du Brabant. Il ne mentionne jamais la bande de Bouhouche. Les autorités françaises réagissent évidemment en lui apprenant que les Belges sont aussi à la recherche des tueurs fous et qu'une importante récompense était même offerte en Belgique pour ce genre d'informations. Ils lui conseillent de rencontrer les personnes de la cellule belge chargée des tueries du Brabant. Apparemment, le ressortissant algérien reste la seule personne en Belgique à n'avoir jamais entendu parler de la récompense de 10 000 000 francs belges (environ 250 000 euros).

Mais le voyage en France est bénéfique pour l'Algérien. Soudain, il n'est plus juste un quidam avec des bribes d'information, il vient rencontrer les autorités belges de la Cellule Brabant Wallon en tant qu'informateur de la police judiciaire française. Il leur répète l'histoire de ce contact secret qui a des armes suspectes à vendre qui « pourraient être » reliées aux tueurs fous. Il a même des bonnes nouvelles pour la CBW : il n'insiste pas pour recevoir la totalité des 10 000 000 francs belges promis par l'association des supermarchés. Il propose un marché aux investigateurs : il est prêt à leur livrer les armes pour la modique somme de 4 570 000 francs belges (environ 113 300 euros), c'est-à-dire 4 000 000 francs belges (environ 100 000 euros) pour le risque qu'il prendrait en faisant la démarche et 570 000 francs belges (environ 13 300 euros) pour compenser l'achat des armes. Les autorités refusent la transaction.

La bande de Bouhouche aurait fait de l'argent sur la vente des armes de l'ESI et de la collection de Mendez, probablement beaucoup plus que les 570 000 pour la vente des armes. Le ressortissant algérien aurait obtenu le reste de l'argent, et les autorités belges auraient mis la main sur plusieurs armes suspectes. Les autorités belges n'auraient ensuite jamais pu se retourner contre lui parce qu'il leur a vraiment livré des « armes chaudes », des armes impliqués dans des délits et crimes. L'Algérien aurait alors pu leur rappeler qu'il leur avait bien précisé ses soupçons selon lesquels les armes « pourraient » appartenir aux tueurs fous sans en être sûr. Il a même gardé un proche de Bouhouche au courant de ses tractations avec les autorités...

Les autorités belges n'apprendront que bien plus tard l'identité du contact secret de l'Algérien. Les proches de Bouhouche avaient déjà utilisé des astuces semblables. Se référant à un collaborateur de Bouhouche, le procureur Pierre Morlet déclare : « il faisait pendre comme carotte au bout du nez des enquêteurs des renseignements sur les tueurs du Brabant, un dossier que tous les policiers en Belgique voulaient élucider. »[333] Sans doute pour chercher un autre moyen de faire de l'argent avec les armes de l'ESI et de Mendez, la bande de Bouhouche donne quelques informations limitées au capitaine Rousseau sur leur réseau de boxes de location en juin ; pas assez de détails pour trouver les armes volées, mais juste assez pour tester Rousseau pour voir s'ils pourraient lui soutirer quelque chose. Rousseau ne mord pas non plus à l'hameçon. Cependant, il sera en difficulté plus tard, lorsque des collègues découvriront l'appât des boxes de location. À vrai dire, les armes sont sans valeur car des armes de l'ESI et de Mendez avaient déjà été retrouvées lors de recherches liées à Bouhouche.

LE RÉSEAU DE LOCATION

Le 26 octobre 1987, lors d'une perquisition et d'une saisie sur une propriété d'un proche de Bouhouche, les autorités trouvent une disquette contenant des détails dissimulés à propos des bases de location d'Ixelles et de Woluwe. Il leur fallait décrypter le contenu de la disquette avant d'obtenir les détails. À partir de novembre 1987, la bande de Bouhouche réalise qu'il ne s'agit que d'une question de temps avant que leur box d'Ixelles, qui contient des armes reliées à l'ESI et Mendez, ne soit découvert. Cependant, ces armes n'apportent pas de nouvel élément à l'enquête puisque les armes volées à l'ESI et chez Mendez avaient déjà été reliées à Bouhouche.

Le 5 novembre 1987, l'agent Goffinon découvre enfin le box loué à Woluwe, qui contient une voiture. Dans le coffre de ce véhicule, Goffinon retrouve des armes de l'ESI et de Mendez, mais aussi deux pistolets de signalisation et un gyrophare provenant de l'ESI.

Les membres de la bande de Bouhouche, apprenant que leur stratagème a été découvert, décident de s'attaquer à Goffinon. Ils espèrent le discréditer alors qu'il les met sous pression dans l'enquête des tueurs du Brabant. Quelle importance aurait la découverte de quelques armes de plus de l'ESI et de Mendez ? Ils sacrifieraient un pion pour un gain tactique majeur. Ils abandonnent alors ces armes, mais ils en profitent pour se débarrassent aussi de Goffinon.

Le 6 novembre, un gendarme relié à Bouhouche avertit son chef qu'il a appris la localisation du box d'Ixelles. Avant de révéler ses renseignements, il pose la condition d'être traité comme un informateur confidentiel et que son nom ne doit jamais être révélé. Un agent communique alors avec Goffinon, et offre de transmettre l'information contre la confidentialité de la source. En outre, Goffinon ne peut pas divulguer avoir reçu le renseignement d'un informateur. Goffinon accepte ces conditions, puisqu'il suspecte que des armes utilisées par les tueurs du Brabant puissent se trouver dans ce box.

Le même jour, aux environs de 21 heures, Goffinon se rend au complexe d'Ixelles avec un collègue et tombe sur le box n°179. Il constate la présence de 3 cadenas et note que la camionnette présente dans le box n'a pas de plaques d'immatriculation. Il surveille le box jusqu'à 2 heures du matin. À 15 heures, le lendemain, Goffinon et son collègue forcent le box mais ne trouvent aucune arme dans la camionnette.

Quelques jours plus tard cependant, un complice de Bouhouche mène les enquêteurs aux armes. Il affirme alors avoir vidé le box après que

Goffinon a appris sa localisation. Puisque la bande de Bouhouche est aussi suspectée d'être les tueurs du Brabant, la gendarmerie pense qu'ils ont pu enlever du box les armes reliées aux tueurs fous, et pas seulement les armes de l'ESI et Mendez. Parce que Goffinon a été négligent ! Goffinon aurait dû entrer dans le box dès le départ ! Et pire encore, le complice qui prétend avoir vidé le box insiste l'avoir fait durant la surveillance de Goffinon, à pied et en tramway, en plusieurs allers-retours !

La situation de Goffinon ne s'améliore pas. À cause de l'entente avec le gendarme anonyme, Goffinon ne peut même pas révéler qu'il a un informateur et doit prétendre que sa propre enquête l'a mené à ce complexe de boxes de location. Le 13 novembre, Goffinon antidate le 6 novembre l'entretien qu'il a eu avec la propriétaire en réalité le 10 novembre. La falsification du procès-verbal sera découverte, la réputation de Goffinon est entachée de façon irrémédiable. Au moins 3 proches de Bouhouche exagèrent la description du contenu du box, pour faire croire aux gendarmes qu'ils ont raté le jackpot. Ils avaient déjà utilisé de tels stratagèmes sur des agents, leur amenant ainsi quelques soucis. Se frotter à eux est dangereux pour leur carrière. Goffinon est en fin de compte évincé de l'affaire des tueurs fous du Brabant.

Les Borains

En janvier 1988, débute le procès des Borains. Les Borains sont seulement accusés de certaines attaques de la première vague. Toutefois, ils ne sont pas accusés des crimes de Maubeuge, Dekaise, l'Auberge du Chevalier, le restaurant Aux Trois Canards, le taxi à Mons, l'usine de Tamise ou le bijoutier d'Anderlues. Ils ne sont pas non plus accusés pour les attaques de la seconde vague.

Au total, les membres de la bande des Borains avaient rétracté des douzaines de confessions obtenues sous contrainte. De plus, les procureurs avaient reçu une nouvelle expertise balistique en provenance d'Allemagne sur le révolver Ruger. Elle détermine que le Ruger n'avait jamais été utilisé lors des attaques des tueurs du Brabant, contredisant l'expertise dans le dossier. Les procureurs ne partagent pas cette preuve cruciale avec les avocats des Borains.

Le Pistolet à la bolognaise

Le 15 janvier 1988, les enquêteurs trouvent le pistolet que Bouhouche comptait utiliser pour le projet avorté de s'échapper de prison. L'arme avait été cachée dans un pot de sauce à spaghettis surgelé. Il s'agit d'une arme artisanale dont le numéro sur le canon avait été effacé. Les autorités déterminent que le canon avait été volé à Mendez. Il s'agit d'un GP 9 mm de la FN. L'astuce du pistolet à la sauce bolognaise avait déjà été testée à l'ESI en vue de faire passer des armes pendant une situation de détournement d'avion.

Claude Dery effectue des tests de comparaison avec une cartouche utilisée par les tueurs de Brabant et qui avait été trouvée dans le bois de la Houssière, près de la Golf abandonnée. Dery déclare alors que cette cartouche avait bien tiré avec ce GP 9 mm. En apprenant la nouvelle, le procès des Borains est suspendu et ces derniers sont relâchés jusqu'à ce que la cour obtienne plus de détails.

La cour veut aussi savoir comment l'autre arme du procès, le Ruger, s'est retrouvée à la gendarmerie de Mons, et le trajet que l'arme a ensuite parcouru. Le juge Wezel avoue : « Je me demande si l'enquête n'a pas été délibérément orientée sur une fausse piste. »[334] Les Borains sont relâchés pour de bon.

Les enquêteurs rendent alors visite à Bouhouche dans sa cellule et lui présentent le rapport initial sur le pistolet à la bolognaise. Ils le menacent d'incarcérer sa femme. Bouhouche propose un marché aux autorités. S'ils promettent de ne pas mettre sa femme en prison, il leur donnerait en échange la localisation d'un stock d'armes volées. Les autorités acceptent et trouvent, le 2 février, des armes enveloppées de plastique, sous un viaduc à Vilvoorde. Ils provenaient du vol à l'ESI.

Bouhouche prétend aussi qu'une cellule logistique aurait eu une implication dans les tueries du Brabant. Il s'agit d'une idée populaire chez les suspects. Une couche additionnelle les sépare alors de la commission des crimes. Ceci est aussi un excellent stratagème pour compliquer l'enquête.

Tests suivants

D'autres tests sont effectués sur le GP à la bolognaise. Les experts n'arrivent pas à se mettre d'accord sur son utilisation par les tueurs du Brabant. Les résultats minent la crédibilité du GP 9 mm. Il ne peut pas être utilisé pour un procès sur les tueries accusant Bouhouche. Bouhouche est relâché en attendant son procès dans l'affaire Mendez.

ANVERS

Bouhouche a besoin d'argent, tout comme Robert Beijer, son ancien collègue de l'entreprise de détective ARI. Jamais à court d'idées, ils décident de dévaliser Suleiman Ali, un flambeur de casino qui vit à Anvers. Il transporte de grosses liasses de billets de banque pour aller jouer.

Le soir du 2 septembre 1989, Bouhouche et Beijer conduisent une Mercedes noire avec de fausses plaques d'immatriculation néerlandaises chez Suleiman à Anvers. Suleiman est dans son appartement à l'étage avec son fils Bassam et son frère Saïd. Beijer porte une perruque et transporte un pistolet et des menottes. Bouhouche, quant à lui, joue le rôle de porteur de télégramme. Il sonne à la porte de l'appartement. Lorsque la porte s'ouvre, Bouhouche et Beijer se ruent à l'intérieur et retrouvent Saïd, Bassam et Suleiman dans le salon.

Ils sortent leurs armes à feu et hurlent en anglais : « Police ! Les mains en l'air ! » (« police, don't move »). Les trois hommes sont sommés de se coucher au sol, mais préfèrent se défendre. Saïd se jette sur Bouhouche, et finit près de la cage d'escalier. Entre-temps, Beijer rate son coup de feu et Bassam et Suleiman en profitent pour le passer à tabac. Ils lui font une entaille sur le haut du crâne, lui broient les doigts de la main droite, lui brisent les côtes, et le laissent inconscient sur le sol.

Lorsqu'il en a l'occasion, Bouhouche retourne dans le salon où il abat Suleiman. Il amène un Beijer titubant à l'extérieur de l'appartement. Ils tombent sur Saïd qui supplie Bouhouche de ne pas tirer. Bouhouche lui tire une balle dans l'œil gauche et quitte le bâtiment avec Beijer. Bouhouche a tiré avec un pistolet qu'il avait volé une dizaine d'années plus tôt, à l'académie de gendarmerie.[335]

LE PROCÈS DE BOUHOUCHE

Réalisant qu'ils ont tout gaché, Bouhouche et Beijer fuient le pays. Toutefois, les autorités internationales aident la Belgique à les traquer. Bouhouche est arrêté par la police espagnole et extradé vers la Belgique le 4 décembre 1988. Beijer est quant à lui arrêté en Thaïlande en 1991. Les deux sont relâchés en attendant leur procès en 1992.

En 1994, le procès de Bouhouche démarre enfin. L'affaire est centrée sur le meurtre de Suleiman en 1989 et le meurtre de Mendez en 1986. Les procureurs ajoutent d'autres charges, comme le braquage mortel de l'aéroport Zaventem en 1982, l'attentat à la voiture piégée contre Goffinon en 1981 et l'attaque contre Vernaillen et son épouse en 1981. Le procès suscite un engouement dans les médias.

Bouhouche est déclaré coupable du meurtre de Suleiman et de la tentative d'assassinat de Saïd. Il est aussi reconnu coupable de braquage avec circonstances aggravantes dans l'affaire Zwarts, ainsi que des faits mineurs comme le vol de la collection d'armes de Mendez, leurs recels, et louer des boxes sous fausse identité. Il est condamné à 20 ans de travaux forcés et est relâché en septembre 2000. En revanche, il est acquitté du meurtre de Mendez, de la tentative d'assassinat de Vernaillen et du vol du canot pneumatique.

Quant à Beijer, il est reconnu coupable de l'attaque avec circonstances aggravantes dans l'affaire Suleiman. Il est aussi condamné d'avoir recelé des armes du vol chez Mendez. Il est condamné à 14 ans de prison.

Durant le procès de 1994, une cache d'armes de la bande de Bouhouche est découverte dans une forêt sur une propriété privée à Villers-la-Ville. Les autorités y ont déterré des sacs pleins d'armes, d'explosifs et de documents. Les explosifs avaient été volés pour le projet d'extorsion de supermarchés abandonné en 1984.

En 1987, la bande de Bouhouche avait tenté d'échanger la localisation des armes à Villers-la-Ville contre une rétribution des enquêteurs. Ils auraient prétendu que les armes impliquaient un péril pour la santé de jeunes enfants vivant près de la cache. Les enquêteurs n'avaient pas mordu à l'hameçon et aucun marché n'avait été conclu. De jeunes enfants de 10 ans vivaient toujours sur la propriété lors de la découverte de 1994.

La cache contient des armes de l'ESI et de Mendez, des douzaines de papiers d'identité provenant de l'hôtel-de-ville de Chaumont-Gistoux et d'autres communes du Brabant Wallon, des plaques d'immatriculation fausses ou volées, des bâtons de dynamite, deux douzaines de détonateurs et une grenade.

Bouhouche mourra en France d'un accident forestier en 2007. Il vivait dans une ancienne maison sans eau ni électricité. Il aurait essayé de scier un arbre. La tronçonneuse aurait cédé, le faisant trébucher et l'arbre lui serait tombé sur la tête, le tuant sur le coup. Son corps sera incinéré sans autopsie.

CHAPITRE 25

TERRORISME ET GLADIO

À LA FIN DES ANNÉES 80, LES ENQUÊTEURS CONSIDÈRENT SÉRIEUSEment la terreur comme mobile. Après tout, la terreur avait influencé les élections de 1985. Elle avait mené à l'élection d'un gouvernement de maintien de l'ordre et gardé le pays fortement aligné à l'OTAN.

Avant que les tueurs n'aient commencé leur campagne de violence et terrorisé la nation, la droite se dirigeait vers une défaite historique. Les tueurs du Brabant et les CCC ont de nouveau imposé la violence et l'insécurité comme les plus importants enjeux de la campagne électorale. Un gouvernement musclé de droite avait formé le nouveau gouvernement. En conséquence, plus de 7,5 milliards de francs (environ 185 millions d'euros) avaient été investis dans de nouvelles mesures de sécurité. La gendarmerie avait reçu 10 000 nouvelles armes à feu de plus gros calibre et 1000 véhicules neufs.[336]

Les services de renseignement occidentaux pourraient-ils avoir créé les tueurs du Brabant et mené les opérations terroristes ?

Certaines menaces contre les victimes allaient bien au-delà du simple fait de trouver le nom d'un suspect dans un bottin téléphonique. Si des lignes étaient mises sur écoute, les agences bénéficiant de cette capacité technique doivent être prises en compte.

Certaines menaces étaient très élaborées. Par exemple, le grand-père du garçon de 9 ans, dont la famille était décédée, avait décidé de mener sa propre enquête sur les tueurs du Brabant. Le 28 décembre 1985, il a reçu une notification pour payer une contravention pour un ticket de parking non payé, mais il ne s'agissait pas de sa voiture. La voiture sujette à la contravention portait le même numéro de plaque et la même couleur - bleu métallique - que sa propre Mercedes 300 D. Cependant, la voiture était une BMW 520. Plus étrange encore, la BMW était garée sur la place Flagey à Ixelles, l'épicentre des activités des tueurs fous. À titre de rappel, le chauffeur de taxi Angelou, qui avait été tué par les tueurs fous, avait commencé son trajet à ce même endroit.

Les tueurs fous étaient connus pour utiliser de fausses plaques avec le numéro copié sur des voitures semblables. Selon le neveu du grand-père, Hugo : « La famille y voit une sorte de signal de la part des agresseurs… Une sorte d'avertissement : nous savons où vous vous trouvez, tenez-vous tranquilles ! »[337]

Dix ans plus tard, durant la deuxième commission d'enquête parlementaire sur les tueurs fous, le grand-père endeuillé recevait une autre contravention pour stationnement non payé par courrier, pour une Peugeot gris métallisé avec la bonne plaque d'immatriculation. Cette fois, la voiture avait été mise en contravention à Anvers, bien qu'il ne s'y était pas rendu durant les dix dernières années. Il a compris que le message était alors : « Nous savons toujours où vous trouver ! ».[338]

Les premiers investigateurs semblaient avoir porté peu d'attention aux menaces. Ils étaient dans une impasse : s'ils acceptaient le fait que les menaces soient réelles, alors cela signifierait que les tueurs fous n'étaient plus de simples voyous, ce qui ouvrirait une boîte de pandore. Des problèmes personnels ou l'imagination des victimes devenaient des prétextes pour discréditer le sérieux de ces menaces.

Gladio

Les tueurs fous étaient-ils une version belge des « Années de Plomb », la violence terroriste qui avait secoué l'Europe dans les années 80 ? Les attentats à la bombe de l'Oktoberfest de 1980 en Allemagne et à Bologne de 1981, en Italie, avaient été imputés à l'OTAN, aux Etats-Unis et aux services de renseignements européens.

Plusieurs attaques des « Années de Plomb » avaient été commises par des groupes d'extrême droite. L'extrême droite ne revendiquait jamais les attaques. Au début, la population terrorisée se demandait si des groupes d'extrême gauche n'étaient pas en réalité les responsables. Et le cas échéant, ces groupes avaient-ils été appuyés par l'Union soviétique ? Les tueurs du Brabant n'ont jamais revendiqué leurs attaques non plus.

Après la Seconde Guerre mondiale, l'Amérique et l'Angleterre avaient mis en place des armées secrètes dans chaque pays d'Europe, appelées armées « stay-behind ». Ces armées ont opéré jusqu'en 1989, année qui a amené la chute du Mur de Berlin et du communisme en Russie. Ces armées étaient si secrètes que les ministres et représentants parlementaires n'étaient pas au fait de leurs activités. Elles travaillaient en collaboration avec les plus hauts dirigeants de l'OTAN. À l'origine, elles devaient organiser une résistance armée dans le cas où l'Europe se ferait envahir par l'Union soviétique. Elles avaient été soupçonnées d'avoir été utilisées pour commettre des attaques en Europe.

Les services de renseignement italiens avaient été accusés d'aider et de soutenir des groupes d'extrême droite avec l'appui des Américains et de les couvrir lors de leurs attaques terroristes. Ces groupes étaient auraient été liés aux armées « stay-behind ». Un scandale sans précédent en Italie avait éclaté lorsque des détails au sujet du rôle ambigus de services de renseignement avaient fait surface.

Les tueurs fous faisaient-ils partie d'une armée secrète « stay-behind » belge ? Lors d'une commission publique sur le sujet, Albert Raes, chef de la Sûreté, et son homologue militaire, avaient refusé de donner les noms des agents des cellules « stay-behind ». Nous ignorons donc si les hommes soupçonnés d'être les tueurs fous du Brabant faisaient partie de ces armées.

Westland New Post

Le mouvement néonazi Westland New Post avait aussi été suspecté d'avoir été un outil de services secrets occidentaux ou d'une cabale internationale. Cette cabale serait constituée de dignitaires et personnalités de marque. En outre, le WNP avait été accusé d'avoir pris part aux attaques des tueurs du Brabant.

En guise de rappel, le WNP avait volé des documents classifiés de l'OTAN et espionné des groupes politiques de gauche. Deux de ses membres avaient aussi été accusés du double meurtre de la rue de la Pastorale de 1982 et l'un d'eux, Marcel Barbier, en avait été reconnu coupable. Aux yeux du public, le WNP était un groupe de dangereux extrémistes. Il n'y a qu'un pas avec les tueries du Brabant.

En 1989, lorsque les enquêteurs des tueries du Brabant s'étaient penchés sur le terrorisme et l'extrême droite, ils ont aussi enquêté sur le WNP… Des anciens membres ont déclaré qu'on leur avait demandé de repérer en 1981 des supermarchés qui auraient plus tard été attaqués par les tueurs fous. Par exemple, le membre du WNP, Éric Lammers dira : « …après coup je m'apercevais que Colruyt, Delhaize qu'on surveille, c'est justement ça qui se fait attaquer par le Brabant Wallon par après. »

Le WNP aurait aussi pu faire part d'un plus large réseau exécutant le sale boulot pour la Sûreté et d'autres groupes occidentaux, sans nécessairement être les tueurs du Brabant. Un axe de l'enquête sur les tueries du Brabant avait été de déterminer si des assassinats ciblés avaient pu être le mobile. Les victimes étaient juste au mauvais endroit au mauvais moment pour l'observateur extérieur. Plusieurs des victimes en sauraient trop à propos d'orgies de personnalités de marque qui impliquaient des jeunes mineurs. Par conséquent, une cabale de ces personnalités voulait les faire taire.

Le Westland New Post aurait pu participer à faire étouffer l'affaire. Mais la cabale aurait pu avoir recours à d'autres tueurs à gages privés pour commettre les opérations les plus risquées, les tueries du Brabant… Les orgies alléguées de personnalités de marque avaient été rendues célèbres par l'affaire Pinon qui sera à jamais associée au mystère des tueurs du Brabant

L'AFFAIRE PINON

En mars 1979, le psychiatre Dr. Pinon dépose une demande de divorce à l'encontre de son épouse, femme au foyer. Cette procédure de divorce lance l'affaire Pinon, qui prendra des proportions nationales.[339]

L'affaire Pinon est une pièce en deux actes. Le premier acte est le divorce lui-même qui concerne surtout la garde des enfants et le paiement de la contribution alimentaire. La cour donne initialement la garde de leur fille à Mme Pinon et donne au père des droits de visite.

Avant le jugement, le père de Mme Pinon est accusé de voies de faits graves. Lorsque la cour est avisée de la situation, elle détermine que le grand-père pourrait être un danger pour ses petits-enfants et ouvre un dossier auprès de la Protection de l'Enfance. Le dossier de la garde des enfants est ainsi transféré au juge « Z. » du Tribunal de la jeunesse. La cour prononce une ordonnance provisoire plaçant les enfants au sein d'une famille d'accueil en attendant que les problèmes de garde soient résolus. La cour ordonne en outre au couple de se rencontrer dans un ultime effort de réconciliation.

Durant cette rencontre ordonnée par la Cour, Mme Pinon aurait avoué à son mari qu'elle avait eu une liaison extra-conjugale. Il s'agit d'un fait notable car l'adultère entraîne de sérieuses conséquences dans les procédures de divorce. Mme Pinon aurait ajouté qu'elle avait participé à des orgies. Selon Dr. Pinon, elle lui aurait même donné le nom de six de ses amants, trois d'entre eux étant des médecins. Le Dr. « X. » aurait hébergé les orgies, et le Canard, le commissaire de la Sûreté qui est chargé de Paul Latinus, en aurait aussi fait partie. À cette époque, le Westland New Post n'existe pas encore, mais Latinus milite au Front de la Jeunesse et devient l'informateur du Canard.

Mme Pinon aurait ensuite avoué que des participants à ces orgies étaient des mineurs. L'utilisation du terme « mineurs » peut avoir différentes significations puisque l'âge de la majorité est de 18 ans, mais l'âge du consentement sexuel est de 16 ans. Un « mineur » de 17 ans peut ainsi légalement consentir à avoir une relation sexuelle avec un adulte. Mais si les paroles de Mme Pinon signifient avant l'âge de consentement, cela pourrait entraîner de graves conséquences pour la procédure de divorce du couple.

Puisque la rencontre n'est pas enregistrée, le Dr. Pinon feint la compassion et engage un détective afin d'obtenir des preuves tangibles du comportement de sa femme.

Le détective du Dr. Pinon obtient les éléments suivants sur enregistrement : « J'ai fait des partouzes avec (Dr. « X. »), je l'ai fait et cela m'a déplu… je te l'ai dit. » Lorsque le Dr. Pinon écoute l'enregistrement, il est consterné. Il insiste que sa femme lui a parlé de mineurs lors de leur première rencontre, mais il ne réussit pas à obtenir de preuve audio pour soutenir son allégation.

Néanmoins, il communique avec la police judiciaire pour ouvrir une enquête. Selon un rapport de la police judiciaire : « Il n'apparaît pas non plus dans le texte de l'enregistrement de la bande reproduisant la conversation entre (le Dr. Pinon) et son épouse (Mme Pinon) (…) que des enfants seraient mêlés à d'éventuelles « parties » entre les personnes dont question ci-dessus.»

Toutefois, la police judiciaire met en place une surveillance autour de la résidence du Dr. « X. », où les orgies auraient eu lieu. Aucune preuve d'activités illégales n'est découverte. La police judiciaire décide alors de clore le dossier.

Dr. Pinon adresse une lettre au juge du Tribunal de la jeunesse en vue de lui faire part du contenu des cassettes. La cour ne réagit pas à sa satisfaction et l'affaire ne va pas plus loin.

Un peu plus tard, le Dr. Pinon signale à la police qu'il est victime d'une série d'entrées par effraction. Il suspecte que les voleurs sont à la recherche des cassettes ou des documents au sujet des orgies alléguées. De plus, une maîtresse du Dr. « X. » se serait suicidée dans un Holiday Inn dans des circonstances suspectes. La police reprend l'enquête mais les agents reviennent encore bredouilles. En mars 1980, la police referme le dossier.

En 1981, le deuxième acte de l'affaire Pinon commence. Elle prend une envergure nationale. Les procédures du divorce avancent lentement et les enfants sont toujours en famille d'accueil. Le Dr. Pinon décide de mener sa propre enquête pour prouver ses allégations. Il note ensuite les résultats dans une lettre adressée à son avocat. La lettre est ensuite envoyée aux médias.

Dr. Pinon y allègue que la voiture du juge « Z. », responsable du dossier de la garde de ses enfants, a passé la nuit à la résidence du Dr. « X. » où les orgies seraient hébergées. Dr. Pinon ajoute qu'un général de la gendarmerie participe aux orgies. L'implication de hauts gradés de la police explique pourquoi l'affaire est étouffée. Dr. Pinon allègue en outre que : « Quelques semaines plus tard, j'ai appris par une indiscrétion, venant de l'Ordre des Médecins, que le nombre de gens impliqués dans cette affaire de mœurs était considérable. Qu'il semblait que … le (Prince « Y. ») était « partie prenante ». »

La lettre du Dr. Pinon est fondée surtout sur du ouï-dire, ce qui pose un problème pour les médias qui ont été contactés. Ils refusent de publier les allégations. Néanmoins, Dr. Pinon maintient le contact avec le rédacteur en chef du journal de gauche « Pour », qui n'hésite pas à publier des nouvelles à controverse. Le journal demande à Pinon de lui trouver une source fiable pour corroborer ses dires.

Peu après, Dr. Pinon communique avec le rédacteur en chef pour l'informer qu'il a déniché un témoin pour soutenir son récit. Mme « W. » connaîtrait même des personnalités influentes ayant participé à ces orgies : le prince « Y. », le général de la gendarmerie, le juge « Z. » et le Dr. « X. ».

Mme « W. » est, comme le Dr. Pinon en procédure de divorce. Lorsqu'ils discutent leurs divorces respectifs, Dr. Pinon aborde le sujet des orgies des personnalités de marque. À la surprise du Dr. Pinon, Mme « W. » affirme être est au courant. Elle connait même le nom d'autres personnalités célèbres qui y participeraient. Elle donne le nom d'un ancien premier ministre, d'un ministre influent, et d'un magnat de l'immobilier.

Mme « W. » avait appris que la maîtresse du Dr. « X. » qui se serait soi-disant suicidée au Holiday Inn, aurait en fait été tuée. Sa voiture avait été sabotée. De plus, Mme « W. » allègue que deux autres mineurs qui auraient participé à ces orgies se seraient suicidés. Pire encore, elle avait entendu dire que le juge « Z. » chargé du dossier des Pinon serait le fournisseur en mineurs pour les orgies.

Le journal Pour

Le Dr. Pinon et Mme « W. » rencontrent le rédacteur en chef, Jean-Claude Garot, au journal « Pour ». Ce dernier enregistre l'entretien… Mme « W. » dresse la liste des personnalités de marque impliquées dans les orgies. Garot ne s'intéresse pas au juge « Z. » ou au Dr. « X. », mais écoute attentivement lorsqu'il entend les noms de l'ancien Premier ministre et du Prince « Y. ». Mme « W. » explique ensuite que les orgies ont habituellement lieu dans le club-house d'un terrain de golf réputé et elles comptent environ trente participants. Les mineurs sont apportés par le juge « Z. », chargé du dossier de la garde des enfants Pinon. Il est d'ailleurs en couple avec Mme Pinon, bien qu'il préside son affaire.

En parlant des mineurs, Mme « W. » confie : « il y en a qui sont même morts, c'est quand même vrai ». Elle prétend que certains se seraient suicidés car : « ils ont été pris dans l'engrenage si tu veux, sont tombés amoureux. » Elle ajoute : « il y en a un de Nivelles qui s'est tiré une balle dans la tête » parce qu'il était tombé amoureux d'une participante. Il n'avait que 15 ans et s'était suicidé lorsqu'il avait dû arrêter de la voir parce que « c'est terminé tu ne peux plus la voir et il s'est tiré une balle, il avait trouvé une stabilité puis on la lui enlève. »

Selon Mme « W. », « il y a un second qui s'est pendu » quand le juge « Z. » l'avait éjecté du groupe alors qu'il commençait lui aussi à développer aussi des sentiments pour l'une des participantes. Elle ajoute qu'ils « trouvent une stabilité, rencontrent des gens qui ont vécu, sont bien dans leur peau, des femmes mariées qui sont divorcées… lendemain, paf, il a été trop loin, terminé ! » Mme « W. » raconte aussi qu'elle a entendu parler du meurtre et des deux suicides lors d'une conversation à propos de la dissimulation des orgies : « parce que le Prince « Y. » est dans l'histoire, il est au courant de tout (chuchotements) et il demande que tout le monde se taise. » Le Prince « Y. » avait alors assuré au juge « Z. » qu'il était protégé, et que rien ne lui arriverait jamais.

Le journal « Pour » considère que la nouvelle est de la dynamite politique. Ils préparent la publication. Les rumeurs de personnalités de marque impliquées s'ébruitent dans les milieux politiques de droite. Des appels frénétiques supplient le journal de ne pas publier l'histoire. De grosses sommes d'argent pour étouffer la nouvelle auraient été même refusées par le rédacteur en chef.

L'INCENDIE CRIMINEL

Tard dans la nuit du 4 juillet 1981, six motocyclistes se rendent jusqu'au bâtiment qui héberge l'imprimerie et le département de publication du journal Pour. Les motocyclistes s'introduisent dans l'immeuble qui n'est pas surveillé. Ils y jettent des cocktails Molotov à différents endroits. Ils se sauvent sur leurs motos alors qu'un incendie commence dans l'immeuble. Malgré les efforts des pompiers, le bâtiment est totalement perdu le lendemain matin.

Les autorités ouvrent une enquête et les auteurs sont arrêtés. La plupart sont des militants du Front de la Jeunesse, qui est à l'article de la mort depuis l'attaque de Laeken en décembre 1980. Le chef des motocyclistes collaborait étroitement avec Paul Latinus quand il menait encore la faction violente du Front de la Jeunesse. Ses complices font partie de la même faction. Ils recevront des peines de prison allant de trois à cinq ans de prison. Le journal Pour se trouvait déjà dans une situation précaire financièrement avant l'incendie criminel. Il doit maintenant fermer ses portes. Le rédacteur en chef Garot quittera la Belgique pour aller refaire sa vie en Amérique.

Bien qu'il ne soit pas accusé, Paul Latinus aurait coordonné l'attaque du Pour. Le public ignore que le chef des motocyclistes est aussi un membre du mouvement clandestin WNP. Quand il dirigeait la faction violente du Front de la Jeunesse, Latinus n'hésitait pas à incendier les propriétés de ses adversaires politiques.

Le mobile de l'incendie du journal Pour est encore sujet à débat. L'incendie est communément relié aux intentions du journal de publier les allégations du Dr. Pinon concernant les orgies de la cabale avec des mineurs. Dans le contexte de la Guerre Froide, éclabousser le Parti Démocratique Chrétien, la droite et la monarchie aurait pu faire trembler les fondations de la Belgique d'après-guerre. La cabale aurait puni l'imprudence du journal Pour.

Le WNP aurait pu être manipulé par la cabale pour faire ce boulot. Les tueries du Brabant auraient-elles pu être commanditées par la cabale pour faire taire ses ennemis comme l'incendie du journal Pour ?

Vengeance

Mais comme candidat pour la commandite de l'incendie du « Pour », Paul Latinus a, comme la cabale de personnalités puissantes, un mobile réaliste. Il nourrit une haine profonde pour le journal Pour. Ce dernier était à l'origine des divulgations sur le meurtre raciste de Laeken en décembre 1980 impliquant le Front de la Jeunesse. Latinus qui en était membre à l'époque avait été ciblé tout particulièrement.

Latinus travaillait alors dans le bureau de la ministre du travail. Il pensait aussi être sur le point d'être admis comme agent dans la Sûreté. Il avait passé le premier de ses deux examens pour y entrer.

Le nom de Latinus apparaît dans les journaux. Il connaissait les suspects du meurtre de Laeken et était investigué dans l'affaire. Il a perdu son emploi au bureau de la ministre. Il s'est senti tellement désemparé par la situation qu'il est parti en exil à l'étranger. Il réalisait que plusieurs portes s'étaient fermées pour lui. Il ne serait probablement jamais capable de poursuivre son rêve de devenir un agent de la Sûreté.

La haine de Latinus pour le journal « Pour » et son rédacteur en chef Garot n'aurait apparemment même pas été assouvie après l'incendie… Il souhaite encore s'en prendre contre Garot.

Latinus demande que les candidats pour le WNP commettent des crimes. Par exemple, les candidats militaires doivent voler des documents de l'OTAN. Les non militaires doivent prendre part à un autre délit.

Quand Alain W. présente sa candidature, il affirme pouvoir obtenir des copies de dossiers internes de la gendarmerie. Latinus est intéressé et fait alors des demandes spécifiques à Alain W. Un des trois dossiers que Latinus veut obtenir concerne l'incendie du journal « Pour ». Alain W.

réussit à obtenir le dossier à travers son ami Bouhouche avec qui il fait du tir pratique. À cette époque, Bouhouche travaille encore à la gendarmerie.

En juillet 1982, la Sûreté apprend que Latinus utilise des documents confidentiels du dossier « Pour » qu'il avait obtenus d'Alain W., pour nuire à Garot.

Coquille vide

Le Westland New Post aurait-il pu participer aux tueries du Brabant ? Selon les allégations d'anciens membres, une cabale secrète de personnalités puissantes aurait manipulé le WNP pour effectuer leurs sales besognes. Ils prétendront qu'elle aurait travaillé en coopération avec la Sûreté pour créer une équipe d'assassins. Le Canard aurait été leur responsable infiltré au WNP qui coordonnait le tout.

Trois personnages clés feront la promotion de cette théorie : Michel Libert, accusé d'avoir organisé le vol de documents classifiés de l'OTAN. Marcel Barbier, qui passera des années en prison pour le double meurtre de la rue de la Pastorale, et Éric Lammers, qui sera accusé, mais non reconnu coupable, du double meurtre. Ce dernier sera jugé coupable dans un autre dossier de double meurtre pour une histoire d'argent quelques années plus tard. Selon eux, la cabale aurait commandité les meurtres du Brabant. Néanmoins, leur théorie diffère de celle de Latinus.

Avant sa mort, Latinus a déclaré aux médias que la Sûreté chapeautait le WNP, pour le compte du KGB et non d'une cabale. Selon lui, le double meurtre de la rue de la Pastorale était une opération du KGB. Latinus affirmera aussi que la DIA, le service d'espionnage de l'armée américaine, lui avait donné la mission de démasquer la Sûreté en 1981, parce qu'elle était noyautée par le KGB.

Si nous examinons les procès-verbaux, le WNP est actif du début de 1981 jusqu'à la fin de 1983. Latinus agissait comme informateur rémunéré de la Sûreté depuis 1979, deux ans avant la création du Westland New Post. Il collectait des renseignements sur les mouvements de la gauche, utilisant dans un premier temps les membres du Front de la Jeunesse. Ensuite, il utilisera les membres du WNP. Il transmet l'information recueillie au Canard.

Plusieurs des membres du WNP sont des connaissances de Latinus de l'époque où il dirigeait le noyau dur du Front de la Jeunesse, qui était composé des membres les plus violents. D'autres membres du WNP sont des collègues de travail de Libert au département de communication de l'armée. En recrutant de nouveaux membres, Latinus se vante de sa relation avec le Canard en insinuant que la Sûreté et le gouvernement soutiennent leurs activités. Le WNP serait une organisation anticommuniste faisant ce que le gouvernement ne peut pas légalement faire. À son apogée, le WNP compte de vingt à trente membres.

Latinus demande au Canard de prodiguer des formations aux membres du WNP pour leur apprendre à surveiller et repérer des lieux physiques. Le Canard accepte et donne un premier cours à l'appartement de Barbier. Le Canard peut espérer en tirer de meilleures informations sur les mouvements de gauche si les membres sont plus compétents dans leur collecte. Le Canard supervise en outre un exercice pratique au cours duquel ils doivent repérer une véritable propriété et espionner une vraie personne. Le double meurtre de la rue de la Pastorale se déroule à une époque où le Canard est relié au WNP. À la mi-1982, Latinus et le Canard mettent fin à leur relation.

Le départ du Canard du WNP correspond au moment où Latinus perd intérêt pour son mouvement. Latinus éprouve des soucis financiers et utilise le WNP comme un outil pour se faire un revenu. Il mène, par exemple, des infiltrations de réseaux de trafic de drogues ou de trafic d'armes par des associés du WNP. Il tente ensuite de vendre les informations recueillies à n'importe quelle agence ou service de police prêt à payer le prix.

Le WNP en tant que mouvement politique d'extrême droite est devenu une coquille vide officieusement dirigée par Libert. Il est le seul qui semble toujours prendre le WNP au sérieux. Libert échafaude des organigrammes complexes avec plusieurs départements interconnectés et poursuit des projets ambitieux.

Entre-temps, Latinus n'a que peu de succès dans la vente des informations recueillies. Les titres du journal « Pour » ont limité ses perspectives professionnelles. « Pour » a payé le prix. Mais sa situation financière va de mal en pis. Il se trouve dans une impasse. Latinus est devenu paranoïaque et est certain que le Canard et Raes étaient été les sources confidentielles des articles du Pour à son sujet. Il concentre maintenant toute sa rage contre le Canard et le directeur de la Sûreté, Albert Raes.

Latinus se met à élaborer un plan de revanche en trois étapes. Dans un premier temps, il révèlerait l'existence du Westland New Post dans les médias. Rendre publique un mouvement politique clandestin détruirait la raison d'être du mouvement. La deuxième étape du plan de Latinus serait de présenter le WNP de la façon la plus toxique et effrayante que possible. Le public doit en être dégouté ! Pour ce faire, Latinus utiliserait le double meurtre de la rue de la Pastorale en y démasquant l'implication des membres du WNP. La troisième étape serait de faire prendre conscience au public que la Sûreté était impliquée dans le WNP depuis le début. Il entend démontrer qu'elle tirait les ficelles. Il pense que les révélations seront fatales pour la Sûreté et mèneront à la fin de la carrière d'Albert Raes et de Canard. Il espère qu'ils se retrouveront en prison pour leur participation au double meurtre de la Pastorale.

Pour autant, il ne s'agit pas d'un reportage qui a été l'élément déclencheur révélant l'existence du WNP, mais l'arrestation de Marcel Barbier. En 1983, Barbier s'est disputé avec son frère après avoir trop bu et a tiré des coups de feu devant son appartement. Latinus n'avait pas réussi à convaincre les médias d'écrire un article sur le WNP avant l'incident.[340]

Barbier sera suspecté d'avoir fait une scène devant son appartement dans le seul but d'attirer l'attention de la police et de déclencher l'affaire WNP. Quoi qu'il en soit, Latinus saisit l'occasion pour passer à la deuxième étape de sa revanche contre la Sûreté : relier le WNP au sordide double meurtre de la rue de la Pastorale. Latinus dévoile aux autorités que Barbier et Lammers étaient impliqués, Barbier avoue. Le public en est troublé et dégoûté.

Latinus passe alors à la troisième étape. Il révèle aux médias que la Sûreté chapeautait le WNP lors de la commission du double meurtre. Le public découvre ainsi que trois membres du WNP avaient été payés en tant qu'informateurs de la Sûreté, incluant Latinus et le numéro deux du mouvement, Michel Libert. En guise de rappel, au moins trois agents de la Sureté avaient des contacts réguliers avec le WNP ; ils étaient baptisés « le Canard », « le Chien », et « le Lapin ». Le commissaire Canard avait même obtenu une carte de membre du WNP sous son vrai nom et donnait aussi des formations privées de surveillance et repérage aux autres membres. L'entraînement de Canard comportait notamment un exercice pratique sur le terrain où une vraie personne était prise en filature. Le tout se passe durant la période où le double meurtre de la rue de la Pastorale est commis.

Latinus présente aux membres l'autodestruction du WNP comme une croisade anticommuniste. Il révèle que la raison d'être du WNP est de démasquer les espions du KGB ayant infiltré la Sûreté : le directeur Albert Raes et le Canard. Mais les médias et le public ne s'intéressent pas aux histoires de KGB. Ce qui contrarie le plus les Belges est que la Sûreté avait infiltré un mouvement d'extrême droite qui avait commis des meurtres et volé des documents classifiés de l'OTAN.

L'affaire WNP ternit l'image de la Sûreté et embarrasse le ministre de la Justice, Jean Gol. Son ministère chapeaute la Sûreté. Quelques années plus tard, le directeur Albert Raes sera transféré à une autre position au sein du ministère de la Justice. Le Canard, quant à lui, aura une courte suspension. Aucun d'eux ne sera accusé d'un crime et ils ne seront jamais emprisonnés. Des conséquences bien en deçà de celles qu'espérait Latinus.

LE MEURTRE DE LA RUE DE LA PASTORALE

Le double meurtre de la rue de la Pastorale de février 1982 est si brutal et atroce qu'il laisse à penser que le WNP aurait été capable de commettre les tueries du Brabant.

En guise de rappel, en début de février 1982, des membres du WNP repèrent un appartement de la rue de la Pastorale à Bruxelles. Libert, le numéro deux du mouvement, a expliqué au groupe que le couple y résidant sont des espions soviétiques. Après le repérage, les membres rapportent leurs notes à Libert. Le 19 février 1982, à 20 h 30, une voiture se rend à l'appartement. Deux hommes sortent du véhicule et pénètrent dans le bâtiment par la porte principale. Ils montent à l'appartement du couple à l'étage. Ils tirent sur le couple et leur tranchent la gorge.

L'attaque de la rue de la Pastorale sera reliée au WNP un an après les faits, quand le WNP fera les gros titres des journaux pour la première fois. Le public sait que le crime est horrible et que des extrémistes politiques l'ont commis. Mais le motif est nébuleux.

Les membres du WNP auraient été forcés de commettre des crimes en guise d'initiation. Peut-être que le crime était une initiation ? Certains auraient été impliqués dans des rites païens. Est-ce la raison pour laquelle les victimes avaient été sommées de s'agenouiller face à face avant de se faire trancher la gorge ?

Le crime comporte deux volets. En premier lieu, un groupe avait repéré l'appartement du couple. Ensuite, le couple avait été assassiné par deux meurtriers. Le groupe de repérage ignorait qu'ils préparaient le terrain pour un assassinat. Quand ils ont repéré les lieux, ils croyaient que le couple était des espions du KGB, ce qui était faux.

En réalité, les meurtres n'avaient rien à voir avec l'extrême droite ou le WNP en tant que tel. La victime Vander Meulen était l'ex-mari de la petite amie de Marcel Barbier, un membre influent du groupe. L'histoire des espions soviétiques avait été inventée de toute pièce pour que le groupe de repérage reste motivé. La petite amie de Barbier était alors impliquée dans une séparation assez acrimonieuse. Son ex-mari, la victime Vander Meulen, voulait lui retirer la garde des enfants. Il l'aurait menacé de faire savoir à la cour qu'elle travaillait en tant que serveuse dans le Quartier Rouge à Bruxelles. Accessoirement, elle pouvait récolter une somme d'assurance vie considérable si son ex-mari mourait.

La police avait interrogé Barbier très tôt dans l'enquête, mais n'avait pas réussi à établir de lien avec les meurtres. Nous ignorons si la décision de tuer le couple avait été prise avant ou après le repérage de l'appartement. Peut-être que Barbier voulait espionner Vander Meulen sans plus ? Peut-être qu'une information recueillie durant le repérage du groupe avait été la cause du meurtre ?

Certains participants au repérage préalable n'avaient pas fait à l'époque la connexion avec les meurtres commis quelques jours plus tard. Bien que le Canard est toujours impliqué dans le WNP au moment du meurtre, rien n'indique qu'il était au courant de ce repérage ou des meurtres avant que l'information ne soit révélée dans les journaux… Il est même possible que Latinus ne soit pas au courant de ce qui se passait, mais il a été averti peu après. Latinus était apparemment furieux d'apprendre l'implication du WNP dans le double meurtre.

L'après WNP

Les anciens membres du WNP trainent encore comme un boulet le double meurtre de la rue de la Pastorale. Les meurtres n'étaient pas d'ordre politique mais d'ordre conjugal. Lors d'entretiens avec les médias, ils évitent autant que possible de parler du mobile. Ils insistent plutôt qu'ils avaient été victimes du système. Une cabale de personnalités les aurait manipulés et aurait organisé leurs crimes avec la coopération de la Sûreté.

Pour Michel Libert, le WNP n'était pas une organisation embryonnaire avec deux douzaines de membres qui s'était vite essoufflée, il s'agissait d'une structure pan-européenne qui était commanditée par une conjuration des puissants.

Libert mélange la réalité avec la fiction. Des personnalités de marque entretenaient des contacts plus ou moins ténu avec Latinus. Néanmoins, les contacts ignoraient ce qu'était le WNP. Pour eux, Latinus voulait leur vendre ses services de détective privé ou de sécurité. Par exemple, il avait contacté des organismes publics ou privés pour vendre des renseignements collectés par les membres du WNP.

Ces vaines tentatives de Latinus de vendre ces services à la Sûreté, à la gendarmerie à d'autres forces de police ou des entreprises privées seront mises à profit pour supporter l'image du WNP manipulé par une élite puissante. Toutes les entités ou hommes d'affaire qui avaient rejeté les avances commerciales de Latinus deviennent les commanditaires mystérieux du WNP.

Le trio de Libert, Barbier, et Lammers se considère les victimes de ces commanditaires. Comme les autres membres, ils se devaient de suivre aveuglément leurs directives ; le cas échéant, ils devaient commettre des crimes odieux. Ils n'étaient que les rouages sans libre arbitre d'une machine infernale.

Le trio suit l'exemple de Latinus qui faisait la promotion de l'image d'un WNP toxique. Avant sa mort, Latinus dressait une litanie des crimes terribles qui avaient été « presque » perpétrés par le groupe. Le WNP planifiait de kidnapper le directeur de la télévision publique. Il planifiait de dynamiter le palais de justice. Il planifiait d'appliquer la peine de mort au chef du Front de la Jeunesse, Dossogne après un procès secret tenu par contumace... En réalité, Latinus mettait dans le tas, toute idée qui avait déjà effleuré la pensée d'un membre. Il croyait que plus le WNP paraîtrait toxique pour le public, plus le Canard et la Sûreté seraient mis sous pression.

Après la mort de Latinus, le trio en rajoute. Le WNP serait responsable des crimes des tueurs fous du Brabant. Selon Éric Lammers : « J'ai toujours eu le sentiment, et même plus qu'un sentiment d'avoir été conditionné, formé, préparé à commettre (des choses comme les tueries du Brabant). Et pour une raison x ou y, j'en étais mis à l'écart et je suis certain maintenant avec le recul que si au moment de ces faits, au lieu de me mettre à l'écart on m'avait ordonné de commettre ces attentats, j'aurais probablement été obligé et contraint, forcé de manière non enthousiaste à le faire, je l'aurais fait. »

Après la condamnation à mort de Barbier en 1987 pour le double meurtre de la rue de la Pastorale, le trio s'en donne à cœur joie. Tous les crimes majeurs de l'époque impliqueraient le WNP. Même ceux qu'ils n'avaient pu commettre. Ils auto-accusent le WNP d'être responsables des crimes comme l'attentat à la bombe contre Goffinon, l'attaque des Vernaillen, le meurtre de l'aéroport de Zwarts, et le cambriolage de l'ESI, des crimes pour lesquels la bande de Bouhouche avait été accusée et reconnue coupable, ou pour lesquels ils avaient avoué après l'écoulement de la prescription. Par exemple, Lammers prétend que le cambriolage de l'ESI n'était qu'une initiation du WNP pour un nouveau membre. L'histoire des tueurs fous du Brabant n'est qu'une de ces histoires parmi une longue liste de crimes.

Lammers profite aussi de cette occasion pour régler de vieux comptes. Il accuse les membres de la faction restée fidèle à Latinus, qu'il déteste, d'être les tueurs du Brabant. Par exemple, il dit d'un allié de Latinus : « Je le connaissais du Front de la Jeunesse, on avait fait pas mal d'aventures. Et il est venu me prévenir qu'on préparait du gros travail et qu'il faisait les surveillances, ces choses-là. Et finalement ces travaux on ne les a pas effectués et après coup je m'apercevais que Colruyt, Delhaize qu'on surveille, c'est justement ça qui se fait attaquer par le Brabant Wallon par après. » En revanche, l'allié de Latinus affirme n'avoir jamais repéré des supermarchés.

Barbier et Lammers n'auraient pas pu eux-mêmes être responsables des tueries du Brabant. Ils étaient en prison pendant toute la durée de la deuxième vague et la fin de la première vague. Barbier était détenu pour le meurtre de la rue de la Pastorale alors que Lammers avait été relâché mais réincarcéré en avril 1985 pour le vol armé d'un camion de cigarettes Marlboro, ainsi que pour le vol de peintures de valeur et de diamants. Il était ensuite resté en prison jusqu'en 1988. Libert quant à lui était en prison pour la fin de la première vague.

Assassinats ciblés

L'implication du Westland New Post dans l'incendie du journal « Pour » au profit de la cabale suggère qu'elle utiliserait des sous-traitants pour commettre ses sales boulots. Aurait-elle été jusqu'à engager des tueurs à gage pour commettre les tueries du Brabant ?

La cabale venait d'étouffer une première tentative de chantage. Mais des maîtres-chanteurs tentent une deuxième fois. Ils détiennent des preuves matérielles du comportement scabreux de la cabale. Cette fois, la cabale prendrait les grands moyens : les tueries du Brabant. Il fallait mettre ces gêneurs hors d'état de nuire. Ils devaient disparaître.

Selon cette hypothèse, la violence des tueurs du Brabant n'est aveugle que pour un observateur superficiel. Les attaques des tueurs fous du Brabant masquent des assassinats ciblés. Les tueurs du Brabant s'en prennent à des victimes spécifiques pendant leurs attaques. Les victimes ont en commun le fait qu'elles en savaient trop sur les orgies de la cabale impliquant des mineurs. Sous la couverture de vols à mains armées qui ont dérapé, les tueurs auraient assassiné les gêneurs.

Les soirées d'orgies auraient été enregistrées sur des vidéocassettes. En étudiant les antécédents de chaque victime, des liens avec les orgies de la cabale auraient été décelés. Trois victimes de trois différentes attaques auraient été en possession d'une copie de la vidéocassette. Les victimes auraient voulu être payées par la cabale pour se taire.

Une autre attaque majeure de la première vague aurait été motivée par le même mobile. Selon cette hypothèse, une des victimes travaillait pour un notaire qui possédait une copie de la cassette. Le notaire aurait été payé la somme ridicule de 144 000 000 francs (environ 3 650 000 d'euros) pour rendre la cassette et se taire. Cependant, la victime aurait gardé une copie pour elle-même et aurait menacé la cabale. Des victimes auraient été attirées sur les lieux de l'attaque.

À Nivelles, le gendarme Morue qui s'était fait abattre à l'arrière du Colruyt avait été aussi visé personnellement. Les tueurs auraient su qu'il était de service cette nuit-là et qu'il serait celui qui allait réagir à l'alarme. Le mobile allégué serait que l'agent Morue avait accumulé des indices sur les assassins de la cabale.

Quant à la seconde vague, d'autres maîtres-chanteurs auraient tenté à nouveau de faire chanter la cabale. La cible réelle durant la double attaque du Braine et Overijse était une victime d'Overijse. La victime aurait été au courant du financement des orgies. La cabale l'aurait abattu soit en l'attirant sur les lieux, soit en le tuant avant et en déposant ensuite son corps sur les lieux.

Le fait que la cassette n'ait jamais été retracée reste une faiblesse dans l'hypothèse des assassinats ciblés de la cabale.

Martial Lekeu

En plus du Westland New Post, une deuxième cellule clandestine d'extrême droite sera suspectée d'être impliquée dans les tueries du Brabant. Dans cette affaire, le dénonciateur sera l'ex-gendarme Martial Lekeu qui déménage en Floride en 1984 parce qu'il craint pour sa vie en Belgique.

Lekeu est lui-même accusé d'avoir pris part dans les tueries du Brabant... Francis V. accuse la bande de Vincent L. d'être les tueurs du Brabant et porte l'attention sur Lekeu en passant. Selon Francis V., en début d'automne 1983, il conduit avec Vincent L. dans les Ardennes pour se rendre au domicile de Lekeu. Ils auraient remis à Lekeu un gilet pare-balles de l'attaque de Tamise de septembre 1983 et des armes provenant de l'attaque contre l'armurerie Dekaise de septembre 1982.

Avant les allégations de Francis V, Lekeu n'est pas un suspect dans l'affaire des tueurs du Brabant. Il s'est avéré par hasard qu'un portrait-robot de l'attaque de Tamise ressemble à Lekeu et son alibi n'était pas solide. Lekeu nie toute implication et considère l'accusation stupide. Mais Lekeu a lui-même des idées bien arrêtées sur les tueurs du Brabant. Il les partage aux gendarmes de l'équipe de Wavre s'occupant de l'investigation sur l'attaque de l'armurerie Dekaise. Lekeu leur raconte que les tueurs du Brabant proviennent d'une cellule de gendarmes d'extrême droite. Peu après ces déclarations, Lekeu et sa famille reçoivent des menaces de mort. Selon Lekeu, les menaces viennent de gendarmes.

Lekeu insiste devoir quitter le pays pour sauver sa peau. Il finit par emménager en Floride. Il s'avère que quatre suspects dans les tueries du Brabant se retrouveront en Floride durant ou juste après les attaques. Parmi eux se trouvent trois anciens gendarmes. Coïncidence ou pas, la situation donnera naissance à une théorie du complot ; le gouvernement américain aurait été impliqué dans les tueries du Brabant et aurait aidé les auteurs à immigrer aux États-Unis. Lekeu s'établit à Orlando en 1984 et y vivra jusqu'à sa mort.

En 1989, Lekeu apprend que des enquêteurs s'occupant du dossier des tueurs fous sont à sa recherche. Il communique avec la presse belge et répète le récit qu'il avait donné aux gendarmes de l'équipe de Wavre, avant de quitter pour les États-Unis... Il accuse des gendarmes d'extrême droite d'être responsables des tueries. Il raconte aussi qu'ils l'avaient contraint à quitter la Belgique pour aller vivre aux USA.

Durant ses interviews avec la presse, Lekeu se considère toujours comme le dénonciateur des gendarmes d'extrême droite. Mais la presse et les enquêteurs le voient comme un suspect en raison des accusations de Francis V. Un dialogue de sourds s'installe. Peu importe ce qu'il affirme pour dénoncer la gendarmerie et l'extrême droite, il a l'air de s'impliquer lui-même. Lekeu parle beaucoup, n'a pas la langue de bois et a un don pour l'exagération. Et plus il parle pour dénoncer les gendarmes, plus il esquisse les traits d'une conspiration internationale dans laquelle il serait impliqué.

Lekeu déclare qu'il s'était caché des gendarmes d'extrême droite qui avaient menacé de le tuer, lui et sa famille. Mais l'image qui ressort des entretiens est qu'il avait quitté la Belgique parce qu'il se cachait de la justice. Des juges d'instruction vont rencontrer Lekeu aux États-Unis pour le questionner à propos des déclarations aux média. Il réaffirme qu'il est parti vivre en Amérique quand il s'était senti menacé par la gendarmerie et que cela n'avait rien à voir avec les accusations de Francis V à son encontre.

Le Groupe G

Quand Lekeu vide son sac quant à ce qui a trait aux gendarmes d'extrême droite en décembre 1983, il a une idée particulière en tête. Il avait eu une mésaventure avec des gendarmes d'extrême droite quand il travaillait à Bruxelles en tant que détective des stupéfiants dans les années 70. À l'époque, Lekeu avait été invité à devenir membre d'un groupe secret de gendarmes d'extrême-droite affiliés au mouvement Front de la Jeunesse. Le groupe était appelé Groupe G ; le G pour gendarmerie. Ils avaient des noms de code comme G1, G2, G3... Le chef qui portait le nom de code G1 était un gendarme qui travaillait à la Section Info.

Le Groupe G était un nouveau groupe et Lekeu était présent lors de la première réunion. Il avait reçu le nom de code G5. La réunion portait sur des sujets politiques, mais Lekeu avait remarqué que des documents internes de la gendarmerie circulaient dans la pièce. Parmi les documents se trouvaient des photos en noir et blanc de suspects arrêtés pendant des manifestations de gauche et d'autres fichiers secrets provenant du quartier général de la gendarmerie. Lekeu avait quitté la réunion avec l'impression que les membres du Groupe G étaient dangereux et n'hésiteraient pas à commettre des crimes violents.

Lekeu était allé dénoncer le Groupe G à ses supérieurs. La gendarmerie avait ouvert une discrète enquête interne pour vérifier ces allégations. L'enquête avait été de courte durée ; les membres du groupe avaient été avertis de la règle qui stipulait qu'ils ne devaient pas être impliqués en politique. Le Groupe G avait été dissous.

Lekeu estimait la réaction de ses supérieurs insuffisante. Il semblait contrarié que la gendarmerie ait agi si mollement pour la question de manipulation d'informations confidentielles. Lekeu en avait conclu que la hiérarchie de la gendarmerie de Bruxelles était imbibée d'idées d'extrême droite. Les anciens membres du Groupe G n'apprendront que plusieurs années plus tard que Lekeu était le dénonciateur.

Quand Lekeu avait appris que durant l'attaque de Nivelles de septembre 1983 les tueurs fous avaient pris le dessus lors de deux fusillades avec des gendarmes, et que durant l'attaque de Beersel en octobre 1983 les tueurs s'étaient comportés plus comme un commando que comme des braqueurs typiques, Lekeu y avait vu l'implication de gendarmes. Il avait lui-même fait partie de l'unité d'élite de l'ESI tôt dans sa carrière.

Lekeu avait des flashbacks du Groupe G. La cellule avait été dissoute dans les années 70 et il n'avait plus aucun contact avec eux depuis ce moment. Malgré tout, il était convaincu que les membres actuels de la cellule de gendarmerie étaient les tueurs du Brabant. Il suspectait que le Groupe G avait été officiellement démantelé, mais qu'officieusement il poursuivait son existence. Que les gendarmes qui faisaient partie de la cellule en 1983 n'étaient probablement pas les mêmes qu'il avait rencontrés dans les années 70. Mais que ceux de 1983 mettaient en application les mêmes projets d'extrême droite.

Le contexte dans lequel Lekeu faisait ces déclarations correspond aux premières révélations sur le WNP. Lekeu ne faisait pas de distinction entre le Groupe G, Front de la Jeunesse et WNP dans ses déclarations. La première fois qu'il avait partagé le nom de gendarmes qui avaient selon lui des idées d'extrême droite, en décembre 1983, Lekeu avait reçu des menaces de mort de la part de gendarmes. Il était si effrayé qu'il avait quitté la Belgique. Les suspicions de Lekeu sur l'extrême droite dans la gendarmerie avaient été reprises dans le fameux rapport de 1985 de l'équipe de Wavre. Les rédacteurs du rapport avaient alors fait les mêmes erreurs que faisait Lekeu ; ils confondaient souvent le Front de la Jeunesse et le WNP.

Confusion

Quand Lekeu rencontre la justice belge et les médias à partir de 1989, dans l'esprit de Lekeu, il dénonce toujours les gendarmes d'extrême droite faisant comme ceux des années 70 et qui l'ont menacé à partir de décembre 1983. Pour quitter l'Europe, Lekeu avait eu l'aide de Frank Eaton, qui était le chef de la DEA en Belgique que Lekeu avait côtoyé lorsqu'il travaillait à la Division des Drogues de Bruxelles. Il gardait contact avec Eaton et d'autres Américains depuis 1974-1975. Pour les enquêteurs, quand Lekeu évoque un lien à la DEA, ils comprennent la CIA.

Les Américains n'ont probablement pas exfiltré Lekeu parce qu'il faisait partie d'un complot international, mais pour l'aider à se rendre aux États-Unis afin de le protéger des gendarmes qui le menaçaient. Pour se rendre aux États-Unis, Lekeu avait rencontré des Américains à Paris et obtenu un visa. Il était parti pour les États-Unis le 22 août 1984, avec sa famille. Sa destination était Miami parce que Frank Eaton du DEA s'y trouvait pour le rencontrer.

Lorsqu'il est arrivé aux États-Unis, il aurait pris une fausse identité. Selon ses dires, pas pour fuir la justice, mais pour sauver sa peau des gendarmes qui le menaçaient. Frank Eaton et un autre contact de la DEA l'auraient aidé à obtenir ses papiers américains. Il reçoit deux offres d'emploi, dont l'un était de travailler dans l'entreprise de J. Gordon Liddy - le même Liddy qui avait été mis en prison pour le scandale de Watergate. Lekeu sera un témoin dans des affaires de drogue à grande notoriété aux États-Unis. En 1997, il décédera d'un cancer en Floride.

Chapitre 26

La Gendarmerie

Le lien entre le Groupe G des années 70 et les tueries du Brabant est ténu, voire inexistant. Toutefois, le fait que Lekeu avait été menacé par des gendarmes inconnus après les avoir dénoncés en 1983 ne peut pas être négligé. À l'automne 2018, des faits troublants sur de présumés gendarmes non identifiés sont rendus publiques. En novembre 1986, le jour où des armes et objets avaient été trouvés à Ronquières, un témoin déclare avoir vu trois hommes se présentant comme gendarmes donner des directives à un plongeur afin qu'il puisse aller récupérer un sac situé au fond du canal. Lorsque le plongeur leur avait remis un sac en toile, ils avaient quitté les lieux dans une voiture beige. L'incident s'est passé quelques heures avant la découverte officielle des sacs. Les gendarmes ne seront jamais identifiés. Cela renforce l'impression que la découverte miraculeuse de Ronquières avait été trafiquée.

Nous allons maintenant considérer la gendarmerie comme une catégorie à part car plusieurs pistes les impliquent. Pas dans le contexte de l'axe d'investigation de l'extrême droite, mais simplement comme des gendarmes. Certains gendarmes étaient des types qui aimaient l'ordre et la discipline mais cela ne faisait pas automatiquement d'eux des extrémistes de droite.

Accord de patrouille

Avant le massacre du supermarché d'Alost en novembre 1985, un accord avait été conclu entre la gendarmerie et la police locale. La gendarmerie assumait la responsabilité de la surveillance jusqu'à 20 h. Ensuite, la police locale prenait le relais. Mais la soirée durant laquelle les tueurs du Brabant avaient commis leur attaque, la gendarmerie était partie une demi-heure plus tôt que prévu, laissant le supermarché sans surveillance. Presque au même moment où la gendarmerie quittait l'aire du parking, les tueurs fous tournaient dans la ruelle qui les menait vers le parking à l'arrière du Delhaize.[341]

Comme évoqué précédemment, les tueurs du Brabant auraient pu accomplir cet exploit en écoutant les fréquences radio de la gendarmerie sur un scanner, ou bien grâce à un complice qui leur aurait donné le signal par talkie-walkie. Mais ceci n'est pas tout.

L'explication traditionnelle est qu'aucun des supermarchés dans la région d'Alost n'était surveillé en permanence. Une voiture de gendarmerie faisait des rondes. La gendarmerie allait patrouiller le Delhaize, se rendait ensuite au Colruyt et enfin au Aldi. Mais des gendarmes impliqués disent aujourd'hui que les événements s'étaient déroulés autrement.

Il s'avère que durant les six semaines précédentes, la gendarmerie était restée au Delhaize d'Alost jusqu'à 20 h. Si les tueurs fous avaient choisi n'importe quel week-end précédant celui-ci, ils auraient été confrontés aux gendarmes. Et s'ils avaient déjà essayé une fois, et avaient remarqué que la gendarmerie était toujours présente, ils n'auraient pas réessayé, en se basant sur la faible possibilité que la gendarmerie quitterait les lieux.

L'accord de surveillance du Delhaize n'avait jamais été de se rendre d'un supermarché à un autre mais bien d'y rester jusqu'à 20 h. Ainsi, les tueurs auraient eu besoin d'un informateur pour savoir que le plan ne se passerait pas ainsi ce soir-là.

Deux hypothèses expliqueraient pourquoi la gendarmerie avait quitté le supermarché plus tôt : premièrement, une fête avait lieu à la gendarmerie ce soir-là et plusieurs gendarmes y étaient présents. Les gendarmes de garde seraient partis plus tôt pour s'y rendre. Deuxièmement, la patrouille de gendarmes aurait reçu un appel du quartier général les avisant de quitter leur position. Dès lors, soit les tueurs possédaient des informations internes à la gendarmerie, soit ils avaient eu, encore une fois, une chance déconcertante.

Barrage routier d'urgence

Après qu'ils avaient quitté le supermarché d'Alost en direction du sud, les tueurs avaient exécuté manœuvre qui leur avait permis d'éviter un barrage monté par les gendarmes de Ninove. Les gendarmes avaient perdu leur trace. Certaines indications suggèrent qu'ils s'étaient rendus au bois de la Houssière.

S'ils avaient toutefois décidé de retourner à leur planque, ils auraient dû traverser la ville de Hal, sur la route menant au sud de Bruxelles. Cependant, la gendarmerie de Hal avait mis en place un barrage routier d'urgence afin de bloquer l'artère principale. Il s'agissait d'un plan automatique mis en place après chaque braquage violent ; chaque agent de police ou gendarme se rendait alors à un point prédéterminé afin d'établir des barrages.

Juste avant que les tueurs du Brabant ne traversent Hal, les gendarmes de Hal avaient reçu le message radio de retirer le barrage. La Golf des tueurs fonçait vers le sud en direction d'Hal et la gendarmerie était à leur trousse. L'ordre de retirer le barrage, était accompagné du code radio « Gudule ». L'ordre indiquait de ne pas appliquer le plan d'alerte. Le code « Gudule » signifiait que l'ordre provenait de la centrale de la gendarmerie. Un code plus commun aurait été « Dara », qui indiquait que le message provient du poste de gendarmerie locale.[342] L'absence de barrage aurait pu permettre aux tueurs du Brabant de traverser Hal sans embâcle, le cas échéant.

Un autre incident étrange s'est produit ce soir-là ; le même poste d'Hal avait reçu une alerte à la bombe à 19 h, trente minutes avant l'attaque des tueurs à Alost. Les CCC étaient toujours actifs et commettaient régulièrement des attentats à la bombe. Les gendarmes de Hal avaient passé trois heures à chercher une bombe, ce qui avait occupé une large partie des effectifs, pour se rendre compte qu'il s'agissait en réalité d'une fausse alerte. Si les tueurs du Brabant avaient l'intention de retourner à leur planque ce soir-là, personne n'aurait été en mesure de les en empêcher.

Recherche infructueuse

L'attaque du Delhaize de Beersel de novembre 1983 suggère aussi que les tueurs du Brabant disposaient d'informations internes de la gendarmerie. En fait, la gendarmerie avait été critiquée dans la presse à cause de leur réponse tardive. Le poste de gendarmerie était près du Delhaize. Malgré cette proximité, même la femme d'une des victimes s'était rendue au supermarché bien avant que la gendarmerie ne puisse arriver sur les lieux![343]

Selon Frans Reyniers, qui dirigeait la police judiciaire, les tueurs du Brabant avaient attiré avec succès le seul gendarme en poste cette nuit-là. D'après le gendarme de garde : « Ce dont je suis sûr, c'est que les coupables du meurtre de Vermaelen devaient nous connaître par cœur. Ils savaient qu'un seul d'entre nous était de garde ce soir-là, et c'était moi. J'ai été rappelé en même temps à cause d'un appel urgent. J'ai dû me rendre immédiatement au Colruyt... »[344] L'appel urgent n'était qu'une fausse alerte.

Le supermarché Colruyt avait mis en place une ligne afin de recevoir des informations anonymes sur le meurtre de leur employé tué par les tueurs du Brabant en mars 1983. Pour recevoir les détails, il fallait être présent au Colruyt. Selon le gendarme qui avait répondu à l'appel : « Ils avaient un informateur en ligne qui voulait parler des tueurs du Brabant et voulait en parler immédiatement à quelqu'un à la BSR (gendarmerie)... Quand je suis retourné au poste, j'ai entendu une communication radio qui mentionnait une attaque ayant eu lieu au Delhaize de Beersel... »[345]

Zones

Entre les attaques de supermarché de Braine-l'Alleud et d'Overijse, les tueurs du Brabant ont suivi un parcours inhabituel. Pour se rendre de Braine-l'Alleud à Overijse, il faut passer à travers la zone de gendarmerie de Wavre. Les tueurs fous avaient fait un détour qui leur avait permis d'éviter la zone de Wavre. Ils ont quitté le supermarché de Braine-l'Alleud situé dans la zone de gendarmerie Nivelles. Ils ont ensuite contourné la zone de Wavre. Ils ont finalement traversé dans la zone de gendarmerie de Louvain dans laquelle était situé le supermarché d'Overijse. Ils avaient apparemment été informés d'un accord de coopération secret entre les zones des forces de gendarmerie de Nivelles et de Wavre. La communication entre les zones de Nivelles et de Louvain était lente et indirecte.

Les techniques d'intervention

Après l'attaque d'Alost en novembre 1985, Arsène Pint, le fondateur de l'ESI, le groupe élite d'intervention de la gendarmerie, avait déclaré à son directeur actuel : « Bon sang, j'espère seulement que nos gars n'ont pas fait ça ? »[346]

L'ESI s'occupait des missions d'intervention les plus dangereuses. La même douzaine d'hommes était chargée des opérations spéciales dans tout le pays. Les missions étaient si exigeantes que, en moyenne, un membre de l'équipe avait une courte carrière de 10 ans. Les membres appliquaient des techniques d'intervention que Pint suspectait les tueurs du Brabant d'avoir utilisées.

Selon Pint, les gangsters ordinaires ne se déplaçaient pas comme les tueurs du Brabant lors de l'attaque du supermarché Delhaize à Alost. Il a souligné qu'à Alost : « ils ont tiré partout avec des armes anti-émeutes, pendant que les autres se faufilaient à l'intérieur. Cela ressemblait à la tactique appelé Fort Chabrol". Dans le jargon de l'ESI, un Fort Chabrol était une technique d'intervention utilisée contre un tireur retranché.

La technique comprenait trois unités distinctes. La première unité devait entrer par la porte d'entrée et aller à gauche. La deuxième équipe devait « nettoyer » le premier étage et ensuite rejoindre la première équipe au deuxième étage. La troisième équipe restait derrière comme renfort.[347] À Alost, chaque assaillant avait pris le rôle d'une unité.

En outre, les armes utilisées par les tueurs du Brabant étaient semblables à celles utilisées par les unités d'élite anti-terroristes. À l'époque, le pistolet-mitrailleur et les riot-guns de calibre 12 étaient prisés des unités d'interventions. Les pistolets et les fusils d'assaut ont gagné en popularité chez eux à la fin des années 80. Le fondateur Pint avait été surpris en remarquant les munitions utilisées par les tueurs fous : « Nous les avons aussi utilisées [à l'ESI] ».[348]

Les tueurs du Brabant s'étaient déplacés avec méthode, de manière coordonnée. Ils nettoyaient une zone à un rythme régulier en se déplaçant au point le plus éloigné. En d'autres termes, les tueurs du Brabant se déplaçaient comme des commandos et non comme des gangsters typiques désordonnés qui réagissent à l'improviste et tirent aveuglément. Ils économisaient leurs mouvements et n'avançaient que pour gagner du terrain. Systématiquement et de manière calme, ils dégageaient une zone. Ils se déplaçaient à la même allure qu'ils étaient capables de tirer.

Ils se garaient loin des portes, dans un coin éloigné ou même à l'extérieur du parking. Ils marchaient en se couvrant. Ils se rejoignaient à la porte d'entrée. Le premier arrivé attendait que les autres arrivent. Puis, ils utilisaient une de deux techniques : à Braine en septembre 1985 et Beersel en octobre 1983, deux d'entre eux se dirigeaient vers le bureau tandis que le troisième s'occupait des caisses. Toute menace apparente était éliminée (les victimes Vermaelen à Beersel et Engelbienne à Braine).

Le premier entrait dans le bureau, le second restait à la porte pour sécuriser l'endroit. Quand ils avaient atteint leur objectif, les deux revenaient à la sortie où le troisième homme les rejoignait. Chacun est couvert durant leur longue retraite sur le parking. Ils rentrent calmement dans leur véhicule.

A Overijse en septembre 1985 et Alost en décembre 1985, les tueurs rejoignaient les portes principales du supermarché comme lors des autres attaques. Cependant, le dernier homme était resté derrière à l'entrée du magasin et était sorti pour dégager le parking. Un seul bandit était allé dans le bureau pendant que l'autre le couvrait et dérobait les caisses. L'explication est logique : Overijse était leur deuxième attaque de la soirée et la police était partout dans leurs véhicules et Alost était l'opération la plus risquée, le pays était en état d'alerte. Alost était leur première attaque qui avait lieu en plein cœur d'une ville. En Flandre loin de la frontière linguistique, ils étaient en terrain moins connu. Le risque d'avoir une confrontation sur le parking était plus élevé, ils avaient donc pris davantage de précautions.

Le fondateur Pint avait demandé au chef actuel de l'ESI de vérifier si certains de ses hommes n'étaient pas impliqués dans le raid d'Alost Delhaize : « Quand je suis rentré à la maison, j'ai immédiatement appelé le Général Bernaert : « Général, j'ai un pressentiment dont je ne peux me débarrasser. Je veux une enquête sur tout ce qu'il y a à voir avec [l'ESI] ». Les recherches de Bernaert sur les préoccupations de Pint avaient duré le week-end de l'attaque. Le lundi après Alost, Bernaert rappelait Pint et lui annonçait : « la recherche est négative... » Tout le personnel a été vérifié, tous les alibis examinés. »[349] Ils avaient mené cette enquête manuellement, ainsi personne ne pourrait remarquer quoique ce soit sur les ordinateurs pouvant mettre la puce à l'oreille des membres de l'ESI. Ils ne voulaient pas que l'équipe puisse penser que leurs généraux suspectaient qu'ils avaient joué un rôle dans l'attaque d'Alost. Nous ne saurons pas s'ils avaient enquêté sur les anciens membres de l'ESI, étant donné que des suspects dans les attaques des tueurs du Brabant en avaient auparavant fait partie. Même en 1995, Pint ne pouvait écarter ses suspicions que des gendarmes avaient été impliqués.

Il est certain que les tueurs correspondaient au profil de forces de l'ordre entraînées dans plusieurs de leurs actions. Bien que ce ne soit pas spécifiquement une habitude des équipes d'intervention, la façon dont les tueurs s'étaient garés lors de leurs attaques de supermarchés est significative. Alors que des braqueurs armés se garent communément en face de l'endroit qu'ils ont l'intention de braquer, les tueurs ne s'étaient jamais garés juste en face des portes du supermarché et ils avaient toujours laissé le devant libre. Plusieurs unités de police partout dans le monde utilisent cette stratégie lors d'une intervention, de manière instinctive ou délibérée. D'après un agent de police : « Ne jamais garer le véhicule de l'équipe devant l'adresse à laquelle vous êtes envoyés, peu importe à quel point la mission semble habituelle. Ils appellent cet endroit « la zone meurtrière » car cela vous met immédiatement en danger... ne soyez pas paresseux. Garez-vous un peu plus loin et analysez la scène. »[350]

D'après l'expert de police Lode van Outrive : « Les tueurs fous connaissaient bien le fonctionnement de la police belge »[351] A Ronquières, près du bois de la Houssière, les tueurs du Brabant s'étaient débarrassés d'un livre sur les balles utilisées par les forces de police. Qui, autre qu'un historien des armes à feu, aurait eu de l'intérêt pour un tel livre, à part un policier ? Les magazines trouvés dans le bois de la Houssière en novembre 1985 sont tout aussi intéressants. Les couvertures des magazines comprenaient des titres comme *L'UZI en usage de police, Manufrance : le nouveau riot gun de la police,* et *Colt agent* avec des images de badges de police. Tous sauf un avaient des couvertures reliées à la police.

Les bouts de papier trouvés après le braquage de l'armurerie Dekaise en septembre 1982 sont aussi à prendre en considération. Le texte sur les bouts de papier fait probablement référence à une entrée par effraction nocturne chez un concessionnaire qui a eu lieu quelques jours plus tôt. Les papiers mentionnent un lieu de rendez-vous avec la « gendarmerie à côté ». Quel genre de gangsters se donnerait rendez-vous juste à côté d'un poste de gendarmerie ?

Certains gendarmes et enquêteurs suspectaient que les enquêtes sur les crimes des tueurs fous du Brabant avaient été sabotées de l'intérieur. L'agent de gendarmerie Bernard Sartillot, qui avait été blessé par les tueurs fous lors de l'attaque de l'armurerie Dekaise en 1982, avait dit : « Je suis persuadé que les tueurs avaient des connivences à l'intérieur, on ne me fera pas dire le contraire. Quand vous me demandez comment il est possible que des gens aient fait 28 victimes et n'aient jamais été attrapés, je réponds que poser la question, c'est déjà y répondre. »[352]

Lors de la première commission d'enquête parlementaire, le procureur du Roi Francis Poelman avait signalé avoir perçu de la « trahison » dans l'enquête : « Des personnages impliqués dans les devoirs d'enquête ont consciemment renseigné les Tueurs sur les investigations judiciaires en cours. »[353]

De plus, il avait dit : « On sait que [des personnages] ont triché à certains moments… Pourquoi n'auraient-ils pas triché davantage ? »[354] D'après le substitut du procureur du Roi Van Lierde : « Parmi les principaux inculpés se trouvent plusieurs (ex-) gendarmes, qui connaissent les procédures d'enquête et d'interrogatoire et les utilisent à des fins criminelles afin de piéger les enquêteurs. »[355] Van Lierde était si préoccupé par le problème qu'il écrit une lettre le 2 août 1987, afin d'exclure la gendarmerie de l'enquête.[356]

CHAPITRE 27

MISE EN PLACE D'UN PROCÈS

Au cours des dernières années, d'autres aveux peu crédibles de prétendants tueurs du Brabant ont fait surface. Les familles des victimes étaient remplies d'espoir. Dans la plupart des cas, tout reposait sur une personne qui voyait l'avantage d'une confession. D'autres confidences incriminantes ne peuvent être confirmées car les personnes sont soit décédées, soit les nient. Aucune preuve matérielle n'a pu corroborer les aveux et dans chacune de ces affaires, les profils ne correspondaient pas à ceux des tueurs fous. Chaque fois, l'annonce d'aveux a fait grand bruit dans les médias, au moins à court terme. Mêmes dérisoires, ces confessions nourrissaient l'anticipation collectives de percer enfin le mystère. Dans les faits, l'exercice s'apparentait plutôt à une tentative de résoudre la quadrature du cercle, ayant comme seul résultat une désillusion d'autant plus amplifiée pour toutes les personnes impliquées. Cela nous ramène donc aux bandes mentionnées précédemment dans ce livre, qui demeurent les suspects majeurs : la bande d'Haemers, la bande de Baasrode et la bande de Bouhouche.

LES AFFAIRES JUDICIAIRES

L'objectif ultime est de poursuivre en justice l'une de ces bandes suspectes, ou bien espérer qu'un miracle fasse tomber du ciel une quatrième bande avec un pistolet encore fumant !

Nous pouvons revenir sur les leçons tirées dans les deux cas où des suspects avaient été inculpés : la bande des Borains et Johnny De Staercke de la bande de Baasrode. Pourquoi n'y a-t-il pas eu de procès menant à une condamnation ?

Lorsque les Borains ont été inculpés, aucun témoin, à l'exception d'un autre Borain, ne pouvait placer un seul membre de la bande sur une scène de crime. Toute l'affaire reposait sur des aveux contradictoires et absurdes obtenus au moyen d'interrogatoires musclés. Elle se fondait sur le présupposé que les tueurs du Brabant n'étaient pas malins et étaient prêts à tout risquer pour voler un franc. Les nombreuses heures consacrées à faire avouer ces témoins, présumés être peu intelligents, n'ont pas permis de livrer l'ombre d'une seule preuve matérielle à l'appui des confessions. Les enquêteurs étaient conscients de la faible correspondance entre les profils des Borains et des tueurs du Brabant ; ils les avaient en fin de compte accusés pour des crimes surtout secondaires de la première vague, mais pour aucun crime de la deuxième vague. Au bout du compte, l'affaire reposait sur une arme sans valeur, les expertises balistiques étant contradictoires. Il est à noter que des proches de Bouhouche avaient eu accès à l'arme durant l'investigation - ce qui détruit toute valeur probante à cet élément de preuve.

Ensuite, l'affaire contre Johnny De Staercke de la bande de Baasrode n'était jamais parvenue à la cour d'assises. Ici encore, il était possible que l'affaire De Staercke ait été déclenchée pour donner suite à une manipulation de la part des tueurs du Brabant. La piste reposait sur des témoignages concernant l'attaque du Delhaize d'Alost. Des témoins avaient cru qu'il ressemblait à un homme à l'allure suspecte qu'ils avaient vu plus tôt le jour même ou dans les jours précédents l'attaque au Delhaize d'Alost et dans les environs. Pour rappel, De Staercke était en prison pendant la plupart des attaques de la première vague.

Ils avaient accusé De Staercke de l'attaque d'Alost pour plusieurs raisons, mais la principale était la déclaration de son ex-petite amie comme quoi De Staercke avait fait des courses au Delhaize d'Alost entre 16 h 00 et 18 h 00 le jour de l'attaque ; De Staercke avait insisté qu'ils avaient été la veille. Cette déclaration avait été obtenue des mois après l'attaque.

La preuve matérielle comptent des masques, des munitions Legia, une ceinture et des objets trouvés chez des connaissances de De Staercke, semblables à ceux utilisés par les tueurs fous. Mais si l'apparence ou la marque des articles était un facteur de poids, il était possible d'en trouver autant, voire plus, chez les bandes d'Haemers ou de Bouhouche. Aucune preuve physique crédible n'était apparue.

Ensuite, De Staercke avait fourni un alibi douteux lorsqu'il avait été sollicité un mois après l'attaque d'Alost. Il avait raconté une première histoire aux enquêteurs et plus tard, il avait déclaré qu'il ne se souvenait pas de ce qu'il avait fait.

De plus, la mallette Samsonite qu'il avait déposée dans une cachette la nuit de l'attaque d'Alost comportait des traces de poudre à canon, même s'il avait nié que des armes avaient déjà été dans la mallette. Les enquêteurs soupçonnaient que De Staercke n'était pas honnête. Toutefois, même s'il s'agissait de poudre à canon, cela n'aurait prouvé rien d'autre que De Staercke avait des problèmes de crédibilité.

La preuve contre De Staercke n'était pas accablante. Les enquêteurs avaient probablement inculpé De Staercke parce qu'ils croyaient qu'il pourrait leur en fournir davantage, mais aucune preuve additionnelle n'est apparue. En outre, aucune autre source n'a apporté de preuves ou de témoignages suffisants pour intenter une action contre Johnny De Staercke ou la bande de Baasrode.

La théorie du contrat

Pour expliquer la présence de De Staercke opérant seul à Alost, sans sa bande, nous devons supposer qu'un autre groupe l'aurait amené à travailler avec les tueurs fous sur leur dernier massacre. Une théorie construite au fil des années est la théorie du contrat, qui a en outre été appliquée à Patrick Haemers de la bande d'Haemers. Il aurait été engagé pour l'occasion. Bien que Haemers n'ait jamais été inculpé, les preuves le liant à

Alost ressemblaient à celles qui ont été présentées contre De Staercke. Une victime qui aurait vu Haemers des années plus tard à la télévision pensait qu'il était l'homme qui lui avait tiré dessus. Quand la police avait demandé à Haemers un alibi plusieurs mois après Alost, il avait fourni une addition de restaurant, que certains avaient jugé suspecte parce que trop parfaite. Comme avec De Staercke, des cartouches de Legia et des masques avaient été trouvés dans une cache de sa bande.

La théorie du contrat a été utilisée pour argumenter que le terrorisme était le mobile des meurtres. Un commanditaire quelconque aurait créé une unité mixte de forces spéciales et de spécialistes en braquages qui connaissaient le terrain pour exécuter des attaques visant à terroriser la population. L'objectif était d'influencer les élections, d'affecter la présence de missiles de l'OTAN, de donner plus de puissance de feu à la gendarmerie ou les trois. En automne 1985, le grand public ignorait Patrick Haemers et Johnny De Staercke. Une bande appelée la bande de Baasrode avait commis une série de braquages, mais sans faire de victimes. Il existait une autre bande, inconnue à ce jour, qui avait aussi commis des vols, mais qui avait fait ses premières victimes lors de la semaine de l'attaque d'Alost, lorsqu'elle avait utilisé une bombe trop puissante pour l'objectif à atteindre. Pour ceux qui n'étaient pas informés de leurs activités, Haemers était un voleur à main armée qui avait été condamné à la prison pour avoir commis l'attaque mal conçue de la banque Deerlijk. De Staercke était un fugitif de la loi depuis 1985 et il n'était pas réputé à l'époque pour être un spécialiste du braquage.

Si ce sont des étrangers qui voulaient recruter un bandit parmi ces bandes, auraient-ils vraiment choisi Haemers ou De Staercke ? Pourquoi aller recruter un truand ayant une réputation de junkie ou de tête brûlée ? Pourquoi pas Dominique S. ou Philippe L., qui étaient les cerveaux de leurs bandes respectives ? Selon une hypothèse, ils voulaient de vrais assassins ; mais Dominique S., Haemers, De Staercke et Philippe L. avaient été accusés du même nombre de meurtres avec une arme à feu, c'est-à-dire aucun. Bien que les bandes d'Haemers et de Baasrode étaient toujours plus intéressantes que les aveux récents de suspects jusqu'alors, ces affaires n'avaient guère bougé depuis des années en matière de preuve.

Trouver les bons suspects

Pour amener une affaire devant les tribunaux, il faut présenter le bon suspect. Pour qu'un candidat soit considéré, son profil doit s'apparenter à celui des tueurs du Brabant et correspondre aux caractéristiques qui leurs sont propres. Par exemple, il a été souligné que leur groupe comprenait des policiers et des adeptes du tir. Ce profil exclut les bandes de Baasrode et d'Haemers. La présence de policiers parmi les tueurs du Brabant expliquerait pourquoi, au cours de leurs quatre fusillades majeures avec la police, ils sont toujours sortis vainqueurs, indemnes, tandis que les policiers ont été tués ou blessés. Les tueurs du Brabant connaissaient la puissance de feu de la police, limitée à l'époque. Ils savaient à qui et à quoi ils étaient confrontés. Ils connaissaient les règles d'engagement de la gendarmerie et anticipaient leur arrivée. S'ils faisaient un travail bâclé ou des erreurs étaient commises, ils pouvaient toujours tout arranger ultérieurement, comme ils avaient accès aux enquêtes et aux fichiers.

Cette hypothèse expliquerait aussi comment les tueurs étaient au courant des communications radio et des plans d'intervention de la gendarmerie. Nous n'excluons pas qu'il pourrait y avoir eu des problèmes institutionnels ou des erreurs humaines. Toutefois, nous sommes convaincus que c'est le sabotage interne à la gendarmerie qui nous a menés là où nous en sommes aujourd'hui dans cette affaire. Après avoir examiné les éléments de preuves accessibles au public, il devient évident que l'enquête a été corrompue. Bien que nous n'en excluions pas la possibilité, aucune preuve n'a été trouvée affirmant que la corruption ait pu aller plus haut dans la hiérarchie. Comme nous l'avons vu dans des cas semblables où des enquêteurs de police ont été mêlés au crime organisé, un seul agent double peut gâcher une enquête. C'est le cas de certaines affaires américaines comme celles impliquant Louis Eppolito et Steven Carracappa, les détectives du NYPD qui travaillaient pour la mafia de New York, et John Connolly, le détective du FBI à Boston qui a aidé à couvrir la bande de Winter Hill, dirigée par Whitey Bulger.

Les tueurs fous du Brabant n'étaient pas de ces bandits classiques qui se contentaient de dénicher une arme à feu et qui rataient la cible beaucoup plus qu'ils ne l'atteignaient en tirant à une distance de quelques mètres. Les tueurs avaient un intérêt pour les armes et les munitions et des tireurs d'élite ou des adeptes du tir pratique étaient parmi eux.

Dans la forêt de Soignes en octobre 1982, des preuves qu'au moins un des tueurs était impliqué dans le tir pratique avaient été trouvées parmi des objets abandonnés par les tueurs fous. Dans le bois de la Houssière et à Ronquières, des magazines et des livres sur les armes avaient été trouvés. Le fait que les tueurs ont utilisé des balles rechargeables suggère que ces personnes tiraient beaucoup.

La bande de Bouhouche reste le seul groupe suspect qui possédait le profil sur les deux volets. Elle entretenait des liens substantiels avec des gendarmes et comptait des tireurs pratiques en son sein.

Il serait difficile de confirmer l'hypothèse selon laquelle les tueurs du Brabant avaient une aile logistique ou des commanditaires. D'ailleurs, tout ce qu'ils ont fait pourrait être expliqué sans y avoir recours, et rien n'indique l'existence de liens avec de telles entités extérieures. Tout porte à croire que les tueurs du Brabant étaient une bande dont les membres sont allés sur le terrain et ont eux-mêmes tué vingt-huit personnes sans intermédiaire.

Mais plusieurs facettes de la bande de Bouhouche n'ont pas eu la même publicité que d'autres aspects de l'enquête. Tout le monde ayant suivi l'histoire connait l'alibi de Philippe De Staercke à Alost, celui de Patrick Haemers aussi à Alost et même celui de Martial Lekeu à Tamise. Ils en ont été discutés ad nauseaum. Contrairement à ces autres suspects, les membres principaux de la bande de Bouhouche n'étaient pas en prison ni en dehors du pays pendant les tueries du Brabant. Et certains, individuellement, étaient membres des forces de police. Quel était leur relevé de service durant les attaques ? Il doit bien exister des archives de leur emploi du temps ? Par exemple, est-ce que les membres avaient fourni un alibi pour la nuit du double raid de Braine et d'Overijse ? Ces détails n'ont jamais été rendus publics. Est-ce qu'ils avaient fourni des alibis qui n'étaient pas d'autres membres de la bande pour Nivelles ou Anderlues ? Y a-t-il des preuves qui les exonèreraient comme suspects ? L'information n'est pas accessible au public.

Le réseau de location

On connait bien les activités criminelles de la bande de Bouhouche. Ils étaient occupés à commettre des crimes majeurs au début des années 80. Avaient-ils la logistique pour commettre les tueries du Brabant en même temps ? La bande de Bouhouche louait un réseau d'appartements et de boxes pour leurs voitures volées. Nous avons un décompte détaillé de ce réseau ; nous allons nous concentrer sur leurs boxes de voiture.[357]

La bande volait des véhicules afin de les utiliser lors de ses activités criminelles. Ils ne les volaient pas pour les revendre plus tard et louaient les boxes de garage pour y cacher les véhicules volés. Quand ils n'avaient pas assez de garages, ils étaient obligés de garer leurs voitures en dehors de leurs boxes, dans les rues ou au parking d'Ixelles ou de Woluwe, ce qui les rendaient susceptibles d'être saisies par les autorités. Les forces de l'ordre avaient quelques fois saisi ces véhicules sans pouvoir en retracer la provenance.

Pour ce qui est des tueurs du Brabant, ils abandonnaient et brûlaient leurs véhicules. En général, ceux-ci n'étaient jamais saisis dans la rue, la bande ayant une bonne cachette. Comme les bandes d'Haemers, de Baasrode ou de Bouhouche, ils louaient probablement des boxes de garages pour les dissimuler. Nous croyons qu'ils n'avaient qu'un seul box, car les tueurs du Brabant ne détenaient jamais plus qu'une voiture à la fois et ils se débarrassaient de l'ancienne voiture dès qu'ils en obtenaient une nouvelle. La seule fois où ils avaient deux voitures était entre le 22 février et le 3 mars 1983.[358] À ce moment-là, ils avaient une Golf noire et une Audi. Ils étaient obligés de garer leur Audi dans la rue et par conséquent, la voiture avait été trouvée par les autorités à Ixelles le 3 mars 1983.

La bande de Bouhouche disposait-elle de l'appareil logistique pour gérer les opérations des tueurs fous en parallèle de ses propres opérations ? La bande de Bouhouche possédait deux principales bases dans son réseau de location - une à Ixelles et une à Woluwe. Au cours de la seconde moitié de l'année 1985, ils avaient commencé à développer une troisième base à Anderlecht.

La bande de Bouhouche avait commencé à louer des boxes à cause d'un besoin urgent. À partir de 1981, ils s'assuraient d'avoir un box pour chaque véhicule volé. La bande loue un box de garage dans le complexe d'Ixelles le 11 septembre 1981. Quelques jours après, le 28 septembre 1981, ils volent une Mazda 626 qu'ils peuvent désormais stocker à l'abri des regards. Le 7 octobre 1981, ils volent une camionnette Toyota Hiace. La camionnette permet de transporter l'équipement lourd nécessaire pour leur ambitieux projet d'extorsion de supermarchés et pour mener des opérations de surveillance. Dans les deux cas, les vols des véhicules sont des crimes de hasard : les véhicules sont garés avenue Louise en double file avec des clés laissées sur le contact.

À partir de ce moment-là, ils ont deux véhicules mais un seul box. Ainsi, la bande de Bouhouche doit laisser un véhicule dehors. Ils ont l'habitude de garer leurs véhicules volés dans la rue à côté de leur base de location d'Ixelles et de Woluwe. Leur Mazda est saisie le 28 octobre 1981, un mois après qu'ils l'avaient garée en dehors du box, à côté de leur base de Woluwe.

Alors, la bande de Bouhouche reste de nouveau avec une seule voiture, la Toyota Hiace, et un seul box. Vers le 1er janvier 1982, ils volent une voiture du siège de l'ESI – une Mazda verte, non marquée, avec des armes à l'intérieur. Ils vident son contenu, mais sont obligés de garer la Mazda devant le complexe d'Ixelles, leur seul box étant déjà occupé. Le véhicule est retrouvé le 4 janvier 1982, les laissant avec un seul box et un seul véhicule.

Entre le 23 et le 26 février 1981, ils volent une Ford Taunus blanche qu'ils masquent pour commettre des crimes alors qu'ils portent des habits de gendarmes, mais sont toujours limités à un seul box. Ils louent un box de garage à leur base de Woluwe, le 20 mars 1981. Ainsi, ils ont enfin deux boxes pour leurs deux véhicules.

Le 10 mai 1982, les tueurs fous du Brabant volent leur première voiture, une Volkswagen Santana. Elle est cachée dans un box de garage à quelque part. Trois semaines plus tard, le 1er juin 1982, la bande de Bouhouche loue un troisième box, malgré le fait qu'ils n'ont que la Hiace et la Taunus en leur possession à ce moment-là... Pendant la durée de la première vague des tueurs du Brabant, le contenu du box de garage supplémentaire reste indéterminé.

Le 30 septembre 1982, les tueurs du Brabant brûlent et abandonnent leur Volkswagen Santana. Les tueurs du Brabant n'ont pas de véhicule d'octobre 1982 jusqu'au mois de janvier 1983. Durant cette période, ils commettent deux crimes : un dans un taxi, pour lequel ils n'ont pas besoin de véhicule, et un cambriolage d'alcool lors duquel ils assassinent le gardien de l'Auberge du Chevalier de Beersel. Les déclarations des témoins sur les événements de cette nuit-là mentionnent un véhicule. La taille et la marque sont discutables, mais le véhicule est blanc. Par coïncidence, la bande de Bouhouche n'a que deux véhicules connus pendant cette période, qui sont tous deux blancs.

Au début de 1983, la bande de Bouhouche a encore 3 boxes de garages : deux pour leurs deux voitures et un troisième au contenu indéterminé. Entre-temps, le 28 janvier 1983, les tueurs du Brabant volent une Peugeot. Le 14 février suivant, ils volent une Volkswagen Golf. Vu qu'ils n'ont qu'un box de garage, le jour d'après, ils doivent se débarrasser de leur Peugeot. Le 22 février 1983, une Audi 100 est volée. Pour la seule fois, les tueurs du Brabant vont détenir une deuxième voiture. Elle est trouvée quelques jours après, le 3 mars 1983, à Ixelles, indiquant que les bandits n'ont plus qu'une seule voiture.

En attendant, les membres de la bande de Bouhouche remplacent, quant à eux, leurs deux boxes de Woluwe par deux boxes à Ixelles. Ils louent leurs deux boxes à Ixelles le 10 juillet 1983 et mettent un terme au bail des deux boxes à Woluwe le 20 juillet 1983. Cela leur fait toujours trois boxes, mais tous localisés à Ixelles. Malgré la possibilité de se débarrasser du box au contenu indéterminé, ils conservent le box de garage supplémentaire, les deux autres étant toujours occupés par la Taunus et le Hiace.

Le 7 juin 1983, les tueurs du Brabant abandonnent et brûlent leur Volkswagen Golf, pour la remplacer par une Saab, volée le 9 juin. Ils la gardent pendant l'été mais doivent l'abandonner le 20 septembre 1983, date à laquelle elle devient inutilisable après l'attaque de Nivelles. Le 1er octobre 1983, ils la remplacent par la Volkswagen rouge volée au restaurant Aux Trois Canards qu'ils repeindront en noir. Ils l'abandonnent en y mettant le feu le 1er décembre 1983, date de la fin de la première vague des tueurs du Brabant.

En décembre 1983, la bande de Bouhouche remplit pour la première fois le troisième box dont le contenu était demeuré indéterminé pendant plus d'un an.[359] Ils volent la Honda Quintet, qu'ils utiliseront pour leur attaque au parc d'attractions Walibi en août 1985.[360]

Après leur première vague, les tueurs du Brabant sont inactifs pendant plus d'un an et demi et ils ne sont pas en possession d'un véhicule. Pendant cette période, la bande de Bouhouche est en train de creuser leur site d'entrepôt de la rue de la Buanderie pour leur projet d'extorsion de supermarchés.

L'ambitieux projet de la bande de Bouhouche nécessite une grande voiture sur laquelle ils prévoient coller un autocollant de corps diplomatique. Ils l'utiliseraient comme voiture de fuite une fois sortis des égouts. Mais le problème est qu'à présent, ils ont quatre véhicules pour trois boxes. Dès lors, ils doivent prendre une décision et ils garent la Taunus blanche près de leur base de Woluwe. La voiture est retrouvée le 6 juin 1984.

Ainsi, la bande de Bouhouche revient à trois véhicules pour trois boxes de garage. Le 21 novembre 1984, ils volent la Renault 4 qui allait aussi être utilisée pour l'attaque de Walibi, les laissant avec une voiture de trop. Comme la bande vient alors d'abandonner le projet d'extorsion de supermarchés de la rue de la Buanderie, la voiture qu'ils laissent dehors pendant quelques mois est probablement la Renault 18 qui aurait dû être utilisée pour le projet.

Une semaine précédant l'attaque du parc d'attractions Walibi du 15 août 1985, ils louent deux autres boxes de garage. Le premier est loué à Anderlecht le 9 août et l'autre à Woluwe le 14 août. Les baux pour les deux boxes d'Ixelles arrivent ensuite à échéance le 1er novembre. Cependant, ils semblent les avoir abandonnés, car ils garent bientôt les véhicules de nouveau en dehors des boxes.

Pourquoi font-ils une croix sur l'idée de revenir à ces deux boxes d'Ixelles et réutilisent-ils le troisième box dans le même complexe ? Celui qu'ils gardent avait été loué par téléphone et courrier sous le nom de Castaldo en 1981, tandis que les deux autres boxes d'Ixelles avaient été loués le même jour en juillet 1983 en utilisant le pseudonyme Bremer. Les deux boxes abandonnés avaient aussi contenu les deux voitures qu'ils ont utilisées pour commettre le meurtre de Walibi du 15 août 1985. Après l'attaque de Walibi, ils laissent la Renault 4 sur les lieux du crime ; ils l'utilisent comme véhicule de secours en cas de besoin. Ils conduisent la Honda Quintet huit kilomètres jusqu'à leur base de Woluwe où ils ont loué un box la veille. Cependant, ils ne rentrent pas immédiatement le véhicule au box et quelques heures plus tard, le véhicule est saisi par les autorités. Essayer de réutiliser les deux boxes abandonnés à Ixelles pour stocker les deux voitures utilisées pour le meurtre de Walibi devient alors délicat.

À ce stade, de facto, il leur reste trois boxes de garage : un à Woluwe, un à Ixelles et un à Anderlecht. Il ne leur reste plus que deux véhicules : la Renault 18 pour leur projet d'extorsion de supermarchés abandonné et la camionnette Toyota Hiace. Dès lors, avec le box supplémentaire, ils ont la possibilité maintenant de voler une troisième voiture ; par conséquent, le 10 septembre 1985, ils volent une Mercedes Jeep, remplissant ainsi leur troisième box.

Pendant ce temps, les tueurs du Brabant volent leur voiture de la deuxième vague, une Volkswagen Golf, à Erps-Kwerps, le 22 septembre 1985. Il s'agit de leur premier véhicule volé depuis 1983. En guise de rappel, durant la première vague, la bande de Bouhouche possédait un box additionnel au contenu indéterminé. Maintenant la situation a changé, puisqu'ils ont trois boxes pour trois voitures. Cependant, sept jours après le vol d'Erps-Kwerps et un jour après l'attaque de Braine-l'Alleud et d'Overijse des tueurs fou, la Renault 18 de la bande de Bouhouche, qui doit, en théorie, avoir sa place dans un de leurs trois boxes, est trouvée à l'extérieur d'un box dans le complexe d'Ixelles le 28 septembre 1985. Quelle était leur quatrième voiture ?

Tout bien pesé, la bande de Bouhouche possédait la capacité logistique d'avoir mené à bien ses propres opérations criminelles connues et les tueries du Brabant en parallèle. Tout comme leurs alibis, la finalité de leur réseau de boxes est méconnue du public. Ont-ils expliqué ces coïncidences aux investigateurs ?

Chapitre 28

La preuve

Il existe peu de preuves médico-légales dans le dossier des tueurs du Brabant en général. Le révolver Ruger relié aux Borains et le pistolet à la bolognaise relié à Bouhouche auraient pu être considérés, mais les deux ont dû être rejetés en raison d'expertises balistiques contradictoires. Il manque toujours une preuve ADN reliée à un suspect. En revanche, une preuve médico-légale incriminant la bande de Bouhouche existe, l'élément de preuve le plus intéressant dans toute l'affaire : la fausse plaque d'immatriculation de la Saab Turbo abandonnée par les tueurs fous. L'enquête détermina que la plaque a été pressée à l'aide d'une matrice de l'entreprise l'Autac.

La même matrice a été utilisée pour presser des fausses plaques au compte de la bande de Bouhouche. Les plaques pressées avec cette matrice avaient toutes la même imperfection.[361] Les plaques de la Renault 4 utilisée pour le meurtre du parc d'attractions Walibi en août 1985 et de la Mercedes 4x4 volée par la bande de Bouhouche quelques semaines après avaient été pressées par la même matrice.

Mais le facteur décisif concernant la plaque de la Saab Turbo est que les tueurs du Brabant comme la bande de Bouhouche avaient en plus utilisé la même technique pour vieillir artificiellement les plaques. Selon une expertise scientifique de la police judiciaire, la fausse plaque de la Saab avait été vieillie artificiellement en utilisant la même méthode que les fausses plaques sur la Renault 25 et le 4x4.[362] Donc on considère une même matrice couplée au même procédé de vieillissement. La plaque de la Saab a été déposée à la greffe de la cour de Nivelles. La pièce a mystérieusement disparu au cours des premières années de l'enquête.[363]

Les autres éléments de preuve à charge de la bande de Bouhouche sont les gendarmes qui ont cru avoir reconnu personnellement des auteurs lors de la commission des tueries. Les individus qui auraient été identifiés par les gendarmes circulaient dans l'entourage de Bouhouche. Les gendarmes connaissaient personnellement les individus. La valeur probante de leur témoignage est appréciable car ce sont les deux fois où les tueurs du Brabant ne portaient pas de masque et où ils avaient peu ou pas de maquillage. La première instance est lors de l'attaque de l'armurerie Dekaise de Septembre 1982 ; ils se sont fait surprendre par une voiture banalisée de la gendarmerie. Une fusillade s'en est suivie. La deuxième instance arrive lors de la fusillade au Diable Amoureux après le cambriolage du Colruyt de Nivelles en septembre 1983. Des agresseurs auraient été reconnus à partir de la voiture de la gendarmerie.

À première vue, la preuve médico-légale des fausses plaques d'immatriculation et le témoignage des gendarmes identifiant des connaissances devraient suffire à condamner des suspects pour meurtre. En pratique, les choses se sont passées autrement. La plaque d'immatriculation a disparu. En outre, peut-être y a-t-il eu des faiblesses touchant la crédibilité des témoignages des gendarmes ? Si ceci est le cas, cette information n'a pas été divulguée au grand public. En théorie, un seul témoin crédible suffit pour qu'un jury condamne un suspect pour meurtre.

Et qu'est-ce qui se passerait si… ?

Si la bande de Bouhouche était impliquée, les conséquences seraient majeures. Au moins deux proches de Bouhouche qui étaient gendarmes avaient des raisons valables d'avoir laissé des empreintes digitales et des traces ADN sur des pièces servant de preuve à charge, sans que cela puisse les incriminer. Par exemple, des enquêteurs se sont amusés à mettre à tour de rôle le chapeau des tueurs du Brabant portés lors de l'attaque du supermarché Delhaize d'Alost.[364] Des proches de Bouhouche avaient eu à plusieurs reprises un accès direct aux éléments de preuve. Certains avaient participé à l'enquête pour des crimes des tueurs fous. Ils auraient donc pu se débarrasser ou remplacer les éléments de preuve. Les gendarmes ayant des liens avec Bouhouche avaient le talent particulier de faire partie des enquêtes sur les crimes de la bande de Bouhouche. De longues années de frustration ont débouché sur des accusations dans les dossiers de l'attentat contre Goffinon, l'attaque de Vernaillen et l'attaque de Zwarts.

En réalité, le fait même que la bande de Bouhouche soit suspectée devient une sérieuse embûche pour l'enquête. Un avocat de la défense compétent soulignera que la bande de Bouhouche avait une influence dans tous les aspects de l'enquête. La bande possédait un accès direct à des éléments de preuve nécessaires pour condamner les tueurs du Brabant pendant des années ! Par conséquent, la preuve est entachée de façon irréversible pour des poursuites pénales des autres bandes suspectes. Il faut un concours miraculeux de circonstances pour parvenir à une condamnation. Même des aveux blindés de suspects ou une preuve médico-légale ne suffiraient pas. Ceci serait une nouvelle répétition du cas des Borains. Mais à l'époque, les avocats de la défense n'avaient que des suspicions des manipulations. Aujourd'hui, il est avéré que des suspects principaux, en l'occurrence la bande de Bouhouche, auraient pu passer des années à compromettre les preuves à charge et à décharge.

LE MOBILE

Les mobiles traditionnellement mis en avant pour expliquer la participation de la bande de Bouhouche sont problématiques. Leurs attaques précédentes étaient trop complexes pour qu'on puisse croire au mobile du vol simple comme dans le cas des Borains. Habituellement, on leur imputait l'intention d'humilier les autorités ou de démontrer que la gendarmerie est impuissante, comme lors du vol des armes de l'ESI en janvier 1982. Peut-être étaient-ils des militants d'extrême droite ? Peut-être qu'on leur avait demandé de porter atteinte aux forces de police du pays, de faire réagir la population pour le compte d'une agence de renseignement de l'occident ? Il s'agit d'une variation du motif de terrorisme. Et toutefois, tout comme pour le simple mobile du vol, le mobile de terrorisme est moins qu'évident. Essayer de forcer un mobile terroriste à l'ensemble des faits serait difficile.

Mais qui est la bande de Bouhouche ? Comme signalé précédemment, la bande a été fondée par Bouhouche. Parmi ses membres, que nous ne nommons pas volontairement, certains n'ont jamais été accusés de crimes violents, contrairement à des membres clés des autres bandes. La bande comptait des membres ayant travaillé dans les forces policières. Ils avaient des contacts étroits avec la gendarmerie qui aurait pu être manipulée par la bande. Les amis de Bouhouche formaient un groupe hétéroclite de policiers, de criminels et de meurtriers, mais la plupart de ses amis ne connaissaient pas l'envergure de ses activités criminelles, certains de ses amis criminels les plus endurcis inclusivement.

Imaginons un instant. La bande à Bouhouche dans le rôle des tueurs du Brabant... La plupart des amis de Bouhouche n'avaient bien évidemment rien à voir avec sa bande et devraient être présumés innocents. En outre, une branche d'une organisation criminelle peut ignorer ce que fait l'autre branche. Peut-être que les autorités partageront leurs identités si jamais elles montent un dossier contre eux. Le « Tueur », le « Vieux » et le « Géant » se retrouveront parmi eux.

Nous reviendrons sur les faits de l'affaire et nous expliquerons la raison pour laquelle les tueurs fous ont commis un crime et pourquoi ils ont tué une personne en particulier. Nous allons mettre leur carrière en parallèle avec nos principaux suspects, la bande de Bouhouche. Nous allons déballer et décortiquer, pièce par pièce, les mobiles de la bande de Bouhouche pour commettre les tueries du Brabant.

Nous avons effectué le même exercice pour constater par nous-mêmes si les autres bandes suspectes mentionnées dans le livre correspondent aux événements. Une insuffisance de preuve pour les relier aux tueries du Brabant n'est pas le seul problème, il existe des obstacles insurmontables en ce qui concerne la chronologie et ils ne correspondent pas au profil des tueurs du Brabant. Nous n'inclurons pas les détails ici ; ils peuvent être dégagés du reste du livre par les lecteurs. La piste de la bande de Bouhouche demeure la seule qui soit cohérente et qui permette de rendre compte de tous les éléments de preuve et des circonstances des événements.

CHAPITRE 29

AVEC ARMES, AVEC VIOLENCE ET AVEC HAINE

Juste avant que les tueurs du Brabant ne commencent leur carrière criminelle, la bande de Bouhouche avait déjà commencé la sienne. Le principal objectif de ses activités criminelles était d'extorquer des supermarchés. Une connaissance de Bouhouche informée de ce plan a déclaré que Bouhouche parlait déjà de sa stratégie d'extorquer de l'argent aux supermarchés à la fin des années 70 : « Fin 1979, Dany [Bouhouche] me proposa de collaborer à un racket contre des supermarchés. Le but était de mettre le feu après avoir exigé une rançon et puis de fuir en zodiac par les égouts de Bruxelles. »[365] Les crimes de la première vague ont été perpétrés afin d'atteindre cet objectif.

La bande de Bouhouche essayait de mettre sur pied son ambitieux plan d'extorsion de supermarchés, une variation du « Casse du siècle » en France. Le « Casse du siècle » était un crime célèbre dirigé par Albert Spaggiari en 1979 lorsque lui et son équipe de bandits ont creusé un tunnel dans les égouts de la ville pour pénétrer dans un bâtiment de banque. Le butin était énorme et leur exploit est devenu une légende. Quand les autorités françaises sont entrées dans la salle des coffres, elles ont trouvé ce slogan peint sur les murs : « Ni armes, ni violence et sans haine. » La bande de Bouhouche a créé sa propre version du crime : au lieu de creuser un tunnel depuis les égouts pour atteindre l'argent, ils avaient prévu de creuser un tunnel depuis le bâtiment avec l'argent jusqu'aux égouts.

Étant donné que leur carrière criminelle meurtrière incluait les meurtres de Francis Zwarts, Willy Pans et Juan Mendez ainsi que leur tentative de massacrer la famille Vernaillen, leur version du slogan aurait été toutefois totalement opposée à celle de Spaggiari. Elle aurait pu être : « Avec armes, avec violence et avec haine. »

La bande de Bouhouche avait ainsi d'abord envisagé d'extorquer une chaîne de supermarchés et des indices font penser qu'ils envisageaient de passer à l'action sur l'enseigne GB Inno, une chaîne que les tueurs du Brabant n'ont jamais attaquée. Lorsque les directeurs de la société de supermarchés auraient réuni la rançon, celle-ci devait être transportée vers le bâtiment de la rue de la Buanderie, qui disposait d'un tunnel de sortie par les égouts. Si la chaîne de supermarchés ne suivait pas les ordres de la bande, cette dernière comptait faire exploser les supermarchés de la chaîne les uns après les autres jusqu'à ce que la chaîne obéisse. Ils avaient aussi envisagé d'empoisonner la nourriture sur les étagères.

Le projet d'extorsion de supermarchés comportait quatre phases : la phase de financement (constituer un trésor de guerre), la phase d'équipement, la phase de creusage et la phase d'extorsion. Les trois premières phases correspondent à une période de la carrière des tueurs du Brabant. Ils ne parviendront jamais à la phase d'extorsion durant laquelle ils devaient extorquer des directeurs de supermarchés. Contrairement au « Casse du siècle », financé par le crime organisé, la bande de Bouhouche devait se procurer l'argent elle-même. Étant donné les énormes quantités de matériaux, d'équipements et de dépenses connexes nécessaires, les coûts étaient astronomiques.

Lorsqu'ils ont eu besoin d'une voiture pour cambrioler et voler de l'alcool, la Volkswagen Santana faisait l'affaire. Pour s'en emparer ils ont volé une première voiture, l'Austin Allegro, pour se rendre au lieu de cambriolage de la Santana. Ils se sont appropriés cette nuit-là deux voitures avec les clés, ce qui est caractéristique de la bande de Bouhouche comme des tueurs du Brabant. Le premier vol s'est produit notamment à distance de marche du lieu de travail de deux membres de la bande de Bouhouche. Ils auraient pu finir leurs quarts de travail et se retrouver après. Le lieu de rencontre n'était pas loin de la place Flagey à Ixelles, près du complexe d'Ixelles où ils louaient leurs boxes.

Comme ils devaient voler des voitures qui démarraient avec des clés, il s'agissait surtout de vols d'opportunité. L'une des victimes, Geneviève Van Lidth, qui dirigeait une imprimerie à Ixelles non loin du complexe de boxes de garage, était une relation d'affaire d'un ami proche de Bouhouche. Quand la bande de Bouhouche s'est retrouvée avec une voiture supplémentaire, il a fallu l'incendier ou la garer à l'extérieur de leur base de location d'Ixelles ou de Woluwe. Certaines voitures ont été saisies par les autorités, mais la bande avait pris soin de ne pas laisser d'empreintes digitales compromettantes.

Phase de financement

Très tôt, la bande de Bouhouche finançait ses projets criminels en dérobant de l'alcool, notamment lors de l'attaque de l'épicerie de Maubeuge en août 1982 ou bien lors de l'attaque du restaurant l'Auberge du Chevalier à Beersel en décembre 1982. Ils ont probablement commis d'autres vols non répertoriés durant la même période. Ils avaient besoin de beaucoup de fonds, ce qui voulait dire beaucoup de bouteilles d'alcool volées ; des ratés sont inévitables. Les méfaits commis à l'épicerie de Maubeuge et à l'Auberge du Chevalier ne sont connus que pour les affrontements sanglants qui s'en sont suivis.

Ils ont en outre volé deux véhicules de transport de fonds reliés à Swissair. Lors du vol de Malines en juillet 1982 et de Zaventem en octobre 1982, ils se sont fait passer pour des gendarmes. L'attaque de l'armurerie Dekaise en septembre 1982 leur avait fourni les pistolets-mitrailleurs dont ils avaient besoin pour réussir le coup de Zaventem. Ils devaient simuler un barrage de la gendarmerie. L'attaque de l'armurerie Dekaise leur a permis aussi de stocker leur arsenal d'armes de poing. Les calibres utilisés dans les attaques suivantes l'ont confirmé.

Au cours de la poursuite qui a suivi l'attaque de l'armurerie Dekaise, l'agent Campine, qui poursuivait la Santana volée des tueurs fous dans une Renault banalisée de la gendarmerie, pensait avoir identifié un des auteurs. Ce dernier a toujours affirmé que le suspect sur la banquette arrière était un de ses collègues de la gendarmerie et faisait partie de la bande de Bouhouche.

Pour se sortir de l'étau des véhicules de patrouilles dans les parages, la bande de Bouhouche cumulera un attirail d'équipement électronique. Ils auront des scanners pour écouter les fréquences radio de la police. Ils ont la liste des codes de fréquence de la gendarmerie, de la police judiciaire et des entreprises de sécurité locales. Ils possédaient les manuels techniques spécialisés sur les antennes de style gendarmerie, ainsi qu'une antenne tubulaire et trois antennes de type policier. La voiture banalisée de la gendarmerie qui les suivait ne pouvait plus capter les ondes radio. La bande de Bouhouche a reconnu plus tard avoir utilisé des brouilleurs radio dans leurs voitures pour commettre des délits.

Les pistolets-mitrailleurs et les armes de poing étaient aussi utiles au projet d'extorsion de supermarchés de la bande de Bouhouche ; les pistolets-mitrailleurs étaient faciles à manier dans des lieux étroits comme les égouts et avaient une grande capacité. Les riot-guns et les fusils d'assaut, qui étaient plus faciles à obtenir, étaient inappropriés pour ce genre d'opération.

À la suite de l'attaque, ils ont allumé des feux à deux endroits différents dans la forêt de Soignes pour se débarrasser d'objets compromettants. Rien n'indique qu'ils ont déposé ces objets pour créer de fausses preuves ; il s'agissait simplement d'un acte de négligence de leur part. L'un des deux sites était le même endroit où ils avaient vidé une camionnette qu'ils avaient volée en 1981. Une carte de la forêt marquée d'un X à cet endroit a été trouvée chez un proche de Bouhouche.

Ils se sont impliqués autant que possible dans les enquêtes quant à leurs méfaits. Ils ont pu ainsi les saboter de l'intérieur ; ils ont pu détruire, remplacer ou contaminer des éléments de preuves essentiels. Jusqu'en 1987, la bande de Bouhouche avait une influence dans les investigations à l'égard des tueurs du Brabant. Après 1987, ils ont aussi probablement profité d'aide indirecte et de traitements de faveur grâce à leurs contacts à l'intérieur de la gendarmerie.

Ils ont orienté diverses enquêtes pour les faire échouer. Par exemple, ils ont choisi le poste de gendarmerie de Mons pour enquêter sur un crime survenu au sud de Bruxelles suivant le meurtre du chauffeur de taxi Angelou en janvier 1983. Ils n'avaient qu'à abandonner le taxi en plein milieu de la zone de juridiction de la gendarmerie de Mons. De cette façon, ils se sont assurés qu'un proche soit impliqué dans l'enquête. Pour d'autres crimes, ils se sont assurés pour faire disparaître des preuves, comme lors de l'enquête sur le meurtre survenu à l'Auberge du Chevalier en décembre 1982. Des traces ADN de deux membres de la bande avaient été laissées sur des verres et des tasses à l'auberge mais les preuves ont disparu. L'un des membres de la bande de Bouhouche était sur place à l'occasion de l'enquête. Ils ont fait de même lors des enquêtes sur leurs attentats non liés aux tueries du Brabant, notamment lors des attaques contre Goffinon et Vernaillen.

Au début de l'année 1983, ils sont passés des vols de bouteilles d'alcool pour le marché noir à des braquages de supermarchés. Comme le vol des bouteilles d'alcool n'était que peu rentable et comme un risque de se faire prendre à la revente existait toujours, ils se sont concentrés sur les braquages des supermarchés. L'attaque de l'armurerie Dekaise en septembre 1982 leur a fourni suffisamment de puissance de feu pour organiser des vols à main armée à répétition, sans être à court d'armes. La bande de Bouhouche avait installé une antenne de radiocommunication sur la terrasse d'un appartement en 1983, ce qui leur a permis de maintenir un contact radio pendant ces braquages situés au sud du ring de Bruxelles.

Les braquages commis aux Delhaize de Genval et d'Uccle en février 1983, ainsi que le vol à main armée commis au Colruyt de Hal en mars 1983, leur a donné suffisamment de fonds pour financer leur plan d'extorsion de supermarchés. Bien que les tueurs du Brabant soient fréquemment associés aux supermarchés de la chaîne Delhaize, il est probable que ce ne soit qu'un hasard au départ. Alors que deux de leurs trois premières attaques au printemps 1983 ont été menées dans un Delhaize et l'autre dans un Colruyt, l'inverse aurait aussi été possible. Ils attaquaient le soir avant la fermeture car ils travaillaient à leur emploi de 9 h 00 à 17 h 00. Ils vivaient dans différentes villes et il s'agissait du meilleur moment pour se rencontrer.

Quand les tueurs cambriolaient un supermarché, ils avaient l'habitude de prendre un otage au hasard. La première fois, une dame marchait devant eux durant leur entrée dans un supermarché ; ils l'ont saisie spontanément, peut-être par réflexe.

Les trois tueurs entraient toujours ensemble dans le magasin. Un homme n'attendait jamais dans la voiture de fuite, qui était toujours garée loin de l'entrée. Ceci était une approche de policier : on ne se gare pas dans « la zone meurtrière ». Quand ils n'ont pas eu la possibilité de se garer près de l'armurerie Dekaise parce qu'elle était entourée de rues à sens unique, les tueurs fous ont été obligés de déplacer un fourgon de police pour faire sortir leur voiture.

La balistique

L'attaque de l'armurerie Dekaise en septembre 1982 qui a diversifié leur arsenal d'arme de poing et de pistolets-mitrailleurs a mal tourné. Ils ont cherché des boucs émissaires à qui faire porter le chapeau de l'attaque. Les membres de la bande de Bouhouche ont utilisé leurs accès dans les bases de données des forces de l'ordre pour trouver des criminels qui feraient l'affaire. Les résultats de l'enquête de Maubeuge d'août 1982 démontrent que l'attaque concordait sur le plan médico-légal avec celle de l'armurerie Dekaise. En raison de leur accès aux informations de la gendarmerie, les membres de la bande de Bouhouche ont obtenu ces résultats en temps réel en début de 1983. À partir de ce moment, ils ont accéléré leurs recherches pour trouver des boucs émissaires.

À la même époque, ils ont réutilisé des armes telles que leur pistolet 22 LR, probablement muni d'un silencieux, bien qu'ils l'avaient déjà utilisé en décembre 1982 à l'Auberge du Chevalier. Ils tueront notamment le chauffeur de taxi retrouvé à Mons avec cette arme. Il était plus décisif pour eux de réutiliser leur meilleure arme que de se faire prendre en flagrant délit. Ils savaient que les délais pour faire des expertises balistiques étaient longs. En outre, ils savaient que les expertises se faisaient de manière artisanale et qu'ils pourraient manipuler les résultats.

À la fin de l'hiver 1983, ils ont jeté leur dévolu sur les Borains comme boucs émissaires. Dès ce moment, les concordances balistiques entre les attaques sont devenues un avantage au lieu d'être un inconvénient pour les vrais tueurs du Brabant. Une fois que toutes les attaques ont été reliées entre elles, il ne restait plus qu'à impliquer un seul groupe d'auteurs. Les tueurs du Brabant ont fabriqué ainsi de A à Z la piste impliquant les Borains. Le FBI de Boston avait fait de même de l'autre côté de l'Atlantique pour protéger un informateur essentiel. Le FBI fera porter le chapeau en pleine connaissance de cause au Rebozo Four, quatre petits malfrats de même envergure que les Borains dans les années 70 pour des meurtres de l'intérieur. Quelques contacts à l'intérieur du FBI est tout ce qu'il a fallu pour pouvoir incriminer les mauvaises personnes. La justice américaine n'y a vu que du feu.

Ceci était même plus facile pour les tueurs du Brabant. Ils avaient le luxe d'être impliqués dans l'enquête à différents niveaux. Manipuler l'enquête était un jeu d'enfants.

Dès que la bande de Bouhouche a pris les Borains pour cible, tout était permis quant à la réutilisation d'une arme. Ils ont pu ainsi satisfaire toutes leurs pulsions psychopathiques. Leurs bévues pouvaient toutes être reliées aux Borains. Ils laisseront désormais la piste des Borains mariner, prête à être activée par leurs contacts dans les forces de l'ordre au bon moment.

Phase d'équipement

Le printemps 1983 marque le début de la « phase d'équipement » du plan d'extorsion de supermarchés de la bande de Bouhouche. Ils avaient accumulé assez d'argent pour avoir un fonds de roulement personnel et un trésor de guerre pour l'achat et la location nécessaire pour exécuter le plan d'extorsion. Mais ils devaient aussi se procurer de l'équipement unique pour effectuer la « phase de creusage ». Ces pièces d'équipement devaient être volées pour s'assurer qu'ils ne puissent être retracés. Ils étaient conscients qu'ils auraient tous les policiers d'Europe à leurs trousses après avoir commis leur version du « Casse du siècle ». La bande avait dressé une liste des objets à voler comprenant notamment des gilets pare-balles, un chalumeau, des contenants pour bombes, des minuteurs et bien plus encore. Ils n'avaient plus besoin de cambrioler des supermarchés ou de voler de l'alcool. Bouhouche pouvait aussi quitter la gendarmerie en travaillant pour la firme de détectives non-rentable ARI comme couverture pour ses activités criminelles.

Les vols qualifiés commis au cours de cette phase visaient du matériel ou des articles d'importance majeure pour le plan d'extorsion de supermarchés. La valeur monétaire totale de leurs crimes était négligeable, car les objets volés n'étaient pas destinés à la revente. L'entrée par effraction nocturne du 27 mai 1983 avait pour but de s'emparer d'un chalumeau et des bonbonnes. Un chalumeau était un incontournable pour tout gros vol qui impliquait de creuser des trous et de percer des matériaux.

Les tueurs du Brabant sont tristement célèbres en raison du gain financier ridiculement minime de leurs vols. Ils ont eu cette réputation à la suite d'erreurs commises pendant cette période, quand ils avaient besoin d'objets pour la réalisation de leur ambitieux projet d'extorsion de supermarchés et qu'ils n'hésitaient pas à tuer pour les obtenir à Tamise, Nivelles et Anderlues. Avant cette période, les butins volés par les tueurs étaient comparables à des entrées par effraction ou braquages semblables. En revanche, le butin des cambriolages qui ont suivi n'avait aucune valeur marchande : ils ont volé sept gilets pare-balles de la fabrique de Tamise en septembre 1983, de l'huile de cuisson et de grands sacs de café dans le Colruyt de Nivelles en septembre 1983 et des horloges et des réveille-matins à la bijouterie d'Anderlues en décembre 1983.

Ils avaient besoin d'une voiture rapide leur permettant de se rendre n'importe où en Belgique pour obtenir les objets requis pour leur plan d'extorsion de supermarchés. Toute voiture neuve dotée de vitesse et de puissance ferait l'affaire, car ils s'étaient débarrassés de leur ancienne Golf, qui les reliait à leurs braquages de supermarchés en février et mars 1983. Ils ont volé alors la Saab en juin 1983. Contrairement aux autres voitures de la première vague utilisées par les tueurs fous pour une courte période, ils ont conduit plusieurs centaines de kilomètres avec la Saab Turbo volée.

La majorité de leurs vols par effraction se passent sans heurt mais parfois un problème survient. À Tamise, Nivelles et Anderlues, ils ont fait des rencontres inattendues. Habituellement, les malfaiteurs lambdas laisseront un témoin derrière eux et risqueront d'être identifiés ; face à la gendarmerie, ils tenteront de s'échapper. Pas les tueurs fous. Devant toute rencontre inopportune, ils avaient recours à une violence inouïe et commettaient des meurtres sans scrupules.

Il s'agit aussi du mode opératoire de la bande de Bouhouche. Quand ils volaient des explosifs dans les carrières ou un canot pneumatique, leur plan était d'être sans pitié et de ne laisser aucun témoin en vie, même si la valeur monétaire des objets volés était insignifiante.

Pourquoi auraient-ils donné l'ordre de tuer quand ils ne volaient que des objets bon marchés comme des horloges ou des boîtes en métal ? Parce que la valeur est dans l'œil du spectateur. Un objet qui ne permet pas de remonter à eux représente beaucoup plus pour les tueurs que sa valeur marchande. Même si les gilets pare-balles à Tamise étaient de nouveaux modèles, ils ne valaient pas beaucoup d'argent sur le marché. Pour donner un sens à la folie de tuer pour de petits gains, la légende du gilet pare-balles à la pointe de la technologie est née.

Tout comme Spaggiari avec son « Casse du siècle », les tueurs du Brabant avaient besoin d'obtenir des objets par tous les moyens possibles, dans la mesure où ils ne puissent pas être reliés à eux. Le marché noir n'était pas une option s'ils voulaient rester anonymes. Ils avaient besoin de les voler eux-mêmes.

Les tueurs du Brabant désiraient tellement récupérer les bidons métalliques d'huile de cuisson et les gros sacs de café qu'ils avaient volés au Colruyt de Nivelles qu'ils sont retournés dans le magasin pour les voler après avoir assassiné un couple qui venait de passer pour faire le plein d'essence. Ils ont même passé plusieurs minutes dans le magasin après les meurtres. Pourquoi ? Les bidons métalliques d'huile de cuisson étaient précieux pour eux car ils pouvaient les utiliser en tant que contenant de bombes. Cinq bidons métalliques de 50 litres d'huile d'arachide et cinq bidons métalliques de 50 litres d'huile de maïs forment d'excellents contenants pour constituer des bombes du type chaudière à pression qui pouvaient ensuite être glissés dans une épicerie. Les bidons métalliques ont longtemps été une composante de base pour les groupes terroristes pour dissimuler des engins explosifs faits en bâtons de dynamite. Il en est de même pour les grands sacs de café, qui étaient parfaits pour cacher des engins explosifs improvisés. Quant aux cinq boîtes de chocolats, elles ont probablement été volées dans le but d'être utilisées comme alternatives aux bombes pour leur plan d'extorsion de supermarchés. Ils avaient considéré empoisonner des aliments qu'ils auraient ensuite remis sur les étals des supermarchés visés. L'avantage d'utiliser des bonbons pour le poison est que les chocolats légèrement aromatisés cacheraient l'odeur du poison utilisé.

Le chalumeau et les bonbonnes ont été volés pour être utilisés lors du projet d'extorsion de supermarchés. Lorsque le besoin d'entrer par effraction dans un supermarché s'est ensuite imposé, ils ne pouvaient pas simplement forcer la porte arrière comme dans les restaurants. Contrairement à la bande de Baasrode, qui aurait pu le faire les yeux fermés, la bande de Bouhouche n'avait aucune expérience dans ce type de crime. Ils ont été obligés d'improviser et d'utiliser le chalumeau.

Le matériel volé qu'ils prévoyaient d'utiliser plus tard à l'occasion du projet d'extorsion de supermarchés était aussi utile pour commettre d'autres crimes entre-temps. Ils avaient déjà volé des explosifs pour leur projet d'extorsion quand ils ont décidé de punir Goffinon à l'occasion des problèmes disciplinaires de Bouhouche avec la gendarmerie. La bande pouvait utiliser ces matériaux pour fabriquer un engin explosif improvisé pour attaquer Goffinon en octobre 1981.

La technique d'embuscade utilisée au Diable Amoureux après l'attaque de Colruyt de Nivelles en septembre 1983 ressemblait à une tactique de la bande de Bouhouche. Lors d'un autre crime de la bande, ils prévoyaient mettre cette technique en œuvre s'ils étaient pris en flagrant délit. Ils avaient prévu son utilisation pour le vol du canot pneumatique peu avant l'embuscade du Diable Amoureux. Un ami de Bouhouche, bien au courant du vol, a été sollicité par un journaliste pour savoir si le plan d'interception de la police utilisé lors de ce vol était identique à celui de Nivelles. Il a répondu : « Oui, quelque chose du genre. »[366] Selon les indices donnés par les membres de la bande de Bouhouche, le vol du canot pneumatique aurait eu lieu quelques jours ou quelques semaines précédant Nivelles.

Ils devaient utiliser des armes à feu s'ils étaient pris en flagrant délit lors du vol. Si, au cours de l'opération, ils avaient été arrêtés par la police, selon une personne au courant des réflexions de la bande de Bouhouche, leur voiture « devait prendre la police en sandwich, et donc leur tirer dans le dos. »[367] Un canot ne valait que quelques milliers d'euros, mais malgré tout, la bande de Bouhouche était prête à tuer des policiers. Peu après, ils tendaient une embuscade aux policiers au Diable Amoureux, en utilisant la même technique qu'ils prévoyaient d'utiliser pour le vol du canot, tout cela pour un butin d'une valeur inférieure à celle du canot. Toutefois, il faut garder à l'esprit que la bande de Bouhouche ne se contentait pas de voler le canot ou les boîtes de conserve pour cacher des explosifs ; ils volaient ce dont ils avaient besoin pour obtenir 30 millions de francs (750 000 euros), voire plus, dans leur projet d'extorsion de supermarchés. Ils s'assuraient qu'aucun élément de preuve ne pouvait leur être relié. Parmi les objets requis pour la réalisation de leur plan, mis à part les objets simples et communs, tout devait être volé. Ils savaient que les achats qu'ils avaient faits pour la bombe de Goffinon en 1981 les suivaient encore et ils ne voulaient plus avoir les mêmes problèmes avec les autorités.

Au cours de l'embuscade sur la voiture des gendarmes qui suivait l'attaque du Colruyt de Nivelles, deux proches de Bouhouche ont été reconnus comme étant des tireurs. L'un avec certitude par un gendarme le connaissant personnellement. Et quand ils ont eu besoin de se débarrasser rapidement de leur Saab Turbo en panne ce même soir, ils n'ont pas pu se débarrasser de toutes les preuves matérielles. La Saab Turbo portait de fausses plaques avec le même problème technique que celui reconnu sur les autres plaques d'immatriculation de la bande de Bouhouche. Les plaques d'immatriculation étaient aussi toutes vieillies artificiellement selon le même processus, ce qui constitue, pour rappel, la seule preuve médico-légale jamais reliée à un suspect des tueries du Brabant qui n'ait pas été discréditée à ce jour.

La naissance des tueurs fous

L'attaque de Nivelles a été la naissance publique des tueurs fous du Brabant. Ils sont devenus un énorme phénomène médiatique. Ils en étaient conscients et vont se prêter au jeu pour servir leurs propres fins.

Avant l'attaque de Nivelles, ils préféraient des pistolets et des révolvers de gros calibre. Ils utiliseront un 22 LR, probablement équipé d'un silencieux, pour les meurtres à bout portant. Cependant, après l'attaque de Nivelles, ils seront associés pour toujours aux riot-guns. La couverture médiatique avait commencé, dénonçant ces criminels qui tiraient sur la police avec des riot-guns. Les ventes de riot-guns ont alors grimpé en flèche. Les tueurs l'ont remarqué et ont commencé délibérément à utiliser des riot-guns, pour signer leurs attaques.

Quant aux chapeaux noirs associés aux tueurs, ils provenaient d'un oubli d'un chapeau noir dans la Saab après l'attaque de Nivelles. Ils n'utilisaient que rarement, voire jamais, des chapeaux avant cela.

Dans les descriptions des médias, les tueurs du Brabant sont armés jusqu'aux dents. Or, ils étaient des tireurs pratiques et des policiers. Ils avaient conscience du risque de défaillance des armes, ce qui explique pourquoi ils en transportaient autant pour un simple vol comme celui de Nivelles.

Après avoir été obligés d'abandonner la Saab, ils n'ont eu d'autre possibilité que d'envisager le vol d'un nouveau véhicule. Ils ont pris pour cible une voiture sur le parking du restaurant Aux Trois Canards d'Ohain, en octobre 1983. Ils voulaient probablement voler la Porsche pour sa couleur sombre, sa rapidité et une puissance comparable à celle de la Saab, mais ils se sont retrouvés avec une Golf rouge éclatant - ce qui était loin d'être idéal. Il n'existait pas non plus de concordance balistique entre l'attaque du restaurant Aux Trois Canards et leurs autres attaques, ce qui posait un problème, car si une personne était trouvée coupable pour les crimes commis par les tueurs du Brabant, cette deuxième enquête distincte resterait toujours ouverte. Ils étaient dans une impasse. Pour en sortir, ils ont dû lier la Golf rouge - qu'ils ont peint en noir pour être moins visible - aux autres attaques des tueurs du Brabant. Ils en ont profité pour donner l'impression qu'ils n'étaient pas basés à Ixelles, dans le sud de Bruxelles, pour éloigner les enquêteurs de la bonne piste.

Tout le pays parlait d'eux et ils retenaient l'attention du gouvernement. La police cherchait des moyens de s'adapter et la gendarmerie a mis en place une équipe spéciale. Il était temps de faire arrêter les Borains, leurs boucs émissaires. Ils ont utilisé leurs contacts dans la gendarmerie, qui agissaient délibérément ou étaient manipulés sans être au courant des faits, et les Borains ont été arrêtés.

Puisqu'ils n'avaient initialement pas l'intention d'associer le vol de voiture du restaurant Aux Trois Canards aux autres attaques des tueurs fous, ils ont apporté des armes différentes. Toutefois, ce qui devait être un simple cambriolage s'est terminé en meurtre et cette attaque ne pouvait pas être reliée par comparaison balistique à toutes les autres. Il ne s'agissait que d'une question de temps avant que les autorités le réalisent. Un deuxième groupe d'agresseurs sans lien avec les Borains serait alors recherché.

Par conséquent, ils devaient concevoir un moyen de relier l'attaque du restaurant d'Ohain à toutes les autres attaques des tueurs du Brabant. Ils ont profité de cette occasion pour faire croire aux autorités qu'ils n'étaient pas basés dans le sud de Bruxelles. Ils ont conduit la Golf déjà noire sur un croissant, allant de Namur au Bas-Borinage pour s'assurer que la voiture soit aperçue par le plus grand nombre de personnes possible. Pour éviter toute confusion quant au lien entre ce véhicule et un crime des tueurs du Brabant, l'autocollant « I Love Australia », figurant sur la Golf lorsqu'ils l'ont volé au restaurant Aux Trois Canard, est resté toujours bien visible sur une des vitres. Ils le collaient et l'enlevaient probablement selon l'occasion. Ils ont préparé ensuite une attaque contre le supermarché Delhaize de Beersel.

Toutes les attaques et les meurtres ont eu lieu juste au sud d'Ixelles et chaque fuite se dirigeait vers Ixelles, jamais vers le Borinage. La seule exception a été leur attaque de Maubeuge, en France. Le chauffeur de taxi a été retrouvé à Mons, la capitale du Borinage. Toutefois, le meurtre avait eu lieu non loin d'Ixelles et le véhicule avait ensuite été conduit à Mons pour profiter de contacts au sein de la gendarmerie.

Delhaize de Beersel

L'attaque du supermarché Delhaize de Beersel diffère des autres vols à main armée commis dans un supermarché. Les attaques des Delhaize de Genval, d'Uccle et du Colruyt de Hal ont été commises avec l'intention de remplir leurs coffres. L'attaque de Beersel a été en revanche organisée pour réparer une erreur. Il s'agissait d'une attaque sous fausse bannière. L'objectif était de lier l'attaque du restaurant Aux Trois Canard à toutes les autres attaques perpétrées par les tueurs du Brabant. En effet, l'attaque du Delhaize de Beersel était le premier attentat des tueurs du Brabant élaboré pour brouiller les pistes, suivi des vols à main armée de la deuxième vague. Pour que l'attaque de Beersel soit reliée à toutes les autres attaques, ils se sont assurés que les enquêteurs puissent découvrir la banquette arrière de la Golf noire repeinte qu'ils ont laissée sur le parking du supermarché.

Cette attaque est alors devenue le modèle des attaques de la deuxième vague. La vitesse n'était pas essentielle, le but n'était pas d'accomplir un braquage discret avec un chronomètre. Le plus crucial pour eux était d'entrer et de sortir en toute sécurité tout en atteignant leur objectif. Ils se couvraient, comme s'ils exécutaient une opération anti-terroriste. Leur calme lors de cette attaque brutale était stupéfiant. En outre, le « Géant » ne pouvait pas courir car il éprouvait des problèmes de genoux, ce qui obligeait les deux autres à se déplacer au même rythme.

Il s'agissait de la première attaque de supermarché depuis que les tueurs fous étaient devenus un phénomène médiatique. Lors de l'attaque de Beersel, dès qu'ils sont arrivés sur les lieux, le gérant est intervenu et a été abattu. Les clients étaient sous le choc. La présence d'un colosse a marqué les clients et ils le surnommeront le « Géant ». Après la naissance médiatique des tueurs fous, on assistait à la naissance médiatique du « Géant ».

D'après les témoignages, le « Géant » était une tête de plus que les deux autres tueurs fous, le « Tueur » et le « Vieux ». Il semble que les deux autres aient été présents dans les autres attaques. Quant au « Géant », il était présent pour les attaques qui ont suivi. Alors qu'un tueur fou à grande taille avait déjà été remarqué lors d'attaques antérieures, il existe des preuves anecdotiques selon lesquelles il était plutôt mince et n'était pas aussi grand.

Avoir des caractéristiques physiques distinctives est un désavantage pour un groupe de criminels. Les tueurs fous étaient conscients que la présence du « Géant » aidait à les identifier en tant qu'auteurs des crimes. Quant au « Vieux », il avait probablement le même âge que le « Tueur ». Il était habile dans l'art du maquillage et de l'habillement.

Lors de l'attaque du restaurant Aux Trois Canards en octobre 1983, les tueurs portaient des masques de carnaval. Pour les vols à main armée précédents, ils masquaient leur visage avec du maquillage, des masques de ski ou autre. Ils avaient aussi utilisé des masques de carnaval, mais une seule fois auparavant. Lors de ce crime, ils portaient des vêtements distincts des autres attaques : des gants de cuisine roses, un pantalon à cloche et ils parlaient en imitant des accents. Du fait qu'ils ont raté leur coup au restaurant Aux Trois Canards en commettant un meurtre, ils ont dû s'assurer que les autorités ne poursuivraient pas d'autres personnes que des Borains. Ainsi, lors de l'attaque de Beersel, ils ont aussi porté des masques de carnaval. Les tueurs ont alors été associés au port de masques de carnaval par les médias.

Une énorme chasse à l'homme a été lancée après l'attaque de Beersel. Les conducteurs des Volkswagen Golf qui avaient l'air un peu suspects étaient arrêtés. À partir de ce moment, la Volkswagen Golf sombre était reliée aux tueurs fous. Comme pour les Delhaize, cela aurait pu être toute autre voiture. En effet, ils n'ont pas hésité à utiliser d'autres voitures à plusieurs reprises, mais aucune chasse à l'homme publique n'avait été menée à l'époque où ils faisaient usage d'un autre véhicule.

Les attentats à la bombe

L'attaque de la bijouterie Anderlues a été leur première opération connue lors de laquelle ils ont repris le programme de vol d'objets après Nivelles. Elle a aussi été la dernière attaque associée aux tueurs fous au cours de la première vague. La bande de Bouhouche tentait de déterminer comment placer des bombes dans les supermarchés qui se déclencheraient plus tard. Leurs bombes pouvaient être enflammées de deux manières : par des minuteurs ou des télécommandes. Le mobile de l'attaque des bijoux Anderlues était de voler les alarmes qu'ils pourraient utiliser comme minuteur pour leurs explosifs, mais ils se sont de nouveau trompés.

Ils avaient probablement prévu un vol à l'étalage et de partir tandis que le bijoutier se trouvait à trois pièces de la boutique. La porte avant n'était pas barrée. Les tueurs ignoraient que la femme du bijoutier était allongée dans la pièce sombre de l'autre côté de la porte. Quand elle s'est mise à courir, ils ne voulaient pas de témoin et ils s'en sont remis à leur stratégie de tirer pour tuer. Ensuite, ils ont été obligés de tuer le bijoutier, qui était sorti de son lieu de travail, armé d'un Arminius.

En guise de rappel, le bijoutier possédait le savoir-faire des horloges et des montres. Son magasin s'appelait « Bijoutier et horloger Szymusik ». Seule une partie du stock et de l'activité du magasin concernait des bijoux, l'autre partie était constituée d'horloges. Parmi les objets volés par les tueurs du Brabant, il se trouvait de simples réveille-matins. Les marques volées incluaient Lorus, Peter, Bayard et Europa. Un examen détaillé de l'inventaire a été nécessaire aux enquêteurs pour déterminer que les tueurs fous avaient volé des articles ; tout semblait intact. Ils planifiaient juste d'entrer, de s'emparer des horloges et des réveille-matins et de partir.

Vu que, tant à Nivelles qu'à Anderlues, les tueurs fous avaient laissé derrière eux de nombreux objets de valeur, le mobile du vol n'a pas de sens. Certains considéraient qu'ils avaient affaire à des criminels simples d'esprit qui avaient de la difficulté à différencier la valeur des choses. D'autres qu'il s'agissait d'attaques terroristes déguisées comme des vols, mais les deux motifs s'apparentaient à des tentatives de concilier l'inconciliable et ne convenaient pas vraiment.

En ajoutant aux grands bidons métalliques d'huile de cuisson et les horloges aux télécommandes trouvées après la deuxième vague, il devient clair que les tueurs du Brabant se lançaient dans une campagne d'attentats à la bombe. À la fin de 1983, la liste des candidats qui utilisaient des explosifs à des fins criminelles restait limitée : la bande de Bouhouche, le CCC et de rares groupuscules insignifiants. Ces derniers se préparaient à faire exploser des bombes de type chaudière à pression dans les supermarchés. Dès lors, quels suspects d'attentat auraient tué pour des bidons métalliques ou des minuteurs ? Certainement pas le CCC... La bande de Bouhouche avait besoin de ces objets et n'avait pas d'autre possibilité que de les voler pour les obtenir.

Malheureusement pour les Borains, ils correspondaient aux profils créés par les enquêteurs de l'époque décrivant des personnes pauvres, illettrées, idiotes, qui n'hésiteraient pas à tuer pour un peu d'argent. À Nivelles et à Anderlues, leur sélection semblait vraiment s'être faite au hasard : de l'huile de cuisson et des réveille-matins. Ils auraient pu tout aussi bien partir avec de l'alcool ou des bijoux.

Mais les Borains étaient en prison. Comment auraient-ils pu commettre le cambriolage d'Anderlues ? La logique de l'époque est que cela ait été commis par d'autres Borains qui n'avaient pas encore été arrêtés.

Que ce soit délibéré ou non, les tueurs du Brabant ont commis les meurtres du bijoutier et de son épouse à Anderlues dans la zone où ils voulaient être vus. Ils ont parcouru le même grand croissant allant de Namur à Anderlues, loin du sud de Bruxelles et plus près du Borinage. En cas de violence, ils devaient utiliser des armes reliées aux tueurs fous qui maintiendraient ainsi le lien avec les Borains. Malgré le fait que les principaux Borains étaient en prison, les tueurs ont tout de même décidé d'attaquer à Anderlues. Ils avaient bon espoir que cette attaque serait reliée aux Borains et que les enquêtes continueraient comme ils le souhaitaient.

L'incendie de la voiture de décembre 1983 a mis fin à la première vague d'attaques. Deux phases sur quatre du projet d'extorsion de supermarchés étaient terminées : la phase de financement et la phase d'équipement, qui correspondait à la chronologie exacte de la première vague d'attaques des tueurs du Brabant. Ils allaient passer à la phase trois, la phase de creusage. En début de 1984, ils ont loué l'immeuble de la rue de la Buanderie, situé à proximité du réseau d'égouts de Bruxelles, et ont commencé à creuser.

Ils ont disparu ainsi pendant un an et demi. Pendant qu'ils creusaient, il s'agissait de « la pause » de la carrière criminelle des tueurs fous du Brabant. Ils ont creusé jusqu'au milieu de 1984, lorsque le plan d'extorsion de supermarchés de Bouhouche a été abandonné parce qu'il était devenu irréalisable. Ils n'ont jamais atteint la phase d'extorsion, qui avait pour but d'obtenir la rançon par des menaces aux directeurs de la chaîne de supermarchés, par des attentats à la bombe ou par l'empoisonnement de nourriture. Une fois qu'ils ont arrêté de creuser, même s'ils commettaient encore d'autres crimes, ils n'avaient plus besoin de s'assurer qu'ils soient attribués aux tueurs fous, ni de les lier avec des preuves scientifiques pour que l'enquête reste concentrée sur les Borains. Pendant les quelques mois qui ont suivi la fin de la période de creusage, ils se sont concentrés sur des projets de trafic d'armes et sur la vente frauduleuse de documents confidentiels à des politiciens. Pendant qu'ils préparaient leur prochain grand projet, ils ont tué un transporteur d'argent qui sortait du parc d'attractions Walibi en août 1985. Ils n'avaient alors pas mis leur costume ou leur déguisement de tueurs fous.

Chapitre 30

À la recherche des véritables tueurs

Après que le plan d'extorsion de supermarchés est devenu irréalisable, la bande s'est retrouvée sans-le-sou. Les tueurs du Brabant avaient fait plusieurs victimes pour mettre sur pieds ce projet d'extorsion, qui avait échoué. Les autres crimes lucratifs qu'ils ont perpétrés, tel que celui de vendre de l'information confidentielle aux politiciens, avaient aussi été infructueux. Que leur restait-il ? Ils avaient créé par leurs bévues durant la première vague, « l'image de marque » des tueurs fous. N'y avait-il aucun moyen d'en tirer profit ?

Pour leur nouveau projet, ils cherchaient à obtenir la récompense de l'Association des Supermarchés, offerte à quiconque fournissait des informations pouvant mener à l'arrestation des tueurs du Brabant. Ils devaient dénicher une bande comme celle des Borains, ou retrouver les insaisissables « autres Borains » qui avaient commis la dernière attaque de la première vague à la bijouterie d'Anderlues quand les Borains étaient en prison. Les nouveaux boucs émissaires devaient correspondre aux descriptions. Par exemple, il devait s'y trouver un géant. La bande de Bouhouche avait déjà réussi à manipuler les enquêtes de la première vague menant à l'arrestation des Borains ; les membres croyaient qu'ils pouvaient y arriver à nouveau.

L'enquête sur les Borains n'avait pas progressé depuis la découverte du Ruger et leurs nombreux cycles de confessions et rétractations. Les investigateurs ne pouvaient pas les relier à plusieurs attaques majeures de la première vague. L'Association des Supermarchés n'a donc jamais retiré leur offre pour l'obtention d'informations menant à la capture des tueurs du Brabant, même avec les Borains en prison.

Dès janvier 1985, la bande de Bouhouche accumulait des dossiers sur d'autres boucs émissaires potentiels. Cette fois-ci, les criminels ont jeté leur dévolu sur l'idée d'un groupuscule politique. L'année 1984 n'avait pas seulement été l'année du meurtre du leader du WNP, Paul Latinus, elle avait surtout été l'année où les CCC d'extrême gauche commençaient leur campagne d'attentats à la bombe. Le scénario imaginé par la bande de Bouhouche était que les tueries auraient été de nature politique, commises par des militants d'extrême-droite, des citoyens français. Ils ont dressé une liste de boucs émissaires ayant le profil pour porter le chapeau. La bande de Bouhouche avaient des informateurs qui épiaient chaque mouvement de ces boucs émissaires. Il s'agit alors de la quête des tueurs du Brabant pour incriminer des tueurs du Brabant fictifs.

L'un de ces boucs émissaires restait encore une fois le Borain Adriano Vittorio, avec le surnom de King Kong à cause de sa stature. Vittorio avait l'avantage de faire le pont entre les deux vagues. Il était un citoyen français. La bande de Bouhouche lui fabrique un passé de membre dans une organisation gaulliste d'extrême-droite appelée le service d'action civique (SAC). Le SAC venait d'être démantelé par le gouvernement français. Elle était née d'un groupe rassemblant des partisans fanatiques du Général De Gaulle et s'était transformée en organisation criminelle mafieuse qui commettait des meurtres.

La bande de Bouhouche, qui dans notre scénario, sont les tueurs du Brabant, possédait toujours des preuves matérielles à sa disposition les reliant à leurs crimes de la première vague. Les membres s'apprêtaient à piéger Vittorio et les autres boucs émissaires afin de récupérer la prime.

La prime

Au milieu de l'année 1985, les membres de la bande étaient occupés à mettre au point leur coup et discutaient de la répartition du butin.[368]

Les sommes que les membres de la bande de Bouhouche espéraient obtenir avoisinaient les dix millions de francs (250 000 euros) par participant. Ceci était au moins trois ou quatre fois plus que la récompense actuelle de l'Association des Supermarchés. Un énorme écart...

La seconde vague avait alors pour seul but de forcer l'Association des Supermarchés à augmenter leur prime. Quand elle serait assez haute, ce qu'ils évaluaient à 30 millions (750 000 euros) ou plus, ils révèleraient les « preuves » qui mèneraient à l'arrestation des tueurs du Brabant fictifs, leur permettant ainsi d'empocher la récompense bonifiée. Comment pouvaient-ils faire augmenter la prime ? En commettant plus d'attaques ! La bande savait que leurs deux dernières attaques dans les supermarchés au Colruyt de Hal en mars 1983 et au Delhaize de Beersel en octobre 1983 avaient entraîné l'augmentation de la récompense par l'Association des Supermarchés, qui avait réagi chaque fois. La bande était consciente de la perception du public et s'ajustait en conséquence.

Le jour après l'attaque du Colruyt de Hal en mars 1983, le groupe Colruyt avait pour une première fois promis une récompense de cinq millions de francs (125 000 euros) à quiconque donnerait des informations menant à l'arrestation des assaillants. Les tueurs du Brabant n'existaient pas encore médiatiquement et l'attaque du Colruyt n'avait pas été reliée à une autre de leurs attaques. Quelques mois plus tard, la somme de la récompense a doublé, passant de cinq à dix millions (250 000 euros). Après l'attaque du Delhaize de Beersel en octobre 1983, les chaînes Colruyt et Delhaize se sont alliées via l'association des supermarchés, qu'ils ont nommé « Les Directions des entreprises de supermarchés et grands magasins de Belgique » et toute chaîne affiliée se devait de mettre de l'argent pour la récompense dans le pot commun. L'Association était désormais responsable de payer cette prime bonifiée. Après cette dernière attaque, les médias et le public ont baptisé les auteurs « les tueurs fous du Brabant ». Les attaques avaient endommagé le chiffre d'affaire des chaînes de supermarchés de l'association, entraînant une baisse de 40 % de fréquentation en soirée.

À la fin de 1983, les tueurs du Brabant disparaissent. Nous sommes désormais en 1985. Que se passerait-il si les tueurs du Brabant refaisaient surface ? L'association des supermarchés se sentirait-elle obligée d'augmenter la récompense de nouveau ? Ils l'avaient augmentée après les deux premières attaques, la logique voudrait qu'ils le fassent une fois de plus, surtout si les attaques des tueurs du Brabant devenaient encore plus aveugles et plus vicieuses. Les tueurs du Brabant se font la réflexion suivante : plus l'attaque serait violente, plus la valeur de la récompense augmenterait.

Se déguiser pour l'occasion

L'association ne pourrait-elle pas changer les termes de la récompense plutôt que de l'augmenter ? Un exemple serait de payer séparément une différente récompense pour la résolution de chaque braquage meurtrier de supermarché. Selon cette hypothèse, la bande de Bouhouche recevrait les dix millions déjà offert pour livrer les boucs émissaires, même après avoir commis plus d'attaques.

La solution était la suivante : il devait être immédiatement clair que les tueurs du Brabant étaient de retour et qu'il ne s'agissait pas d'une bande de meurtriers quelconques. Quoi de plus facile pour atteindre leur but que de remettre pour l'occasion leurs déguisements de tueurs du Brabant ? Les membres de la bande de Bouhouche étaient conscients qu'ils avaient construit « l'image de marque » des tueurs du Brabant auprès des médias et du public.

Dans leur préparation pour leur prochaine attaque, ils se sont assurés qu'ils reprenaient toutes les caractéristiques reliées aux tueurs fous du Brabant : attaquer un Delhaize avec une Golf de couleur sombre et des riot-guns. Ils seraient trois, portant des masques de carnaval, avec le « Géant », aucun conducteur ne restant dans la voiture durant l'attaque, prenant un otage et coupant les fils téléphoniques. Ils voleraient les caisses et le coffre du bureau à l'arrière. Bien sûr, ils devraient décupler le degré de violence s'ils voulaient que l'Association des Supermarchés n'ait d'autre possibilité que de bonifier sa récompense.

Braine-l'Alleud et Overijse

Pour que le fait qu'ils soient bien de retour soit clair comme de l'eau de roche, ils n'attaqueraient pas seulement un mais deux supermarchés Delhaize, qui se situaient tous les deux dans le Brabant, l'un dans le Brabant Wallon et l'autre dans le Brabant Flamand. Cela dérangerait les deux communautés linguistiques...

À la fin de l'été 1985, les supermarchés et le public n'étaient plus en alerte maximale en prévoyance d'une attaque imminente. Ils étaient moins apeurés des tueurs du Brabant et les mesures de vigilance et de sécurité étaient assouplies. Le public avait retrouvé un mode de vie normal, pensant que les tueurs pourraient être partis pour de bon. Cependant, un garde de sécurité chargé du supermarché Delhaize d'Overijse, avait remarqué avant l'attaque que le seul agent de police qu'il avait vu était un proche de Bouhouche. À cette époque, l'agent était censé être posté à un autre endroit du pays.

Ils avaient toujours l'autoradio de la Saab et les riot-guns utilisés pendant la première vague des attaques des tueurs du Brabant. Ils ont commencé à tendre le piège pour leurs boucs émissaires désignés. En faisant jouer leurs contacts dans la gendarmerie, ils ont réussi à rédiger un procès-verbal une semaine précédant les attaques de Braine-l'Alleud et d'Overijse. Il s'agit d'une mise en scène. Le procès-verbal comprend les détails d'une transaction qui n'a jamais eu lieu de revente de l'autoradio volée, dont auraient été témoins deux hommes reliés secrètement à la bande de Bouhouche. Le vendeur allégué de l'autoradio aurait été nul autre qu'Adriano Vittorio, un Borain. Parmi les deux « témoins », le premier avait été mandaté par la bande de Bouhouche pour espionner Vittorio de manière permanente et l'information était collectée par la bande. Le second n'était autre que le meilleur ami du premier. Ces deux hommes passaient du temps dans l'entourage de Vittorio afin d'exécuter leur mandat d'espionnage. Avec ce procès-verbal inventé de toute pièce, ils reliaient Vittorio avec un article volé lors de la première vague.

La double attaque de Braine-l'Alleud et d'Overijse a été un succès sur le plan opérationnel. Il ne restait aucun doute dans l'esprit des témoins et des médias, ce vol était l'œuvre des tueurs fous du Brabant. Ils étaient de retour mais ils étaient revenus plus violents - ils ont tué des enfants, des caissières et des clients. Ils n'avaient pas eu recours à un tel degré de violence pendant la première vague. Cependant, ils ont attaqué de nouveau juste avant la fermeture, arrivant dans une Volkswagen Golf GTI de couleur foncée. Ils étaient trois et le « Géant » était de la partie. Ils portaient des chapeaux foncés et des masques de carnaval. Ils ont vidé les caisses et le coffre de l'arrière-boutique. Les tueurs ont aussi utilisé les mêmes riot-guns que lors de la première vague et ils ont pris des otages.

Toutefois, leurs efforts pour terroriser le pays n'ont pas eu l'effet désiré pour les tueurs du Brabant : l'association des supermarchés n'a pas augmenté la récompense. Pour autant, le gouvernement s'est mobilisé. Le public restait dans un état de panique et les autorités ont mis en place des mesures de sécurité renforcées afin de prévenir une nouvelle attaque.

La bande de Bouhouche avait un contact dans l'équipe supervisant la sécurité des supermarchés. Par conséquent, ils ont pu avoir accès aux plans top secrets des équipes de sécurité qui protégeaient les épiceries. La bande a pu obtenir toutes les informations sur la sécurité et la surveillance spécifiques aux enseignes de Delhaize.[369] Ils savaient même où les tireurs d'élite se tenaient sur les toits des magasins. Ils savaient où se trouvaient les zones les mieux gardées et celles où la sécurité était moins rigoureuse.

La bande de Bouhouche savait quels supermarchés attaquer, quand et comment. Toutes les préparations pour protéger les magasins étaient devenues futiles. Le Delhaize d'Alost, au cœur de la Flandre, sera la cible. Il était situé juste en dehors de la zone de protection maximale des supermarchés. Une photo prise en 1985 avant l'attaque du Delhaize d'Alost a été trouvée plus tard dans la maison d'un proche de Bouhouche. Ce dernier a expliqué qu'il avait pris la photo quand il travaillait pour un client dans une affaire n'ayant rien à voir avec les tueurs du Brabant.

La bande de Bouhouche a préparé son coup de manière méticuleuse. Ils feront un repérage exhaustif des lieux autour du supermarché et de la forêt adjacente. Pour forcer l'Association des Supermarchés à réagir, les tueurs du Brabant devaient décupler la violence de leur prochaine attaque. Par exemple, ils devaient tirer, sans discernement, sur les clients et employés dans le supermarché et ses alentours. Ils devaient frapper, asséner des coups de pieds, maltraiter et tuer les personnes se trouvant sur les lieux. Ils devaient s'acharner indistinctement sur les hommes, les femmes et les enfants. À vrai dire, ils devaient aller même plus loin en s'en prenant spécialement aux enfants, afin d'augmenter le barbarisme de l'attaque. L'Association des Supermarchés devait ressentir la pression. En plus de la mauvaise presse, les supermarchés devaient perdre beaucoup d'argent.

Quinze minutes avant l'attaque d'Alost, des témoins ont remarqué deux hommes qui chuchotaient en français en sirotant un verre au café le Christoffelken, près du Delhaize. Les deux hommes regardaient le trafic par la fenêtre. Plus tard, lors d'une séance d'identification photographique, trois témoins identifieront un membre de la bande de Bouhouche comme étant l'un des hommes qu'ils avaient vu dans le café.

Comme ils l'avaient fait avant la double attaque de Braine-l'Alleud et d'Overijse, les tueurs fous avaient vérifié que leurs boucs émissaires étaient prêts à porter le chapeau. Le 7 novembre, deux jours précédant l'attaque d'Alost, ils ont obtenu des informations à propos du Français Brahim Larbi depuis le terminal informatique de la gendarmerie. Il vivait en France, juste de l'autre côté de la frontière. Il était français comme Adriano Vittorio et il était aussi grand que le « Géant ». Son surnom était le « Negro » à cause de sa peau foncée.

Les tueurs du Brabant ont aussi étudié les contacts et les caractéristiques physiques de cet homme. Est-ce une coïncidence que le « Géant » de l'attaque d'Alost soit le seul sans masque ? Il portait du maquillage pour assombrir son visage et les témoins ont signalé qu'il avait même une perruque afro. Quand les tueurs fous ont surpris David Van de Steen, le gamin de 9 ans et sa famille sur le parking, l'enfant s'est demandé si cet homme était habillé comme le Père Fouettard, en raison de sa coupe afro et qu'il s'agissait du jour du festin de la Saint Martin à Alost.

L'attaque d'Alost

Plus tôt ce jour-là, une variété d'objets dont les tueurs du Brabant voulaient se débarrasser a été trouvée dans un feu dans le bois de la Houssière : notamment, une addition du restaurant « Le Toucan » à Nivelles. « Le Toucan » se trouvait à être le quartier général de la bande de Bouhouche où les membres planifiaient leurs coups. Ils y avaient planifié leur ambitieux projet d'extorsion de supermarchés qu'ils avaient dû abandonner. Ils s'y rencontraient pour vendre des objets du projet d'extorsion dont ils n'avaient plus besoin et dont ils devaient se débarrasser. Le restaurant se situait à une distance environ égale de Bruxelles, du Borinage et de la partie est du Brabant où des membres de la bande de Bouhouche vivaient.

Jetées aussi dans le feu se trouvaient des télécommandes de différentes marques, qu'ils avaient gardées afin d'activer des explosifs. Elles faisaient partie de l'équipement désormais inutile du projet d'extorsion de supermarchés dont ils devaient se débarrasser. Ils avaient essayé de vendre ce qu'ils pouvaient. Si le matériel était considéré comme sensible, ils jetaient à l'eau ce qui pouvait couler au fond du canal et brûlaient ce qui ne coulerait pas. Ils avaient essayé de revendre les explosifs aux acheteurs les plus offrants mais il leur en restait toujours en 1987, dont certains qui commençaient à pourrir. Il leur restait aussi des pioches, des pelles, des bottes en caoutchouc, des masques anti-poussières, des casques, des extincteurs et un gilet de sauvetage.

Malgré la violence extrême d'Alost, l'Association des Supermarchés n'a pas augmenté la récompense. La bande a alors jeté l'éponge, pour se contenter des 10 millions de francs de la récompense actuelle qu'ils pourraient se partager. En fin de compte, ils ne récolteront même pas cette somme modique...

Au début de l'année 1986, Bouhouche déclara aux gendarmes de Wavre qui travaillaient sur les attaques des tueurs du Brabant : « De toute façon, c'est le Brabant Wallon que vous cherchez ? Ne vous tracassez pas. Il n'y aura plus rien. »[370] Ceci était une manière pour Bouhouche de leur dire « je sais qui a fait ça et ils seront bientôt arrêtés. » A l'époque de son arrestation, Bouhouche se considérait lui-même toujours comme un détective et non pas comme un marchand d'armes. Il travaillait à son compte pour trouver les tueurs du Brabant et recueillir la prime des supermarchés. En fait, sa bande s'occupait à trouver des boucs émissaires plausibles pour porter le chapeau.

Bouhouche sera arrêté pour le meurtre de Mendez avant que sa bande n'ait rassemblé les preuves liant Vittorio et les autres boucs émissaires aux crimes. La bande n'a pu récolter la récompense de dix millions de l'association des supermarchés ; les projets en cours sont tombés à l'eau. Il est alors devenu nécessaire de revoir les priorités de la bande. L'impératif était de sortir Bouhouche de prison au lieu de récupérer la prime. C'est la raison pour laquelle les tueurs fous du Brabant ont disparu et n'ont plus jamais fait parler d'eux.

En 1986, les membres de la bande ont jeté des armes dans le canal. Ils ont fait en sorte que les informations parviennent aux enquêteurs de Delta. L'objectif était d'avoir deux enquêtes distinctes, enquêtant sur deux bandes différentes mais pour les mêmes crimes. Ce que les enquêteurs ont trouvé dans le canal était inutile et n'aidait l'enquête d'aucune manière. Toutefois, un fusil de chasse Kriko de calibre .22 ne pouvant être relié aux autres crimes de la bande a aussi été trouvé dans le canal. Les enquêteurs se demandaient pourquoi un criminel avait mis un silencieux sur un fusil de chasse. En fait, la carabine correspondait à la description de l'arme qu'un tireur d'élite de la bande de Bouhouche avait prévu utiliser pour un contrat pour le mouvement islamiste, le MDA. À la même époque, la bande de Bouhouche négociait avec eux une grosse vente d'armes illégales.

Le plan avait été d'assassiner le numéro deux du régime algérien, Sherriff Messaadia. Le MDA cherchait un tueur à gages, car Messaadia s'apprêtait à visiter Paris. Ils allaient l'assassiner à l'extérieur du restaurant Fouquet sur les Champs-Élysées. Le tueur à gage assassinerait Messaadia lorsqu'il sortirait de sa voiture. Il utiliserait une carabine de petit calibre à distance, un calibre .22 LR avec un viseur et un silencieux qui lui permettrait d'abattre leur cible sans toucher des passants. Les tueurs du Brabant avaient un silencieux de calibre .22 LR qu'ils pouvaient fixer sur la carabine Kriko. Si Messaadia survivait, une grenade aurait été lancée à l'intérieur du restaurant. Les tueurs avaient jeté l'arme dans le canal de Ronquières car le contrat d'assassinat de Messaadia n'avait pas abouti. Une grenade a aussi été trouvée à Ronquières. Le Kriko et la grenade sont les deux seules armes découvertes qui n'avaient pu être reliées aux attaques des tueurs fous du Brabant.

Trois inconnus se présentant comme des gendarmes se sont rendus au canal de Ronquières en novembre 1986 juste avant la découverte de Ronquières. Ces hommes ont indiqué au plongeur l'endroit dans le canal où se trouvait un sac de toile. Ils ont saisi le sac du plongeur et ont disparu dans une Renault 4 beige. Un des membres de la bande de Bouhouche conduisait un tel véhicule à l'époque.

Les sommes volées lors de la deuxième vague ne sont pas dérisoires en soi. La perception de gains minimes vient plutôt en considération du carnage qu'ils ont semé. Une confirmation de plus que les mobiles du terrorisme et du vol ne collent pas aux faits. Le butin de leurs vols à main armée n'est rien par rapport aux sommes qu'ils espéraient encaisser indirectement. Lors de la première vague, ils visaient d'obtenir l'argent qu'ils auraient extorqué d'une chaîne de supermarchés alors que lors de la deuxième vague, leur but était d'empocher la récompense promise par l'Association des Supermarchés pour des informations menant à l'arrestation des faux tueurs du Brabant.

Le mobile demeure un outil critique pour la résolution d'un crime non résolu. Bien que non essentiel pour la culpabilité, un procès contre les tueurs du Brabant a toujours été compliqué jusqu'à présent du fait de l'absence de mobile cohérent. Les auteurs en ont profité. La tâche de raccommoder des éléments de preuves disparates était devenue insurmontable et a certainement contribué aux délais qu'on connaît.

L'autre élément critique reste de trouver les bons suspects. On peut ensuite mettre à profit cette connaissance pour aller chercher les éléments de preuve manquants. Depuis 2018, le gouvernement a octroyé aux enquêteurs un atout majeur pour maximiser leurs chances, la nouvelle loi sur les repentis de 2018. Nous espérons de tout cœur que ce soit l'occasion une fois pour toutes de poursuivre les tueurs fous toujours en vie.

CARTES

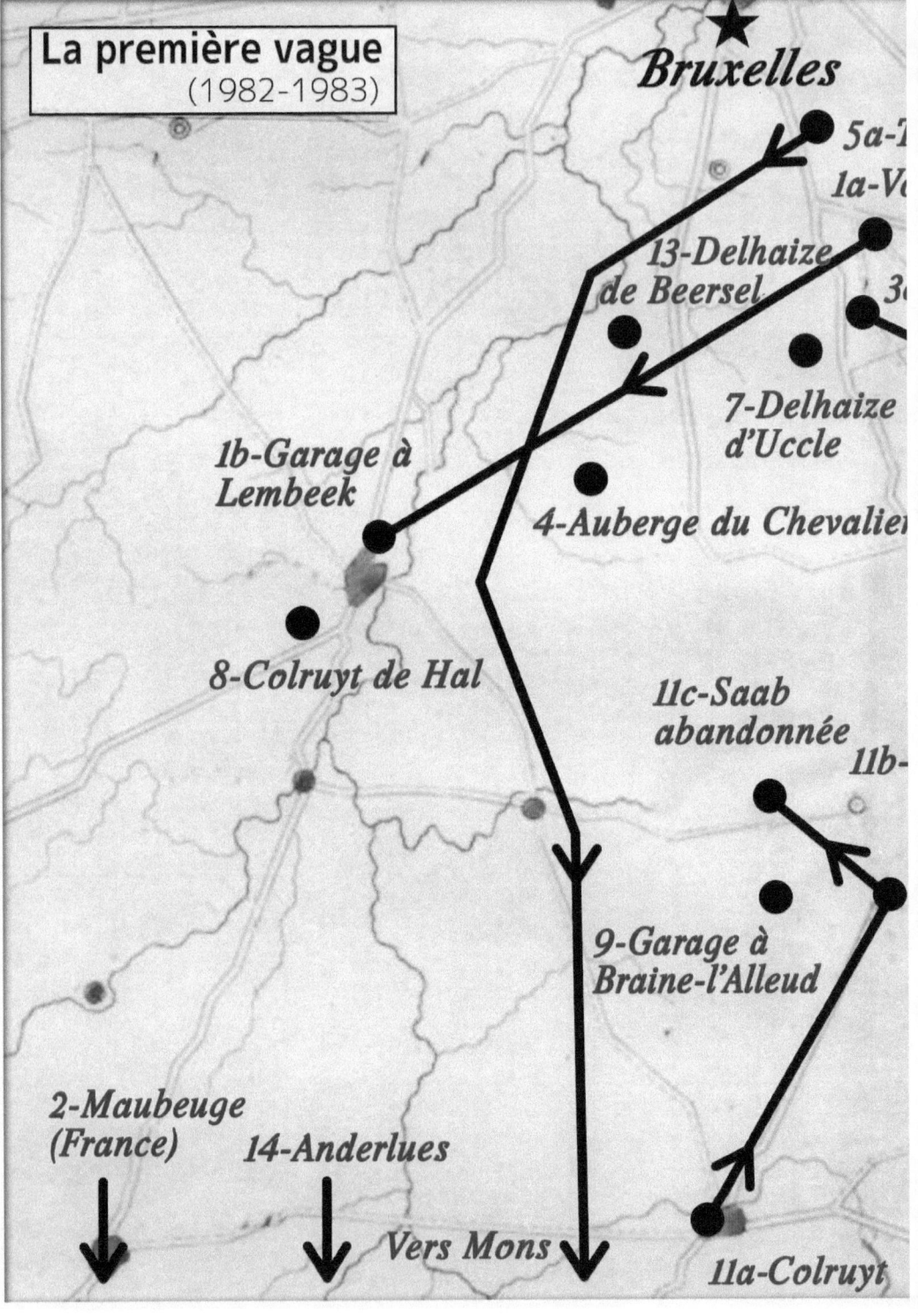

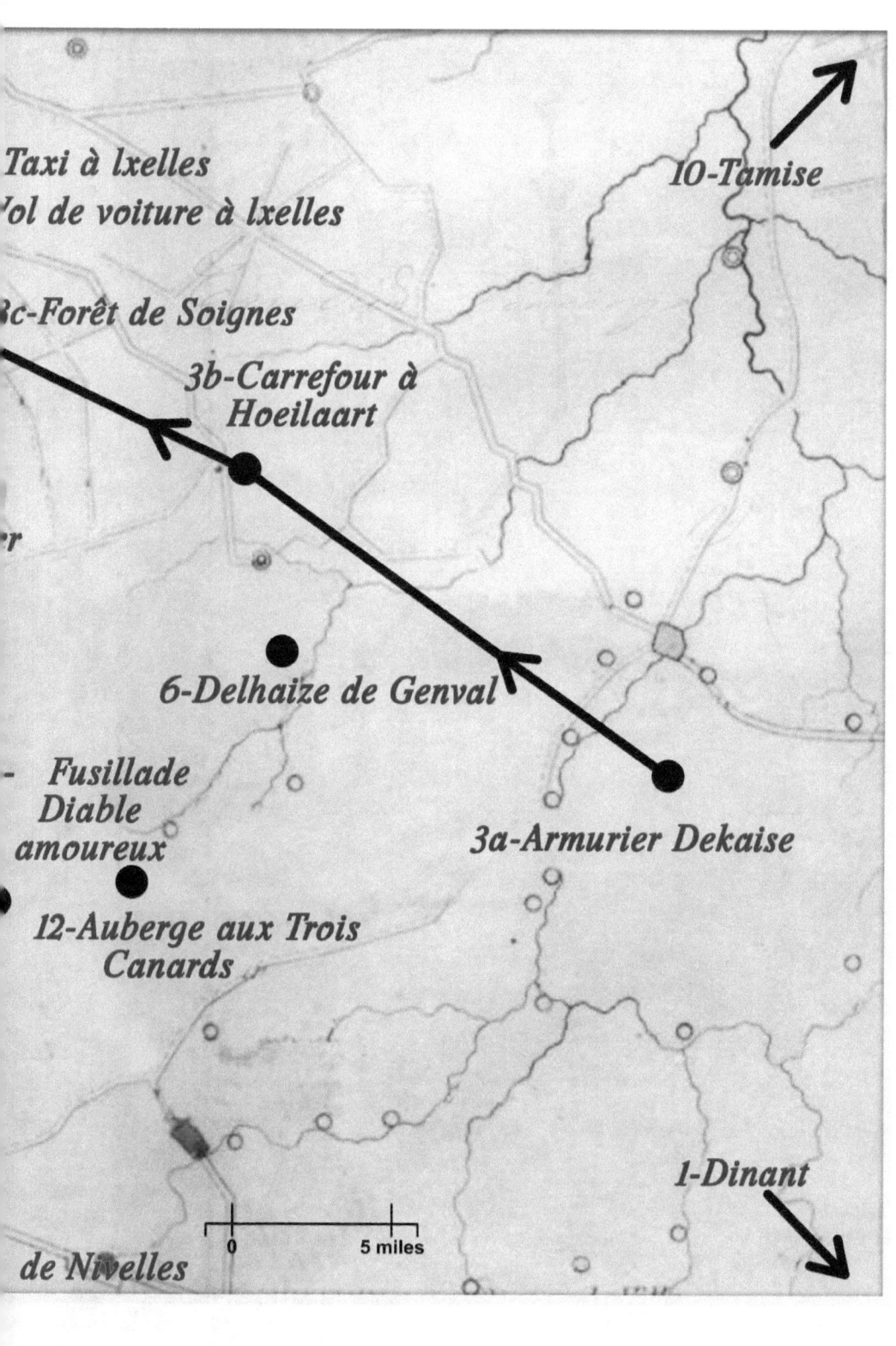

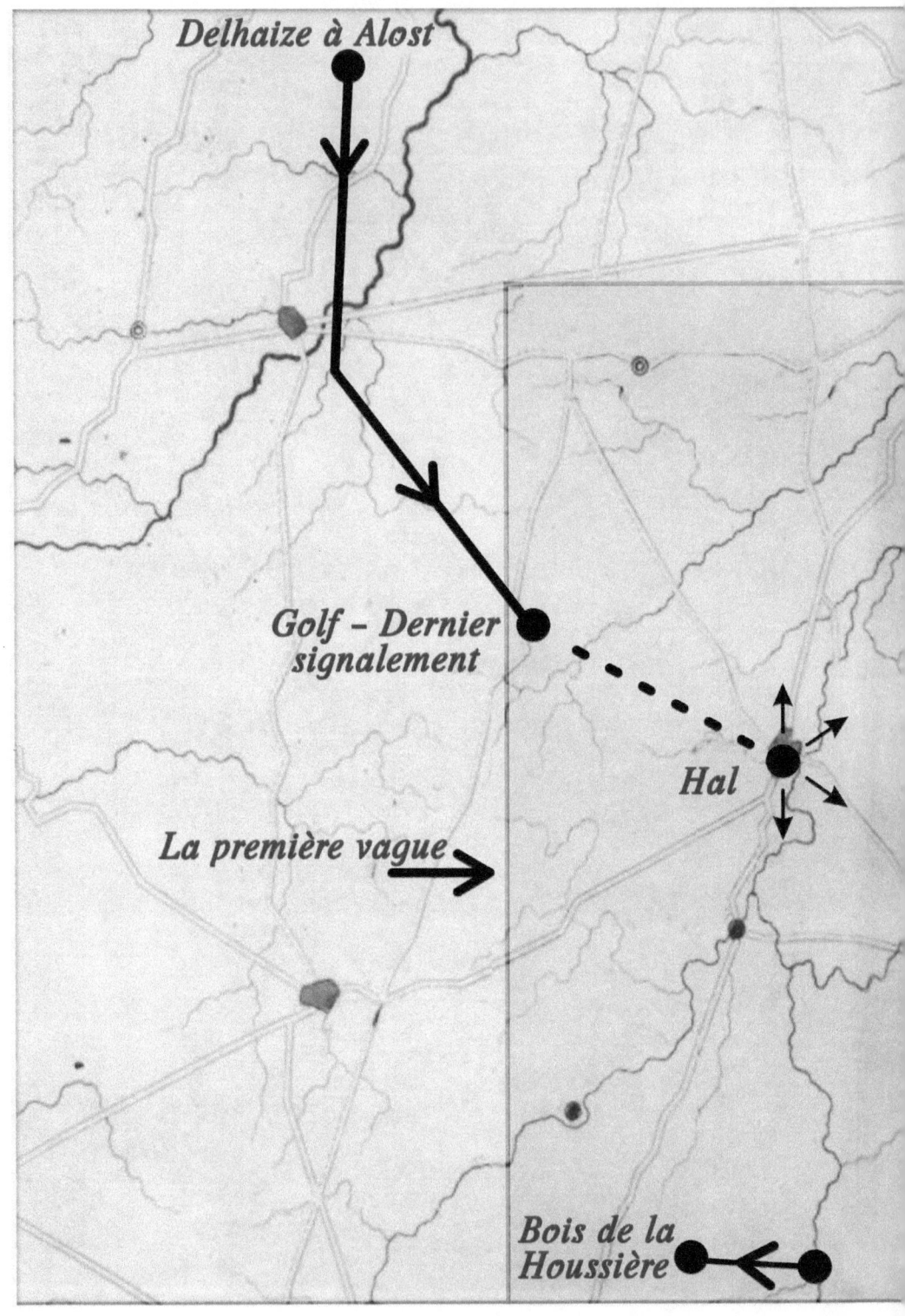

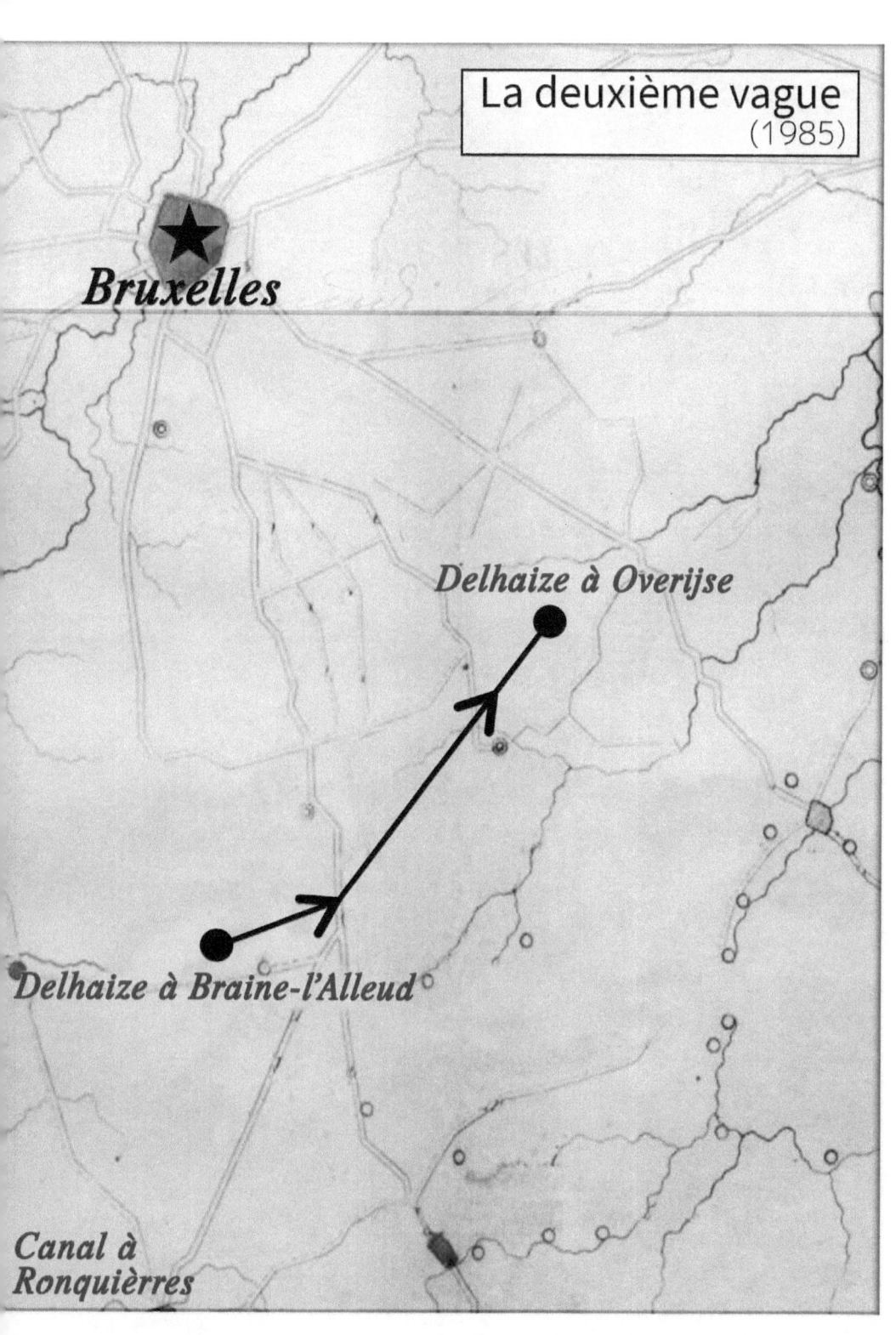

Crédits photos

1. Goldilock (Shutterstock)
2. Bbs Ferrari (Getty images)
3. Lm Ladris 01 (Getty images)
4. Zozifoto (Getty images)

NOTES

Introduction

1. Daniele Ganser, *Les Armées secrètes de l'OTAN,* Paris, Demi-Lune, 2005.
2. Robert C. Davis, Carl J. Jensen, Lane Burgette, et Kathryn Burnett, "Working Smarter on Cold Cases: Identifying Factors Associated with Successful Cold Case Investigators," *Journal of Forensic Sciences,* 59, no. 2 (2014), p. 375-382. https://doi.org/10.1111/1556-4029.12384
3. J.E. Douglas et C. Munn, "Violent Crime Scene Analysis: Modus Operandi, Signature, and Staging", *FBI Law Enforcement Bulletin,* 61, no. 2 (1992), p. 1-10.
4. *Ibid.*

Chapitre 1 : Vol à l'étalage, vol de voitures et cambriolage (mars - mai 1982)

5. Police fédérale, " Vol à l'étalage dans l'armurerie BAYARD ", http://killersbrabant.be/facts/1982/bayard-fr.html, Les sources consultées se contredisent parfois concernant de petits détails factuels mineurs. Pour plus de lisibilité et pour aider la compréhension du lecteur, nous avons favorisé certaines sources plutôt que d'autres.
6. Gilbert Dupont et Paul Ponsaers, *Les tueurs six années d'enquête,* 1988, p. 11-12.
7. *Ibid.*
8. Hilde Geens, *Beetgenomen,* Manteau, 2013, p. 19.
9. "Warenhuis overvallen: 100.000 frank"., *Het Nieuwsblad,* 8 mai 1982, mis en ligne par Merovinger à https://www.bendevannijvel.com/forum/viewtopic.php?id=2135
10. Police fédérale, "Vol d'une Austin Allegro avec menaces par armes à feu", http://killersbrabant.be/facts/1982/austin-fr.html
11. Geens, *Beetgenomen, op.cit.*, p. 20.
12. Gilbert Dupond, "Il y a 35 ans commençaient les tueries du Brabant.", *DHnet.be.*, http://www.dhnet.be/actu/faits/ il-y-a-35-ans-commencaient-les-tueries-du-brabant-59135d5fcd70022542bf0c37

[13] Police fédérale, "Vol qualifié d'une VW Santana au garage Brichau." http://killersbrabant.be/facts/1982/brichau-fr.html
[14] Gilbert Dupond, "Il y a 35 ans commençaient les tueries du Brabant. », *op.cit.*
[15] Chambre des Représentants de Belgique, *Enquête parlementaire sur la manière dont la lutte contre le banditisme et le terrorisme est organisée*, 59/8 - 1988, p. 103.

Chapitre 2: Épicerie à Maubeuge (14 août 1982)

[16] Police fédérale, "Vol avec effraction à l'épicerie PIOT suivi d'un échange de coups de feu avec la Police française. », http://killersbrabant.be/facts/1982/piot-fr.html
[17] Dupont et Ponsaers, *op.cit.*, p. 13.
[18] Anna Luyten, "Hoe het spoor van de Bende van Nijvel naar Lembeek en Maubeuge leidt", *Knack*, 16 mai 2007, https://www.knack.be/nieuws/belgie/hoe-het-spoor-van-de-bende-van-nijvel-naar-lembeek-en-maubeuge-leidt/article-longread-916205.html
[19] *Ibid.*
[20] *Ibid.*
[21] ichel Leurquin et Patricia Finné, *L'histoire vraie des tueurs fous du Brabant* », la manufacture de livres, 2012, p. 18.
[22] Dupont et Ponsaers, *op.cit.*, p. 14.
[23] *Ibid.*
[24] *Ibid.*, p. 14-15.
[25] "Drame mystérieux à Soignies - Le père d'un garagiste blessé d'un coup de feu", *La Dernière Heure*, 20 Septembre 1982, mis en ligne par Merovinger à https://www.bendevannijvel.com/forum/viewtopic.php?id=1558

Chapitre 3 : Armurerie Dekaise (30 septembre 1982)

[26] Chambre des Représentants de Belgique, *op.cit.*, 59/8 - 1988, p. 97.
[27] *Ibid.*, p. 98.
[28] *Les tueurs du Brabant Wallon*, RTBF, 1985. Télévision, documentaire.
[29] *Ibid.*
[30] Chambre des Représentants de Belgique, *op.cit.*, 59/8 - 1988, p. 98.
[31] *Ibid.*
[32] *Ibid.*, 99.
[33] *Ibid.*
[34] *Ibid.*
[35] Police fédérale, "Fusillade à Wavre et à Hoeilaart.", http://killersbrabant.be/facts/1982/wavre-hoeilaart-fr.html
[36] Chambre des Représentants de Belgique, *op.cit.*, 59/8 - 1988, p. 100.

37 *Ibid.*
38 *Ibid.*
39 *Ibid.*
40 *Ibid.*
41 Police fédérale, "Fusillade à Wavre et à Hoeilaart."
42 Geens, *Beetgenomen, op.cit.*, p. 22.
43 *Ibid.*, p. 48-49.
44 Police fédérale, "Vol à main armée de l'armurerie Dekaise.", http://killersbrabant.be/facts/1982/dekaise-fr.html
45 Leurquin et Finné, *op.cit.*, p. 21.
46 Geens, *Beetgenomen, op.cit.*, p. 29-45.
47 Gilbert Dupont, "18km aux trousses des tueurs," *DHnet.be*, 28 septembre 2007, http://www.dhnet.be/actu/faits/18-km-aux-trousses-destueurs-51b7be68e4b-0de6db98b462e
48 Chambre des Représentants de Belgique, *op.cit.,* 59/8 - 1988, p. 103-104.
49 Geens, *Beetgenomen, op.cit.*, p. 49.
50 Guy Bouten, *Tueries du Brabant: le Dossier, le Complot, les Noms, Bruxelles*, De l'arbre, 2009, p. 49.
51 Chambre des Représentants de Belgique, *op.cit.,* 59/8 - 1988, p. 104.
52 *Ibid.*
53 Geens, *Beetgenomen, op.cit.*, p. 24.
54 Geens, *Beetgenomen, op.cit.*, p. 24.
55 Chambre des Représentants de Belgique, *op.cit.,* 59/8 - 1988, p. 104.
56 *Ibid.*

Chapitre 4 : Restaurant l'Auberge du Chevalier (23 décembre 1982)

57 Haquin, René, "Le concierge de l'auberge du château de Beersel tué pour quelques bouteilles… ", *Le Soir*, 26 décembre 1982.
58 Chambre des Représentants de Belgique, *op.cit.,* 59/8 - 1988, p. 111.
59 *Ibid.*
60 *Ibid.*, p. 112.
61 "Gruwelijke afslachting in restaurant van domein van Beersel", *Het Lasste Nieuws*, 27 décembre 1982, mis en ligne par Merovinger, https://www.bende-vannijvel.com/forum/viewtopic.php?pid=51443#p51443.
62 Geens, *Beetgenomen, op.cit.*, p. 65.
63 Chambre des Représentants de Belgique, *op.cit.,* 59/8 - 1988, p. 111.
64 Geens, *Beetgenomen, op.cit.*, p. 66.

Chapitre 5 : Course en taxi d'Ixelles à Mons (9 janvier 1983)

65 Police fédérale, "Meurtre de Angelou Constantin.", http://killersbrabant.be/facts/1983/angelou-fr.html
66 Chambre des Représentants de Belgique, *op.cit.,* 59/8 - 1988, p. 114.
67 Police fédérale, "Meurtre de Angelou Constantin. »
68 Chambre des Représentants de Belgique, *op.cit.,* 59/8 - 1988, p. 113.
69 Geens, *Beetgenomen, op.cit.,* p. 71.
70 *Ibid.,* p. 70.
71 Chambre des Représentants de Belgique, *op.cit.,* 59/8 - 1988, p. 114.
72 Brewaeys, Philippe et Deliège, Jean-Frédéric, *De Bonvoisin et Cie,* 1992, p. 143.
73 Chambre des Représentants de Belgique, *op.cit.,* 59/8 - 1988, p. 115.
74 *Ibid.*
75 "Interview Pierre Dumont," *Humo,* consulté le 15 novembre 2018, https://bendevannijvel.com/motief/afpersing/interview-pierre-dumont/
76 René De Witte et Dirk Selleslagh, "Delhaize niet zes, maar mogelijk zeven keer slachtoffer van Bende van Nijvel", *De tijd,* 1 avril 1997.
77 Acte d'accusation, Borains. p. 51-52.
78 *Ibid.*
79 Gilbert Dupont, "Le témoin n'avait jamais été réinterrogé - Retrouvée par la DH, la veuve de Raymond Dewee a maintenant 90 ans." *La dernière Heure,* 2 février 2013.

Chapitre 6 : Supermarché Delhaize de Genval (11 février 1983)

80 Acte d'accusation, Borains.
81 Police fédérale, "Hold up au DELHAIZE de GENVAL.", http://killersbrabant.be/facts/1983/delhaize-genval-fr.html
82 *Ibid.*
83 Acte d'accusation, Borains.
84 Police fédérale, "Hold up au DELHAIZE de GENVAL."
85 Acte d'accusation, Borains.
86 *Ibid.*
87 *Ibid.*
88 Chambre des Représentants de Belgique, Enquête parlementaire sur la manière dont la lutte contre le banditisme et le terrorisme est organisée, 59/10 - 1988, p. 390.
89 *Ibid.,* p. 429.
90 Police fédérale, "Vol d'une VW Golf immatriculée DTX079 à Plancenoit." http://killersbrabant.be/facts/1983/plancenoit-fr.html
91 Acte d'accusation, Borains. p. 14.

⁹² Bouten, *Tueries du Brabant: le Dossier, le Complot, les Noms, Bruxelles, op.cit.*, p. 76.
⁹³ Police fédérale, "Vol d'une AUDI 100 blanche immatriculée DKC 329 dans le garage VAG à Waterloo." http://killersbrabant.be/facts/1982/waterloo-fr.html
⁹⁴ *Ibid.*
⁹⁵ Gilbert Dupont, "Un fait élucidé sur le site officiel des tueries du Brabant," *DHnet.be*, dernière modification le 5 décembre 2017, http://www.dhnet.be/actu/faits/un-fait-elucide-sur-le-site-officiel-des-tueries-du-brabant-5a25a71dc-d70b488fb052a83.

Chapitre 7 : Supermarché Delhaize d'Uccle (25 février 1983)

⁹⁶ Police fédérale, "Hold up au Delhaize d'Uccle.", http://killersbrabant.be/facts/1983/delhaize-ukkel-fr.html
⁹⁷ *Ibid.*
⁹⁸ Acte d'accusation, Borains. p. 17.
⁹⁹ Geens, *Beetgenomen, op.cit.*, p. 73-74.
¹⁰⁰ *Ibid.*, p. 73.
¹⁰¹ Police fédérale, "Vol d'une AUDI 100 blanche immatriculée DKC 329 dans le garage VAG à Waterloo."

Chapitre 8 : Supermarché Colruyt d'Hal (3 mars 1983)

¹⁰² Police fédérale, "Hold up au COLRUYT de Halle.", http://killersbrabant.be/facts/1983/colruyt-halle-fr.html
¹⁰³ Guy Bouten, *De Bende van Nijvel. Verraad, Manipulatie, Geheime Diensten*, Leuven, Van Halewyck, 2015, p. 137.
¹⁰⁴ Bouten, *Tueries du Brabant: le Dossier, le Complot, les Noms, Bruxelles, op.cit.*, p. 77.
¹⁰⁵ Roland Planchar « La profileuse contre les tueurs fou », *Lalibre.be*, 9 octobre 2007, https://www.lalibre.be/actu/belgique/la-profileuse-contre-les-tueurs-fous-51b895bae4b0de6db9b09db6
¹⁰⁶ Acte d'accusation, Borains. p. 17.
¹⁰⁷ Hugo Gijsels, *L'enquête, 20 années de déstabilisation en Belgique*, Bruxelles, La Longue Vue, 1989, p. 60.
¹⁰⁸ Bouten, *Tueries du Brabant: le Dossier, le Complot, les Noms, Bruxelles*, p. 77-78.
¹⁰⁹ Jeroen Wils, *Bloed zonder tranen: het gangsterleven van Patrick Haemers*, Anvers, Manteau, 2008, p. 183.
¹¹⁰ Denise Tyak, *Ma Vie avec Patrick Haemers*, 2012, livre électronique. À la rue. p. 6.
¹¹¹ *Ibid.*
¹¹² *Ibid.*
¹¹³ *Ibid.*
¹¹⁴ *Ibid.*

[115] *Ibid.*
[116] Jos Vander Velpen, *Guère civil: de la gendarmerie à la police unique,* Bruxelles, 1998, p. 71.
[117] Geens, *Beetgenomen*, *op.cit.*, p. 316.
[118] *Ibid.*, p. 318.
[119] *Ibid.*, p. 345.
[120] *Ibid.*, p. 295.
[121] Gijsels, *op.cit.*, p. 28.
[122] Chambre des Représentants de Belgique, *op.cit.*, 59/10 - 1988, p. 496.
[123] *Ibid.*, p. 499.
[124] "De moordaanslag: 26 Oktober 1981", www.bendevannijvel.com, https://bendevannijvel.com/daders/bouhouche-beijer/feiten/
[125] *Ibid.*
[126] Vander Velpen, *op.cit.*, p. 65.
[127] "Interview met Arsène Pint", *bendevannijvel.com*, consulté le 15 novembre 2018. https://bendevannijvel.com/onderzoek/belgische-rijkswacht/interviews-arsene-pint/
[128] *Ibid.*
[129] Vander Velpen, *op.cit.*, p. 67.
[130] Jean-Paul Collette, « Affaire Swarts : de nouvelles questions dérangeantes à la Sabéna et à la Justice », *Le soir,* 7 février 1984.
[131] Gilbert Dupont, "Un nouveau fait attribué aux tueurs du Brabant!", *La dernière Heure,* 28 septembre 2015.

Chapitre 9 : Concessionnaire de Braine-l'Alleud (8 juin 1983)

[132] Police fédérale, "Vol d'une Saab 900 Turbo au garage Denuit à Braine-l'Alleud.", http://killersbrabant.be/facts/1983/brainelalleud-fr.html

Chapitre 10: Usine à Tamise (10 septembre 1983)

[133] Police fédérale, "Vol à main armée à la filature SA WITTOCK-VAN LANDEGHEM de Temse.", http://killersbrabant.be/facts/1983/temse-fr.html
[134] Dupont et Ponsaers, *op.cit.*, p. 38.
[135] *Ibid.*, p. 37.
[136] *Ibid.*

Chapitre 11 : Supermarché Colruyt de Nivelles (17 septembre 1983)

[137] *Ibid.*, p. 41.
[138] Police fédérale, "Vol à main armée au Colruyt de Nivelles.", http://killersbrabant.be/facts/1983/nivelles-fr.html

139 Dupont et Ponsaers, *op.cit.*, p. 41.
140 *Ibid.*, p. 42.
141 *Ibid.*
142 Leurquin et Finné, *op.cit.*, p. 45.
143 Police fédérale, "Fusillade à Braine-l'Alleud au "Diable amoureux", http://killersbrabant.be/facts/1983/diable-fr.html
144 *Ibid.*
145 Dupont et Ponsaers, *op.cit.*, p. 44.
146 Police fédérale, "Fusillade à Braine-l'Alleud au "Diable amoureux".
147 Dupont et Ponsaers, *op.cit.*, p. 45.
148 Geens, *Beetgenomen*, *op.cit.*, p. 78.
149 Chambre des Représentants de Belgique, *op.cit.*, 59/10 - 1988, p. 402.
150 *Ibid.*, 59/9 - 1988, p. 86.
151 *Ibid.*
152 *Ibid.*, 59/10 - 1988, p. 402.
153 Des détails et un graphique sur cette formation tactique se retrouvent dans le « Manual MCWP 3-11.3", U.S. Marine Corps, 17 avril 2000, à la rubrique "Scouting and Patrolling."
154 Selon l'ouvrage : "Cette formation soumet l'ennemi à la fois au tir croisé et en enfilade. La formation "V" convient le mieux en terrain découvert mais peut également être utilisée en combat rapproché. Lorsqu'elle est utilisée en combat rapproché, les jambes du "V" se resserrent quand l'élément principal de la force ennemi se rapproche du sommet du "V," et on ouvre le feu à bout portant." Ibid.
155 Bouten, *Tueries du Brabant: le Dossier, le Complot, les Noms, Bruxelles*, *op.cit.*, p. 455.
156 Charlie Hedo, *Het Rattenkwartier : Een Blik in het Nest va de Bende van Nijvel*, Smashwords, 2015, livre électronique.

Chapitre 12 : Restaurant Aux Trois Canards (2 octobre 1983)

157 Jean Mottard et René Haquin, *Les tueries du Brabant: enquête parlementaire sur la manière dont la lutte contre le banditisme et le terrorisme est organisée*, Bruxelles, Complexe, 1990, p. 116.
158 Police fédérale, "Meurtre de Jacques VAN CAMP et vol d'un VW Golf au Restaurant « Les Trois Canards » » http://killersbrabant.be/facts/1983/canards-fr.html
159 Leurquin et Finné, *op.cit.*, p. 68.
160 Mottard et Haquin, *op.cit.*, p. 116.
161 Dupont et Ponsaers, *op.cit.*, p. 51.
162 Chambre des Représentants de Belgique, *op.cit.*, 59/9 - 1988, p. 356.
163 Police fédérale, "Meurtre de Jacques VAN CAMP et vol d'un VW Golf au Restaurant « Les Trois Canards » ».

[164] Mottard et Haquin, *op.cit.*, p. 117.
[165] Police fédérale, "Meurtre de Jacques VAN CAMP et vol d'un VW Golf au Restaurant « Les Trois Canards » ".
[166] *Ibid.*
[167] Hilde Geens, "Interview with Catherine Van Camp," *Humo*, octobre 2004, www.bendevannijvel.com
[168] *Ibid.*
[169] Bouten, *Tueries du Brabant: le Dossier, le Complot, les Noms, Bruxelles, op.cit.*, p. 60-61.
[170] Haquin, René, *Des taupes dans l'extrême-droite*, EPO, 1984, 216 pages.

Chapitre 13 : Supermarché Delhaize de Beersel (7 octobre 1983)

[171] Dupont et Ponsaers, *op.cit.*, p. 54.
[172] *Ibid*, p. 56.
[173] Police fédérale, "Hold up au Delhaize de Beersel.", http://killersbrabant.be/facts/1983/delhaize-beersel-fr.html
[174] Dupont et Ponsaers, *op.cit.*, p. 56.
[175] *Ibid.*, p. 54.
[176] Police fédérale, "Hold up au Delhaize de Beersel."
[177] Dupont et Ponsaers, *op.cit.*, p. 54-55.
[178] "Les mystérieux tueurs fous", *Temps présent*, RTS, réalisé par Paul Seban, 16 octobre 1986.
[179] Dupont en Ponsaers, *op.cit.*, p. 55.
[180] Police fédérale, "Hold up au Delhaize de Beersel."
[181] *Ibid.*
[182] Dupont et Ponsaers, *op.cit.*, p. 55.
[183] Police fédérale, "Hold up au Delhaize de Beersel."
[184] *Ibid.*
[185] Gijsels, Hugo, *op.cit.*, 1989, p. 143.
[186] Gilbert Dupont, "L'inconnu des Trois canards - Tueurs du Brabant: un nouveau portrait-robot est dressé d'après le témoignage d'un carrossier" *La Dernière Heure*, 31 octobre 2002.
[187] Vander Velpen, *op.cit.*, p. 71.
[188] Déclaration de Pierre Beduwe, PV, Jumet, 17 février 1988.
[189] Déclaration de Mohamed Asmaoui, PV 21165, CBW, 27 janvier 1988.
[190] Déclaration de Daniel Choquet, PV 21244, Jumet, 11 février 1988.
[191] « Dossier Noir, Les Tueurs fous du Brabant », réalisé par Daniel Rémi et Jean-Michel Dehon, *RTBF*, 19 décembre 2007.
[192] Bouten, *Tueries du Brabant: le Dossier, le Complot, les Noms, Bruxelles, op.cit.*, p. 454.

193 « Dossier Noir, Les Tueurs fous du Brabant », *op.cit.*
194 Vander Velpen, *op.cit.*, p. 70.
195 *Ibid.*, p. 74.
196 Chambre des Représentants de Belgique, *op.cit.*, 59/9 - 1988, p. 87.
197 Ilegems D., Sauviller R. et Willems J. R., *De Bendetapes*, 1990, p. 14.
198 *Ibid.*, p. 15.
199 Chambre des Représentants de Belgique, *op.cit.*, 59/9 - 1988, p. 86.
200 *Ibid.*, 59/10 - 1988, p. 389.
201 *Ibid.*
202 Ilegems, Sauviller et Willems, *op.cit.*, p. 11.
203 Chambre des Représentants de Belgique, *Enquête parlementaire sur les adaptations nécessaires en matière d'organisation et de fonctionnement de l'appareil policier et judiciaire, en fonction des difficultés surgies lors de l'enquête sur « les tueurs du Brabant »*, 573/8 - 95/96, p. 125.
204 *Ibid.*, p. 26.
205 Vander Velpen, *op.cit.*, p. 75.

Chapitre 14: Bijouterie à Anderlues (1er décembre 1983)

206 Police fédérale, "Vol à main armée et double meurtre dans une bijouterie à Anderlues.", http://killersbrabant.be/facts/1983/anderlues-fr.html
207 Leurquin et Finné, *op.cit.*, p. 80.
208 Geens, *Beetgenomen*, *op.cit.*, p. 89.
209 *Ibid.*, p. 87.
210 Chambre des Représentants de Belgique, *op.cit.*, 573/11 – 95/96, p. 72.
211 *Ibid.*
212 Chambre des Représentants de Belgique, *op.cit.*, 59/10 - 1988, p. 429.
213 Gilbert Dupont, "Qui a voulu faire taire Pierre Romeyer," *La Dernière Heure*, 18 juillet 2016.
214 Geens, *Beetgenomen*, *op.cit.*, p. 59.
215 *Ibid.*, p.83.
216 Bendevannijvel.com, mis en ligne par l'administrateur du site Ben à https://www.bendevannijvel.com/forum/viewtopic.php?id=1064
217 Ilegems, Sauviller et Willems, p. 35.
218 Panorama, *RTBF*, 1995, Télévision, documentaire, novembre 1995.

Chapitre 15 : Le projet d'extorsion de la bande de Bouhouche

219 Geens, *Beetgenomen*, *op.cit.*, p. 349.
220 *Ibid.*

[221] Bouten, *Tueries du Brabant: le Dossier, le Complot, les Noms*, Bruxelles, op.cit., p. 455.
[222] Geens, *Beetgenomen*, op.cit., p. 350
[223] *Ibid.*
[224] Guy Bouten, *De bende van Nijvel en de CIA*, Leuven, Van Halewyck, 2011, p. 259.
[225] Déclaration de Christian Amory, PV 21184, 30 janvier 1988.
[226] Bouten, *Tueries du Brabant: le Dossier, le Complot, les Noms*, Bruxelles, op.cit., p. 455.

Chapitre 16 : La mort de Paul Latinus

[227] Chambre des Représentants de Belgique, op.cit., 59/8 - 1988, p. 83.
[228] « Spéciale Tueries du Brabant » Devoirs d'Enquête, *RTBF*, 22 octobre, 2014, télévision, documentaire.
[229] Haquin, op.cit., p. 22.
[230] Tim Weiner, *Legacy of Ashes: The History of the CIA*, London, Penguin, 2011, p. 346-348.
[231] «Operation Gladio: The Foot Soldiers,» Timewatch, réalisé par Allan Francovich, *BBC*, 24 juin 1992.

Chapitre 17 : Des difficultés pour la bande de Bouhouche

[232] Geens, *Beetgenomen*, op.cit., p. 351.

Chapitre 18 : Les nouvelles bandes d'Haemers et De Staercke

[233] Tyak, op.cit., À la rue, p. 5.
[234] *Ibid.*, L'île Maurice, p. 7.
[235] *Ibid.*
[236] "Enquête : Patrick Haemers", *L'autre vérité*, Première diffusion en 1989, https://www.youtube.com/watch?v=Zy8j9tWZsYE&t=3s., Télévision, Documentaire.
[237] Léopold Van Esbroeck, *Lettre ouverte aux tueurs du Brabant Wallon*, 1998, p. 114.
[238] En fait, la bande de Baasrode comprend beaucoup d'autres membres mais il s'agit du noyau de la bande impliqué dans leurs braquages de 1985.
[239] Geens, *Beetgenomen*, op.cit., p. 112.
[240] Van Esbroeck, op.cit., p. 67.

Chapitre 19 : Parc d'attractions de Walibi

[241] Geens, *Beetgenomen*, op.cit., p. 95.
[242] *Ibid.*

²⁴³ *Ibid.*
²⁴⁴ *Ibid.*
²⁴⁵ Chambre des Représentants de Belgique, *op.cit.,* 573/11 – 95/96, p. 59.
²⁴⁶ *Ibid.*, p. 16.
²⁴⁷ *Ibid.,* 573/10 – 95/96, p. 121
²⁴⁸ *Ibid.,* 573/11 – 95/96, p. 60-61.
²⁴⁹ *Ibid.,* 573/10 – 95/96, p. 130.
²⁵⁰ *Ibid.,* p. 127.

Chapitre 21: Supermarchés Delhaize de Braine et Overijse (27 septembre 1985)

²⁵¹ Police fédérale, "http://killersbrabant.be/facts/1985/delhaize-brainelalleud-fr.html.", http://killersbrabant.be/facts/1985/delhaize-brainelalleud-fr.html
²⁵² Dupont et Ponsaers, *op.cit.*, p. 69.
²⁵³ Geens, *Beetgenomen, op.cit.*, p. 95.
²⁵⁴ *Ibid.*
²⁵⁵ Dupont et Ponsaers, *op.cit.*, p. 69
²⁵⁶ « Dossier Noir, Les Tueurs fous du Brabant », *op.cit.*
²⁵⁷ *Ibid.*
²⁵⁸ "Reconstitution des attaques de Braine l'Alleud et d'Overijse", *France télévision*, RTL-TVI, réalisé par Patrick Volson, 2001.
²⁵⁹ Leurquin en Finné, *op.cit.*, p. 68.
²⁶⁰ Dupont et Ponsaers., *op.cit.*, p. 69.
²⁶¹ *Ibid.*
²⁶² *Ibid.*, p. 70.
²⁶³ Leurquin et Finné, *op.cit.*, p. 69.
²⁶⁴ Geens, *Beetgenomen, op.cit.*, p. 95.
²⁶⁵ Police fédérale, " Hold up au DELHAIZE d'Overijse.", http://killersbrabant.be/facts/1985/delhaize-overijse-fr.html
²⁶⁶ *Ibid.*
²⁶⁷ *Ibid.*
²⁶⁸ Geens, *Beetgenomen, op.cit.*, p. 96.
²⁶⁹ *Ibid*
²⁷⁰ *Ibid.*
²⁷¹ *Ibid.*
²⁷² Chambre des Représentants de Belgique, *op.cit.,* 59/10 - 1988, p. 528.
²⁷³ "Zoeken naar 'rode draad,'" *Het Nieuwsblad*, 14 octobre 1983, https://www.bendevannijvel.com/forum/search.php?search_id=1707453473&p=3.
²⁷⁴ Geens, *Beetgenomen, op.cit.*, p. 95.

275 Vander Velpen, *op.cit.*, p. 89.
276 *Ibid.*
277 "Beveiliging supermarkten in het week-end," Panorama, *VRT*, 21 novembre 1985.
278 Déclaration de Christian Amory, PV 21184, 30 janvier 1988.
279 Van Esbroeck, *op.cit.*, p. 106.
280 Chambre des Représentants de Belgique, *op.cit.*, 59/10 - 1988, p. 418.
281 Raf Sauviller et Hilde Geens., "Interview met José Mendez", *Humo*, septembre 1997, www. bendevannijvel.com.
282 Vander Velpen, *op.cit.*, p. 90.

Chapitre 22: Supermarché Delhaize à Alost (9 novembre 1985)

283 Police fédérale, "Découverte d'un foyer d'incendie à Braine-Le-Comte.", http://killersbrabant.be/facts/1985/braine-le-comte-fr.html
284 Dupont et Ponsaers, *op.cit.*, p. 76.
285 Geens, *Beetgenomen, op.cit.*, p. 105-106.
286 Dupont et Ponsaers, *op.cit.*, p. 76.
287 Gérald Damseaux, *Les Années noires vous intéressent?*, Société des Écrivains, Paris, 2014.
288 "De Slachtpartij in Aalst", *Panorama*, numéro spécial, 1985, mis en ligne à https://www.bendevannijvel.com/forum/viewtopic.php?id=1031
289 David Van de Steen et Annemie Bulté, *Ne tirez pas c'est mon papa! Un survivant des tueries du Brabant raconte*, Paris, Jourdan, 2011, p. 17.
290 *Ibid.*, p. 16.
291 "Aalst beleefde zijn meest tragische nacht.", *De Voorpost*, 15 novembre 1985.
292 Geens, *Beetgenomen, op.cit.*, p. 101.
293 *Ibid.*
294 Leurquin et Finné, *op.cit.*, p. 81.
295 Police fédérale, " Hold up au DELHAIZE d'Alost.", http://killersbrabant.be/facts/1985/delhaize-aalst-fr.html
296 Chambre des Représentants de Belgique, *op.cit.*, 59/9 - 1988, p. 35-36.
297 *Ibid.*, p. 36.
298 "Interview avec René De Witte", consulté le 15 novembre 2018, https://sites.google.com/site/tueriesdubrabant/interviewren%C3%A9dewitte
299 Chambre des Représentants de Belgique, *op.cit.*, 59/9 - 1988, p. 36.
300 *Ibid.*, p. 112.
301 *Ibid.*, 59/10 - 1988, p. 420.
302 *Ibid.*, p. 419.
303 "De Slachtpartij in Aalst" *Panorama, op.cit.*

[304] *Ibid.*
[305] *Ibid.*
[306] Geens., *Beetgenomen, op.cit.*, p. 99.
[307] Chambre des Représentants de Belgique, *op.cit.*, 573/15 – 95/96, p. 67.
[308] Bouten, *Tueries du Brabant: le Dossier, le Complot, les Noms, Bruxelles, op.cit.*, p. 293-297.
[309] *Ibid.*, p. 293.
[310] Geens, *op.cit., Beetgenomen*, p. 107.
[311] *Ibid.*
[312] PV 525, Gendarmerie.
[313] Geens, *Beetgenomen, op.cit.*, p. 106.
[314] Dupont et Ponsaers, *op.cit.*, p. 77.
[315] Geens, *Beetgenomen, op.cit.*, p. 104.
[316] Chambre des Représentants de Belgique, *op.cit.*, 59/8 - 1988, p. 102.
[317] *Ibid.*, p. 27.
[318] Chambre des Représentants de Belgique, *op.cit.*, 573/11 – 95/96, p. 121.
[319] Geens, *Beetgenomen, op.cit.*, p. 153.
[320] Van Esbroeck, *op.cit.*, p.104.
[321] Chambre des Représentants de Belgique, *op.cit.*, 59/10 - 1988, p. 419.
[322] *Ibid.*, 59/9 - 1988, p. 27.
[323] Ilegems, Sauviller et Willems, *op.cit.*, p. 91.
[324] Terzake
[325] PV 100198, Termonde, Gendarmerie.

Chapitre 23 : Assassinat de Juan Mendez

[326] Geens, *Beetgenomen, op.cit.*, p. 325.
[327] Raf Sauviller et Hilde Geens, « Interview avec José Mendez », *Humo*, septembre 1997, https://bendevannijvel.com/daders/bouhouche-beijer/interviews/
[328] Chambre des Représentants de Belgique, *op.cit.*, 573/11 - 95/96, p. 276.
[329] Chambre des Représentants de Belgique, *op.cit.*, 59/10 - 1988, p. 478.

Chapitre 24 : Découverte à Ronquières (novembre 1986)

[330] "Het web rond de Bende van Nijvel," Panorama, *BRT*, 8 janvier 1990.
[331] Van de Steen et Bulté, *op.cit.*, p. 142.
[332] Chambre des Représentants de Belgique, *op.cit.*, 59/10 - 1988, p. 391.
[333] Geens, *Beetgenomen, op.cit.*, p. 386.
[334] « Dossier Noir, Les Tueurs fous du Brabant », *op.cit.*
[335] Geens, *Beetgenomen, op.cit.*, p. 314.

Chapitre 25 : Terrorisme et Gladio

[336] Vander Velpen, *op.cit.*, p. 93.
[337] Van de Steen et Bulté, *op.cit.*, p. 233.
[338] *Ibid*, p. 234.
[339] Chambre des Représentants de Belgique, *op.cit.*, 573/9 – 95/96, p. 73 +.
[340] Christian Carpentier et Frédéric Moser, *La Sûreté de l'état*, 1993, p. 187-189.

Chapitre 26 : La gendarmerie

[341] Vander Velpen, *op.cit.*, p. 93.
[342] Dupont, Gilbert, *Dernière heure*, 19 juillet 2016.
[343] Hilde Geens, *Het Nieuwsblad*, 11 octobre 1983.
[344] Geens, *Beetgenomen*, *op.cit.*, p. 86.
[345] Geens, *op.cit.*, p. 86, cité par Ben, l'administrateur du site bendevannijvel.com https://www.bendevannijvel.com/forum/viewtopic.php?id=29&p=2
[346] Vander Velpen, Jos, *Guère civil*, 1990, p. 94.
[347] Kris Daels, *Alpha 20 – Un agent secret belge raconte*, PIX, 2014.
[348] "Interview met Arsène Pint", *www.bendevannijvel.com*, *op.cit.*
[349] *Ibid.*
[350] Adam Plantinga, *400 things cops know*, 2014, 24.
[351] Arnold Wielenga, "Contacten Politie met Bende van Nijvel", *Het Nieuwsblad van het Noorden*, 15 novembre 1985.
[352] Dupond, « 18km aux trousses des tueurs », *op.cit.*
[353] Chambre des Représentants de Belgique, *op.cit.*, 59/10- 1988, p. 375.
[354] *Ibid.*
[355] *Ibid.*, p. 477.
[356] *Ibid.*

Chapitre 27 : Mise en place d'un procès

[357] Acte d'accusation, Bouhouche.
[358] Il y a un débat quant à savoir si l'Audi a été volé par les tueurs du Brabant. La cellule d'enquête actuelle considère toujours qu'ils sont responsables.
[359] René Haquin, « Tueries: un lien avec un hold-up à Wavre en 1985? Walibi: des similitudes troublantes... », *Le Soir*, 14 avril 1998, mis en ligne par Michel, http://tueriesdubrabant.winnerbb.com/t309p50-walibi-le-15-08-1985
[360] La bande de Bouhouche n'a jamais été accusé du meurtre de Walibi. Toutefois, il y a des preuves indirectes qu'ils sont les auteurs.

Chapitre 28 : Preuves

[361] *Ibid.*
[362] Leurquin et Finné, *op.cit.*, p. 213.
[363] Questions Magnée, mis en ligne par Boomerang à www.bendevannijvel.com, https://www.bendevannijvel.com/forum/viewtopic.php?id=1083&p=4
[364] *Le Vif,* mis en ligne par Ben, l'administrateur du site www.bendevannijvel.com site, https://www.bendevannijvel.com/forum/viewtopic.php?id=76

Chapitre 29 : Avec armes, avec violence et avec haine

[365] Bouten, *Tueries du Brabant: le Dossier, le Complot, les Noms, Bruxelles, op. cit.,* p. 455.
[366] *Ibid.*
[367] *Ibid.*

Chapitre 30 : A la recherche des véritables tueurs

[368] *Ibid.*
[369] Geens, *Beetgenomen, op.cit.,* p. 351-352.
[370] Chambre des Représentants de Belgique, *op.cit.,* 573/11 - 95/96, p. 276.

INDEX

A

Agence de Recherche et d'Information (ARI), 4, 67-8, 159, 160, 256, 316
Alain W., 172, 233, 267
Al Ajjaz, Faez, 173-5
Ali, Suleiman, 256-7
Ali, Said, 256-7
Ali, Bassam, 256-7
Alost, Delhaize, 201-15, 219-24, 244, 246-7, 249, 285, 287-9, 294-5, 297, 334
Amory, Christian, 4, 66-7, 124-7, 191-3, 237, 240, 250
Anderlecht, 19-20, 298, 301-2
Anderlues, 132-42, 218, 243, 297, 316-7, 324-6
André D., 174-5
Angelou, Constantin, 44-6, 65, 120, 248, 260, 313
Anvers, 256-7, 260
Asmaoui, Mohammed, 5, 66, 124

Auberge du Chevalier, restaurant, 40-3, 45-6, 48, 53, 58, 83, 86, 94, 103, 105, 112, 117, 136, 138, 217, 248, 254, 300, 311, 313-4
Aux Trois Canards, restaurant, 54, 110-5, 119-22, 134, 136, 138, 187-8, 194, 218, 254, 301, 320-3

B

Baasrode, 1, 166-7, 176-7, 194-6, 198, 202, 219-22, 225, 231, 238, 246-7, 292-6, 298, 318
Barbier, Marcel, 3, 88-9, 109, 115, 137, 151, 262, 268-70, 273-6
Barbier, Robert, 88
Baroudi, Hamou, 90
Baudet, Michel, 2, 129-30
Bayard, armurerie, 18
Becker, Balou, 96, 113
Beduwe, Pierre, 66, 123-5

Beersel, Delhaize, 116-31, 136, 141, 187-9, 191, 217, 243, 280, 286, 288, 300, 311, 322-3, 329
Beersel, 40, 86
Beijer, Robert, 4, 67, 149, 256-7
Bennekens, Luc, 185-6
Bernaert, Robert, 289
Bernier, André, 100
Bihay, Gerard, 4, 171
Boeve, Luc, 214
Bologne, gare, 9, 260
Borains, 2, 5, 65-6, 82, 122, 125-31, 135, 192, 246, 248, 254-5, 293, 304, 306, 315, 321, 323, 325-8
Borinage, 25, 44-5, 65-6, 88, 123, 128, 321-2, 325, 334
Bouaroudj, Kaci, 2, 124, 129-30
Bouhouche, Madani, 2, 35-8, 42, 54, 58, 66-74, 76-82, 96, 107, 126, 140, 145-50, 159-63, 169-70, 172-

5, 177, 193, 196, 198, 219, 224-5, 231-8, 240-2, 249-58, 267, 276, 292-4, 297-320, 324-36
Braine-L'Alleud, 101, 106-7, 216
Braine-L'Alleud, magasin, 83, 86, 104
Braine-L'Alleud, concessionnaire, 59, 85-8, 93-4, 104-5
Braine-L'Alleud, Delhaize, 182-91, 197, 201-2, 207-9, 217, 219, 248, 277, 286, 288, 297, 302, 331-3
Braine-Le-Comte, 25-26, 39
Broeders, Jozef, 92-3
Brouwers, Antoine, 79
Buanderie, rue de la, 145, 232, 301, 310, 326
Bultot, Jean, 5, 195-6, 202, 235, 236
Busiau, Jean-Pierre, 185, 189

C

CCC (Cellules Communistes Combattantes), 156-8, 162-3, 197, 226-7, 259, 285, 325, 328
Campine, Roland, 30, 35, 312
Cappelle, Jan, 209
Carette, Pierre, 227
Casine, 39
Centaure, 19, 243
Choquet, Daniel 124-7, 129
Cocu, Michel, 2, 65-6, 124, 127-30
Coesens, Alain, 233
Colfontaine, 66, 123
Collard, Évance, 76
Coulon, gendarme 66, 124
Culot, Jacques, 51

D

Damseaux, Gérald, 150
De Bock, Walter, 210
De Bruyne, Josiane, 66, 123, 127
Deerlijk, 295
Dekaise, armurerie, 27-39, 42, 46, 51-3, 58, 62, 80, 82-3, 86, 94-6, 105, 113, 137-9, 170-1, 175, 215, 218, 236-7, 243, 254, 278, 290, 305, 311-4
Delacourt, Christian, 24
Demanet, Georges, 188
Dery, Claude, 4, 36, 74, 115-8, 120-2, 228, 231-2, 245-6
De Saeger, Guido, 188, 202-2, 212
De Smet, George, 199, 202
De Staerke, Berthe, 83
De Staerke, Johnny, 1, 83-4, 105, 158-61, 169, 192, 211-5, 221, 229-30, 236-8, 246, 283-286, 288
De Staerke, Léon, 84
De Wee, Raymond, 47-8
Dewit, Elise, 94-5, 268-9
Diable amoureux, 97, 102, 208, 295, 307
Dial-Budget, 19-20
Diegem, 79
Dinant, 17-21, 31, 56, 210, 233
Djurovski, Bozidar, 176, 238-9
Dominique S., 1, 160, 188, 192, 211-2, 286
Doom, Germaine, 108
Dossogne, Francis, 87, 189, 266
Dramaix, Jean-Louis, 120-1, 124
Duinslaeger, Patrick, 71
Dupont, Gilbert, 21

E

ESI (Escadron Spécial d'Intervention), 77-9, 126-7, 147, 160-1, 232, 236, 241, 250, 252-5, 258, 276, 280, 287-9, 299, 306
Eaton, Frank, 281-2
Engelbienne, Roger, 183, 288
Estiévenart, Jean-Claude, 2, 65-6, 120, 123-7, 130
Erps-Kwerps, 181, 213, 219, 302

F

Farkas, Istvan, 87
Finné, Léon, 185, 249
Flagey, Place, 36, 44, 57-8, 260, 311
France, consulat, 44-5
Francis V. (Pierrot le Fou), 3, 34, 42-3, 96, 107, 112-4, 139, 278-9

Front de la jeunesse, 89-91, 139-40, 152, 171-4, 195, 263, 268-9, 272, 275-6, 280-1
Fourez, Jacques, 97-8, 103
Freches, Carl, 154-6

G

Genet, Henriette, 199
Genval, Delhaize, 50-55, 58-9, 62, 105, 118-9, 125, 128, 134, 141, 190, 217, 313, 322
Giannikis, Constantin, 36, 238
Gilbert, Maurice, 119-20
Goffinon, Guy, 4, 73-4, 76, 79, 96, 150, 173, 225, 253-4, 257, 276, 306, 313, 318-9
Gol, Jean, 157, 196, 226, 271
Grandhenri, Raymond, 126
GSG-9, 78

H

Haemers, Achille, 63-5
Haemers, Éric, 64
Haemers, Patrick, 3, 62-6, 82, 164-7, 193, 198-200, 218-9, 221-3, 225, 231, 239-40, 292, 294-8
Hal, Colruyt, 60-2, 105, 118-20, 125-6, 128, 217, 313, 322, 329
Hal, 125-6, 285
Haulotte, Claude, 28

Hoeillart, 29-30, 35, 216
Hourpes, bois, 88, 122, 133, 136-7, 181
Houssière, bois de la, 201, 203, 212-3, 219, 222, 236, 255, 285, 290, 297, 334
Huenens, Robert, 74, 76

I

International Security Associates (ISA), 33-4
Ixelles, 20, 22, 35-6, 38-9, 44, 53-4, 57-9, 67, 70, 87, 136, 148, 174, 198, 201, 260, 298, 300, 302, 311, 321-2

J

Jean-Claude D., 199

K

Kellens, Georges, 217, 221
Kirschen, 79-80
Knockaert, Jules, 62

L

Buanderie, rue de la, 139-40, 223, 291, 299, 313
Lacroix, Jean-Marie, 99-100
Lacroix, Jean-Claude, 52, 129, 250
Laeken, 87, 146, 166, 258-9, 262

Lallemand, Roger, 158
Lambiet, Yves, 199
Lammers, Éric, 3, 109, 115, 151, 153, 172, 192, 262, 268, 270, 275-6
Lasne, 53, 84, 86, 88, 136
Latinus, Paul, 3, 89-90, 109, 114, 137, 151-4, 171-2, 174, 192, 263, 267-76, 328
Lekeu, Martial, 3-4, 34, 96, 113, 139-40, 171-2, 244, 278-83, 297
Le canard, 4, 114-5, 151-3, 171, 192, 263, 268-71, 274-5, 322
Le chien, 4, 114, 271
Le lapin, 4, 114, 271
Lemal, Marc, 100-1, 107
Lembeek, 21-2
Liban, 113, 171
Libert, Michel, 3, 114-5, 151, 157, 192, 268-9, 271, 273-6
Lorang, armurerie, 169
Lucien M., 171

M

MI6, 9, 171
Mad Max, 19
Mahieu, Albert, 141-2, 148, 225
Malines, 79-80, 82, 192, 311
Maroun, Hage, 96, 113
Martens, Wilfried, 226
Maubeuge (France), 23–26, 31, 41, 46, 52, 58, 62, 65, 83, 86-7, 94, 103, 105, 137, 217, 254, 311, 314, 322

Mendez, Juan, 5, 71, 160-2, 196-7, 218, 231-8, 240-1, 250, 252-8, 310, 335
Messaadia, Sherriff, 335-6
Moerman, Jean-Paul, 103-4, 129
Mons, 4, 65, 88
Mons Taxi, 44-47, 53, 58, 65, 86, 94, 105, 136, 208, 248, 254, 315, 322,
Mons gendarmerie, 4, 65-6, 119-20, 123-8, 191-3, 248, 250, 255, 313, 322
Morlet, Pierre, 252
Morue, Marcel, 99-100, 102, 105, 243, 277
Mulder, Andy, 206
Mulder, Marie-Jeanne, 206
Munich, 80
Munich, Oktoberfest, 9

N

Nardella, Francesco, 126, 129
Nijs, Dirk, 205
Nijs, Elsie, 205
Nivelles, 191, 212, 215, 240-1, 243, 248, 266, 305
Nivelles, Colruyt, 97-109, 112, 118, 121, 129, 134, 153, 164, 188-9, 216, 218, 248, 277, 280, 286-7, 297, 301, 305, 316-20, 324-5, 334
Notté, Stefaan, 185, 190

O

OTAN, 9, 89, 91, 109, 114-5, 155, 157-8, 162, 197-8, 226, 260-2, 267-8, 271, 295
Ohain, 228, 320-1
Overijse, 160-1
Overijse, Delhaize, 184-91, 208-9, 277, 286, 288, 331

P

Pans, Willy, 168-70, 310
Paris-XL, 37-8
Paris, 97, 232, 281, 335
Pasterman, Jan, 205
Perk, 79
Phalanges libanaises, 32
Philippe L., 3, 164, 193, 199-200, 240, 295
Pilori, 39
Pinon, Dr., 262-6, 272
Pint, Arsène, 78, 287-9
Piot, épicerie, 23-26
Pirlot, Jean-François, 199
Platane, Ghislain, 183, 189
Poelman, Francis, 290
Pour, journal, 265-7, 270-2, 276
Pourtois, Willy, 5, 32-3, 95

R

Raes, Albert, 4, 115, 152, 261, 270-1
Reagan, Ronald, 226
Reyniers, Frans, 286

Rhode-Saint-Genèse, 41
Roelandt, Donald, 205
Roelandt, Philip, 205
Ronquières, 212-3, 243-8, 283, 290, 297, 336
Rousseau, Jacques, 240, 250, 252
Russie, 261
Ruys, Ben, 100

S

Sabena, 80-1, 112
Sartillot, Bernard, 30-1, 290
Sassoye, Bertrand, 156
Schlicker, Jean-Marie, 103, 105, 111, 139
Soignes, forêt, 37-9, 102, 216, 297, 312
Stéréo P., 1, 166-7, 194-5, 198, 219, 223
Szymuzik, bijouterie, 132-42, 312
Szymuzik, Sylvie, 132, 134
Szymuzik, Carine, 132, 134
Szymuzik, Jean, 132-42
Szymuzik, Marius, 133
Szymuzik, Maria Krystina, 132-42

T

Tamise, 26, 92-96, 103-5, 113, 136, 139, 188, 218, 244, 246-7, 254, 278, 297, 316-7
Tenneville, 34,
Thierry S., 3, 164, 199-200, 240

Thompsin, Charles 30, 37
Tinck, Jean-Marie, 55

U

UCL (Université catholique de Louvain), 38, 81, 170, 177, 193
Uccle, 35, 71
Uccle, Delhaize, 56-9, 62, 105, 118-9, 125, 141, 217, 313, 322,

V

Van Camp, Catherine, 111
Van Camp, Jacques, 110-3, 121-2, 134, 138
Van den Abiel, Albert, 249
Van den Abiel, Marie-Thérèse, 204, 208, 249
Van Den Boeynants, Paul, 62, 240
Van Den Eynde, Jose, 40-3
Vander Meulen, Fons, 273-4
Van de Steen, David, 204, 208, 222, 249, 333
Van de Steen, Rebecca, 204, 208, 249
Van de Steen, Gilbert, 204, 208, 249
Vandeuren, Bruno, 35
Van Esbroek, Léopold, 1, 108, 166-7, 194-6, 202, 220
Van Huffelen, Linda, 92-3

Van Kildonck, Rosa, 185, 189
Van Lierde, Philippe, 240, 290-1
Van Lidth, Geneviève, 53-4, 311
van Outrive, Lode, 290
Vermaelen, Freddy, 116-8, 286, 288
Vernaillen, Herman, 4, 72-6, 79, 173-5, 193, 249, 257, 276, 306, 310, 313
Vernaillen, Magda, 75
Verviers, 199
Vicky V., 3, 34, 110
Vincent L., 3, 34, 42-3, 96, 107, 112-4, 278
Vittorio, Adriano, 2, 129-30, 250, 328, 331-3, 335

W

Walibi, parc d'attractions, 168-71, 173, 175, 177, 301-2, 304, 326
Washington, 8-9
Wavre 27, 53
Wavre, gendarmerie, 4, 32-33, 35, 95, 139-40, 170, 172-3, 175-6, 235-7, 243, 278-9, 281, 286-7, 334
Westland New Post (WNP), 3, 89, 91, 108-9, 114-5, 135-7, 140, 151, 153-4, 171-4, 192, 261-3, 267-76, 278, 281, 328
Wezel, Guy, 52, 122-3, 126, 130, 137, 255

Woluwe, 38, 69-70, 81, 177, 193, 211, 252-3, 298-302, 311
Woluwe-Saint-Étienne, 211
Woluwe-Saint-Lambert, 38, 47, 81, 177

Z

Zaventem, aéroport, 79-80, 82, 170, 177, 195, 257, 311
Zurich, 80, 82
Zwarts, Francis, 80-1, 257, 276, 306, 310

Bibliographie

Beijer, Robert. *Le dernier mensonge*. Bruxelles: Editions Luc Pire, 2010.
Bouten, Guy. *De Bende van Nijvel en de CIA*. Louvain: Van Halewyck, 2011.
_____. *De Bende van Nijvel. Verraad, Manipulatie, Geheime Diensten*. Louvain: Van Halewyck, 2015.
_____. *Tueries du Brabant: le dossier, le complot, les noms*. Traduit et adapté par A. Jourdan et E. Timmermans. Bruxelles: Les éditions de l'arbre, 2009.
Brewaeys, Philippe et Jean-Frédéric Deliège. *De Bonvoisin et cie: de Liège à Bruxelles, les prédateurs et l'État*. Bruxelles: Éditions EPO, 1992.
Bultot, Jean. *Le livre que personne n'osa publier*. Livre électronique mis en ligne le 7 mai 2008 à http://mozsnake.skyrock.com/1741484384-Le-livre-que-personne-n-a-ose-publier.html.
Candidus, P.S. *Les Tueurs du Brabant wallon*. Scaillet, 1988.
Carpentier, Christian et Frédéric Moser. *La Sûreté de l'État: Histoire d'une déstabilisation: le service secret belge dans tourmente*. Ottignies: Quorum, 1993.
Daels, Kris, *Alpha 20 – Un agent secret belge raconte*, PIX, 2014.
Damseaux, Gérald. *Les années noires vous intéressent?* Paris: Société des écrivains, 2015.
Davis, Robert C., Jensen, Carl J. Burgette, Lane, et Burnett, Kathryn, "Working Smarter on Cold Cases: Identifying Factors Associated with Successful Cold Case Investigators," *Journal of Forensic Sciences* 59, no. 2 (2014): 375-382. https://doi. org/10.1111/1556-4029.12384.
De Witte, René et Dirk Selleslagh. «Delhaize niet zes, maar mogelijk zeven keer slachtoffer van Bende van Nijvel", *De tijd*, 1 avril 1997.
Douglas J.E. et Munn C., "Violent Crime Scene Analysis: Modus Operandi, Signature, and Staging," *FBI Law Enforcement Bulletin* 61, no. 2 (1992): 1-10
Dupont, Gilbert et Paul Ponsaers. Les tueurs: six années d'enquête. Anvers : Éditions EPO, 1988.
Dupont, Gilbert. "18km aux trousses des tueurs." *La Dernière Heure*, 28 septembre 2007. http://www.dhnet.be/actu/faits/18-km-aux-trousses-des-tueurs-51b7be68e4b0de6db98b462e
_____. "Il y a 35 ans commençaient les tueries du Brabant." *La Dernière Heure*, 10 mai 2017. http://www.dhnet.be/actu/faits/il-y-a-35-ans-commencaient-les-tueries-du-brabant-59135d5fcd70022542bf0c37.

_____. "Un nouveau fait attribué aux tueurs du Brabant!" *La Dernière Heure*, 28 septembre 2015.

_____. "Un fait élucidé sur le site officiel des tueries du Brabant," *DHNET.be*, dernière modification le 5 décembre 2017, http://www.dhnet.be/actu/faits/un-fait-elucide-sur-le-site-officiel-des-tueries-du-brabant-5a25a71dcd70b488fb052a83.

_____. "Le soir de la tuerie d'Alost, qui était Gudule?" *La Dernière heure*, 19 juillet 2016.

_____. "Qui a voulu faire taire Pierre Romeyer," *La Dernière Heure*, 18 juillet 2016.

_____. "Le témoin n'avait jamais été réinterrogé - Retrouvée par la DH, la veuve de Raymond Dewee a maintenant 90 ans." *La dernière Heure*, 2 février 2013.

_____."L'inconnu des Trois canards - Tueurs du Brabant: un nouveau portrait-robot est dressé d'après le témoignage d'un carrossier" *La Dernière Heure*, 31 octobre 2002.

Ganser, Daniele. *NATO's Secret Armies: Operation Gladio and Terrorism in Western Europe* Londres: Frank Cass, 2005.

Geens, Hilde. *Beetgenomen: zestien manieren om de bende van Nijvel nooit te vinden* Anvers: Manteau, 2013.

_____. "Catherine Van Camp Interview." *Humo*, Octobre 2004. Bendevannijvel.com

Gijsels, Hugo. *L'enquête, 20 années de déstabilisation en Belgique*. Bruxelles: La Longue Vue, 1989.

Haquin, René et Stéphany, Pierre. *Les grands dossiers criminels en Belgique*. Bruxelles Bruxelles: Racine, 2005.

Haquin, René. *Des taupes dans l'extrême-droite*. Bruxelles: Éditions EPO, 1983.

_____. "Le concierge de l'auberge du château de Beersel tué pour quelques bouteilles…" *Le Soir*. 26 décembre 1982.

_____. "Tueries: un lien avec un hold-up à Wavre en 1985? Walibi: des similitudes troublantes…", Le Soir, 14 avril 1998 mis en ligne à http://tueriesdubrabant.winnerbb.com/t309p50-walibi-le-15-08-1985 par l'administrateur du site Michel.

Havaux, Pierre et Pierre Marlet. *Sur la piste du crocodile: VdB de 1919 à nos jours*. Bruxelles: La Longue Vue, 1994.

Hedo, Charlie. *Het Rattenkwartier : Een Blik in het Nest va de Bende van Nijvel*, Smashwords, 2015.

Hermanus, Merry, *L'ami encombrant* (Liège : Pire, 2013).

Ilegems, Danny, Sauviller, Raf et Willems., Jan *De Bende-tapes*. Louvain: Kritak, 1990.

Leurquin, Michel et Patricia Finné. *L'histoire vraie des tueurs fous du Brabant*. Paris: Manufacture de livres, 2012.

Luyten, Anna. "Hoe het spoor van de Bende van Nijvel naar Lembeek en Maubeuge leidt" *Knack*, 16 mai 2007. https://www.knack.be/nieuws/belgie/hoe-het-spoor-van-de-bende-van-nijvel-naar-lembeek-en-maubeuge-leidt/article-longread-916205.html.

Massart, Victor. *Les dés étaient pipés: conspirations à la sûreté de l'état.* Ottignies: Quorum, 1997.

Masset, Adrien. *L'enquête criminelle sur les «tueurs du Brabant»: enquête parlementaire sur les adaptations nécessaires en matière d'organisation et de fonctionnement de l'appareil policier et judiciaire, en fonction des difficultés surgies lors de l'enquête sur les «tueurs du Brabant.»* Louvain: Presse Universitaire de Louvain, 1997.

Mottard, Jean et René Haquin. *Les tueries du Brabant: enquête parlementaire sur la manière dont la lutte contre le banditisme et le terrorisme est organisée.* Bruxelles: Éditions Complexe, 1990.

Offergeld, Jacques et Christian Souris. *Euroterrorisme, la Belgique étranglée.* Paris: Scaillet, 1985.

Plantinga, Adam. *400 Things Cops Know: Street-smart Lessons from a Veteran Patrolman.* Fresno, CA: Quill Driver Books, 2014.

Sauviller, Raf et Geens, Hilde. "Interview with José Mendez", *Humo*, Septembre 1997. www. bendevannijvel.com.

Tyak, Denise. *Ma Vie avec Patrick Haemers.* Brussels: Racine, 2012. Livre électronique.

U.S. Marine Corps. "Scouting and Patrolling." *U.S. Marine Corps Manual MCWP 3-11.3*, 17 avril 2000.

Van de Steen, David et Annemie Bulté. *Ne tirez pas c'est mon papa! Un survivant des tueries du Brabant raconte.* Paris: Éditions Jourdan, 2011.

Van Esbroeck, Leopold. *Lettre ouverte aux tueurs du Brabant wallon, Texte imprimé souvenirs d'un ex-gangster.* Bruxelles: La Longue Vue, 1998.

Vander Velpen, Jos. *Guère civil: de la gendarmerie à la police unique.* Bruxelles: EPO, 1990.

Weiner, Tim, *Legacy of Ashes: The History of the CIA* (Londres: Penguin, 2011).

Wezel, Guy. "Mons 8 April 1988." *De Morgen*, 9 avril 1988.

Wielenga, Arnold. "Contacten Politie met Bende van Nijvel", *Het Nieuwsblad van het Noorden*, 15 novembre 1985.

Wils, Jeroen. *Bloed zonder tranen: het gangsterleven van Patrick Haemers* (Anvers: Manteau, 2008), 183.

" Drame mystérieux à Soignies - Le père d'un garagiste blessé d'un coup de feu" *La Dernière Heure, September* 20, 1982" mis en ligne par Merovinger à https://www.bendevannijvel.com/forum/viewtopic.php?id=1558

"Interview avec Pierre Dumont", *Humo*, consulté le 15 novembre 2018. https://bendevannijvel.com/motief/afpersing/interview-pierre-dumont/

"Interview avec Arsène Pint," consulté le 15 novembre 2018. https://bendevannijvel.com/onderzoek/belgische-rijkswacht/interviews-arsene-pint/

"Interview avec René De Witte", consulté le 15 novembre 2018. https://sites.google.com/site/tueriesdubrabant/interviewren%C3%A9dewitte

"Aalst beleefde zijn meest tragische nacht". *De Voorpost*, 15 novembre 1985. https://aalst.courant.nu/issue/DVP/1985-11-15/edition/0/page/2?query=

"Gruwelijke afslachting in restaurant van domein van Beersel", *Het Lasste Nieuws*, 27 décembre 1982, affiché le 29 octobre 2018 par Merovinger à https://www.bendevannijvel.com/forum/viewtopic.php?pid=51443#p51443.

"Zoeken naar 'rode draad,'" *Het Nieuwsblad*, 14 octobre 1983, affiché à https://www.bendevannijvel.com/forum/search.php?search_id=1707453473&p=3.

"Warenhuis overvallen: 100.000 frank"*Het Niewsblad*, 8 mai 1982 affiché par Merovinger à https://www.bendevannijvel.com/forum/viewtopic.php?id=2135

DOCUMENTS OFFICIELS

Chambre des Représentants de Belgique, Enquête parlementaire sur la manière dont la lutte contre le banditisme et le terrorisme est organisée, 1988.

Chambre des Représentants de Belgique, Enquête parlementaire sur, 1996.

"Les tueurs du Brabant." Site officiel de la police fédérale, consulté le 15 décembre 2018. http://killersbrabant.be/index-fr.html

Procès-verbaux (PV) de la Cellule Brabant Wallon, de Termonde (Delta), de la Cellule Info et d'autres services d'ordre.

Actes d'accusation. Borains et Bouhouche.

VIDEOS

"Les Tueurs fous du Brabant." *Dossier Noir*, RTBF, 19 décembre 2007..

« Spéciale Tueries du Brabant » Devoirs d'Enquête, (RTBF), 22 octobre 2014.

"Het onderzoek: De Bende van Nijvel," *Panorama*, première diffusion en 1995, VRT NWS Channel. https://www.youtube.com/watch?v=9mhPAGwQr5Y

"Het web rond de Bende van Nijvel," *Panorama*, première diffusion le 8 janvier 1990, VRT NWS Channel https://www.youtube.com/watch?v=yJVUJOqpGAE

"Les mystérieux tueurs fous", *Temps présent*, RTS, réalisé par Paul Seban. 16 octobre 1986

"Operation Gladio: The Foot Soldiers," Timewatch, réalisé par Allan Francovich, BBC, 24 juin 1992.

"Enquête : Patrick Haemers", *L'autre vérité*. première diffusion en 1989 https://www.youtube.com/watch?v=Zy8j9tWZsYE&t=3

www.ingramcontent.com/pod-product-compliance
Lightning Source LLC
Chambersburg PA
CBHW060349080526
44583CB00012B/233